La gran tentación

Manuel Ros Agudo

La gran tentación

Franco, el Imperio Colonial y el proyecto de intervención española en la Segunda Guerra Mundial

Styria

Tuset, 3 2º – 08006 Barcelona
www.styria.es
Primera edición: febrero de 2008

LA FOTOCOPIA MATA AL LIBRO
Diseño de cubierta: Enrique Iborra
Maquetación y corrección: Jesús Martínez
ISBN: 978-84-96626-71-3
Depósito Legal: B-2.234/2008

Impreso y encuadernado por Industria Gráfica Domingo S.L.

Impreso en España – *Printed in Spain*

Índice

Índice de mapas

Prólogo para revisionistas y antirrevisionistas

La Historia con mayúsculas, como toda ciencia humana, y quizás más que cualquier otra, está sujeta a revisiones periódicas. Ello no quiere decir que cada equis años haya que revisar los grandes temas e interpretaciones de la Historia, pero ésta no es una ciencia fija e inconmovible. Siempre está sujeta a reinterpretaciones a la luz de nuevas evidencias arqueológicas para el caso de la Antigüedad o nueva documentación para el caso de la Edad Moderna y Contemporánea. La cosa se complica extraordinariamente cuando nos acercamos a nuestra historia más cercana, el siglo XX. En el caso español la historiografía, cuando toca el tema de la Segunda República, la Guerra Civil o la actitud de Franco ante la Segunda Guerra Mundial, parece que no puede abandonar la costumbre de escribir defendiendo a un bando o a otro. Es decir, se prolonga en la España actual, la división de los historiadores entre buenos y malos, revisionistas o antirrevisionistas, en una especie de perduración guerracivilista entre derechas e izquierdas que no favorece en nada el sosiego, la distancia que se debe tomar para interpretar objetivamente el convulso siglo XX español.

Si a esto añadimos el actual ambiente político, en el que la Historia a la luz de la llamada «memoria histórica» se pretende usar como arma política para aplastar al contrario, el historiador se ve preso, incluso en el mundo editorial, de la pesada carga de tener que definirse, como perteneciente a un bando u otro, y por tanto acudir a unas u otras editoriales, en función de su línea política, llamémosle progresista o conservadora.

Insisto, la Historia, en toda su complejidad, no puede ceñirse a los límites de una interpretación fija e inamovible, por muy bien que sirva a algunos intereses políticos. En el caso de la Historia reciente española, desde 1931 hasta nuestros días, resulta absurdo encasillarse en una versión oficial prorrepublicana y antifranquista, muy en boga en los años setenta y ochenta, y a ésta oponer otra versión «revisionista», que desmonta muchos de los mitos tradicionalmente aceptados por la izquierda, pero que puede convertirse en igualmente dogmática e intransigente.

En el caso del presente libro el lector se va a encontrar con una realidad novedosa pero seguramente incómoda para algunos «revisionistas», que precisamente tendrán que revisar su revisionismo, por lo menos en cuanto a la real actitud de Franco en 1940-1941 ante la guerra europea. Demostraremos con documentación rigurosamente inédita, cómo Franco y sus más cercanos colaboradores militares, los generales Vigón, Yagüe e incluso Varela, prepararon en secreto una serie de operaciones militares de gran calado, que hubieran situado a España en guerra con Inglaterra. Estas operaciones, de haberse puesto en práctica, probablemente habrían alterado el curso de la Segunda Guerra Mundial.

Los golpes ofensivos de los ejércitos de Franco se hubieran desarrollado en tres escenarios de vital importancia para España: Gibraltar, el Marruecos francés y Portugal.

El lector se preguntará el porqué de esta necesidad de entrar en guerra, cuando España se encontraba necesitada de unos años de paz para recuperarse de los destrozos causados por su reciente contienda civil.

La respuesta es relativamente fácil de comprender si nos acercamos a la situación que se había creado en el verano de 1940. Realmente una oportunidad única de las que pocas veces se presentan en la Historia. La oportunidad de pasar de ser una potencia secundaria y sin importancia en Europa, a ser un socio victorioso dentro del Eje, tratándose de igual a igual con Alemania e Italia. Se abría además la oportunidad de un nuevo reparto colonial de África, del que España podía salir muy beneficiada.

Recapitulemos, pues, para ponernos en situación. Desde septiembre de 1939 Alemania se encontraba en guerra con Gran Bretaña y Francia, como consecuencia del ataque alemán a Polonia. Franco había optado por una neutralidad vigilante, confiando en que el conflicto se sofocaría en tierras polacas y no llegaría a más. Cuando en la primavera de 1940 los ejércitos alemanes invadieron Noruega, Dinamarca, Holanda, Bélgica y finalmente vencieron a Francia, la situación parecía de victoria total de Hitler sobre Europa. Ese verano tan sólo Gran Bretaña, maltrecha tras su retirada de Dunquerque, pero con un nuevo gobierno encabezado por Churchill, desafiaba el Nuevo Orden que el Führer preparaba para Europa y también África.

Franco movió entonces sus peones con la intención de ofrecer a Hitler su participación en la guerra contra Inglaterra a cambio de un apreciable botín colonial (todo el Marruecos francés, el Oranesado en Argelia y una ampliación sustancial de la Guinea española). Comienza entonces el tira y afloja entre un Franco que ve la oportunidad de oro que se presenta, pero que sólo moverá sus ejércitos si tiene la seguridad de obtener ese botín, y un Hitler envanecido por su victoria sobre Francia y su dominio de Europa, pero sólo interesado en el ataque a Gibraltar, para dar un golpe mortal a Inglaterra. Es en ese contexto cuando Franco prepara en absoluto secreto la invasión española de la zona francesa de Marruecos (junio de 1940), el ataque a Gibraltar (julio-octubre 1940) y la invasión de Portugal (diciembre de 1940).

En el aspecto estratégico las operaciones de Gibraltar y Portugal estaban íntimamente relacionadas. Si la entrada española en la guerra se iniciaba con un ataque sorpresa sobre la Roca, se esperaba por parte española que la respuesta obvia británica sería un ataque inglés sobre las Islas Canarias, buscando una base naval de sustitución. En los cálculos siempre precavidos de Franco y Vigón entraba dentro de lo posible que Churchill pretendiera después golpear a España mediante un desembarco en la Península por la vía más fácil: Portugal. Para evitarlo, la única solución, dada la proclividad portuguesa hacia sus históricos aliados ingleses, era adelantarse con una invasión preventiva española de Portugal. El plan de invasión elaborado al detalle por el Alto Estado Mayor estaba listo en diciembre de 1940, tan sólo a la espera de la firma de Franco para ponerlo en práctica. Se preveía una guerra corta de seis meses que pondría contra las cuerdas a la odiada Inglaterra. En verdad España no tenía capacidad para más, pero el botín merecía la pena a los ojos de Franco.

Como sabemos, España no entró finalmente en la Segunda Guerra Mundial, pero este libro demuestra que estuvo muy cerca de hacerlo. Las negociaciones diplomáticas y la vía militar, se usaron simultáneamente por Franco con un objetivo final muy claro: conseguir para España un imperio colonial y un nuevo estatus de gran potencia en Europa. El porqué no se llegó finalmente a este desenlace lo encontrará el lector en las páginas que siguen.

Abreviaturas

AAEMDO	Archivo del Alto Estado Mayor, División de Operaciones
AA	Archivo Araquistain. Archivo Histórico Nacional
AB	Archivo Beigbeder
AEM	Alto Estado Mayor
AGA	Archivo General de la Administración
AGE	Agrupación de Guerrilleros Españoles
AGM	Archivo General Militar
AHA	Archivo Histórico del Aire
AMAE	Archivo del Ministerio de Asuntos Exteriores
AMFAE	Archivo del Ministerio francés de Asuntos Exteriores
AV	Archivo Varela
CFLN	Comité Francés de Liberación Nacional
DAI	Delegación de Asuntos Indígenas
DGFP	Documents on German Foreign Policy
DIHGF	Documentos inéditos para la Historia del Generalísimo Franco
DDI	Documenti Diplomatici Italiani
EME	Estado Mayor del Ejército
FFF	Fundación Francisco Franco
FO	Foreign Office

FTP	Franc-Tireurs et Partisans
JE	Jefatura del Estado
NA	The National Archives
SHAT	Service Historique de l'Armée de Terre
SHEMA	Servicio Histórico del Estado Mayor de la Armada
UNE	Unión Nacional española
V-E	Vichy - España

Agradecimientos

A lo largo de esta investigación, que se ha prolongado durante un cierto número de años, he ido contrayendo una serie de deudas de gratitud que me gustaría explicitar aquí. Dentro de la Universidad Complutense de Madrid, debo agradecer su apoyo y orientación especialmente a los profesores Antonio Fernández y a Rosario de la Torre. Por sus amplios conocimientos en torno al norte de África y por permitirme disponer de su amplia biblioteca al respecto, debo especial gratitud al profesor Víctor Morales Lezcano, de la UNED. También debo señalar aquí mi agradecimiento al profesor Morten Heiberg, de la Universidad de Copenhague, por su generosidad al compartir ciertos documentos militares italianos de gran interés.

En cuanto a los archivos de difícil acceso, debo agradecer encarecidamente al general Francisco Zorzo Ferrer, antiguo jefe del Instituto de Historia y Cultura Militar, sus gestiones cerca del Estado Mayor de la Defensa, y a su entonces cabeza, el general Félix Sanz Roldan, su permiso para poder consultar el Archivo de la Sección de Operaciones del antiguo Alto Estado Mayor. Igualmente debo agradecer a Casilda Varela y al comandante Jesús Núñez el permiso para examinar el voluminoso archivo del general Varela.

Del Archivo del Aire guardo un grato recuerdo de la buena disposición y eficacia de Maite Hermoso de Mendoza, hoy destinada en el

Archivo Histórico Militar de Madrid. Del mismo modo debo mostrar mi gratitud al personal del Archivo General de la Administración y al del Archivo y Biblioteca del Ministerio de Asuntos Exteriores.

Madrid, otoño de 2007

Introducción

Durante los tres primeros años de la Segunda Guerra Mundial, es decir hasta bien entrado 1942, la España de Franco se planteó muy seriamente su entrada en el conflicto al lado de alemanes e italianos.

El factor fundamental que determinó tan importante decisión en última instancia (la adquisición o no de un imperio por España en el norte de África a cambio de su participación) ha sido escasamente estudiado por la historiografía. Este libro aspira a llenar ese vacío y a resaltar el carácter casi obsesivo que para Franco y sus colaboradores más cercanos tuvo el problema africano, hasta el punto de determinar su política exterior en momentos extremadamente delicados tanto para el régimen como para el orden internacional entonces existente.

He juzgado de especial interés analizar la situación en el verano de 1940 y los meses siguientes, pues fue en ese momento (marcado por la derrota francesa) cuando se manifestaron más claramente las intenciones imperialistas de Franco y sus consejeros sobre el norte de África. Los planes de operaciones preparados con todo cuidado para los dos cuerpos de ejército desplegados en Marruecos en 1940 (unos 150.000 hombres), que he tenido la ocasión de ser el primero en examinar, no dejan lugar a dudas: el Caudillo planeó una invasión del Marruecos francés en toda regla. Los documentos inéditos que acreditan estas intenciones ofensivas son una de las principales novedades del presente estudio. Otra no menos importante es la disposición que tuvo Franco para entrar en el club de las potencias agresoras del Eje, planificando minuciosamente las cuatro operaciones militares que, desencadenadas por sorpresa, harían entrar a España en la Segunda Guerra Mundial por la puerta grande. Me refiero a los preparativos, que se muestran aquí por primera vez, para atacar Gibraltar y simultáneamente invadir Portugal, el Marruecos francés y ocasionalmente el sudeste de Francia, aunque esto último data de un plan posterior, de junio de 1942.

Estas evidencias echan por tierra la tradicional versión de que Franco fue escrupulosamente neutral y no se dejó arrastrar por las presiones hitlerianas para que entrara en guerra. La realidad es que preparó todos los detalles para hacerlo en el momento que considerara más oportuno, y para no desbaratar el factor sorpresa, las operaciones se harían sin previo aviso a sus socios del Eje. En esto Franco no hacía sino seguir el modelo establecido por Hitler en 1939: invadir países sin contar ni rendir cuentas a su indiscreto socio principal. El Duce, irritado por ello y no queriendo ser menos, invadió Albania en mayo y Grecia un año más tarde. El Caudillo buscaba con ello actuar cuando y como le conviniera, sin servidumbres de socio menor. Buscaba para España un papel de aliado con igual estatus que Alemania e Italia. Este ansia de prestigio e independencia no estaba reñido con el realismo de que si las cosas se ponían feas y la guerra española se prolongaba por más de seis meses, sería inevitable pedir ayuda aérea, naval y militar a Berlín y Roma.

Por tanto, conviene aclarar de una vez por todas que si España no entró en guerra en 1940 no fue por falta de voluntad de su máximo dirigente, sino porque no consiguió garantías de sus potenciales aliados, Hitler y Mussolini, que le aseguraran la obtención de un imperio colonial en el norte de África. Este es por tanto el tema esencial, y alrededor de él gira toda la política, la diplomacia y los preparativos militares de España en un momento (1940-1941) que hemos calificado como de la GRAN TENTACIÓN, la gran tentación de intervenir en la guerra a cambio de un imperio.

Naturalmente, para comprender la importancia que el tema norteafricano llegó a adquirir en las mentes de Franco y sus colaboradores en los primeros años cuarenta es necesario remontarse dos décadas atrás en el tiempo. La «obsesión» por Marruecos quedó fijada en tratar de reparar dos injusticias, verdaderas heridas abiertas en el orgullo de muchos de los entonces jóvenes oficiales africanistas, luego llevados al poder por la guerra civil: en primer lugar la existencia desde 1923 de la ciudad de Tánger como un enclave bajo administración internacional, pero situado dentro del territorio del Protectorado español, por lo tanto toda una afrenta. En segundo lugar, lo que se consideraba un grave desequilibrio en el reparto colonial del mismo Marruecos, donde a España se le había asignado en 1912 una porción de territorio ridícula y pobre, en comparación con Francia, la gran beneficiada, con el 80% del territorio marroquí en sus manos, que naturalmente incluía la totalidad de las zonas fértiles en agricultura o ricas en minerales.

Ambos problemas, por tener una relativa complejidad, requieren un tratamiento diferenciado. Por ello el libro ha sido dividido en dos grandes secciones: la obtención de Tánger, que representaba un primer paso en el camino hacia el imperio, y en segundo lugar el resto de pasos dados para formar ese imperio soñado, bien por la fuerza militar o, si esto presentaba problemas, usando la vía diplomática, la negociación.

En una primera parte, bajo el título «Tánger, primer paso hacia el imperio», se analiza el machacón interés español por la ciudad desde la misma firma del Estatuto de 1923, la situación tangerina entre el fin de la guerra civil y el principio de la mundial, y las especiales circunstancias que precedieron y siguieron a su ocupación por España entre junio de 1940 y septiembre de 1945. Quedará demostrado cómo aquella ocupación no fue una acción súbita al calor de la inesperada derrota francesa (como habitualmente se ha presentado), sino que respondía a una minuciosa planificación previa de Franco y su ministro de Exteriores, Beigbeder, que se remonta a entre tres y doce meses atrás.

A partir de esa ocupación estudiaremos el proceso de españolización y asimilación de Tánger, la creciente actividad germana a partir de la apertura en 1941 de un Consulado alemán, y la lucha de propagandas beligerantes en la ciudad. Completamos este análisis con un examen de la situación económica allí provocada por el bloqueo aliado y cómo el giro neutralista emprendido por Madrid desde 1943 tuvo su correlato en Tánger con una actitud española cada vez más favorable a los anglo-americanos a medida que avanzaba la guerra.

La segunda parte, bajo el titulo «La oportunidad de oro: el imperio posible», está centrada en las pretensiones españolas en el resto del norte de África. Dedicaremos un espacio a los orígenes históricos del interés de España por el Magreb, distinguiendo entre las tradicionales demandas irredentistas y las nuevas reivindicaciones de corte imperialista surgidas tras la derrota de Francia en 1940. Desvelaremos, con documentos inéditos, cómo esta favorable coyuntura estuvo a punto de desencadenar una intervención unilateral de España en el Marruecos francés en junio de 1940, y cómo se mantuvo preparada esta opción militar mientras se desarrollaban, simultáneamente y en secreto, conversaciones de Madrid con Vichy, Londres y Berlín. Veremos cómo en esta difícil y persistente actividad diplomática en torno a Marruecos, el Gobierno de Franco buscó alcanzar metas muy distintas según quién fuera su interlocutor: de Francia e Inglaterra una mera rectificación de fronteras en Marruecos, basada en argumentos jurídicos más o menos sólidos, mientras que de Alemania se pretendió obtener todo un nuevo imperio colonial en el norte de África como botín de guerra a cambio de la participación de España en el conflicto.

Junto a la que podemos llamar vía diplomática para conseguir esos objetivos, Franco se planteó desde fecha muy temprana (octubre de 1939) la vía militar, es decir la entrada de España en guerra contra Francia y Gran Bretaña, en alianza con el Eje italo-alemán. Durante cerca de dos años se hicieron preparativos militares muy serios desde la Junta de Defensa Nacional y los Estados Mayores de los tres Ejércitos hacia este fin, planificando operaciones contra Gibraltar, Marruecos, Portugal y, ya en 1942, contra la misma Francia continental.

Que Franco decidiera en última instancia no intervenir a finales del año 1940, cuando se preveía una guerra fácil y corta que terminara con Inglaterra, ni dos años más tarde, en 1942, cuando la guerra ya se había complicado sobremanera, convirtiéndose en un conflicto a escala mundial, no significa que tengamos que olvidar esta realidad, esa voluntad de intervención. La tentación de aprovechar la oportunidad única de convertir a España en el tercer socio del Eje (Japón se uniría más tarde), con un peso y capacidad decisoria sin precedentes en el Nuevo Orden euroafricano que se preparaba era demasiado fuerte, y Franco casi sucumbe a ella. Documentos militares celosamente guardados en secreto hasta hoy, y que tratamos en los capítulos siguientes, lo ponen de manifiesto de manera indiscutible.

Sobre historiografía en torno a «la tentación»

Sesenta años después del gran conflicto mundial que ha conformado nuestra era, lo sorprendente es que, tras la oleada ingente de publicaciones dedicadas a la guerra civil, no exista en la historiografía tanto española como extranjera una sola obra centrada en analizar en profundidad este momento histórico tan particular y decisivo para España, los años 1940-1941. Por la misma razón no existen monografías dedicadas a la tentación intervencionista de España en la Segunda Guerra Mundial, y mucho menos a su planificación militar. Lo mismo cabe decir del factor más importante en juego para comprender la política exterior de Franco en tan delicados momentos: la obsesión por obtener el Marruecos francés. Tampoco existe ninguna monografía centrada en la ocupación española de Tánger entre 1940 y 1945, que marcó el primer paso de la senda imperialista.[1] Una obra de Javier Tusell de hace ya una década dedica unas sugerentes

[1] La obra *Tánger bajo la acción protectora de España durante el conflicto mundial*, Ministerio de Asuntos Exteriores, Madrid, 1946, es una publicación oficial de marcado carácter exculpatorio, aunque contiene datos útiles.

páginas a estos problemas, pero siempre englobados dentro de la temática más general de España en el contexto de la Segunda Guerra Mundial.[2] Gustau Nerín y Alfred Bosch, en un libro más reciente de indudables méritos, sí lo hacen, pero sin el detenimiento necesario, pues el tema de la obsesión imperialista de Franco por Marruecos queda diluido entre otros muchos que llegan hasta la Marcha Verde de 1975.[3] Con la presente obra aspiramos a llenar este vacío y a mostrar el verdadero rostro de la política española en aquellos momentos, basándonos en documentos tan indiscutibles como inéditos.

Sí existen, sin embargo, aportaciones en forma de artículos dedicados a la ocupación de Tánger debidos a Halstead, Hernando de Larramendi y, más recientemente, Susana Sueiro, ciertamente útiles para abrir brecha pero lejos de haber agotado el tema y sus implicaciones.[4] Esta última ha escrito una monografía estimable centrada en los años 1923-1930[5] que permite conocer las gestiones diplomáticas del general Primo de Rivera en torno a Tánger y Marruecos y la larga historia de los contenciosos fronterizos hispano-franceses en la región.

Para comprender los orígenes y desarrollo de la presencia española en el norte de África son recomendables los estudios de Víctor Morales Lezcano y de Ramón Salas Larrazabal. Ambos, a pesar de cubrir todo el periodo 1912-1956, pasan extrañamente por alto el proyecto inter-

---

[2] Javier TUSELL, *Franco, España y la Segunda Guerra Mundial*, Ediciones Temas de Hoy, Madrid, 1995, pp. 105-123 y 133-147.

[3] Gustau NERÍN y Alfred BOSCH, *El imperio que nunca existió. La aventura colonial discutida en Hendaya*, Plaza y Janés, Barcelona, 2001.

[4] C.R HALSTEAD y C.I HALSTEAD, «Aborted Imperialism: Spain's occupation of Tangier, 1940-1945», *Iberian Studies*, VII, núm. 2, 1978, pp. 53-71. Miguel HERNANDO DE LARRAMENDI, «Tánger durante la ocupación española, 1940-1945», *Actas del Congreso Internacional sobre el Estrecho de Gibraltar*, 1987, III, pp. 571-582, y Susana SUEIRO, «España en Tánger durante la Segunda Guerra Mundial: la consumación de un viejo anhelo», *Espacio, Tiempo y Forma*, serie V, volumen 7, 1994, pp. 135-163.

[5] Susana SUEIRO, *España en el Mediterráneo: Primo de Rivera y la cuestión marroquí, 1923-1930*, Uned, Madrid, 1993.

vencionista español de 1940 sobre el Protectorado francés.[6] Entre los estudios más recientes, críticos y renovadores destaca el del británico Sebastian Balfour, que analiza la actuación de las fuerzas coloniales españolas en Marruecos entre 1909 y 1939, con páginas muy reveladoras sobre la mentalidad de los oficiales «africanistas»,[7] pero que no alcanza en su análisis los años de la Segunda Guerra Mundial.

Sobre la actitud de las Fuerzas Armadas francesas en relación con el Protectorado español en Marruecos durante la guerra civil (que explica en parte los mutuos recelos franco-españoles en 1939-1940), resulta muy esclarecedor el capítulo correspondiente de la obra de Jaime Martínez Parrilla, basada en documentación militar francesa inédita.[8] Matthieu Séguéla, basándose en fuentes diplomáticas francesas y españolas, hace interesantes aportaciones a las problemáticas relaciones Madrid-Vichy en torno al norte de África entre 1940 y 1942.[9] Sin embargo, la innovadora tesis de este autor (la supuesta alianza Franco-Pétain tras su encuentro en Montpellier para mantenerse alejados del conflicto), queda finalmente sin demostración palpable a lo largo de sus páginas.

De bastante mayor entidad para conocer las relaciones hispano-francesas durante los años de la guerra es el pormenorizado estudio de Michel Catalá, basado en su documentada tesis doctoral. La dimensión marroquí en esas relaciones es acertadamente señalada por el autor como uno de sus ejes principales.[10]

---

[6] Víctor MORALES LEZCANO, *España y el Norte de África: el Protectorado de Marruecos (1912-1956)*, Uned, Madrid, 1984, y Ramón SALAS LARRAZÁBAL, *El Protectorado de España en Marruecos*, Mapfre, Madrid, 1992.

[7] Sebastian BALFOUR, *Abrazo mortal. De la guerra colonial a la guerra civil en España y Marruecos (1909-1939)*, Península, Barcelona, 2002.

[8] Jaime MARTÍNEZ PARRILLA, *Las Fuerzas Armadas francesas ante la guerra civil española (1936-1939)*, Ediciones Ejército, Madrid, 1987, pp. 159-207.

[9] Matthieu SÉGUÉLA, *Franco Pétain. Los secretos de una alianza*, Editorial Prensa Ibérica, Barcelona, 1994, pp. 71-135.

[10] Michel CATALÁ, *Les relations franco-espagnoles pendant la deuxième guerre mondiale. Rapprochement nécessaire réconciliation impossible, 1939-1944*, L'Harmattan, 1997.

Aspectos parciales de las pretensiones españolas en África en 1940 han sido tratados por Víctor Morales Lezcano, sobre fuentes alemanas e inglesas, y por Javier Tusell y Genoveva García Queipo de Llano,[11] básicamente sobre documentación italiana. Ambos estudios supusieron en su día una profunda y primera revisión de la interpretación comúnmente aceptada hasta entonces sobre la neutralidad española.

Una importante aportación para el tema de la intervención italiana en la guerra civil y sus secuelas en la mundial, como la rivalidad hispano-italiana en la carrera colonial por el norte de África, es el innovador trabajo del danés Morten Heiberg.[12] Su trabajo adquiere doble valor al haber tenido acceso por vez primera a importantes documentos de los archivos militares italianos, hasta hoy inaccesibles.

Los estudios centrados en la planificación militar de los dos bandos beligerantes en la Segunda Guerra Mundial en torno al norte de África, merecen un comentario detenido. Carecemos todavía de una investigación rigurosa que arroje luz sobre un tema tan significativo como los planes expansionistas italianos para Túnez, Argelia y el propio Marruecos, que se desarrollaron en la primavera de 1940 y que colisionaban frontalmente con los intereses españoles. Las aportaciones de Morten Heiberg, aunque reveladoras, están lejos de haber agotado el tema.

La planificación militar inglesa y luego anglo-americana referente a la Península Ibérica, islas del atlántico y norte de África sí ha sido estudiada, con más o menos acierto, por Luis Pascual Sánchez-Gijón y por Antonio Marquina Barrio.[13] Para los planes militares alemanes

---

[11] Víctor MORALES LEZCANO, *Historia de la no beligerancia española durante la Segunda Guerra Mundial*, Excma. Mancomunidad de Cabildos de Las Palmas, 1980, y Javier TUSELL y Genoveva GARCÍA QUEIPO DE LLANO, *Franco y Mussolini. La política española durante la Segunda Guerra Mundial*, Planeta, Barcelona, 1987.

[12] Morten HEIBERG, *Emperadores del Mediterráneo. Franco, Mussolini y la guerra civil española*, Crítica, Barcelona, 2004.

[13] Luis PASCUAL SÁNCHEZ-GIJÓN, *La planificación militar británica y España (1940-1942)*, Instituto de Cuestiones Internacionales, Madrid, 1984, y Antonio MARQUINA BARRIO, *España en la política de seguridad occidental, 1939-1986*, Ediciones Ejército, Madrid, 1986, pp. 48-119.

sigue siendo fundamental, a pesar de los casi treinta años transcurridos desde su publicación, el documentado y detenido estudio del norteamericano Charles B. Burdick.[14] El interés vital de Hitler en obtener bases aéreas y submarinas en la costa atlántica marroquí y en Canarias con vistas a un enfrentamiento futuro y decisivo con EE UU (y cómo maniobró hábilmente pero sin éxito para intentar conciliar los intereses franceses, italianos y españoles en la zona) es el sugerente tema de un innovador estudio muy bien documentado a cargo de Norman J W. Goda. Su aportación es esencial para comprender la estrategia alemana en 1940 y su papel en el «gran engaño» urdido por el Führer sobre las tres potencias mediterráneas.

A pesar de los trabajos reseñados, la planificación de los ejércitos españoles en el norte de África en esos momentos claves, de un interés histórico capital, ha permanecido extrañamente desconocida hasta el día de hoy. Una de las razones puede haber sido el difícil acceso a la documentación de los archivos militares en España, todavía en un tortuoso y lento proceso de «desclasificación», capaz de acabar con la paciencia de más de un investigador. El autor de estas páginas ha tratado de llenar este vacío con los documentos que hoy son accesibles, por ejemplo en el rico Archivo del general Varela, ministro del Ejército entre 1939 y 1942, o accediendo a la documentación que hoy se conserva de lo que fue la 1ª Sección del Alto Estado Mayor, que se ocupaba de la planificación de las grandes operaciones militares. Esto nos va a permitir conocer (por primera vez en sesenta años) una serie de planes ofensivos españoles a desarrollar en cuatro frentes (Gibraltar, Marruecos, Francia y Portugal), que aunque no fueron finalmente puestos en práctica, permiten caracterizar mucho mejor la supuesta neutralidad española, mucho más circunstancial y forzada que realmente sentida.

Sobre la actitud británica respecto a la ocupación de Tánger y su valoración en general de las aspiraciones españolas en el norte de Áfri-

---

[14] Charles B. BURDICK, *Germany's military strategy and Spain in World War II*, Syracuse University Press, Nueva York, 1968.

ca, es imprescindible la consulta de una obra de Denis Smyth, que aunque data de hace una veintena de años, no ha sido superada. Una interpretación del mismo tema, pero desde la perspectiva de una historiadora española se puede encontrar en un brillante artículo de Susana Sueiro.[15]

En relación con las pretensiones alemanas en la zona norteafricana, un esclarecedor artículo de Rafael García Pérez viene a demostrar cómo el futuro imperio español en el norte de África, dado el alcance de las concesiones económicas hechas por España al Reich en el otoño de 1940, habría resultado ser, de llevarse a efecto, un colonialismo hipotecado y compartido entre Madrid y Berlín.[16] Sorprendentemente el intrusismo alemán habría afectado con toda probabilidad al mismísimo protectorado español. Como acertadamente señala Goda, Hitler planeó con todo descaro, una vez conquistado Gibraltar, establecer bases aéreas alemanas en el Marruecos español e instalar allí varias de sus divisiones blindadas mientras durase la guerra, para prevenir una eventual secesión de los territorios franceses del norte de África favorable a De Gaulle.

Finalmente conviene hacer referencia, aunque sólo sea simbólica, a Juan Beigbeder Atienza, el verdadero impulsor de las iniciativas españolas en torno a Marruecos en aquellos meses trascendentales. A pesar de la importancia del personaje en este aspecto concreto, permanece hoy como un gran desconocido para la historiografía. Un par de artículos del norteamericano Halstead y unas interesantes páginas de Tusell,[17] no alcanzan a desvelar los recovecos de una personalidad tan discutida en su época como ignorada tras su caída. El per-

---

[15] Denis SMYTH, *Diplomacy and strategy of survival. British Policy and Franco's Spain, 1940-1941*, Cambridge University Press, 1986, y Susana SUEIRO, «Sueños de Imperio: las pretensiones territoriales españolas en Marruecos y la diplomacia británica durante la Segunda Guerra Mundial», *El Régimen de Franco 1936-1975*. Congreso Internacional UNED, volumen 2, Madrid, 1993, pp. 299-319.

[17] Charles R. HALSTEAD, *«A somewhat Machiavellian face: colonel Juan Beigbeder as High Comissioner in Spanish Morocco, 1937-1939», The Historian*, XXXVII, núm.1,

sonaje está a la espera de una biografía que estudie en profundidad su apreciada labor como Alto Comisario (1937-1939) en plena guerra civil y más tarde su actividad como ministro de Exteriores (1939-1940) o como conspirador proaliado de los círculos monárquicos juanistas (1941-1947).

Sobre archivos y documentos (inéditos)

En cuanto a las fuentes documentales empleadas en este libro, con toda intención se ha dado primacía a la consulta de los fondos españoles más relevantes, precisamente por ser los menos trabajados. No obstante, un examen exhaustivo de los archivos militares y de Asuntos Exteriores de Francia, Gran Bretaña, Alemania e Italia pueden arrojar luz sobre puntos que todavía permanecen oscuros.

El Archivo del Ministerio de Asuntos Exteriores (AMAE) en Madrid, conserva la correspondencia, de cierto interés, de los cónsules españoles en Tánger, Rabat, Casablanca, Orán y Argel con el ministro de Asuntos Exteriores, y la de éste con el Alto Comisario de España en Marruecos. Son interesantes los informes y telegramas del embajador Lequerica desde París y luego Vichy, aunque escasos los referentes al tema específico de Marruecos. El principal obstáculo con que se encuentra cualquier investigador que se acerque a este archivo es que los informes, cartas y documentos en general permanecen desperdigados en multitud de legajos no consecutivos, sin inventario o clasificación alguna, haciendo lenta y penosa la labor de consulta si ésta pretende ser mínimamente exhaustiva.

XI-1974, pp. 44-66, y «Un africain méconnu: le colonel Juan Beigbeder», *Revue d'Histoire de la Deuxième Guerre Moindiale*, XXI, núm. 83, 1971, pp. 31-60. Javier TUSELL, *Franco, España y la Segunda Guerra...*, pp. 35-41.

Tusell tuvo acceso a una serie de documentos de Beigbeder, procedentes de la colección de José Mario Armero, que arrojan algo de luz sobre este enigmático personaje.

Este problema no es exclusivo del archivo de Exteriores. La documentación básica para el tema de España, Tánger y Marruecos durante los años de la Segunda Guerra Mundial está muy dispersa. La Dirección General de Marruecos y Colonias, junto al Alto Comisario de España en Marruecos, dependieron administrativamente hasta 1941 del Ministerio de Asuntos Exteriores y desde esa fecha en adelante de Presidencia del Gobierno. Por esta razón una parte de la documentación se encuentra en el AMAE, pero la inmensa mayoría se depositó en los años setenta en el Archivo General de la Administración (AGA), en Alcalá de Henares. Su sección denominada «África», que contiene también los asuntos relacionados con Sidi Ifni, Sáhara y la antigua Guinea española, alberga una amplia documentación relativa a aspectos políticos, económicos y administrativos del Protectorado. Lamentablemente, cuando se hizo la consulta, los fondos de esta sección estaban en proceso de ordenación y clasificación, y sólo fue posible una consulta parcial de los mismos.

La correspondencia del agregado militar en París y luego en Vichy, teniente coronel Barroso, personaje muy cercano a Franco, referente al periodo 1940-1941 y conservada en el Archivo General Militar (AGM) de Ávila, en los fondos de la 2ª Sección (información) del Estado Mayor del Ejército (EME), ha sido muy reveladora de intenciones y estados de ánimo entre el elemento militar en el momento de una posible intervención en el Marruecos francés. Sin embargo, los fondos de la 3ª sección del EME (operaciones), de máximo interés, pues deberían contener documentación sobre los planes ofensivos y defensivos de las tropas españolas en Marruecos, permanecen inaccesibles al investigador. Unas dos mil cajas de documentos siguen cerradas desde su llegada a Ávila en 1997 pendientes de una «desclasificación» que nunca llega y del personal para llevarla a cabo. Como antes hemos señalado se ha solventado en parte esta dificultad consultando el Archivo del general Varela en Cádiz, donde se encuentran documentos y mapas manejados por el ministro del Ejército que despejan cualquier duda sobre las intenciones ofensivas españolas sobre la zona francesa. Estas «pruebas» se ven corroboradas por los documentos del SIM italiano que amablemente nos fueron cedidos en su día por Morten Heiberg.

Nuestra particular lucha de tantos años con los archivos militares españoles se ha visto en parte recompensada con el permiso obtenido en 2005 del general jefe del Estado Mayor de la Defensa para consultar los fondos que se conservan de la 1ª Sección del Alto Estado Mayor, relativa a operaciones. Gracias a ello, hemos podido conocer dos importantes operaciones ofensivas (totalmente desconocidas hasta hoy) que se proyectaron contra Portugal (1940) y el sur de Francia (1942), que nos permiten perfilar mucho mejor la realidad, seriedad y alcance de esa tentación intervencionista junto al Eje.

El Archivo de Presidencia del Gobierno en el palacio de la Moncloa, custodia en la sección de Jefatura del Estado (JE), unos reveladores informes sobre el dispositivo militar francés en Marruecos, Argelia y Túnez, elaborados por el Alto Estado Mayor en octubre de 1940. El Archivo del Servicio Histórico del Estado Mayor de la Armada (SHEMA), en Madrid, contiene escasas referencias a Marruecos, pero sí un interesante estudio, también procedente del Alto Estado Mayor, sobre el sistema defensivo francés en la costa atlántica de su Protectorado en Marruecos, fechado en julio de 1940.

Todo esto nos conduce inevitablemente a tratar del espinoso tema de los fondos del Alto Estado Mayor (AEM) y de otra institución de importancia vital, la Junta de Defensa Nacional, los dos altos organismos creados en agosto de 1939 con las máximas atribuciones decisorias en materia de defensa. La posible intervención española en el Marruecos francés en 1940, dada la trascendencia de un paso así, tuvo que ser tratada con seguridad en estas instituciones, por lo que, en su momento, juzgamos como una necesidad prioritaria localizar sus archivos. Como hemos referido anteriormente, en 2005 se consiguió un permiso especial para examinar la documentación que se conserva de la 1ª Sección (Operaciones) del AEM. De las demás secciones, como de la importante 3ª (Inteligencia y contraespionaje) no se conserva documentación o está en paradero desconocido y, por lo tanto, inaccesible. El resultado de las gestiones realizadas en el Ministerio de Defensa para averiguar la ubicación de la valiosa documentación de la Junta de Defensa ha sido también decepcionante: oficialmente no se sabe dónde esta, ni si existe o, lo que es más lamentable, si fue destruida en los años ochenta.

El Archivo Histórico del Aire (AHA) en Villaviciosa de Odón (Madrid) custodia los informes del agregado aéreo en París y luego en Vichy, teniente coronel Ansaldo. El polémico pilotó que conducía el avión en el que murió Sanjurjo y luego notorio conspirador monárquico, era afortunadamente muy locuaz también en sus escritos oficiales. Aunque incompletos, corroboran lo que sabemos sobre la preocupación española respecto a la creciente fuerza de la aviación francesa en el norte de África tras el armisticio, elemento que dificultaba una posible invasión española. La documentación sobre la Zona Aérea de Marruecos y la relativa a la tercera Sección del Estado Mayor del Aire (operaciones) no pudo ser consultada, aunque es posible que aparezca una vez se dé por finalizada la lenta desclasificación de fondos, que en los archivos militares parece estar siempre en curso.

La originalidad de la presente obra estriba en haber hecho uso de las fuentes militares españolas accesibles, muy poco utilizadas en los estudios tradicionales, en los que prima la documentación diplomática. A pesar de ello somos plenamente conscientes del carácter meramente complementario de la documentación militar a la hora de estudiar la toma de decisiones políticas, aún en el caso de un régimen como el de Franco en estos primeros años, tan marcado por su componente militar. La largamente esperada «desclasificación» final de la documentación custodiada en los archivos de las tres armas para el periodo de la Segunda Guerra Mundial va a abrir un campo de estudio, de indudable atractivo para el investigador del primer franquismo y va a proporcionar, a buen seguro, más de una sorpresa. Tan sólo hace falta armarse de unas buenas dosis de paciencia, pues la espera puede durar décadas.

En cuanto a la documentación publicada, se han estudiado a fondo las colecciones de documentos de los ministerios de Asuntos

Exteriores alemán e italiano relacionados con Marruecos.[18] Entre los documentos editados por la Fundación Francisco Franco, que cubren básicamente el periodo 1937-1944, ha sido muy útil el examen detenido de las cartas dirigidas a Franco por el coronel Beigbeder, en su condición, primero de Alto Comisario en Marruecos, y luego de ministro de Asuntos Exteriores, y las de éste con Asensio, su sucesor en Tetuán. Por su interés, algunas de ellas son reproducidas en el apéndice documental. Hoy en día la Fundación Francisco Franco tiene digitalizados 27.000 de los 30.000 documentos que contiene su archivo, facilitando con ello en gran medida la consulta y la investigación.

El presente estudio trata de aproximarse al problema y sus fuentes, partiendo de dar un mayor peso a la óptica militar en relación con el norte de África, especialmente durante 1940, el llamado año de la tentación española. Con ello se busca enriquecer el análisis con un punto de vista, el de las Fuerzas Armadas, habitualmente relegado en otras investigaciones. No se ha descuidado, sin embargo, el análisis pormenorizado de las conversaciones diplomáticas que el Gobierno de Franco mantuvo con Alemania, Italia, Francia o Inglaterra con Marruecos como tema central. En ningún caso se ha pretendido hacer un estudio exhaustivo sobre Tánger, los años de ocupación española o la actitud de España en el norte de África durante la Segunda Guerra Mundial. Nuestro interés se centra en el momento de la tentación belicista de Franco y su obsesión por obtener amplias ganancias territoriales en la zona.

No obstante, puesto que fue Tánger el lugar elegido para llevar a cabo el primer acto de fuerza que debía marcar el camino para la formación del nuevo imperio español en África, allí debemos comenzar nuestro relato.

---

[18] Documents on German Foreign Policy (DGFP), serie D, vols. VI-XIII, (1939-1943), H. M's Stationery Office, Londres, 1956-1964, y Documenti Diplomatici Italiani (DDI), series 8 y 9, (1939-1943), Ministero degli Affari Esteri, Instituto Poligrafico e Zecca dello Stato, Roma, 1987.

Primera parte

Tánger, primer paso hacia el imperio

1

Antecedentes

La luminosa ciudad portuaria de Tánger, la más importante del norte de Marruecos, era en los años treinta un enclave bajo administración internacional en el extremo noroccidental del llamado Protectorado español de Marruecos. Las razones para la existencia y permanencia de tan singular régimen hay que buscarlos en los intereses estratégicos y navales de Gran Bretaña. Inglaterra no deseaba que ninguna potencia controlara (y pudiera poner en peligro) el otro extremo del Estrecho de Gibraltar y decidió, en estrecho acuerdo con Francia, imponer una solución plurinacional al problema. En consecuencia la ciudad pasó a regirse desde 1923 por un Estatuto internacional firmado por ocho países,[1] que sólo fue modificado muy ligeramente en favor de España en 1928, durante la dictadura del general Primo de Rivera.

Los sucesivos gobiernos españoles en los años veinte y treinta siempre consideraron que la firma de España en ese Estatuto había sido obtenida bajo fuerte presión de Francia,[2] que amenazó con no colaborar en

[1] El Estatuto internacional fue firmado por Francia, España y Gran Bretaña, adhiriéndose posteriormente Holanda, Bélgica, Suecia, Italia y Portugal.

[2] Para un seguimiento completo de las negociaciones del Estatuto, véase, Susana SUEIRO, «España y el contencioso de Tánger: el Estatuto de 1923», *Actas del Congreso Internacional* «El Estrecho de Gibraltar», Ceuta, noviembre de 1987.

la extinción de la sublevación rifeña si España no estampaba su firma en el convenio. Por lo tanto, Madrid nunca se resignó a la idea de haber perdido Tánger de forma definitiva. La verdad era que en aquellos momentos la situación provocada por la rebelión de Abd-el-krim se había hecho crítica para los españoles. El desastre de Annual en julio de 1921, que había supuesto más de ocho mil muertos y cientos de prisioneros entre las bisoñas tropas españolas, había exacerbado la oposición popular a continuar la guerra en Marruecos, que se consideraba costosa, antieconómica e inútil. Políticos y militares se echaban mutuamente la culpa de lo sucedido y continuaban en su habitual irresolución entre proseguir las operaciones o retirarse de la zona, a ser posible sin menoscabo del ya malparado prestigio de España como potencia protectora. La realidad fue que la colaboración militar francesa no surgió más que por propio interés, cuando más adelante, en abril de 1925, los rifeños cometieron el error de atacar la zona francesa con la intención de favorecer una rebelión general en todo Marruecos y crear una república del Rif independiente. Las operaciones conjuntas franco-españolas después del desembarco de Alhucemas acabaron finalmente por pacificar la zona en 1926.

Entre 1926 y 1928 el general Primo de Rivera trató de obtener la incorporación pura y simple de Tánger al Protectorado español, mezclando la diplomacia y las amenazas en sus conversaciones con Francia y Gran Bretaña, y agitando el fantasma de una posible alianza de España con la Italia de Mussolini.[3] La intentona no dio resultado. Sólo se consiguió una reforma parcial del convenio, firmada en julio de 1928, de alcances muy limitados: España recuperaba el mando de las fuerzas de policía que se ocuparían del orden público en la ciudad, tal y como ocurría antes de 1923.

Dado este fracaso y la consiguiente frustración, las aspiraciones españolas sobre Tánger se convirtieron durante las dos décadas siguientes

---

[3] Véase Susana SUEIRO, «La incorporación de Tánger, una batalla perdida de la diplomacia primorriverista». *Espacio, Tiempo y Forma*, serie V, volumen 2, 1989, pp. 69-87.

en uno de los principales escollos en las relaciones hispano-francesas. Algo silenciadas por los gobiernos de la II República, siempre deseosos de un buen entendimiento con París, estarían de nuevo presentes en el programa del general Franco tras su victoria en la guerra civil.

La verdad era que los españoles tenían motivos más que sobrados para estar enojados y dolidos. El mismo funcionamiento de la administración internacional de Tánger demostraba cómo, a pesar de la equidad aparente, Francia era en verdad la potencia hegemónica real en todos los órdenes: la suprema autoridad indígena en Tánger era el Mendub, un dignatario nombrado por el Sultán que residía en Rabat, en el Marruecos francés. Por lo tanto, ambos estaban sometidos a la directa influencia francesa y obedecían a sus intereses. En la práctica, Francia a través del Mendub controlaba el 70% de la población indígena de la ciudad, con lo que se aseguraba una cómoda posición en la Asamblea Legislativa, pues a sus cuatro representantes unía los seis miembros que representaban a los musulmanes.[4]

Lo significativo era que esta influencia francesa no se correspondía con el peso de su población en la ciudad. La mayoría de la colonia europea estaba constituida por españoles, y no por franceses: 14.000 sobre un total de 18.000 europeos. La población de Tánger en su conjunto era de 61.000 habitantes en 1940, entre los que se contaban además de los europeos citados, 7.000 judíos y 36.000 musulmanes nativos.[5] Todo ello hacía especialmente injusto el dominio francés a ojos españoles y se unía a otros muchos agravios.

Además, el poder teóricamente compartido a partes iguales entre las potencias signatarias del Estatuto condujo en realidad a una falta

[4] La Asamblea Legislativa estaba compuesta de 26 miembros: 4 españoles, 4 franceses, 3 británicos, 3 italianos, 1 belga, 1 holandés, 1 portugués, 6 musulmanes y 3 judíos.

[5] Según datos de los Servicios de Intervención españoles, el 30 de noviembre de 1941 la población total de Tánger había crecido hasta alcanzar los 79.886 habitantes. De los cuales, 50.250 eran marroquíes musulmanes, 7.102 judíos y 22.534 extranjeros. De estos últimos, los españoles eran 15.486, es decir, un 19,4% del total y un 68,72% de los europeos. Citado por Ramón SALAS, en *El Protectorado de España en Marruecos*, Mapfre, Madrid, 1992, p. 254.

de efectividad evidente. La permanente rivalidad franco-española dificultaba la agilidad en el gobierno, que veía sus medidas continuamente obstaculizadas por conflictos de competencia. Todo ello (conviene admitirlo), se promovía artificialmente desde Madrid con toda intención. La política española consistió durante años en entorpecer todo lo posible la gobernación de la ciudad para demostrar la inviabilidad del sistema y la necesidad de un cambio que sólo podía ir en una dirección. Desde la perspectiva española, Tánger debía volver a la administración de España por múltiples razones. Para los militares africanistas, desde Sanjurjo a Franco, pasando por nombres menos conocidos, Tánger representaba un espacio extraño, como una espina bajo administración internacional clavada en medio del Protectorado español.[6] Constituía un enclave que no sólo restaba homogeneidad al conjunto de la Zona española, sino que podía poner en peligro su misma seguridad y defensa: podía ser usado por cualquiera de las potencias hegemónicas en la región, especialmente Francia e Inglaterra, como cabeza de puente para un eventual desembarco y facilitar en caso de conflicto cualquier operación contra el Marruecos español.

Una opinión muy extendida entre los españoles consideraba el Estatuto de Tánger como el resultado de una imposición de las potencias europeas, una humillación y una fuente continua de problemas a los que debía ponerse fin. Por otro lado, la ciudad tenía un valor económico y geoestratégico innegable por su privilegiada posición en la entrada del Mediterráneo. Era, además, un puerto excelente para fomentar el comercio y una vía para la afluencia de riqueza a una zona económicamente muy deprimida, como era la asignada como Protectorado a España.

Para la mentalidad militar, el dominio español de Tánger junto con Cádiz permitiría además el control efectivo y total sobre la puerta occi-

---

[6] La ciudad de Tánger y la zona internacional circundante ocupaban una superficie de 583 km². La extensión del Protectorado español era de 20.640 km². Véase *Anuario Estadístico*, 1941. Zona de Protectorado y de los territorios de soberanía de España en el norte de África, p. 16. Citado por Ramón SALAS, op. cit.

dental del Mediterráneo, algo a lo que años después el general Gevenois se referiría como «poseer la llave y el cerrojo» de ese punto estratégico primordial en cualquier conflicto. Pero precisamente esto último era algo que Gran Bretaña y Francia estaban muy lejos de poderse permitir: era exactamente este peligro (el dominio de ambos lados del Estrecho por una sola potencia) lo que siempre habían tratado de evitar y a ello obedecía la internacionalización de Tánger a principios de los años veinte.

Como ha quedado apuntado, los problemas administrativos de la ciudad periódicamente produjeron tiranteces, especialmente entre España y Francia, por conflictos de jurisdicción y no pocas veces por el relevo en los puestos más importantes. Uno de los casos de mayor relevancia para España se inició en junio de 1936, fecha en la que, por rotación, correspondía a un representante español ocupar el puesto de Administrador de la ciudad. Cuando se fue a hacer efectivo ese relevo, y debido al estallido de la guerra civil en España, París, no sin cierta lógica, invocó astutamente la conveniencia de prorrogar el mandato del Administrador francés hasta que la situación volviera a la normalidad en la Península. Los sublevados, que se habían hecho con el control de todo el Protectorado español, no vieron con buenos ojos esta solución dilatoria, pero tuvieron que resignarse. Francia basó su postura en que no podía aceptar un administrador representante de una Junta militar —y más tarde de un Gobierno— a los que no reconocía oficialmente como tales. Recordemos que París, al igual que Londres, no reconocieron como legítimo al Gobierno de Franco hasta finales de febrero de 1939.

El problema del cambio en los administradores continuó arrastrándose hasta febrero de 1940, en que se reanudaron con gran parsimonia las conversaciones hispano-francesas. Esta vez París alegaba la difícil situación creada por la guerra en Europa para no ceder. La falta de solución a este problema sirvió como una excusa más para justificar la ocupación de Tánger por los españoles el 14 de junio de ese mismo año.

2

Tánger y el Marruecos español durante la guerra civil: los temores de Beigbeder y los planes militares franceses

A lo largo de la guerra civil, la política de la Junta de Burgos y luego del gobierno de Salamanca con respecto al Protectorado, incluido Tánger, fue de extrema cautela por un interés muy comprensible: no provocar en la zona incidentes que pudieran dar pie a una intervención francesa y el consiguiente conflicto armado con el país vecino.

Por el tratado de 1912, se había convenido entre Francia y España que, en caso de peligro en cualquiera de los dos protectorados para la estabilidad o la integridad del imperio xerifiano, ya fuera por amenazas internas (rebelión indígena, descomposición de la autoridad...) o externas (cesión o invasión del territorio por una tercera potencia), ambas potencias signatarias tenían la facultad de intervenir en la zona vecina para restablecer el *statu quo* anterior.

El 17 de julio de 1936 el rápido y cruento inicio de la rebelión militar primero en Melilla, y luego en Ceuta y Tetuán, permitió a los sublevados hacerse con los resortes del poder en cuarenta y ocho horas. Los indígenas fueron pronto ganados para la causa a base de promesas de mayor autonomía y la situación interna de la zona española rápidamente normalizada. Se impidió así una reacción francesa que hubiera comprometido la situación en grado sumo para los alzados, pues allí se encontraba el grueso de la Legión y de las tropas de Regulares indígenas que pronto cruzarían el Estrecho y formarían las columnas de avance hacia Madrid.[1] Sin embargo, esta actitud precavida y de no provocación, no impidió a las nuevas autoridades de la zona española, en especial al delegado de Franco, coronel Juan Beigbeder, alterar sus relaciones con la población musulmana, especialmente con los nacionalistas marroquíes. A cambio de su colaboración, que debía traducirse en no oponerse abiertamente a la recluta de voluntarios indígenas para luchar en España, Beigbeder abrió la mano con los cuatro partidos nacionalistas existentes, financió sus periódicos y les dio una cierta libertad de prensa, siempre orientada a atacar a Francia, que era mucho más represiva en su trato con el nacionalismo marroquí.

El verdadero alcance del apoyo de Beigbeder a los nacionalistas se aprecia en un documento inédito que, tres años después, en diciembre de 1939, remitió a la Dirección General de Marruecos y Colonias, cuando ya era ministro de Exteriores, y que desde luego, no estaba destinado a su publicación, por lo que es doblemente sincero:

> Reconozco que yo he trabajado con pasión en el nacionalismo puesto que tengo verdadera fe en él. Soy un convencido de que España debe tender a la independencia total e integral de Marruecos y decirlo públicamente como aspiración nacional y Francia no podrá ofenderse con ello puesto que el Tratado de Protectorado no le ha per-

[1] Un segundo momento delicado se produjo entre diciembre de 1936 y junio de 1937. Durante este tiempo, los insistentes rumores sobre el establecimiento de tropas alemanas en la zona de Melilla, inquietaron sobremanera al Gobierno francés, que ya tenía el precedente de las fuerzas italianas establecidas en Mallorca.

De cualquier modo, en el caso de Melilla, París no podría haber invocado el tratado de 1912 pues la ciudad, al igual que Ceuta, era una plaza de soberanía española, es decir, parte de su territorio, y no formaba parte, por lo tanto, del Protectorado. En realidad, la única unidad alemana fija en Melilla durante el transcurso de la guerra civil fue una pequeña escuadrilla de hidroaviones, en la base de El Atalayón.

Veremos en las páginas que siguen cómo el Estado Mayor francés empezó pronto a elaborar planes preventivos para hacer frente a cualquier eventualidad en Marruecos, aunque sólo se planteó el ataque a la Zona española para el caso de que España cayera bajo la influencia de una potencia extranjera o se convirtiera en aliada de Alemania e Italia.

> mitido la anexión de Marruecos, ya que según dicho Tratado, Francia ha venido a Marruecos solamente para civilizar y hacer reformas.
>
> Mi opinión sobre este asunto es tal que creo que la fuerza de la España imperial sería precisamente un Marruecos independiente (independencia quiero decir un Marruecos sin franceses ni ingleses y con Tánger dependiendo del Sultán). Claro está que ya nos arreglaríamos nosotros para que el que mandara en Marruecos fuera el Embajador de España en Fez y que Marruecos en el porvenir fuera una especie de Panamá, Nicaragua, Cuba o Egipto. Es decir que los que mangonearan fueran los españoles y boicot absoluto a franceses e ingleses. Así es como veo el problema. Una independencia teórica y mandando realmente nosotros por conducto de nuestro Embajador en Fez y que cuando algún Sultán hiciera coqueterías con los franceses e ingleses ya procuraríamos nosotros prepararle un aspirante al trono en el sur o en el norte.[2]

Esta era la peculiar visión de Beigbeder de una independencia que en otro lugar calificó como meramente «de carnaval». Que un proyecto así fuera viable en la posguerra mundial, con todo un proceso de descolonización en marcha, era más que discutible, pero esto era difícilmente discernible a la altura de 1939, y más para una mentalidad tan peculiar como la de Beigbeder. Pero volvamos a la situación de 1936, en los comienzos de la guerra civil.

La región podía aportar a los sublevados unas reservas de tropa indígena entonces esenciales para su esfuerzo de guerra, y por lo tanto desde Tetuán no se dudó en ningún momento en excitar el nacionalismo marroquí con promesas de autonomía para después de la victoria, si con ello se facilitaba el reclutamiento. Se organizaron emisiones en árabe desde radio Sevilla y radio Tetuán, con el fin de crear un ambiente favorable a los alzados entre la población musulmana. En ocasiones aquellas emisiones fueron aprovechadas por locutores nacio-

---

[2] Informe trimestral de Beigbeder a la Dirección General de Marruecos y Colonias, diciembre de 1939, AV, caja 97.

nalistas marroquíes para atacar el severo régimen imperante en la Zona francesa. Este nacionalismo «de conveniencia» fomentado por Orgaz[3] y Beigbeder,[4] como no podía ser menos, tuvo sus repercusiones entre los indígenas del Protectorado vecino, reavivando, para inquietud de las autoridades de Rabat, unos sentimientos que estaban adormecidos desde 1934.

Los planes de invasión del general Nogués

El nuevo estado de cosas en Marruecos nacido el 18 de julio de 1936, con una rebelión militar gobernando la zona española, fue visto con preocupación desde el primer momento por la 3ª Sección (Operaciones) del Estado Mayor del Ejército (EME) francés. En una nota del 10 de septiembre de ese año, se adelantaba que la situación de guerra civil podía amenazar a la zona francesa bajo una de estas tres formas:

1. Una anarquía armada en la zona española.
2. Una insurrección de las tribus del Marruecos francés.
3. Una acción militar española sobre el Protectorado francés (cuyo enlace con Argelia era particularmente vulnerable).[5]

[3] El general Luis Orgaz Yoldi fue Alto Comisario de España en Marruecos entre el 2 de octubre de 1936 y el 13 de marzo de 1937, y de nuevo entre el 12 de mayo de 1941 y el 6 de marzo de 1945.

Durante los primeros meses de la guerra civil, el propio Franco simultaneó su cargo de general jefe de los Ejércitos del sur con el puesto de Alto Comisario, que ocupó entre el 19 de julio y el 1 de octubre de 1936.

[4] El coronel Juan Beigbeder Atienza ocupó la Alta Comisaría entre el 13 de marzo de 1937 y el 9 de agosto de 1939. En el periodo que va del 5 de diciembre de 1936 al 13 de marzo de 1937, fue Alto Comisario interino, pues Orgaz debía organizar el reclutamiento e instrucción de nuevos efectivos.

[5] «Note sur les consequences possibles des évènements d'Espagne, au point de vue des operations. Très secret.» 10 de septiembre de 1936. Service historique de l'Armée de Terre (SHAT) 7N 3421. Citado por Jaime MARTÍNEZ PARRILLA, *Las Fuerzas Armadas francesas ante la Guerra Civil española (1936-1939)*, Ediciones Ejército, Madrid, 1987, p. 176.

Ocho días más tarde, el Comandante en Jefe del África del norte francesa hacía estimaciones, en un estudio muy secreto para el EME, sobre el contingente de tropas necesario para realizar una operación ofensiva o defensiva en Marruecos, proponiendo para ambos casos, la cifra de cuatro divisiones de infantería y dos brigadas de caballería.[6] Para finales de diciembre de 1936, el EME francés, de las informaciones recibidas hasta la fecha, había sacado la conclusión tranquilizadora de que la Zona española del Protectorado estaba completamente desguarnecida, debido a que gran parte de los efectivos normalmente destinados allí estaban siendo empleados por Franco en el frente de Madrid.[7]

En estas condiciones, el 30 de enero de 1937 tuvo lugar en París una reunión del Estado Mayor de los tres Ejércitos, para estudiar al más alto nivel el llamado «problema español», y establecer las operaciones a realizar para el caso de que España acabara convirtiéndose en un Estado hostil a Francia. Una de aquellas operaciones era la invasión del Marruecos español, opción que sólo se contemplaba en el caso de que se produjera un conflicto de Francia con Alemania, Italia, o ambos a la vez, y España se aliara abiertamente con estos últimos.

El muy capacitado general Nogués, que desde septiembre de 1936 ocupaba el cargo de Residente General en Rabat, fue el encargado de elaborar el plan de ataque, denominado en adelante «Operación Marruecos». La primera versión del plan de Nogués, ultimado el 17 de marzo de 1937 como «Instrucción personal y secreta», preveía la ocupación no sólo del Marruecos español, sino también de Ifni y el Sáhara español, una vez que el Gobierno francés se hubiera decidido por la acción. Esta instrucción hacía frente a dos hipótesis:

---

6 «Sur la défense du Maroc en cas d'hostilité espagnole. Etát-Major de l'Armée. Bureau des opérations militaires et instruction générale de l'Armée. Trés secret, 18 septembre 1936». SHAT 7N 3421. Citado por MARTÍNEZ PARRILLA, op. cit. p. 176.

7 Notas del «Deuxième Bureau» al EME. 14 y 29 de diciembre de 1936. SHAT 7N 3421. Citadas por MARTÍNEZ PARRILLA, op. cit. p. 178.

1. Una España dividida por la guerra civil y entregada a la influencia de potencias extranjeras, como podía ser el caso en aquellos momentos.
2. El caso más grave, de que, una vez ganada la guerra por Franco, éste se alineara con los adversarios de Francia, es decir Alemania e Italia.

La instrucción fue aprobada con algunas reservas por el ministro de Defensa, el siempre vacilante Eduard Daladier, el 13 de mayo de 1937. Debido a ciertas observaciones realizadas por el EME, en junio de aquel año Nogués se vio obligado a añadir a su orden de operaciones original, netamente de ataque, un anexo que contemplaba una actitud defensiva para el caso de que el Gobierno francés no se decidiera a la conquista de la zona española. Nogués tuvo que pedir de nuevo la aprobación de Daladier para esta segunda versión. Pero fiel a su concepción ofensiva, este general dejaba claro al ministro que seguía considerando esencial la operación de ataque para «eliminar definitivamente la peligrosa cabeza de puente que constituye el Marruecos español».[8]

Con anterioridad, en febrero de 1937, el general Gamelin, entonces vicepresidente del Consejo Superior de la Guerra, había estado de acuerdo en que si la situación en el Marruecos español obligara a Francia a su conquista, la operación debería ser «inmediata, brutal y conducida con la máxima rapidez».[9] En la misma línea de preocupación por cuidar del efecto sorpresa y la celeridad de la operación, el general Georges, jefe del EME, escribió un revelador comentario, al margen de un documento que contenía las observaciones al plan original

[8] «Conseil Superieur de la Guerre. Etat-Major du Général Nogués. Paris. 16 de juin 1937. Secret». De Nogués a Daladier. SHAT 7N 3909. Citado por MARTÍNEZ PARRILLA, op. cit., pp. 180-181. Reproducimos la parte preliminar de este escrito en el apéndice documental.

[9] «Cabinet Militaire, n. 511/S. Secret. 16 fevrier 1937. Questions militaires relatives au Maroc». SHAT 7N 3909. Citado por MARTÍNEZ PARRILLA, op. cit., p. 180.

de Nogués. El Alto Mando militar esperaba de su gobierno dos cosas: rapidez en la decisión y buscar la colaboración de los británicos.

> Se sobreentiende que el Gobierno debe ser puesto al corriente desde el *periodo de paz* sobre la necesidad imperiosa de una decisión rápida, única, capaz de permitir a la ofensiva estudiada desarrollarse con éxito. Así orientado, el Gobierno podría mantener conversaciones previas con las potencias interesadas, especialmente Inglaterra, y realizar, dentro de la hipótesis considerada, los acuerdos de principio necesarios para una intervención *inmediata*.[10]

El mismo Nogués había insistido en que, de elegirse la opción de ataque al Marruecos español, la decisión debía ser tomada por el ejecutivo en las primeras horas de un conflicto, por lo que debía ser madurada y preparada convenientemente ya en tiempos de paz. Reflejando la misma idea del general Georges, Nogués insistía en la necesidad de una preparación muy reservada de la operación en el plano internacional, es decir buscar la conformidad de los británicos.[11]

Indignación (y preocupación) de Beigbeder

El Alto Comisario Beigbeder que seguía con gran interés los movimientos de su homólogo en Rabat, llevaba un tiempo temiendo algún tipo de intervención francesa, aunque no podía sospechar lo avanzado de los planes galos. El temor de Beigbeder se hizo más intenso a par-

[10] «Conseil Superieur de la Guerre. Etat-Major du Général Georges. Fiche au sujet des remarques faites sur l'Instruction personelle et secrète, n. III/S, du 17/3/37, relative au Plan «Operations Maroc». Secret. 22 avril 1937». SHAT 7N 3909. Párrafo reproducido por MARTÍNEZ PARRILLA, op. cit., p. 180. Las cursivas son de Georges.

[11] «Conseil Superieur de la Guerre. Etat-Major du Général Nogués. Paris. 16 de juin 1937. Secret». De Nogués a Daladier. SHAT 7N 3909. Citado por MARTÍNEZ PARRILLA, op. cit., pp. 180-181. Reproducimos la parte preliminar de este escrito en el apéndice documental.

tir de junio de 1937, cuando el cónsul italiano en Tetuán le informó de que el ministro francés de Asuntos Exteriores sostenía constantemente ante miembros de la embajada italiana en París «el derecho jurídico de Francia a intervenir en zona española». Beigbeder, indignado, escribió a Franco:

> En el caso de que nuestra zona se encontrara en estado de anarquía o hubiera desórdenes, consideran aquellos señores que tienen la responsabilidad de todo Marruecos y como un derecho de inspección, incluso de retracto sobre nuestro protectorado.[12]

El Alto Comisario solicitaba permiso al Caudillo para conceder una entrevista a la prensa «con objeto de demostrar públicamente el error de la tesis francesa, indicando que nuestro protectorado es un hecho definitivo, que el Jalifa tiene una delegación permanente, que España es responsable del orden etc.; pero apoyándome en el Tratado del Protectorado y citando constantemente sus textos legales [...]. Así podríamos deshacer el equívoco».

En la misma carta Beigbeder revelaba a Franco su preocupación acerca de unos supuestos planes franceses para una intervención cuya excusa y extremos, revelados por su confidente el Cherif Sid Ahmed BMB Saddik, eran los siguientes: el Sultán de Rabat, Muley Mohamed,[13] debía hacer una visita a la Zona española, de la que también era soberano. Como las autoridades españolas se opondrían, se prepararía un ejército indígena, con 12.000 hombres en el Monte Amargo, 7.000 en Fez el Balí, 6.000 en el Zoco de Fextala y los demás repartidos en las fronteras. El pretexto para esta concentración de

[12] Curiosamente, el mismo derecho que Beigbeder negaba a los franceses, iba a ser esgrimido por él mismo en junio-julio de 1940 para justificar una intervención española en el Marruecos francés en caso de desórdenes y derrumbamiento de la autoridad francesa tras su derrota frente a Alemania.

[13] Sultán desde 1927 y, a partir de 1956, con la independencia de Marruecos, rey bajo el nombre de Mohamed V. Se trata del padre de Hassan II y abuelo del actual rey, Mohamed VI.

fuerzas sería el de unas maniobras. Las tropas iban a estar al mando del Bajá El Glaui, que después ocuparía el puesto de nuevo Jalifa de la Zona ex española. El Sultán había llegado a marchar a Fez y luego a Taza, pero finalmente le habían hecho regresar «y el proyecto ha quedado en suspenso hasta otra ocasión mejor».[14]

Dado lo delicado de la situación, el coronel Beigbeder tenía prisa en desbaratar cualquier operación de este estilo declarando en la prensa la ilegitimidad de los supuestos derechos franceses de intromisión en los asuntos de la zona española.

En realidad, como sabemos, el Alto Mando francés sólo había considerado la posibilidad de un ataque al Marruecos español en la hipótesis de que la España de Franco, en una situación de guerra general, se alineara inequívocamente junto a Alemania e Italia en contra de Francia. La tercera Sección del Estado Mayor del Ejército francés había previsto para un caso así, ya el 3 de diciembre de 1936, los medios necesarios no sólo para la invasión de la zona española de Marruecos, sino también para la toma de Menorca. Al estar la isla todavía en manos republicanas, se confiaba en que la operación no encontrara resistencia. El objetivo era asegurar las comunicaciones marítimas entre la metrópoli y el territorio francés del norte de África.[15]

Beigbeder no andaba, pues, muy desencaminado cuando expresaba a Franco sus temores sobre un posible ataque francés. Se equivocaba, sin embargo, cuando adjudicaba a los franceses pretensiones meramente expansionistas. Se trataba en realidad de planes elaborados para el caso de un conflicto europeo, y para mantener la región fuera del alcance germano-italiano, que era el verdadero peligro para ellos.

Siguiendo con la misma hipótesis (un posible frente común de la España de Franco con Alemania e Italia contra Francia) y con el

---

[14] Carta de Beigbeder a Franco, Tetuán, 10 de junio de 1937, en DIHGF, vol. I, doc. 41, pp. 133-137.

[15] «Note sur les moyens pouvant être affectés a un action éventuelle sur Minorque et sur le Maroc espagnol. 3 dec. 1936». EME. Citado por MARTÍNEZ PARRILLA, op. cit., p. 161.

afán de estar preparados para lo que pudiera venir, el 7 de marzo de 1938, el Alto Mando francés planificó una serie de acciones para invadir preventivamente el Marruecos español en una operación en la que cooperarían las flotas de Francia y Gran Bretaña.[16] El objetivo último era garantizar la defensa del Estrecho de Gibraltar en caso de guerra en Europa.

Las condiciones de Beigbeder al nacionalismo marroquí

Para las autoridades franquistas, confiadas en que el espíritu de «no intervención» auspiciado desde Londres les preservaba de todo peligro, la preocupación principal durante la guerra civil con respecto a Marruecos fue de otra índole, más urgente si cabe que los peligros exteriores: asegurarse una reserva permanente de tropas indígenas para ser empleadas en la Península. Con este fin, como hemos señalado, se iniciaron pronto conversaciones con los líderes nacionalistas marroquíes.[17] Entre 10 de agosto y 18 de diciembre de 1936 se desarrollaron varios encuentros entre el Delegado de Asuntos Indígenas, por parte de la Alta Comisaría, y Abdeljalak Torres, en representación de los nacionalistas marroquíes. Se llegó a un acuerdo por el que éstos no se opondrían al reclutamiento de sus compatriotas a cambio de un mayor grado de autonomía, cierta libertad de prensa y financiación de sus periódicos. Sin embargo, las iniciales concesiones de las autoridades españolas, impulsoras de un nacionalismo marroquí meramente de conveniencia para garantizar esa recluta, con el tiempo acabaron defraudando a los líderes nacionalistas y sus seguidores, que durante la guerra mundial no dudaron en acercarse a Alemania en busca de apoyo a su independencia.

[16] «7 de mars 1938. Secret. Conseil Supérieur de la Guerre. Etat-Major du Général Georges». Service historique de l'Armée de Terre (SHAT), 7N 3434. Citado por MARTÍNEZ PARRILLA, op. cit. p. 162.

[17] Abdelmajid BENJELLOUN, *Approaches du colonialisme Espagnol et du Mouvement Nationaliste Marocain dans l'ex-Maroc Khalifien*, editions Okad, Rabat, 1988, pp. 122-127.

Pero de momento, esa permisividad controlada hacia los nacionalistas sirvió perfectamente para asegurar sin problemas el voluntariado indígena.[18] Los tabores de Regulares que habían demostrado ser, durante los primeros meses de la campaña, tropas duras y efectivas, se hicieron con el tiempo vitales para mantener el esfuerzo de guerra de los sublevados. Llegaron a participar en torno a 75.000 hombres. Hoy sabemos que a las tropas moras correspondió un papel nada desdeñable en la victoria final de Franco.[19]

Con el fin primordial de favorecer la recluta entre los musulmanes, evitando al mismo tiempo el desarrollo de sentimientos profranceses entre los indígenas, o de simple rebeldía, la administración de los sublevados tuvo el buen tino de impulsar acciones que atendieran a las necesidades políticas y materiales de los musulmanes. Beigbeder se preocupó de realizar mejoras sanitarias y abrir escuelas árabes, pero también de legalizar los primeros partidos políticos nacionalistas y de financiar sus respectivos periódicos. Así, el 13 de marzo de 1937 la Alta Comisaría autorizó el Partido de las Reformas (PRN), del ya citado Abdeljalak Torres, pero también a su rival, el Partido de la Unidad Marroquí (PUM), de Mekki el Nasiri.[20] El objetivo español, asegurando la actividad de grupos rivales, era precisamente evitar la formación de un bloque de acción común con un solo líder. Por lo

[18] José Fernando GARCÍA CRUZ, «Las fuerzas militares nativas procedentes del Protectorado de Marruecos. Trascendencia política de su aplicación en las operaciones militares de la guerra civil española», *Hispania Nova*, nº 2, 2001-2002.

[19] 7.500 de ellos procedían de la zona francesa. Esos 75.000 hombres representaban entonces el 7,5% del total de la población musulmana en la zona española, lo que da una idea de la importancia de esa participación. SALAS, op. cit., p. 207. Benjelloun, citando un estudio del coronel Gárate Córdoba todavía no publicado, da una cifra de 11.000 bajas entre los mercenarios marroquíes. Desde luego, un elevado tributo de sangre para la causa de Franco. Abdelmajid BENJELLOUN, *Pages d'histoire du Maroc: Le patriotisme Marocain face au Protectorat Espagnol*, imprimerie El maârif Al Jadida, Rabat, 1993, p. 99.

[20] Ambos partidos habían surgido de la escisión del Partido Islah, fundado en Tetuán en enero de 1935. Sin embargo, ya desde noviembre de 1933 se venían publicando los periódicos nacionalistas *Es-Salam* y *El-Hayat* en la capital del Protectorado español. Víctor MORALES, *España y el norte de África: El Protectorado en Marruecos (1912-1956)*, UNED, Madrid, 1984, p. 220.

tanto, se fomentó de manera encubierta la rivalidad entre ellos. Otra limitación importante era que estos partidos sólo podían actuar en los núcleos urbanos, estándoles vetada toda actividad en el campo, por temor a que acabaran soliviantando a las tribus.

La misma actividad nacionalista en las ciudades era estrechamente vigilada por la policía española. El objetivo de esas pequeñas libertades para los indígenas era contentarlos temporalmente y asegurar la necesaria paz social de un punto especialmente sensible de la retaguardia nacional como entonces era Marruecos.

Complots republicanos: de la renuncia a Marruecos a la resurrección de Abd-el-Krim

Esta política de permisividad, cuyo principal impulsor fue el Alto Comisario Beigbeder,[21] permitió gozar de una tranquilidad esencial en aquellos momentos críticos a una zona muy propensa a las tensiones, algo por otra parte no desconocido por el bando republicano, que organizó en varias ocasiones sublevaciones, siempre fallidas. Por ejemplo, a principios de 1937 Largo Caballero, presidente del Gobierno republicano, encomendó al coronel Baraibar la organización en secreto de una sublevación de los cabecillas moros, a los que se pagaría convenientemente para que se levantaran en masa contra la administración franquista. Muy avanzada ya la operación, la desaprobación del presidente Azaña, temeroso de las posibles repercusiones en el Marruecos francés de tal acción, y la sustitución de Largo Caballero por Negrín en mayo de aquel año, dieron al traste con tan osados planes. El propio Azaña, con su habitual carga de venenosa ironía relata lo disparatado del proyecto en sus memorias.[22]

---

[21] Charles R. HALSTEAD, «A somewhat machiavellian face; colonel Juan Beigbeder as High Comissioner in Spanish Morocco, 1937-1939», *The Historian*, XXXVII, núm. 1, XI-1974, pp. 44-66.

[22] Manuel AZAÑA, *Memorias de Guerra 1936-1939*, Grijalbo Mondadori, Madrid, 1996, pp. 45, 47-48, 68-69, 102 y 267.

En enero de 1937 el ministro de Exteriores republicano Álvarez del Vayo, ideó un plan para «comprar» la salida de Alemania del conflicto español. Consistía en que la España republicana renunciaría al Marruecos español y a alguna de sus colonias a favor de Francia e Inglaterra, adhiriéndose además mediante un pacto a una alianza firme con las dos grandes democracias europeas. Como contraprestación, París y Londres ofrecerían a Alemania territorios en África, bajo el compromiso de que Hitler retiraría de forma inmediata su apoyo a la España de Franco. El esquema preveía que tras el abandono de Alemania, Italia, al encontrarse sola en el reñidero español, seguiría el mismo camino y España quedaría así libre de intervención extranjera. Al verse sin apoyo exterior en armas y hombres, el Gobierno de Burgos pediría rápidamente condiciones de paz a Valencia.

Todo el plan puede parecer hoy día poco factible y descabellado, pero efectivamente se puso en marcha y hubo conversaciones en Ginebra, aprovechando la reunión del Consejo de la Sociedad de Naciones, entre Álvarez del Vayo y los ministros francés (Delbos) y británico (Eden). Los franceses se mostraron más interesados en el tema que los ingleses, más fríos y pragmáticos.

En cualquier caso merece la pena examinar algunos de los documentos referentes a ese osado plan y a cómo se fraguó.

El 31 de enero de 1937 el ministro Álvarez del Vayo expuso por primera vez el plan a su viejo amigo Araquistaín, entonces embajador en París. Su carta lo resumía así:

> [...] Se trata: 1° De incorporar ya de una vez España al sistema Francia-Inglaterra, creando una especie de Pequeña Entente Occidental, no dirigida contra nadie, pero que aproveche todas las coincidencias geográficas entre los tres países para una política exterior económica y militar, con miras a los intereses comunes de los tres. Si a Inglaterra, por ejemplo, le interesan bases navales en las Baleares, las construiremos de común acuerdo. Etc.
>
> 2° Salir del terrible lío europeo actual. ¿Cómo? Sacando del rompecabezas de Europa, en donde no cabe ninguna combina-

> ción, un Taco —Marruecos— para poder comenzar a mover los demás.
>
> De este modo se incorporaba España, de un modo activo, a una política internacional de larga trayectoria, mientras a la vez resolvía su problema de momento: la guerra [civil] (¿Cómo?). Examinada con la absoluta objetividad que la misma guerra exige, y desde los distintos aspectos, encuentro esa solución, a base de Marruecos, más favorable que la de «neutralizar» a Alemania a través de un empréstito, en el que entrara en gran parte el dinero español —dinero que siendo para Alemania es lo mismo que echarlo al mar—. En cambio con Maruecos matábamos dos pájaros de un tiro, ya que sacudirse la pesadilla de Marruecos ha sido el deseo constante de las izquierdas españolas. A Blum [presidente del Gobierno francés] le ha interesado mucho y a Eden también. Delbos, ya sabe Vd. que es más «impermeable».
>
> Yo voy a Valencia a exponerlo [al Gobierno de Largo Caballero]. Temo que en el examen de un asunto de tal naturaleza se mezclen las pequeñas pijoterías políticas de allí. [...]
>
> Azcárate [embajador en Londres] tiene otra copia de este «Aide-Memoire». Ampliado, modificado, como sea, si queda algo en pie de ello [tras su aprobación por el gabinete], podría ser presentado simultáneamente por Vd. y por él en París y Londres. Le escribiré en cuanto tenga algo.[23]

El plan Vayo bajo la forma de memorándum fue «aprobado plenamente por los dos presidentes», Largo y Azaña, en Valencia, pero se decidió «no dar cuanta al Consejo» de Ministros, «por el momento», no fuera a ser que el pesimismo de Prieto contagiara a los demás y echara todo abajo.[24] Para Azaña, que España abandonara su aislamiento tradicional en política exterior e ingresara en una alianza for-

[23] Carta de Álvarez del Vayo a Araquistain, 31 de enero de 1937, Archivo Araquistain (AA), Sección Diversos, Archivo Historico Nacional, leg. 76/146. Subrayado en el original.

[24] Carta de Álvarez del Vayo a Araquistain, 7 de febrero de 1937, AA, leg. 76/147.

mal con Francia e Inglaterra, las democracias occidentales tan admiradas por él debía ser ya un triunfo. Si además se conseguía con ello cortar la ayuda germano-italiana a Franco y poner fin a la guerra, el éxito sería doblemente celebrado. El plan tenía una tercera ventaja para la izquierda, como bien señalaba su autor, y era que se quitaba de encima el sempiterno problema de Marruecos, un quebradero de cabeza en los años veinte, y una fuente esencial de refuerzo indígena al empuje de los ejércitos de Franco en aquellos precisos instantes.

El problema básico, que hacía que el plan fuera irrealizable, era que Valencia partía de ofrecer un territorio, la zona española de Marruecos, sobre el que el Gobierno republicano había perdido todo control y jurisdicción desde el mismo 17 de julio de 1936. El Protectorado estaba firmemente en manos de las fuerzas de Franco. Y esa era la dificultad obvia que verían franceses y británicos a la hora de aceptar el ofrecimiento.

Pese a ello Vayo siguió adelante. El ofrecimiento formal de renuncia por parte de España a Marruecos en beneficio de Francia e Inglaterra a cambio de una alianza con ellas y el fin del apoyo germano-italiano a Franco, se plasmó en un Memorándum con fecha 13 de febrero de 1937, que Araquistain y Azcárate, como embajadores de la República, presentaron cumplida y simultáneamente a los gobiernos de París y Londres.[25] Mientras franceses y británicos sopesaban la viabilidad de tal acuerdo, atractivo pero difícil de poner en práctica, el contenido íntegro del documento republicano cayo en manos de agentes de Franco en alguna de dichas embajadas.[26] El 17 de marzo era transmitido por Radio Nacional de España, desde Salamanca, con el propósito de crear escándalo y torpedear el acuerdo. Tres días después llegaba a Azcárate la respuesta británica: estaban de acuerdo en la necesidad de poner

25 Véase, AZCÁRATE, Pablo de, *Mi embajada en Londres durante la Guerra Civil española*, Ariel, Barcelona, 1976, pp. 73 y 264-268.

26 Sobre las sospechas de Vayo en cuanto a la poca seguridad en las embajadas de Londres, París y Praga, donde posiblemente se filtró el documento a los espías de Franco, véase la indignada carta de Álvarez del Vayo a Araquistain, 18 de marzo de 1937, AA, leg. 76/152.

fin a la intervención extranjera en la guerra civil, pero el tema de Marruecos debería esperar hasta que hubiera «condiciones de paz en España».[27] Como bien dice Azcarate en sus memorias, Londres no apreció entonces que precisamente la pieza de Marruecos podía ser un elemento para alcanzar rápidamente esa paz. En realidad el Gobierno conservador británico de Baldwin, todavía en la fase previa a su política de apaciguamiento que se iniciaría año y medio después, ya bajo Chamberlain, no se planteaba en esos momentos ofrecimientos coloniales a Alemania de ningún género, que además implicaban complicadas negociaciones a varias bandas con los interesados. Eden no quería asumir esa ingrata labor de entreguismo, al fin y al cabo, y a la larga, acabaría dimitiendo como secretario del Foreign Office en marzo de 1938, a raíz de la anexión hitleriana de Austria.

Unas semanas después lamentándose del final de esa iniciativa republicana, Vayo reflexionaba sobre la importancia de atraerse de forma definitiva a las democracias, entregando Marruecos o lo que hiciera falta:

> En mi opinión todo lo que quepa hacer de la política internacional para nuestra causa, hay que obtenerlo en París y Londres, y en Londres más que en ningún otro sitio. De decidir alguien, Londres [es quien] decide. Hay que ganar Londres a toda costa. Ya sabemos que el Gobierno británico es el más lento para una reacción cualquiera; que es desesperante en su tontería y en su inercia, aparte de que seguramente su mayoría, la mayoría del gabinete [Baldwin] nos es, en el fondo, hostil. Pero hay que ganarlo. ¿Cómo?
>
> De una parte sacudiendo a su opinión pública en todos los sectores, y en ese aspecto la visita de la delegación eclesiástica británica ha sido un acierto insuperable. De otra llamando constantemente al interés brutal y egoísta del *British Empire*. En ese sentido me consta que el Memorándum [nuestro sobre Marruecos],

---

[27] AZCÁRATE, op. cit., p. 75.

> que oficialmente apenas podía tener otra respuesta que la que ha tenido, no ha dejado de impresionar en el War Office [los militares ingleses] y en el Almirantazgo [los marinos]. Y seguramente en el Estado Mayor francés. Perspectivas de acuerdos militares, navales y económicos, cada vez más valorables, a medida que nuestras acciones guerreras les vayan convenciendo de que de esta lucha saldrá una España militarmente fuerte. [...][28]

No dejaban de ser reflexiones a toro pasado de un ministro ante su principal colega y confidente, Araquistain, sobre una iniciativa tan sugestiva como condenada al fracaso. Llama la atención en todo el planteamiento de Álvarez del Vayo, que hablara alegremente de ceder bases navales a los ingleses en Baleares, o que Vienot, el subsecretario francés de Exteriores, se refiriera ante él, sin sonrojo por su parte, a que Ceuta probablemente interesaría a los británicos. No debía pensar que Ceuta era una ciudad tan española como Sevilla o Zaragoza. Parece comprensible que cuando esta información llegó a oídos de Franco, saltaran todas las alarmas y se tratara de frenar la operación a toda costa, denunciándola por radio ante la opinión pública. Si se trataba de garantizar la independencia española una vez terminada la guerra, como no se cansaba de repetir la propaganda republicana, liberándola de la intromisión de los fascismos, no parece que la mejor manera de hacerlo fuera admitiendo nuevas servidumbres, nuevos Gibraltares, en Mallorca o Ceuta. La cesión del Protectorado en Marruecos, a ojos republicanos e izquierdistas podía venderse mejor, como el desprenderse de una pesada carga. Sin embargo, las concesiones en territorios de soberanía española era cuestión mucho más grave. De ahí que el asunto se llevara en secreto y sólo supieran de él Azaña y Largo Caballero.

Tras este fracaso, cerca de un año después las ganas de enredar en Marruecos no se habían disipado de la mente del siempre activo Álva-

28 Álvarez del Vayo a Araquistain, 9 de abril de 1937, AA, leg. 76/155.

rez del Vayo. Esta vez lo que se le ocurrió fue un ambicioso plan para levantar todo Marruecos en contra de Franco, organizando una sublevación nacionalista indígena, que debía liderar el antiguo líder rebelde Abd-el-Krim.

Pero dejemos hablar a los documentos, muchas veces más explícitos que cualquier explicación. Es Álvarez del Vayo el que de nuevo confía a su confidente y amigo Araquistain su osada aventura en estos términos:

> Querido Araquistain:
>
> Aprovecho para escribirle sobre un asunto que no conviene tratar ni por teléfono no por telegrama. Tengo en Valencia a nuestro Cónsul General en Rabat, González Arnao, como Vd. sabe uno de nuestros más capaces funcionarios. He hablado extensamente con él sobre Marruecos. Pese a la idea generalizada de que ya la ubre marroquí está seca y que de allá difícilmente podrían [los nacionales] traerse contingentes moros, lo cierto es que se dibujan nuevos reclutamientos importantes. En Marruecos se ha hecho [por nuestra parte] muy poco. Un par de veces he tratado de llevarme Marruecos de la Presidencia a Estado, arrancando a la actual Dirección General de Marreucos y Colonias de la indiferencia de nuestro amigo [Rodolfo] Llopis. No parecía muy inclinado Caballero [por entonces]. El caso es que se han perdido los meses. Se ha estado arañando sobre las cosas, irritando sin ir al fondo, y dando una clara sensación de impotencia.
>
> En el curso de varias tentativas, nuestras gentes han establecido contacto con distintos moros influyentes. Cada uno de los nuestros cree tener la llave de un «posible» levantamiento [contra Franco en Marruecos]. Pero conversando con Arnao me he afirmado en mi impresión de que todo eso es perderse entre las ramas. El único golpe decisivo, el que terminaría con Franco en Marruecos rápidamente, sería la liberación de Abd-el-Krim. Oficialmente Francia siempre ha sostenido que su reclusión en la isla [de Asunción] y el mantenimiento de su destierro, responde al deseo

del Gobierno español. Supongo que no ha de seducirle a Francia excesivamente el regreso a Marruecos de un hombre de tal arraigo en toda la población mora. Pero es posible que los manejos e intrigas de estas últimas semanas de los agentes alemanes a quienes Franco ha dado carta blanca, les llevase [a los franceses] a considerar su vuelta como un mal menor. En cualquier forma la vuelta de Abd-el-Krim sería para Franco un golpe mortal. Pero si a Abd-el-Krim se le libera y se le devuelve a Marruecos por iniciativa del Gobierno de la República, figúrese Vd. lo que iba a tardar Marruecos en ponerse a nuestro lado. Sería, simplemente, casi ganar la guerra. Vale la pena, pues, de hacer una gestión. Y rápida. Habría que convencer a nuestros amigos franceses de que la derrota y el destierro han tenido que cambiar a Abd-el-Krim. Seguramente el odio a nuestros militares no ha disminuido y ahí reside en parte nuestro interés en que vuelva. Pero en cambio se habrán reposado sus ímpetus del «Cesar o nada». Bien utilizado, con clara visión histórica, podría ser por su ascendencia auténtica [sobre los marroquíes] y su inteligencia, el «leader» sobre el cual construir la nueva política marroquí de España y a la larga, de Francia, inevitablemente.

Mejor que con Delbos, demasiado apegado a la resistencia conservadora del Quai D'Orsay, [conviene] hablar con Blum. Podría ser [este asunto] el nexo para un reajuste de la inteligencia franco-española en Marruecos. En Ginebra noté cómo Vienot e incluso Massigli [altos funcionarios franceses], reaccionaban en cuanto vieron, a través de mis palabras y de alusiones directas a discusiones tenidas en nuestros Consejos de Ministros, que España no iba a estar eternamente dispuesta a que Marruecos siguiera siendo, sin que nosotros hiciésemos algo en contra, el vivero y la fuente de envíos rebeldes a la Península. Bajo todos estos aspectos, es un momento favorable para esa gestión que sugiero [buscar de los franceses la liberación de Abd-el-Krim].[29]

[29] Álvarez del Vayo a Araquistain, 2 de enero de 1938, AA, leg. 76/144.

El esquema una vez más, visto hoy día, puede parecer descabellado atendiendo a los intereses de España en el futuro. Sin embargo, desde el punto de vista de una República castigada y acorralada por una guerra que iba irremisiblemente perdiendo a principios de 1938, el asunto quizás representaba una última oportunidad de ponerle las cosas difíciles a Franco y de paso, una vez desatada la sublevación independentista en Marruecos, meter por esta puerta trasera a Francia en el conflicto español. A ojos de un socialista internacionalista como Vayo, el asunto aparecía como un momento propicio para salvar a la República antes de que la situación empeorara militarmente (ya se había perdido al finalizar 1937 todo el frente norte: Vizcaya, Santander y Asturias), e implicar a Francia en ello.

Desconocemos qué gestiones se llegaron a hacer en París, pero cabe especular con que el plan no pasó de un mero tanteo ante los franceses. Francia no podía estar de acuerdo en reavivar la llama nacionalista, bien fuera rifeña o puramente marroquí, pues ello representaba iniciar un juego de imprevisibles consecuencias y que fácilmente podía quedar fuera de control. El Gobierno francés y las autoridades francesas en Rabat no podían tener entonces ni después interés alguno en alterar su retaguardia ante un más que posible conflicto europeo con cambios radicales de signo preindependentista en la vecina zona española. El contagio a la zona propia era demasiado evidente y peligroso. Por lo tanto, como en otras ocasiones ante iniciativas republicanas en unos territorios que no controlaban, Francia se guió por el realismo y por su propio interés. La seguridad nacional y los intereses estratégicos debían prevalecer sobre cualquier otra cosa, siquiera fuera socorrer a un gobierno vecino y amigo.

Otro asunto, como hemos visto, es que Francia estuviera preparada para invadir la zona española en el momento en que Franco, en el caso de un conflicto europeo, se aliara abiertamente con sus enemigos, la Alemania de Hitler y la Italia de Mussolini. En ese caso el sagrado interés nacional galo llevaría a asegurar rápidamente el norte de África para los aliados franco-británicos. Y para ello, ya hemos visto que las fuerzas francesas de Nogués se bastaban para derrotar a los pocos efectivos que el Caudillo tenía desplegados en la zona. No habrían necesitado para ello la ayuda de los nacionalistas de Abd-el-Krim con todas sus demandas y complicaciones.

Ante la frialdad con que París acogía las propuestas de Vayo sobre Marruecos, a fines de 1938 el Gobierno Negrín decidió reactivar los antiguos planes de incitar a una rebelión marroquí contra Franco, ya sin la colaboración francesa. En noviembre de ese año la preparación, muy avanzada, de una nueva sublevación indígena en la Zona española subvencionada con dinero republicano fue revelada a los nacionales gracias al descifrado por éstos de una serie de mensajes de radio intercambiados entre el consulado republicano en Tánger y Barcelona. La oportuna intervención del jefe de la policía tangerina, comandante De Miguel, descubriendo depósitos de armas, y la indecisión y retraimiento republicano a última hora, impidieron que finalmente se consumara este último complot.[30] Por esas fechas se rumoreó también que los franceses planeaban asesinar al molesto Beigbeder, cuya política promusulmana resultaba harto incómoda para Nogués, el Residente General en Rabat.[31]

Nubes de guerra en Europa

Durante la crisis checa de los Sudetes, a finales de septiembre de 1938, las tropas francesas en Marruecos fueron reforzadas apresuradamente con el fin de estar preparadas para, en caso de un conflicto con Alemania, invadir la zona española, de acuerdo con el segundo plan Nogués. El 24 de septiembre Francia llamó a filas a parte de sus reservistas, y durante tres días la guerra en Europa pareció inevitable. Beigbeder, inmerso en aquella situación de crisis inminente y en previsión de cualquier operación hostil en Marruecos por parte de Francia, se apresuró

[30] Para más detalles sobre este último complot republicano en Marruecos, véase Morten Heiberg y Manuel Ros Agudo, *La trama oculta de la Guerra Civil*, Crítica, Barcelona, 2005.

[31] Carta del coronel José Ungría, Jefe del Servicio de Información Política y Militar (SIPM), a Franco, 10 de noviembre de 1938, en DIHGF, vol. I, doc. 65, pp. 215-218.

a viajar al Rif para sublevar a las tribus de la montaña contra los franceses. Estando en camino (según refirió al cónsul inglés en Tetuán) se enteró del viaje apaciguador de Chamberlain a Alemania, abandonando entonces su atrevida iniciativa. Como medida complementaria había iniciado el reclutamiento de 8.000 guerrilleros indígenas, que en caso necesario actuarían hostigando a la zona vecina.[32] Esperaba además la llegada de ocho batallones de infantería procedentes de la Península.

Con esta información, que Beigbeder proporcionó al representante inglés con la intención de que llegara a oídos franceses, el Alto Comisario esperaba disuadir a París de iniciar operación alguna contra la zona española. Desde luego, fue entonces el momento más delicado y el más cercano a un choque militar franco-español a lo largo de toda la guerra civil.

Pocos días después, la proclamación de neutralidad de Franco ante un posible conflicto europeo, realizada el 28 de septiembre, consiguió tranquilizar a franceses y británicos, pero también irritar sobremanera en Berlín, donde la consideraron prematura e innecesaria. Con la idea de aminorar esa reacción adversa entre sus sorprendidos aliados germano-italianos, el Caudillo preparó una carta explicativa de su decisión dirigida a Mussolini, que no sabemos, sin embargo, si llegó a mandar. En cualquier caso refleja muy bien el estado de ánimo y los temores en el bando franquista de que una guerra general pusiera en peligro su victoria sobre los republicanos, que casi podían tocar con la punta de los dedos. Después de felicitar al Duce por su intervención pacificadora en Munich, Franco pasó a justificar su decisión con estas palabras:

> No habrán pasado desapercibidos para V.E. los graves peligros que una guerra en Europa supondrían para la España Nacional. Los

[32] Conversación de Beigbeder con el cónsul británico en Tetuán. «Affaires Etrangeres. Télegramme au départ. En clair à Guerre. Vu par le Géneral Georges. Paris, 26 sep. 1938. 22h. Situation au Maroc espagnol». SHAT, 7N 2756. Citado por MARTÍNEZ PARRILLA, op. cit., p. 181.

> planes de Francia con respecto a ella eran bien claros: ayuda material a los rojos con varios Cuerpos de Ejercito [franceses] para atacar a fondo por el Ebro y dominar toda la costa Mediterránea y posible ataque también por la frontera Pirenaica; *invasión de nuestra zona de Protectorado de Marruecos* para posesionarse de Tánger, Ceuta y a serles posible de Melilla y Alhucemas, más aún [valerse] de su escuadra para bloquearnos y cortar nuestras comunicaciones con Marruecos, Baleares, Canarias y nuestras colonias. Claro es que todos estos peligros se hubieran agrandado considerablemente si como era posible Inglaterra hubiera terciado también en la contienda, pues la potencia por mar habría sido considerable y desde Gibraltar como base nos hubiéramos visto seriamente amenazados. [...][33]

Por lo tanto, según razonaba Franco, al tener que enfrentarse con tales peligros (1.800 kilómetros de frente con los republicanos, defensa de las fronteras, los archipiélagos, Marruecos y las colonias) había juzgado como lo más sensato «procurar parar el primer golpe permaneciendo neutrales, con lo cual ganaríamos el tiempo y el espacio necesarios para poder esperar a que se definiera la situación». El Caudillo describía las difíciles condiciones de premura en las que oficiosamente fueron requeridos por Francia e indirectamente por Inglaterra «para que nos definiéramos, por juzgar nuestra posición incierta y depender de ella el que se nos atacara o no y se juzgó lo más adecuado ofrecer nuestra neutralidad». Como justificación final Franco aseguraba: «Los acontecimientos se sucedían con tal celeridad que no admitían dilaciones ni espera».[34]

Con independencia de que esta carta se enviara o no a Roma, ilustra a la perfección las ansiedades del momento, y revela cómo en Burgos se estaba perfectamente al tanto de la amenaza francesa. Entra dentro

---

33 «Proyecto de carta al Duce», sin fecha. Por el contexto corresponde a primeros de octubre de 1938. AMAE, leg. R-833/25. Las cursivas son nuestras.

34 Ibídem.

de lo posible que Franco contara con algún simpatizante dentro del Estado Mayor francés que pasara la información más alarmante para el bando nacional.

El alto mando francés opta por contemporizar

Para febrero de 1939 la situación había mejorado sustancialmente para los nacionales. La victoria de Franco, con su rápida ofensiva sobre Cataluña, era ya prácticamente segura. El general Nogués vio pronto en este inquietante desenlace la señal de peligro necesaria para volver a reactivar su antiguo «Plan de operaciones Marruecos» diseñado en junio de 1937. Llamó la atención sobre ello a Daladier, entonces presidente del Gobierno además de ministro de Defensa. Para Nogués, el plan, basado en la sorpresa y la rapidez de ejecución, estaba encaminado al fracaso si no era apoyado por suficientes medios modernos de combate. Este refuerzo era aún más necesario ya que:

> [...] no tenemos desde este momento la certeza absoluta de que la España nacionalista sepa en el momento oportuno renunciar a la influencia extranjera [italiana y alemana] que se ejerce sobre ella, influencia que se pone de manifiesto con la aceleración actual de los trabajos de fortificación que se realizan en la frontera interzonal marroquí.[35]
>
> [...] es imposible [para nosotros] poner en marcha rápidamente nuevas formaciones en África del norte, por lo que en el momento oportuno deberían desplazarse desde la Metrópoli unidades compuestas de carros de combate, artillería pesada, DCA y aviación, lo único que podría darnos la certeza de poder detener a la vez en los frentes de Túnez y de Marruecos el peligro que supondría una

[35] Al margen de este párrafo, el general Gamelin había escrito: «garantía que hay que obtener en el terreno político a cambio del reconocimiento» por Francia del Gobierno de Franco.

> agresión italiana sostenida por la España nacionalista, y tener así la posibilidad de obtener por la ofensiva la decisión final.[36]

Se comprueba una vez más que para Nogués la solución estaba en adelantarse con una acción ofensiva sobre el Marruecos español ante la terrible perspectiva de que Italia y Alemania declararan la guerra a Francia contando con una España amiga, y verse cogido entre las pinzas de un doble frente con italianos al este y españoles al oeste. El generalísimo Gamelin, cauto y prudente, opinaba algo radicalmente distinto. Aconsejó a Daladier intentar un acuerdo con Franco que garantizara su neutralidad futura. Para el general en jefe francés se trataba de un:

> [...] problema ante todo político: compromiso de neutralidad recíproca, eliminación de elementos extranjeros, compromiso de no fortificar las fronteras. Lo que no [nos] impedirá reforzar el África del norte con medios modernos en un futuro próximo [...]. Por el momento el frente tunecino es el más urgente. No se pueden hacer esfuerzos por todas partes al mismo tiempo. Los acuerdos que se deban realizar con Franco nos facilitarán todo esfuerzo.[37]

Como se puede apreciar el Alto Mando francés se debatía desde hacía dos años en un difícil dilema: emprender en caso necesario una acción fulminante contra el Marruecos español (posición defendida por Nogués), o mantenerse a la defensiva y tratar de contemporizar con un Gobierno de Franco al que habría que acabar reconociendo de todas formas.[38] Esta segunda opción, defendida por Gamelin y Georges, fue la que se adoptó finalmente en el seno del Gobierno francés, poco propicio a aventuras exteriores. Se trata de la misma

---

36 Nogués a Daladier. Secreto. Rabat, 9 de febrero de 1939. Objeto: «Plan d'operations Maroc». SHAT 7N 3909. Citado por MARTÍNEZ PARRILLA, op. cit., p. 182.

37 Ibídem. Anotado por Gamelin al margen del documento.

38 AGM, EME, 2ª Sección, leg. 267.

línea de actuación que propició la firma de los acuerdos de colaboración Jordana-Bérard el 25 de febrero de 1939.[39]

Pese a estos gestos tardíos de buena voluntad, en la mente de Franco y sus más cercanos colaboradores la sensación que perduró siempre con respecto a la actuación de Francia en 1936-1939 era la de perfidia y doble juego. Por si les cupiera alguna duda al respecto, los alemanes se ocuparon pronto de despejarlas.

Por desgracia para los franceses y en especial para el general Nogués, gran parte de la documentación original del Estado Mayor de Gamelin para el periodo 1937-1940 cayó en manos alemanas en julio de 1940, tras la derrota francesa. Una comisión la estudió a fondo y entregó al agregado militar teniente coronel Barroso, copia de todos los planes militares franceses relativos al Marruecos español durante la guerra civil. Éste a su vez los envió a su superior en Madrid y de allí fueron a parar a manos de Franco. Conociendo la sensibilidad del Caudillo ante todo lo que se refiriera a Marruecos, está claro que el objetivo alemán era mostrar a los españoles la perfidia francesa, algo que debía imposibilitar cualquier entendimiento futuro. Esto era, desde luego,

---

[39] Con respecto a la futura neutralidad de la España de Franco o la no fortificación de las fronteras, los resultados no fueron tan explícitos como se deseaba en París. El primero de los tres acuerdos firmados por Jordana y Bérard tan sólo especificaba que «los dos gobiernos afirman su voluntad de mantener relaciones amistosas, vivir en buena vecindad y practicar en Marruecos una política de leal y franca colaboración». El tercer acuerdo establecía:

> Como consecuencia de la resolución por ellos adoptada de mantener relaciones de buena vecindad, los dos gobiernos se comprometen a adoptar las medidas necesarias para una vigilancia estrecha, cada uno en su propio territorio, de toda actividad dirigida contra la tranquilidad o la seguridad del país vecino.
>
> El Gobierno francés adoptará de modo especial las medidas necesarias para prohibir, en la proximidad de la frontera, toda acción de los españoles que sea contraria a la declaración anterior.

AMAE, leg. R-2071/4.

llover sobre mojado. El antiguo recelo de los militares españoles hacia el general Nogués, que seguía al mando en Rabat tras el armisticio, se vio así del todo confirmado.

En cuanto a la situación en Tánger, desde Burgos se trató por lo general de no crear problemas en la administración internacional de la ciudad (donde no se tuvo más remedio que permitir las actividades del cónsul de la República y su agregado militar, representantes del gobierno reconocido oficialmente), al menos mientras durase la guerra civil. Al término de ésta el talante cambió sustancialmente.

Los nuevos dirigentes españoles, con la euforia de la victoria y contagiados por su propia propaganda, que anunciaba el nacimiento de una «nueva España», más próspera y poderosa, no tardaron en volver sus ojos a Marruecos, la región en donde la nación había buscado un lugar de prestigio entre las potencias desde principios de siglo. Dentro del conjunto del problema marroquí, Tánger era el lugar más accesible y fácil para comenzar una posible acción española del tipo «hechos consumados» que fuera desmontando el injusto reparto de la zona. Por las mismas razones Tánger era también el punto donde más se temía un incidente de este tipo por parte de París y Londres.

3

Abril-septiembre de 1939. La mutua desconfianza franco-española

Después del falso respiro proporcionado por los acuerdos de Múnich, la tensión en Europa y el ambiente prebélico alcanzó un nuevo punto máximo tras la ocupación alemana de Praga y del resto de Checoslovaquia el 15 de marzo de 1939. Esta nueva agresión por parte del Reich, que violaba los acuerdos suscritos cinco meses atrás, marcó el fin de la llamada política de apaciguamiento de Gran Bretaña y Francia con Hitler, y supuso la adopción a partir de entonces de una política de mano dura con Berlín.

El creciente nerviosismo en las capitales europeas tuvo su reflejo en la situación tangerina, aunque, por el momento, no pasó de rumores y desmentidos en los medios informativos.

A mediados de abril de 1939 los periódicos de Casablanca, en este ambiente de tensión que daba crédito a los rumores más alarmistas, iniciaron una campaña de prensa propagando la noticia de que los españoles preparaban una columna de tropas para ocupar Tánger. Esto provocó la inmediata indignación del coronel Beigbeder, que se apresuró a telegrafiar a Gómez Jordana, ministro de Exteriores, pidiéndole que publicara un urgente desmentido y una enérgica protesta contra lo que calificaba de «infamia».[1] Beigbeder, siempre propenso a ver

[1] Telegrama de Beigbeder a Jordana, 21 de abril de 1939, AMAE, leg. R-1217/61.

estratagemas y oscuras conspiraciones en la zona, pensaba que se trataba de una maniobra franco-británica para justificar un desembarco aliado preventivo en Tánger, «hecho que crearía una situación gravísima por [constituir] una violación [de los] tratados vigentes y [del] Estatuto por [el] que se rige ciudad internacional». Jordana, creyera o no en tal posibilidad, decidió curarse en salud y desactivar la posible maniobra. El Ministerio hizo pública una nota para la prensa, cuya redacción final fue luego suavizada, pero que en su primera y expresiva versión decía:

> Con reiterada insistencia se ocupa la prensa de Casablanca de supuestos preparativos bélicos por parte de las tropas españolas contra la zona internacional de Tánger, asegurándose que es proyecto de España proceder a su ocupación. *El Gobierno español solemnemente declara que no entra en sus intenciones ninguna maniobra de este tipo y que respetuoso con el régimen establecido en Tánger hará honor a su firma para mantener la neutralización de aquel territorio.* Quiere con ello el Gobierno de España salir al paso de los que con miras intencionadas provocan esta situación de malestar en la opinión como preparatoria de planes inconfesables que pretenden basarse en supuestos propósitos españoles y que estribarían en realizar lo que ahora aviesamente se nos atribuye.[2]

Esta nota es interesante. Se trata de la primera declaración oficial del Gobierno de Franco sobre su intención de respetar el Estatuto de Tánger. Catorce meses después, un 14 de junio de 1940 (cuando efectivamente se produjo la invasión española), no se tendría el menor escrúpulo en pasar por encima de tales seguridades. Esto hubiera sido algo impensable para un legalista como Jordana de haberse mantenido entonces en el cargo, pero era algo posible y hasta deseable para alguien más oportunista y con menos escrúpulos como su sucesor en Exteriores, el mismo Beigbeder. De hecho, el inquieto Alto Comisario

[2] AMAE, leg. R-1217/61. La cursiva es nuestra.

había escrito a Franco ya el 2 de abril (es decir antes de que comenzara la campaña de prensa y recién terminada la guerra civil):

> Estos días he hecho en Tánger los reconocimientos que yo necesitaba para tener un plan secreto de ocupación de la ciudad, adelantándonos a la ocupación brusca de franceses e ingleses, que seguramente lo harían en caso de conflicto internacional.[3]

Sabiendo que el Caudillo era altamente sensible al problema de Tánger, y que deseaba estar informado de todo, Beigbeder trató con estas líneas de ir preparando el terreno para lo que pudiera venir en el futuro. Pero de momento, su jefe inmediato era el cauto Jordana, y era a Exteriores a quien correspondía tanto tranquilizar a los franco-británicos como prevenir a italianos y alemanes de las posibles intenciones de aquéllos.

Tras consultar con Franco, Jordana se apresuró el 23 de abril en dar a conocer el caso a los embajadores en París y Londres, José Félix de Lequerica y el duque de Alba. Quería asegurarse de que confirmaran allí la correcta actitud española y la falsedad de los rumores de una ocupación. A los embajadores en Roma (García Conde) y Berlín (Magaz) les dio, sin embargo, instrucciones bien distintas. Debían informar a Mussolini y Hitler de que «existe [la] sospecha [de que] esta campaña [de prensa] obedezca [a una] maniobra para justificar [un] posible desembarco [por parte de] Francia e Inglaterra en aquella zona internacional».[4] Con ello se buscaban dos cosas: prevenir a Italia y Alemania sobre cualquier cambio de situación en Tánger y el Estrecho, y buscar el apoyo de estas dos potencias amigas para poder enfrentarse con éxito a una situación tal, si se daba el caso. Mientras

---

[3] Carta de Beigbeder a Franco, 2 de abril de 1939, DIHGF, vol. I, doc. 87, pp. 373-376. Mientras Jordana mantenía una línea de corrección legalista, Beigbeder, su futuro sucesor, ya entonces se decantaba por una ocupación preventiva de Tánger. La puso en práctica en cuanto tuvo ocasión.

[4] AMAE, leg. R-1217/61.

tanto no se desperdició ocasión alguna de manifestar la absoluta corrección de la política de España en la zona.

No obstante las seguridades españolas, París y Londres nunca confiaron en su sinceridad. Además, la actitud agresiva del Duce (que acababa de invadir Albania y mantenía su aviación en Mallorca) no contribuía precisamente al sosiego.

A principios de mayo de 1939 Jordana informó a Alba, de que Inglaterra y Francia, dada «la agresividad y audacia germano-italianas» y en previsión de acontecimientos en el Mediterráneo, habían tomado medidas militares precautorias en Gibraltar y Marruecos, pero también en Tánger. Como reacción meramente defensiva —señalaba Jordana— (y esto era importante que Alba lo resaltara en Londres), el Gobierno español había decidido reforzar el Campo de Gibraltar con un Cuerpo de Ejército y fortificando la zona. El ministro añadía: «[...] en Tánger también hemos tomado algunas medidas de precaución, enviando un barco de guerra y teniendo estudiadas todas las medidas para evitar que nadie pueda vulnerar el Estatuto, por cuyo cumplimiento tenemos el deber de velar y lo mismo en Marruecos».[5] El ambiente de tensión estaba servido y el mensaje español lo dejaba meridianamente claro: no se toleraría ningún cambio en la zona.

Se optó, pues, por una actitud legalista y firme inspirada directamente por el conde de Jordana. Recién terminada la guerra civil al Gobierno de Franco no le interesaba crear intranquilidad alguna en esa región.

A pesar de ello, los sectores falangistas del régimen, no dejaron pasar las ocasiones de mostrar (aunque todavía de forma reservada), su programa imperialista. Su representante más señalado, Serrano Súñer, en su primera visita a Italia con motivo del regreso de los legionarios italianos (junio de 1939) y quizás contagiado por la euforia de la reciente victoria, dejó bien claras ante Ciano por primera vez las pretensiones españolas: «España tiene sus reivindicaciones con respecto a Francia —la torpe e indecorosa Francia—, y éstas se llaman Marruecos, [y para

[5] AMAE, leg. R-832/10.

sí misma] independencia política y económica».[6] Por su parte los italianos daban muestras de impaciencia en su apetito colonial, pero no cabe duda de que reservaban ya entonces, una ración para España. Ciano refiere en su diario con fecha 14 de junio de 1939, tras la visita de Serrano: «El Duce quiere que con España comencemos a definir el programa futuro en el Mediterráneo occidental: Marruecos íntegramente para España; Túnez y Argelia para nosotros». En este reparto no se olvidaban las consideraciones estratégicas, que podían ser importantes en caso de guerra: «Un acuerdo con España debería asegurarnos la comunicación permanente con el océano [Atlántico] a través de Marruecos».[7] La verdad es que las conversaciones hispano-italianas tardarían en ponerse en marcha. No lo harían hasta que un año después la derrota francesa despejara el camino.

Los alarmantes informes de Beigbeder

Mientras tanto, Beigbeder (siempre receloso ante posibles operaciones franco-británicas en su feudo marroquí) comenzó a enviar a Franco informaciones muy alarmantes a finales de junio de 1939. Relató cómo a mediados de mes había tenido lugar una reunión muy secreta en Gibraltar convocada por el General Gobernador Ironside, con asistencia del Residente General en Rabat, general Nogués, el ministro de Francia en Tánger y un almirante inglés. Ironside había expuesto allí su predilección por una operación de «ensanchamiento de Gibraltar con la ayuda militar de tropas francesas traídas de Casablanca, para la ocupación de Tánger y de la costa del Estrecho entre Ceuta y Tánger. Ha convencido a los franceses de que la zona española caerá por sí sola por hambre apenas se corte el Estrecho».[8] Sobre la operación en la ciudad internacional —continuaba Beigbeder— «el Sultán, en su via-

6 Galeazzo CIANO, *Diarios 1937-1943*, Crítica, Barcelona, 2004, p. 311.

7 Ibídem, p. 315.

8 Carta de Beigbeder a Franco, Tetuán, 15 de junio de 1939, DIHGF, vol. I, doc. 100, pp. 520-523.

je a París ha firmado ya un *Dahir* que ha sido remitido a la legación de Francia en Tánger, con fecha en blanco, en el que figura la supresión del Estatuto de Tánger y la creación de un Condominio franco-inglés para caso de que estallara la guerra. Este *Dahir* está ya preparado con objeto de ser leído en las Mezquitas y publicado el día que se juzgue que el conflicto es inminente».[9]

Beigbeder estaba absolutamente seguro de la solvencia de la información, pues provenía de un agente del «Deuxiéme Bureau»[10] en París que la había obtenido del comandante Pique Aubrun, «Officier d'ordonance» del general Nogués.

El 27 de junio escribía de nuevo a Franco: «Se estudia el desembarco por tropas francesas en ambas orillas del Estrecho y existe una sección especial en Rabat, que acaba de crearse, para el estudio de dichas costas y preparativos de desembarco [...] queda en segundo término la invasión de nuestra zona, que ellos [los ingleses] consideran inútil, pues creen que con el bloqueo bastará para reducirnos y también en segundo término ponen la ocupación de Tánger. [...] Esta conferencia de Gibraltar y lo que en ella se ha acordado es interesantísimo pues de ahí ha salido el plan militar de conjunto contra el Estrecho y contra nosotros».[11]

Al día siguiente Beigbeder expuso a Franco sus ideas sobre la reacción española que debía seguir a la prevista acción franco-británica en Tánger.[12] Por su indudable interés merece ser reproducida ampliamente:

---

[9] Carta de Beigbeder a Franco, Tetuán, 25 de junio de 1939, DIHGF, vol. I, doc. 105, pp. 535-537.

[10] El Deuxiéme Bureau era la 2ª Sección del Estado Mayor del Ejército de Tierra, a cuyas órdenes trabajaba el Service de Renseignements o Servicio de Información Militar del ejército francés.

[11] Carta de Beigbeder a Franco, Tetuán, 27 de junio de 1939, DIHGF, vol. I, doc. 107, pp. 543-544.

[12] De hecho, Daladier en el verano de 1939 pensó en ocupar Tánger con tres batallones como acción preventiva. Sin embargo, tuvo que desistir ante la contestación negativa del War Office británico, que decía no disponer de efectivos. MARTÍNEZ PARRILLA, op. cit., nota 195, p. 391.

[...] Yo quiero resumir aquí mi opinión acerca de este delicado asunto, *teniendo por lo pronto en cuenta las órdenes que de ti he recibido de que si los ingleses y franceses desembarcan o se apoderan del puerto, nosotros, tendremos que penetrar forzosamente en la Zona internacional.*

[En] caso de un conflicto internacional, pueden presentarse dos casos: 1. Los franceses e ingleses atacan el Estrecho y a la vez invaden nuestra Zona por Alcázar y por el Zaio; o bien, 2. En vista de que la Zona está guarnecida, no se atreven a dar el golpe de mano y se deciden al bloqueo; o bien, [3.] aceptando nuestra neutralidad no hacen ningún acto de hostilidad ni tampoco nos cortan la comunicación por mar. Pues bien, en los tres casos, e incluso en el último, que es el más favorable, *tengo la seguridad de que meterán mano a Tánger*; ello les es indispensable para tener un desahogo para todo su aparato militar y guerrero en el Mediterráneo, ya que no tienen espacio en Gibraltar. Es decir, que utilizarían Tánger no como base naval ni militar sino como espacio para instalarse.

Yo me pongo por lo tanto en el tercer caso que es la situación que se nos crea por unos Sres. que *desembarcan en Tánger* diciendo que respetan nuestra neutralidad, que no va nada contra nosotros y que *únicamente quieren utilizar el puerto y la ciudad de Tánger; pues bien, en este caso, creo que nosotros no tenemos más remedio que penetrar en la Zona internacional*. Tánger es para nosotros en tal caso como una parte de nuestro territorio nacional y una garantía de nuestra independencia. Su Estatuto internacional no debe ser alterado y por lo tanto, nosotros, creo debemos penetrar en la comarca internacional en plan de defensa.

[falta una línea]

España, nosotros tenemos derecho perfecto y legal a presentarnos en las puertas de Tánger; no en plan de armar conflicto ni en plan de hostilidad, sino para hacer acto de presencia y hacer patente nuestro derecho de entrar en Tánger, *procurando tomar contacto con los invasores para buscar un «modus vivendi», es decir, que el Estatuto quedaría prácticamente denunciado*; se crearía una situación de hecho que habría que conllevar y *habría que iniciar una Conferencia internacional para un nuevo «modus vivendi»*. La consecuencia de ello sería la *denuncia del Estatuto por nuestra parte y volver al estado en que se estaba antes que el General Primo de Rivera hiciera las Negociaciones*, volviendo cada cónsul a tener su jurisdicción propia.

Creo que con todo esto es interpretado tu pensamiento; bien entendido que el plan que tengo es ocupar toda la Kabila de los alrededores de Tánger; penetrar en la Legación, coger el Cabo Espartel y hacer acto de presencia en las primeras casas de Tánger.

A pesar de mis buenos deseos es muy posible que haya algún incidente debido a que al penetrar nuestras tropas en la Kabila del Fahs, o sea, en el Campo exterior de Tánger, acaso aparezcan grupos de cabileños armados con fusiles que les darían los franceses, en cuyo caso habría tiroteos desde el primer momento. *Esto es lo que yo quiero evitar*. Es decir, que *yo consideraría como un éxito político el poder llegar a las primeras casas de Tánger sin que hubiera un tiro* en el Campo exterior y poder instalar un Interventor de la Delegación de Asuntos Indígenas dentro de la Kabila. Por esto es por lo que pido al Ministro de Defensa Nacional automóviles blindados [...].[13]

[Sigue manuscrito:] P.D. La zona quedará perfectamente garantizada cuando se nos envíen: 1. Cien mil fusiles; 2. Mes y medio de víveres (para el ejército y la población civil).

[Manuscrito de Franco:] Se ordena el envío».[14]

Este interesante documento revela cómo Franco, impulsado por Beigbeder, se había decidido ya en fecha tan temprana por una acción de respuesta inmediata ante una posible operación franco-británica sobre Tánger. Para despejar cualquier posible duda en la decisión

---

[13] En un párrafo anterior de la misma carta, Beigbeder había escrito: «Me dirigí al Ministro de Defensa Nacional, pidiéndole se envíen cuanto antes automóviles blindados para situarlos en Arcila y R'gaia, Tánger, caso de haber algún conflicto internacional».

[14] Carta de Beigbeder a Franco, Tetuán, 28 de junio de 1939, DIHGF, vol. I, doc. 108, pp. 544-546. La cursiva es nuestra.

del Caudillo, el Alto Comisario le hacía notar dos aspectos esenciales: el carácter incruento y pacífico de la ocupación española, que eliminaría complicaciones diplomáticas, y lo que era más importante, la oportunidad única que representaba para acabar con el régimen internacional en Tánger y volver a la añorada situación anterior a 1923. Ambos extremos debieron sonar como música celestial en los oídos de un Franco que deseaba recuperar Tánger sin provocar conflictos innecesarios.

El 2 de julio de 1939, un Beigbeder más alarmado que nunca, transmitió a Franco las últimas noticias de su agente en París sobre el supuesto acuerdo franco-británico de Gibraltar en torno al futuro de Marruecos y Túnez:

> Primero. Que caso de conflicto internacional y de acuerdo con Inglaterra, el Sultán denunciará el Tratado franco-español de acuerdo con Francia para privar[nos de] nuestro Protectorado en Marruecos, quedando este país completamente bajo la Autoridad del Sultán y protectorado de Francia en su totalidad. Como sabes, la Zona española se nos concedió gracias a la presión de Inglaterra y ella la tenemos por medio de un Tratado franco-español. Jurídicamente esta canallada sería aparentemente correcta, si bien tenemos nosotros en nuestra mano el Tratado de 1910 con el [entonces] Marruecos independiente, de ahí tu oportunidad en hablarme del asunto en nuestra última entrevista en Sevilla. Claro está que llegado el acontecimiento grave, sería la fuerza la que resolvería.
>
> Segundo. Tánger sería colocado bajo un Condominio Franco-Inglés.
>
> Tercero. Inglaterra recibe compensaciones que no sé cuáles son, me figuro que será Ceuta, Alcázar Seguer y ensanche de la base de Gibraltar.
>
> Cuarto. Turquía, de acuerdo con Francia, va a hacer reivindicaciones sobre Túnez, pretendiendo colocar en Túnez una especie de Bey o Gobernador turco, todo ello para contrarrestar la propaganda italiana, pues Francia reconocería que el Túnez que ocupó

en 1882 era un país turco. Se quiere aprovechar por lo tanto la derrota diplomática alemana en relación con Turquía y meter los turcos en el Mediterráneo mucho más. Nuestra actitud no puede ser sino la de defender al Mundo árabe.

Quinto. Estos días están desembarcando en Casablanca material de guerra procedente de América. Se trata de aviación de bombardeo, casi todo él.

Sexto. En caso de guerra las ciudades de Casablanca y de Oudjda serán cedidas a Francia como Plazas de Soberanía.

Urge, por lo tanto, montar cuanto antes el aparato militar de nuestro Marruecos. [...]».[15]

Estos planes atribuidos por el inquieto Beigbeder a los franco-británicos parecen, cuando menos, demasiado osados, y no han podido ser confirmados por documentación de estos países. Su realización habría supuesto (con toda seguridad) convertir a España en un activo beligerante en una zona que a los aliados interesaba mantener en calma para asegurar sus comunicaciones con sus posesiones africanas. Además, la supuesta ganancia estratégica de la operación (una mayor implantación de la presencia británica en el Estrecho), la podían conseguir igualmente los ingleses pidiendo bases en los territorios franceses en Marruecos Occidental y Argelia, sin necesidad de crearse un nuevo enemigo en el sur.

Independientemente del grado de verosimilitud de estos preparativos franco-británicos, lo más importante es que Beigbeder (siempre dispuesto a creerlos) había elaborado ya a principios de julio de 1939 unos planes de acción sobre Tánger para el caso de que estallara una guerra en Europa. Fueran a intervenir o no los aliados, España tendría que estar preparada para hacer notar su presencia en Tánger en el momento que fuera necesario. Este mismo esquema de pensamiento, madurado por Beigbeder en su calidad de Alto Comisario, se lo llevó

---

[15] Carta de Beigbeder a Franco, Larache, 2 de julio de 1939, DIHGF, vol. I, doc. 109, pp. 546-547.

con él cuando accedió al puesto de ministro de Asuntos Exteriores en agosto de 1939, y marcó claramente su línea de conducta cuando, con la derrota francesa de junio de 1940, se presentó de manera inesperada una oportunidad única de ponerlo en práctica.

Según el razonamiento aplicado por Beigbeder y Franco, los «canallescos» planes de París y Londres para Tánger y Marruecos merecían claramente una réplica española de idéntico carácter expansionista. Tan sólo habría que tener todo preparado para activar la respuesta española en el momento en que la debilidad francesa proporcionara la ocasión. Si en verdad los franceses habían planeado junto al Sultán despojar a España de su pequeño Protectorado, ya no habría escrúpulos morales que alegar para actuar con ellos con igual dureza y pagarles con la misma moneda. Para la mentalidad africanista de Franco y Beigbeder, este nuevo ejemplo de perversidad francesa venía a reforzar su tradicional visión de Francia como el eterno gran enemigo de España en el norte de África.

Como confirmación de los temores españoles, el 31 de julio de 1939 el Servicio de Información Militar italiano (SIM) remitió (cabe pensar que con toda intención) a su equivalente español, el SIPM (Servicio de Información y Policía Militar), noticias detalladas sobre un supuesto plan del mando francés para invadir el Marruecos español.[16]

Por su parte, el agregado militar en París no transmitía precisamente noticias tranquilizadoras. El teniente coronel Barroso informó en junio que Gamelin, general en Jefe francés, le había repetido varias veces que en Marruecos, Francia y España tenían que ir *la main dans la main*, es decir, de común acuerdo, y que durante la guerra civil,

---

[16] Según los italianos los franceses avanzarían sobre la zona española con seis columnas: dos caerían sobre Tetuán partiendo de Arbaua y Ouazzan por Larache y Xauen; otra columna partiría de Rafsai para llegar a Bab-Berret; una más desde Taza, llegaría a Targuist para actuar posteriormente sobre Villa Jordana y Villa Alhucemas; las dos últimas columnas saldrían de Guercif y Uxda para converger sobre Melilla. Esta información se puso inmediatamente en conocimiento de Franco y del general jefe de las Fuerzas Militares de Marruecos. Véase informe del SIPM núm. 1/5147, de fecha 31 de julio de 1939, DIHGF, vol. I, doc. 114, p. 566.

hasta en los momentos más difíciles, tanto él como el Estado Mayor se habían opuesto a una intervención armada en España. Barroso, con la confianza que le daba el haber sido jefe del Cuartel General del Generalísimo durante la guerra, comentaba en carta a Franco, «como verás no tienen inconveniente en mentir cuando les conviene».[17] El 22 de junio, Barroso en una nota para su embajador Lequerica, transcribía otra frase inquietante de Gamelin: «Si vamos a la guerra, como Vd. comprenderá no nos pararemos ante ningún obstáculo para ganarla y tomaremos las posiciones indispensables para llegar a este fin. Me pareció que se refería —escribe el agregado militar— en forma vaga, claro está, al Estrecho y quizás a las Baleares».[18]

Todo ello no podía por menos que confirmar un ambiente de profundo recelo entre los dirigentes españoles hacia Francia, que a su vez desconfiaba enteramente de las intenciones de España.

Esta calma tensa, aderezada por la desconfianza mutua, era el caldo de cultivo ideal para la aparición de noticias alarmantes con más o menos fundamento. Y efectivamente así fue. En ese verano de la preguerra la normalidad aparente en el norte de África se vio periódicamente alterada por rumores sobre la posible modificación por España del Estatuto de Tánger o sobre las aspiraciones españolas en Marruecos. Así, el 16 de julio de 1939 Jordana recibió una nota de su propio servicio de información que reflejaba la inquietud de medios diplomáticos destacados en Tánger por creerse que España iba a exigir la aplicación de los convenios franceses sobre Marruecos, así como el mando de la Policía Internacional «que unida a la Gendarmería le daría prác-

---

[17] Carta de Barroso a Franco, París, 16 de junio de 1939, DIHGF, vol. I, doc. 101, pp. 523-524. Barroso estaba al tanto de los planes franceses contra el Marruecos español debido al relevante puesto que había ocupado como ayudante de Franco en el Estado Mayor del Cuartel General durante la guerra civil. Como he señalado con anterioridad, un año más tarde, en julio de 1940, los alemanes le facilitaron copia de los comprometedores documentos del Estado Mayor de Gamelin sobre el Protectorado español que habían caído en sus manos tras la derrota francesa.

[18] Informe de Barroso a Lequerica, París, 22 de junio de 1939, DIHGF, vol. I, doc. 103, pp. 529-533.

ticamente el control de la Zona Internacional». El día siguiente, se recibió otra información según la cual en círculos diplomáticos de Ginebra corría el rumor de que las conversaciones del conde Ciano con Franco durante su reciente visita a la Península habían tenido «por objeto el estudio y la preparación de la próxima expansión de España en el Protectorado Francés».[19] El Ministerio español se limitó a desmentir todos estos rumores como carentes de fundamento sin dar más explicaciones.

Aparentemente los pensamientos de Franco en aquellos momentos estaban muy lejos de cualquier plan expansionista en la zona. El 20 de julio le confió al almirante Canaris, el cualificado jefe del espionaje militar alemán, que temía que Alemania e Italia se vieran arrastradas a una guerra, pues su primer efecto sería sin duda que Francia invadiría el Marruecos español, y España no estaba en condiciones de sostener una guerra ni entonces ni en el futuro.[20]

A la intranquilidad generada por los persistentes rumores sobre las intenciones españolas en el norte de África, se uniría pronto un factor adicional: los franco-británicos desconocían cuál sería la verdadera actitud del Gobierno de Franco en caso de que estallara una guerra general en Europa. Los servicios de información aliados tenían datos fidedignos sobre un hecho cierto: el reforzamiento de las guarniciones militares españolas en los Pirineos, Gibraltar y Marruecos. Y esto no dejaba de ser inquietante.

El Gobierno español, durante la crisis final de agosto de 1939, no dio a París o Londres seguridad alguna sobre su neutralidad en el inminente conflicto hasta el último momento. El 3 de septiembre, cuando Francia y Gran Bretaña declararon la guerra a Alemania, el general Franco se tomó todavía dos días más para proclamar la neutralidad

---

[19] Informaciones de 16 y 17 de julio de 1939, en AMAE, leg. R-1217/61.

[20] Informe del Jefe de Información del Ministerio de Marina, Lais, al Jefe del Estado Mayor de la Armada italiana, Cavagnari, sobre conversación con el almirante Canaris a su vuelta de España, Roma, 22 de julio de 1939. DDI, serie 8, vol. XII, doc. 648, pp. 485-487.

española.[21] Quizás perduraba en la mente del Caudillo el recuerdo del disgusto mostrado por Berlín un año antes, cuando apresuradamente el Gobierno de Burgos había declarado su neutralidad durante la crisis de los Sudetes, sin esperar a ver si realmente estallaban las hostilidades. Esta vez Franco prefirió no forzar el paso y actuar sobre seguro, cuando la guerra fuera ya un hecho.

En Madrid se pensaba que lo más conveniente para todos sería un conflicto localizado en Polonia que terminara rápidamente con una paz de compromiso. En ese sentido, Franco llegó a hacer un llamamiento público, que se adelantó incluso al realizado por el Papa, para que se llegara enseguida a la paz. Lo último que se deseaba era una guerra generalizada y larga, que seguramente traería asociado un fuerte bloqueo comercial aliado sobre el continente. Todo ello representaba nuevas dificultades para la urgente reconstrucción que España necesitaba tras la guerra civil.

[21] Un decreto publicado en el Boletín Oficial del Estado de 5 de septiembre de 1939 decía: «Constando oficialmente el estado de guerra que por desgracia existe entre Inglaterra, Francia y Polonia, de un lado y Alemania de otro, ordeno por el presente Decreto, la más estricta neutralidad a los súbditos españoles con arreglo a las leyes vigentes y a los principios del Derecho Público Internacional».

4

España y Tánger durante la *drôle de guerre*

Durante los primeros meses de la guerra, periodo que por su inactividad bélica en Europa se ha dado en llamar guerra simulada, *Drôle de guerre* o *Phoney war*, la situación en el norte de África permaneció en la ya conocida calma tensa del periodo anterior, lógicamente agudizada por la situación de conflicto abierto. Tanto franceses como españoles se vigilaban mutuamente, y reforzaron militarmente sus fronteras en Marruecos. Las fuerzas que los franceses retuvieran allí no podrían ser empleadas en el frente europeo, y esto fue algo que no dejarían de agradecer los alemanes a Franco con posterioridad, y que éste hizo valer como servicio indirecto al Eje cuando así le interesó. La realidad era que España estaba decidida a defender su zona ante cualquier invasor y ya hemos visto que el peligro principal eran los aliados. Entretanto las relaciones hispano-francesas se vieron enturbiadas por problemas ya antiguos.

¿Un administrador español en Tánger?

En febrero de 1940 reapareció el viejo problema de la reclamación española del puesto de Administrador de la zona de Tánger, pues en fechas próximas iba a cumplirse el plazo para sus sustitución.

El coronel Beigbeder, con su habitual espíritu impulsivo, había querido plantear ya el asunto a principios de abril de 1939, nada más finalizar la guerra civil. Pero se encontró entonces con el veto temporal de Jordana, más interesado en esos momentos en llevar a buen término lo pactado en el llamado acuerdo Jordana-Bérard, y obtener todo lo posible de Francia en cuanto a recuperación de oro, material de guerra y otros bienes llevados allí por el Gobierno republicano. Interesaba, pues, no provocar nuevos enfrentamientos hasta que no hubiera terminado esa labor de recuperación, a veces lenta y complicada.

A pesar de ello, Beigbeder, en su afán de mantener siempre bien informado a Franco, le expuso la situación en una larga carta:

> Pronto puede presentarse un conflicto en Tánger, que nos obligue a echar el resto. No se trata de cubrir tal o cual plaza de Fiscal o de Interventor de Aduanas. Se trata nada menos que del Administrador Principal, que ahora debe ser español. [...] Francia arrancó de España que se prorrogara por doce años el Estatuto de Tánger, ofreciéndonos en cambio el puesto de Administrador, para lo cual se comprometía a que la mayoría de la Asamblea Legislativa tangerina (que es francesa), votase a nuestro candidato. Según informes que tengo de la Residencia en Rabat, los franceses no quieren cumplir el compromiso. Es decir, no darán su voto para nuestro candidato al renovarse ahora los Poderes. Es esto, por lo tanto, una estafa. El General Nogués ha dicho en Rabat recientemente, que el problema del Administrador español en Tánger lo quieren tratar con el arreglo de cuestiones pendientes en Marruecos y el Mediterráneo [...]. Esto puede ser grave, porque las demás cosas de Tánger no tienen importancia y todo creo que se resolverá fácilmente. La cuestión batallón es la elección del Administrador español. Vuelvo a repetir que todos los antecedentes y datos los tiene la Vicepresidencia [es decir Jordana], pero yo quiero llamarte la atención sobre esto, que es esencial».[1]

[1] Carta de Beigbeder a Franco, Tetuán, 2 de abril de 1939, DIHGF, vol. I, doc. 87, pp. 373-376.

El Gobierno español basaba su petición en el Pacto Laval-Cárdenas-Aguirre de 13 de noviembre de 1935 y en el acuerdo del Comité de Control del 25 de junio de 1936, que obligaba a hacer convocatoria para el nombramiento del Administrador español. La situación excepcional de la guerra civil española ya no podía ser aludida de nuevo por el gobierno francés, pero París (como era de esperar) adujo entonces otras dificultades: la defensa de sus derechos en Marruecos mientras durase el conflicto de Francia con Alemania hacía necesario aplazar cualquier nombramiento de un nuevo Administrador hasta el fin de la guerra.

Con la intención de ofrecer argumentos a los negociadores españoles y desmontar las excusas dilatorias de Francia, un informe de la Dirección General de Marruecos y Colonias de febrero de 1940 daba como razón meritoria de España para ocupar ese puesto la de ser «la potencia estatutaria que más garantías de imparcialidad puede ofrecer a los beligerantes». Además, las potencias contrarias al bloque franco-británico protestarían por esta prórroga de una situación anormal, de hecho «precisamente cuando las circunstancias aconsejan nombrar un Administrador ajeno a los encontrados intereses de las potencias beligerantes representadas en Tánger, pero cuya independencia de criterio sea capaz de respetar los de todas».[2] Es decir precisamente la condición de neutral de España era un valor a resaltar y una garantía para el funcionamiento imparcial de la vida en la ciudad.

El 12 de febrero de 1940 Beigbeder, ministro de Exteriores desde agosto de 1939, escribió al entonces embajador francés, Mariscal Pétain, repitiendo estas mismas razones e instando a una pronta solución que posibilitara de una vez el cumplir con los legítimos deseos españoles. Pero el Gobierno francés siguió en los meses posteriores con su sempiterna táctica dilatoria, proporcionando un nuevo motivo de resentimiento en la larga lista de agravios de los españoles.

---

2 Nota informativa de la Dirección General de Marruecos y Colonias, Madrid, 6 de febrero de 1940, AMAE, leg. R-1187/38.

La tensión llega a máximos

La situación en el norte de África apenas registró algún cambio en estos primeros meses de 1940 sin actividad en el frente Occidental europeo. Éste se reforzó con tropas indígenas francesas que fueron enviadas regularmente a la metrópoli por vía marítima mediante el uso de convoyes. Aún así se mantuvieron siempre fuerzas suficientes en Marruecos, Argelia y Túnez para hacer frente a cualquier peligro, viniera éste de los italianos, los alemanes o de los mismos españoles.

Con la invasión alemana de Noruega en abril (que se había adelantado en sólo unos días al desembarco franco-británico allí), la preocupación entre los aliados fue creciendo ante la perspectiva de que Mussolini entrara en el conflicto de un momento a otro. Esta situación de nerviosismo, dado que Italia era una potencia con intereses principalmente mediterráneos, tuvo hondas repercusiones en el norte de África, especialmente en Tánger y de rebote en ambos protectorados de Marruecos.

Las autoridades militares españolas empezaron a temer las consecuencias que la beligerancia de Italia podría tener para su propio territorio: las Baleares, el Estrecho, Tánger y el Marruecos español, podían pasar a ser objetivos de una ocupación preventiva aliada para evitar que las ocuparan los italianos, presumiblemente de acuerdo con España.

Beigbeder corrió a su escritorio y desempolvó las cartas dirigidas a Franco en junio de 1939 sobre los planes franco-británicos de dominio del Estrecho. La amenaza italiana podía ser la excusa ideal para desencadenar esas temidas operaciones. El 15 de abril de 1940 se trató el tema in extenso en la Junta de Defensa Nacional y también en el Consejo de ministros. Las medidas a adoptar en caso de que la guerra se extendiera al Mediterráneo debían estar preparadas al detalle. Se decidió reforzar con todos los efectivos disponibles la defensa de las Baleares, el Estrecho, Tánger y Marruecos, sin descuidar por ello la frontera pirenaica.

Aquel mismo día el agitado Beigbeder concretó por carta al Alto Comisario en Tetuán, general Carlos Asensio Cabanillas, los refuerzos que corresponderían a su Protectorado. Asensio recibiría dos tabores de Regulares, 70.000 fusiles para poder armar a las *harkas* —voluntarios indígenas— y víveres para las necesidades civiles y militares de tres meses, en previsión de que se cortaran temporalmente las comunicaciones con la Península. Además se le había ordenado al general Varela, ministro del Ejército, que enviara algunas autoametralladoras, «con objeto de [emplearlas en] una posible intervención en Tánger».[3] Por el momento, según admitía pesaroso el ministro, era todo lo que se podía enviar.

Si Barroso, como agregado militar en París, y Kindelán, en su condición de capitán general de Baleares, ya habían advertido a Madrid sobre un posible desembarco franco-británico en las islas para adelantarse a una acción italiana, fue Beigbeder el principal generador de los temores en el seno del Gobierno sobre una operación similar en Tánger. Ya hemos visto cómo trató de sembrar la inquietud en Franco sobre ello en junio de 1939. En abril de 1940, cuando se esperaba la entrada en guerra de Italia y por tanto las circunstancias podían hacer más creíble una acción aliada en Tánger, Beigbeder volvió a la carga sobre su tema favorito. En la mencionada carta a Asensio le decía: «Tengo la sospecha, que cada vez más me confirman los informes que recibo, de que el peligro de nuestra neutralidad comenzará por un desembarco franco-inglés en Tánger». A continuación, Beigbeder transmitía al Alto Comisario toda una serie de instrucciones recibidas del mismo Franco para responder a tal acción con otra no menos espectacular: la ocupación española del espacio que rodeaba a la ciudad de Tánger, la llamada Zona Internacional. «La ocupación de Tánger [...] —continuaba el ministro— hemos de hacerla de modo amistoso y sin rozamientos con los franco-ingleses, ya que si éstos violan un Estatuto, nosotros hacemos lo mismo y tomamos contacto con ellos para hacer un modus vivendi de ocupación temporal». El propósito de fondo de Beigbeder que ya hemos visto, y en el que Franco se había

3 Carta de Beigbeder a Asensio, Madrid, 15 de abril de 1940, DIHGF, vol. II-1, doc. 27, pp. 135-137.

mostrado de acuerdo, era aprovechar esa violación circunstancial conjunta de todas las partes, para poner fin para siempre al odiado Estatuto de 1923, y volver a la situación anterior o a otra nueva, pero, eso sí, con España como potencia preponderante en Tánger.

A pesar de ello, Beigbeder no ignoraba los peligros que la operación conllevaba y escribió a Asensio:

> Desde luego esto no es la guerra porque si se limitaran solamente a la ocupación de Tánger y nosotros a la de la Zona Internacional, podríamos sostener la situación. Caso de que el conflicto tomara caracteres de gravedad y estallara la tormenta, ya se te darían instrucciones, que no pueden ser otras que las de *armar el país y penetrar en zona francesa*, pero esto está todavía muy lejano. Lo urgente es lo de Tánger para que no nos ganen la mano.[4]

Las autoridades españolas actuaban, por lo tanto, con el telón de fondo de un posible enfrentamiento armado posterior con los franceses, pues no confiaban para nada en las intenciones últimas de los aliados. El ministro español temía por el estado de nerviosismo imperante entre éstos. Le habían visitado los embajadores francés e inglés hablándole de un posible desembarco italiano en Torremolinos para ir a conquistar Sierra Carbonera. «Como ves —le escribió a Asensio—, han perdido la cabeza, puesto que en un momento de locura corren rumores, hablan de desembarcos italianos, etc., etc. y nos encontraríamos con que [los aliados] se lanzan a ocupar Tánger, Tarifa o Alcazarseguer.» Este va a ser precisamente el principal temor que presida la actuación de los españoles: que en realidad el desembarco en Tánger no fuera más que una cabeza de puente, una excusa para facilitar la invasión franco-británica de todo el Marruecos español o una expansión del territorio circundante a Gibraltar.[5]

---

[4] Carta de Beigbeder a Asensio, Madrid, 15 de abril de 1940, DIHGF, vol. II-1, doc. 27, pp. 135-137. La cursiva es nuestra. Reproducimos íntegramente esta carta en el apéndice documental.

[5] Esta era la tesis del general Asensio, que expone en su carta a Beigbeder de 31

Desde la misma recepción de las instrucciones para la ocupación de la zona internacional, la principal obsesión del Alto Comisario fue doble: por un lado realizar los preparativos con la mayor discreción posible para garantizar la sorpresa, y por otro asegurar que la señal para el avance español, a dar por sus servicios de observación en el mismo momento del desembarco franco-inglés, no se adelantara en un minuto a la operación aliada. Con la discreción y la no precipitación como normas esenciales, Asensio encargó al general Ponte, al mando de las fuerzas militares en Marruecos, una detallada planificación militar, que quedó terminada a finales de abril de 1940.[6] Desde entonces todo estaba listo en el campo español.

Francia, de la tranquilidad a las amenazas

Entre tanto, los franceses trataron de conocer de primera mano cuál sería de verdad la actitud española en el caso de que Italia entrara en la guerra, y qué repercusión tendría ello en Tánger. El 16 de abril, el agregado militar de la legación francesa en Tánger, capitán Luizet,[7] mantuvo una conversación con el comandante De Miguel, jefe de las fuerzas de policía de la ciudad. Quería conocer su opinión sobre el nerviosismo desatado por los rumores de una ocupación franco-inglesa de Tánger y sobre todo cómo justificaba los movimientos de tropas españolas que se venían observado en la frontera. De Miguel, con habilidad, atribuyó esos movimientos a la presencia detectada en Tánger de una misión militar inglesa encabezada por un general. Luizet trató de explicar esto con una excusa un tanto burda: la pérdida del barco de enlace con Gibraltar había motivado la inusual estancia de dos días de los ingle-

de abril de 1940, DIHGF, vol. II-1, doc. 27, pp. 144-148, y que se reproduce en el apéndice documental.

6 Carta del general Asensio al teniente general Ponte, Tetuán, 17 de abril de 1940, DIHGF, vol. II-1, doc. 27, pp. 138-142. Reproducida en el apéndice documental.

7 Luizet era además el jefe local del «Deuxiéme Bureau», es decir del servicio de información del ejército francés en Tánger.

ses en la ciudad. Los españoles, desde luego, no darían ningún crédito a una explicación tan forzada. Veían como altamente sospechosas este género de visitas sólo justificables a sus ojos como preludio de que algo serio tramaban los aliados.

A lo largo de la conversación, el capitán Luizet trató de subrayar el deseo de colaboración de las autoridades francesas y su interés en que España no se viera envuelta en el conflicto. Como prueba de buena voluntad por su parte ofreció proceder a un intercambio de información sobre los despliegues de las respectivas fuerzas en ambas zonas, aunque veladamente dio a entender que temía que esta sensible información pasara por vía española a manos de los italianos y de éstos a los alemanes. El oficial español, sin querer darse por aludido, nada respondió sobre esta última impertinencia. Sobre los movimientos de tropas propias en la frontera tangerina, De Miguel dijo astutamente que nada sabía y que las guarniciones de la zona hacían su vida normal. Luizet no quedó muy satisfecho ante tanta evasiva, pues anunció su intención de ir a hablar personalmente con el general Ponte e incluso con el mismo Beigbeder en Madrid, para convencerles de la total falsedad de los rumores de una ocupación franco-inglesa de Tánger.[8]

Con todo esto lo que se buscaba era tranquilizar a los españoles y evitar una eventual acción preventiva de éstos en la ciudad internacional. Por si las buenas palabras no bastaban, los franceses no dudaron en emplear amenazas. El papel amenazante correspondió nada menos que al Residente General, general Nogués. Recién llegado a Rabat con instrucciones frescas de París, hizo comparecer con urgencia al cónsul español, Juan Jesús de Carranza, para que transmitiera textualmente sus palabras al Alto Comisario. Nogués, yendo directamente al grano, dijo que Francia estaba al tanto de los manejos del general Gambara (el embajador italiano en Madrid) para convencer al Gobierno español

[8] Informe sobre la conversación del capitán Luizet con el comandante De Miguel celebrada en Tánger, el 16 de abril de 1940, DIHGF, vol. II-1, doc. 27, pp. 142-144. Reproducido en el apéndice documental.

de que «la línea [fortificada] que tienen Vds. construida en Marruecos les permite con las fuerzas que allí poseen defenderlo perfectamente» en el caso de tener que repeler cualquier ofensiva francesa. Nogués, molesto, continuaba:

> [...] y debo decirles que se equivocan puesto que tengo elementos más que suficientes para hacer una acción enérgica y rápida y Vds. no tienen ni reservas de víveres ni de petróleo para una defensa larga. Pensar en una ofensiva española que encontrara un ambiente favorable en estos musulmanes que se sumaran a los invasores no cuenta con probabilidad alguna y creo no sería para mí difícil el conquistar rápidamente su Zona.

Pasando de las amenazas a un tono más tranquilizador dijo que mientras España mantuviera su neutralidad, él no movería un hombre, aunque, desde luego, estaría preparado —matizó— «para el caso de que, para mí muy desgraciado, Vds. fueran arrastrados a la guerra». En varias ocasiones el jefe supremo francés en Marruecos le dijo muy excitado a Carranza que le daba su palabra de honor de militar de que «si España no mueve un hombre para atacarme no he de ser yo quien lo mueva».

Refiriéndose a los rumores sobre Tánger afirmó que la ciudad era un problema que aunque se denominara internacional, concernía realmente sólo a España y Francia. A continuación venía la pieza más importante de todo su discurso: «Si la intervención de Italia en la guerra hace necesario intervenir en Tánger se hará de acuerdo entre nuestros dos países en igualdad de participación militar». Este detalle es muy importante porque, como veremos más adelante, fue precisamente esta iniciativa francesa la que en su momento permitió a España meter el pie en Tánger y hacerlo con el consentimiento galo.

Para finalizar, el general Nogués, la máxima autoridad militar y civil en el Marruecos francés, quiso dejar claro que sólo deseaba, repitiendo la expresión de Gamelin, «maniobrar mano a mano con España» en la zona. Para evitar la entrada de España en la guerra hizo incluso veladamente alusión a las compensaciones que Madrid podría pedir a cambio de su neutralidad, pero sin llegar a precisarlas.[9]

Pero las palabras de Nogués, transmitidas diligentemente ese mismo día por el cónsul Carranza, no produjeron en Beigbeder ni en Asensio el efecto tranquilizador deseado. No se fiaban del personaje ni de sus intenciones. Los frenéticos preparativos españoles continuaron sin pausa para responder adecuadamente a lo que insistentes rumores denominaban una inminente «protección armada» franco-británica sobre Tánger.

Las tribulaciones del Alto Comisario

El 31 de abril de 1940 el Alto Comisario comunicó a Beigbeder por carta que ya estaban dispuestos todos los extremos para la operación, incluido un buque de la Armada que esperaba en Ceuta y los camiones, que, para mayor discreción, se habían situado a cierta distancia en Arcila, R'gaia y Melusa. Asensio no ocultó tampoco su grave preocupación porque «una falsa alarma trajese el descubrimiento de nuestro juego [...] Sería lamentable en todos los aspectos una precipitación, pues pudiera llegar a provocar cosas poco convenientes, ya que no descarto, incluso, la posibilidad de la guerra». Por ello había tomado todas las medidas posibles para que sus servicios de información confirmaran de facto el desembarco franco-inglés en Tánger antes de dar la señal para la penetración española.

La profesionalidad militar de Asensio le llevaba a preguntarse en primer lugar por la finalidad estratégica última de semejante operación aliada. ¿Qué beneficios les reportaría? El control de la entrada en el Mediterráneo era ya suficiente desde Gibraltar, como para bus-

9 Informe del cónsul general en Rabat, Juan Jesús de Carranza, sobre su conversación con el general Nogués, Rabat, 16 de abril de 1940, DIHGF, vol. II-1, doc. 28, pp. 148-153. La cursiva es nuestra. Reproducido en el apéndice documental.

car un apoyo complementario en Tánger, que además conllevaba un acto ilegal como era violar el Estatuto. Eliminar la influencia italiana en la ciudad no parecía motivo suficiente para tan arriesgada operación. El general Asensio creía firmemente en la posibilidad de que el desembarco en Tánger fuera un primer paso para establecer una cabeza de puente que facilitara más tarde la ocupación de todo el Marruecos español si la actitud de España lo hacía necesario: «¡Es tan lógico pensar que el mismo Ejército de ocupación, especialmente en caso de desconfianza, se podría emplear para intentar la invasión [...]!». Esta perspectiva le inquietaba sobremanera. Con el fin de estar preparado para tal eventualidad, propuso a Beigbeder que el avance español se extendiera hasta ocupar todo el espacio alrededor de la ciudad internacional, incluyendo el aeródromo, con la intención de arrebatar puntos de partida a esa eventual invasión franco-británica del Protectorado español. Aunque razonaba que «no debemos entrar en Tánger nunca como no sea invitados y previo acuerdo del Gobierno», advertía que un desembarco aliado en la ciudad «sin previo aviso a nosotros, yo estimo que debe ser tomado siempre como agresión a nuestra casa». Para Beigbeder esto era, desde luego, predicar a un converso, y no podía estar más de acuerdo con su subordinado.

En el caso de que se desatara un conflicto abierto con los franceses, Asensio recurriría a la ayuda de los indígenas propios, pero también buscándola en la zona francesa. En cuanto a fuerza militar en la región, era manifiesta la superioridad gala en todos los órdenes. España, si quería triunfar debía apoyarse en una rebelión interior de los propios marroquíes contra los franceses, una posibilidad que aterraba a Nogués. Sobre esto razonaba Asensio ante su ministro: «Cada vez me aferro más a la idea de que nuestra única arma posible en Marruecos está (si, en efecto, allí existe o hay posibilidad de crearla) en zona francesa. Este es el cuchillo a afilar, y yo ya he empezado los sondeos».

El Alto Comisario dejándose llevar por cierta euforia belicista no veía dificultad alguna en encontrar argumentos favorables para justificar una ocupación española:

> La falta de víveres, gasolina, etc. y de relaciones con España por corte del Estrecho puede tener una magnífica contrapartida [para nosotros], que es la de *buscar los medios abundantes que tienen los franceses, y apoyarnos para ello en los habitantes de la Zona*. En este punto pongo la mirada, con la esperanza de que si encontramos o somos capaces de crear la temperatura conveniente, la respuesta que pudiéramos dar a la protección armada de los demás pudiera ser *la salida de España al mundo*.

Su carta a Beigbeder terminaba con una invocación con toda seguridad muy extendida entre los militares africanistas de la época «[...] a ver si nos para Dios en condiciones de que comience ese Imperio que soñamos».[10]

A la vista de toda esta documentación, la sensación que perdura en el observador es que la acción aliada sobre Tánger se quería aprovechar por los españoles no sólo para acabar para siempre con el régimen internacional de la ciudad, sino para, en caso de conflicto abierto con los franco-británicos, poder iniciar toda una expansión por la zona francesa. Este sería el primer paso hacia la formación del largamente esperado imperio español en África.

Lo más llamativo es que todas estas ideas se expresaran en abril de 1940, dos meses antes de la derrota de Francia por Alemania, lo que viene a confirmar que el expansionismo norteafricano español era anterior e independiente del colapso francés, aunque aprovechara aquellas circunstancias favorables para ampliar sus pretensiones territoriales.

¿Calma antes de la tempestad?

Los temores de Beigbeder sobre la operación aliada en Tánger no se confirmaron finalmente aquella primavera, pero a pesar de todo se decidió

---

[10] Carta de Asensio a Beigbeder, Tetuán, 31 de abril de 1940, DIHGF, vol. II-1, doc. 27, pp. 144-148. Las cursivas son nuestras. Reproducida en el apéndice documental.

mantener operativa la planificación prevista como respuesta española ante tal provocación. Sin grandes modificaciones, esos mismos planes iban a servir para la ocupación unilateral por España de la ciudad a mediados de junio de 1940, aunque entretanto las circunstancias hubieran cambiado.

A lo largo de las semanas siguientes disminuyó el nerviosismo, pero no la desconfianza mutua franco-española, alimentada por algunas noticias inquietantes. A principios de mayo, Vía Ventalló, cónsul de España en Casablanca, informaba a Madrid del reforzamiento de tropas francesas en las cercanías del Protectorado español «en vistas naturalmente a una posible pérdida de nuestra neutralidad». El cónsul aseguraba que «nuestra zona se halla plagada de agentes de información de los aliados, unos profesionales, otros voluntarios, que dan toda clase de detalles, si los tienen y si no los inventan, sobre las fuerzas y ambiente que allí existen».[11] La desconfianza franco-británica hacia las verdaderas intenciones de España, en parte basada en estas informaciones exageradas de sus propios agentes en la región, permaneció inalterable en este periodo previo a la batalla de Francia.

---

[11] Vía Ventalló al Ministerio de Asuntos Exteriores, Casablanca, 6 de mayo de 1940, AMAE, leg. R-1217/26.

5

La ocupación española de Tánger

El 10 de mayo de 1940 dio comienzo la esperada ofensiva alemana poniendo brusco final a la inactividad en el frente occidental, que había durado nueve meses. Holanda, Bélgica y Luxemburgo, tras una resistencia más bien simbólica, se rindieron en las primeras semanas, facilitando así el rápido avance alemán ya por tierras francesas en un movimiento de pinza que desbarató las líneas defensivas aliadas. Las tropas expedicionarias británicas fueron empujadas hacia el Canal de la Mancha y aisladas en Dunquerque a finales de ese mes. El sistema militar aliado pareció desmoronarse.

En la primera semana de junio, al calor de las victorias alemanas, se orquestó en España una fuerte campaña de prensa con el objetivo de ir calentando los ánimos de la población. Se trataba de dar a conocer entre el pueblo las reivindicaciones españolas y fomentar un espíritu «antiplutocracias», directamente dirigido contra Francia e Inglaterra, que atravesaban por su hora más débil.

Unos días después Beigbeder expuso claramente por vez primera a los alemanes las reivindicaciones territoriales españolas en África.[1] El

---

[1] Aunque ya el 16 de abril de 1940, el embajador Von Stohrer había informado a Berlín de que el temor español a verse envueltos en la guerra, era contrarrestado por

ministro español comunicó al embajador Von Stohrer que «las demandas nacionales eran, aparte de Gibraltar, la obtención de Tánger, el Marruecos francés y una rectificación fronteriza en la Guinea española». El ministro expresó de pasada (pero con toda intención) que lamentaría que Italia deseara acaso establecerse también en estas regiones, especificando que «un Marruecos en manos españolas debía ser, para una Italia amiga, suficiente garantía de que los intereses italianos serían respetados».[2] Lo que pretendía Beigbeder era ganarse de antemano el apoyo alemán antes de que los italianos comunicaran sus demandas en la zona.

Sin embargo, los alemanes, que nunca habían imaginado un desplome tan rápido de Francia, pensaban sobre Marruecos en términos muy distintos.

Si la situación en el frente francés se hubiera enquistado (como ya había sucedido en la Primera Guerra Mundial) los alemanes tenían previsto causar serios problemas a París en sus territorios coloniales, valiéndose de elementos indígenas reclutados, por ejemplo, dentro del Marruecos francés. El cónsul alemán en Tetuán, Richter, y elementos del Abwehr (servicio de información militar) allí destacados notificaron a Berlín a principios de junio que los nativos estaban preparados para una revuelta general contra los franceses. Los dirigentes nacionalistas magrebíes habían planeado además pedir la protección de Alemania una vez iniciada la insurrección. Sin embargo, el ministro de Exteriores nazi, Ribbentrop, quizás viendo el inminente colapso francés y queriendo evitarse complicaciones innecesarias, el 13 de junio dio órdenes terminantes de no mezclarse en absoluto en los asuntos marroquíes.[3] Resulta llamativo que para estos planes de sublevar a la población marroquí contra los franceses no se hubiera contado para

la esperanza puesta en que una victoria alemana les proporcionara Gibraltar y Tánger. Véase DGFP, serie D, vol. IX, doc. 129, pp. 190-192.

2 Stohrer al Ministerio de Asuntos Exteriores, 4 de junio de 1940, DGFP, serie D, vol. IX, doc. 380, pp. 511.

3 Stohrer al Ministerio de Asuntos Exteriores, 7 de junio de 1940, y respuesta de Von Weizsäcker, 13 de junio de 1940, DGFP, serie D, vol. IX, doc. 397, pp. 525-526.

nada con los españoles, los recientes aliados en la guerra civil y los principales afectados si esa rebelión se descontrolaba y se extendía por su propia zona.

La realidad era que los acontecimientos se sucedían a un ritmo vertiginoso. Francia entera se encontraba sorprendida y desmoralizada por el rápido avance alemán. El país galo era como un veterano boxeador aturdido por los golpes de un joven aspirante, y a punto de caer sobre la lona. En este ambiente, Manuel Amieva, cónsul español en Tánger, transmitió a Madrid el 8 de junio de 1940 una interesante propuesta de sus colegas de la legación francesa, que no tardaría en ser hábilmente aprovechada por el coronel Beigbeder para poner en marcha su aplazado plan sobre Tánger. Sin pérdida de tiempo informó así al embajador Lequerica en París:

> Nuestro Ministro en Tánger ha conferenciado con el Agregado militar de la Legación de Francia [Luizet], el cual le ha manifestado que para el caso de entrar Italia en guerra y en previsión de disturbios que pudieran suscitarse en Tánger, la Legación francesa pide a París se interese una intervención conjunta de Francia y España con elementos militares de ambas nacionalidades que garanticen la neutralidad. Opina el Gobierno español que no es adecuada una intervención mixta por ser Francia beligerante, y que llegado el caso procedería solamente una *ocupación temporal por tropas españolas* que serían verdadera garantía de neutralidad.[4]

Esta petición francesa estaba completamente de acuerdo con la línea marcada por el Residente General en Marruecos, Nogués, quien, como hemos visto, se había comprometido en abril a que cualquier intervención en Tánger sería siempre realizada conjuntamente por fuerzas francesas y españolas equiparables.

[4] Telegrama de Beigbeder a Lequerica, 8 de junio de 1940, AMAE, leg. R-1217/67. La cursiva es nuestra.

Sin embargo, en la capital española se opinaba de manera muy distinta. Beigbeder dio instrucciones precisas a Lequerica para que comunicara con urgencia la postura española al Ministerio de Exteriores en París, es decir, una intervención unilateral de España sin participación francesa, como única garantía posible de neutralidad en la ciudad. Así lo hizo, entrevistándose ese mismo día con el subsecretario Baudouin y el secretario general, Charles Roux, exponiéndoles el criterio del Gobierno español, que «escucharon sin oponer ninguna especial reserva y quedando en llamarme cuando tuvieran la comunicación de su cónsul en Tánger aún no llegada».[5]

La pasividad de los franceses obedecía a que acababan de conocer la noticia de la entrada de Italia en la guerra esa misma mañana, un factor que lo complicaba todo, y no en último lugar el asunto de Tánger.

El desarrollo de la ocupación

De esta manera un tanto súbita, se le presentó a Madrid la ocasión de realizar la ocupación de Tánger como un acto en beneficio de la neutralidad de la ciudad internacional y además a petición de Francia. Hoy tenemos múltiples evidencias de que los planes españoles de ocupación eran muy anteriores. En realidad, como hemos visto, Beigbeder llevaba madurando un paso así desde junio de 1939, cuando todavía era Alto Comisario en Tetuán. También es cierto que los preparativos definitivos, con el visto bueno de Franco y el Consejo de ministros, no comenzaron hasta mediados de abril de 1940. Estaba previsto que la señal para la ocupación española fuera el esperado desembarco franco-británico en Tánger en el momento en que Italia entrase en guerra. Lo único que cambió aquel 14 de junio de 1940 fue que ese desembarco aliado fue sustituido, como factor desencadenante de la ocupación española, por la inesperada y estrepitosa derrota de Francia.

[5] Telegrama de Lequerica a Beigbeder, 10 de junio de 1940, ibídem.

No se puede considerar por tanto, una decisión súbita de Franco y Beigbeder (como tantas veces se ha sostenido equivocadamente), pues la operación había sido prevista hasta en sus menores detalles durante los dos meses anteriores. La acción española únicamente tuvo que ser ampliada para incluir en la ocupación a la misma ciudad de Tánger, además de lo ya planeado respecto a la zona circundante y el aeródromo.

Para evitar cualquier irritación de París o Londres, entre el 8 y el 12 de junio de 1940 Madrid pactó aceleradamente con esos gobiernos su consentimiento previo a la ocupación. Sin embargo, se puso especial atención en no hacer referencia alguna a este detalle fundamental en la información aparecida en la prensa española, para no empañar la «virilidad» del gesto y lo que tenía de desafío al orden anterior. Lo que no era sino una ocupación temporal pactada con los aliados se presentó al pueblo español y al mundo entero como un hecho consumado, predecesor de otros muchos cambios en la zona en beneficio de España.

La esperada actitud de Italia, que declaró la guerra a Francia el 10 de junio, acabó de dar forma definitiva al escenario ideal para la acción española. Una vez pactada la intervención en Tánger, el Gobierno de Franco se vio con las manos libres para dar un paso más y declarar el día 13 que España asumía la condición de Estado «no beligerante», abandonando su neutralidad. Esto provocó sorpresa y preocupación en franceses y británicos, a los que, ciertamente, se les acumulaban los problemas.

El 14 de junio de 1940, a la una menos cuarto de la madrugada, el Alto Comisario en Tetuán, general Carlos Asensio Cabanillas, máxima autoridad política[6] en la zona española de Marruecos, recibió un largo telegrama de Beigbeder con instrucciones muy concretas, que por su interés merecen ser reproducidas en su integridad:

[6] El mando efectivo de las tropas españolas en Marruecos estaba en manos del general Miguel Ponte y Manso de Zúñiga. Sólo en mayo de 1941 el nuevo Alto Comisario, general Orgaz, concentraría en su persona a la vez el mando político y militar.

[Como] Resultado [de] conversaciones [con] Francia y para asegurar [la] neutralidad absoluta [de] Tánger y su zona ha sido decisión [de este] Gobierno [el] ocupar militarmente dicha ciudad y su hinterland. Para ello se servirá movilizar inmediatamente dos mejalas completas con toda [su] dotación y armamento incluso ametralladoras, que deberán entrar [en las] fronteras con Tánger en las dos entradas (Larache y Tetuán) simultáneamente a las siete de mañana 14 de junio. Allí se harán cargo [del] servicio de vigilancia y policía, algunos destacamentos de acuerdo con los de la gendarmería internacional, e irradiando enseguida destacamentos por todos los puntos estratégicos. [La] Columna, que será mandada por [el] Coronel Yuste, seguirá a la Ciudad desfilando por ella con música a la cabeza y se acuartelarán en los edificios Grupos Escolares José Antonio, destacando igualmente patrullas por la población con armamento, que harán servicio de policía y vigilancia. A la llegada el Coronel Yuste visitará [al] Administrador en nombre [del] Gobierno y [del] Mendub, acompañado [del] Ministro de España, diciéndole [que] en vista [de las] circunstancias y en nombre [del] Sultán se encarga provisionalmente España de los servicios de seguridad y vigilancia en Tánger. [El] Ministro pasará [una] Nota igualmente en nombre [del] Gobierno a los Representantes diplomáticos, asegurándoles [que] se respetarán todos los derechos de las Potencias. Las fuerzas evitarán en absoluto producir cualquier incidente, que sería severísimamente corregido y guardarán el máximo respeto y compostura para la población. Se respetarán todos los servicios establecidos. – *Comunique [esta] decisión a General Nogués a las siete menos cuarto por teléfono diciendo que la operación se hace de acuerdo completo con [el] Embajador de Francia que me ha visitado esta tarde a las siete y media para expresarme [la] conformidad [de] su Gobierno.* – Absoluta reserva para que no perciban nada [los] cónsules francés, inglés, italiano y alemán. – Amieva debe tener conocimiento inmediato llamándole V.E. para comunicárselo de palabra así como [el] Comandante De Miguel para que ponga [la] gendarmería [a las] órdenes [del] Coronel Yuste. – Avise V.E. [al]

> buque [de] guerra de estación [en] Ceuta [para] que marche a Tánger donde llegará [a las] ocho de la mañana y que desembarque [una] patrulla nutrida con fusiles que recorrerán [los] muelles pacíficamente. – Córtese [las] comunicaciones con Ceuta, Tánger, Zona francesa y Melilla e interrumpa [el] telégrafo y [el] teléfono hasta [las] siete [de la] mañana. Que no se transmitan telegramas de ninguna clase, ni se autoricen conversaciones telefónicas».[7]

Siguiendo al pie de la letra tan detalladas instrucciones, la ocupación se verificó aquella mañana con la natural sorpresa entre la población de Tánger, una calurosa bienvenida por parte de la colonia española y la reserva de los miembros de las legaciones de Francia e Inglaterra. El representante italiano mostró su aprobación presenciando (de uniforme) la marcha de las tropas por las calles. En Roma parece ser que no agradó la ocupación, limitándose a comunicar su felicitación a Madrid de manera un tanto fría. Para gran alivio de Beigbeder no se produjeron incidentes de orden público que afearan la operación. Se había tenido la precaución de usar tropas indígenas con la idea de despertar menos recelo.

Desde luego, la primera medida tomada por los españoles fue sustituir al odiado Administrador francés por uno propio. La elección recayó lógicamente en el hasta entonces cónsul de España en Tánger, Manuel Amieva, acabando de manera expeditiva con un problema que se arrastraba, como hemos visto, desde junio de 1936. La aceptación francesa del nuevo titular llegó el 29 de junio. El 22 de agosto Francia, además, entregó los poderes de su consulado en Tánger al Gobierno español.[8]

---

[7] Telegrama de Beigbeder a Asensio, 14 de junio de 1940, AMAE, leg. R-1217/67. La cursiva es nuestra.

[8] SÉGUÉLA, op. cit., p.117.

La fecha escogida para efectuar la ocupación (dos días después de la entrada de los alemanes en París, cuatro después de la intervención italiana, y con el ejército francés desmoronándose), no podía ser más apropiada para evitar una reacción francesa, que por lo demás había sido neutralizada con las negociaciones previas con ese Gobierno. Como se ha hecho notar, se hizo coincidir en España con la proclamación el día 13 de junio en el Boletín Oficial del Estado de la «no beligerancia» española, con lo que aparentemente se abandonaba la posición anterior de estricta neutralidad. En esto, Franco seguía miméticamente los pasos de Mussolini, quién le había pedido ese cambio de estatus unos días antes como gesto de solidaridad con el Eje. A ningún observador se le escapó que en realidad España adoptaba con ello una posición de prebeligerante, tal como había hecho Italia. El Gobierno de Madrid buscaba con ello dejar abierta la puerta de la intervención, que la inminente victoria alemana podía hacer aconsejable.

En Madrid, donde se había obtenido la aceptación francesa a través del embajador, conde Renom de La Baume, el Ministerio de Exteriores hizo llegar una nota justificativa de la ocupación española de Tánger al embajador británico, otra al portugués, y sendas notas más escuetas a los embajadores de Italia y Alemania.[9] Lo más significativo es que la nota a Hoare explicaba cómo la acción española sobre Tánger era de carácter provisional y el resultado de un acuerdo previo con Francia, mientras que las notas redactadas para italianos y alemanes ocultaban cuidadosamente ambos extremos, haciendo pasar todo por un hecho consumado. A los gobiernos del Eje se les transmitió la idea de que había sido una actuación vigorosa e independiente de España, sin aludir para nada al carácter temporal y pactado de la ocupación de Tánger.[10]

Esa pretendida provisionalidad de la ocupación, sólo destinada a garantizar la neutralidad y el Estatuto de la plaza mientras durase la

---

[9] AMAE, leg. R-1217/69.

[10] Véase el apéndice documental, donde se reproducen las notas oficiales a los embajadores de Gran Bretaña, Portugal, Francia, Italia y Alemania.

guerra, no tardó en verse desmentida por la prensa controlada por Falange, que dio ruidosamente la noticia como el primer paso hacia la constitución de un imperio español en África. Se tuvo buen cuidado de silenciar el detalle fundamental de que la ocupación había sido el resultado de negociaciones previas con Francia, algo que habría depreciado considerablemente el valor del gesto español. Todo se presentó como una medida de fuerza unilateral de España, en el más puro estilo de las potencias fascistas.

Serrano Súñer al poco tiempo no dudó en manifestar que la ocupación era algo irreversible. Estas declaraciones motivaron las protestas de franceses y británicos, que lógicamente se sentían estafados. La línea de los medios informativos españoles, marcada entonces por una campaña de exaltación reivindicativa, no fue alterada, desde luego, por ello.

La españolización de Tánger y su incorporación al Protectorado

Durante los primeros meses de la ocupación española, de junio a octubre de 1940, la nueva administración tuvo cierto cuidado en mantener las formas de respeto al Estatuto de Tánger, y tan sólo se efectuó con rapidez el nombramiento del nuevo Administrador, Manuel Amieva. Esta medida no sorprendió demasiado pues se conocían las largas negociaciones mantenidas con Francia desde el final de la guerra civil, y España tenía, para optar a aquel puesto, un respaldo jurídico incuestionable.

De momento Beigbeder se preocupó de no irritar innecesariamente a franceses y británicos con medidas unilaterales en Tánger, máxime cuando tenía pendientes de negociación ciertas concesiones territoriales que se esperaban de Francia. Sin embargo, para mediados de octubre vio con claridad que las cesiones francesas eran mínimas e insatisfactorias y las conversaciones fueron abandonadas. El 16 del mismo mes Beigbeder se encontró cesado de forma súbita en Exteriores y sustituido por Ramón Serrano Súñer, partidario de menos miramientos en Tánger y de iniciar un proceso paulatino de españolización de la ciudad, ya sin subterfugios ni complejos.

Tras las visitas de Serrano Súñer a Berlín y Roma en septiembre de 1940, y el encuentro entre Franco y Hitler en Hendaya en octubre, todo parecía indicar que España estaba negociando con el Eje el precio de su entrada en la guerra. En estas circunstancias, el Alto Comisario informó al Ministerio de Asuntos Exteriores que los cónsules de Francia e Inglaterra habían expresado al coronel Yuste a finales de octubre la escasa conformidad de la nueva política exterior española con la neutralidad acordada para Tánger. El representante francés había incluso sugerido la conveniencia de que, para asegurar la neutralidad de la zona internacional, la vigilancia se realizara conjuntamente por tropas españolas y francesas, ofreciendo para ello el envío de infantería y aviación francesa a Tánger. Para responder adecuadamente a esas vanas pretensiones con un gesto inequívoco de fuerza, el general Asensio propuso a Serrano reforzar con artillería la columna española de ocupación y trasladar una escuadrilla al campo de aviación.[11] Así se hizo, aunque en Madrid se juzgó que las medidas militares ya no resultaban suficientes. Según expuso Serrano al embajador italiano, «los cónsules de Holanda y Bélgica, con sus continuas intrigas trataban de establecer en Tánger una especie de situación parlamentaria apelando al Comité Internacional».[12]

Esta equívoca situación junto a las renovadas pretensiones francesas de recuperar parte del control perdido, habían impulsado al nuevo ministro de Exteriores a convencer a Franco sobre la urgente necesidad de aclarar de una vez por toda la situación administrativa de Tánger. La única solución satisfactoria para Serrano era la integración pura y simple de la ciudad en la zona española, que por otra parte era lo que se deseaba desde hacía mucho tiempo.

La decisión adoptada por Franco en Consejo de ministros fue la supresión unilateral del Estatuto tangerino, aunque ello supusiera pasar

[11] Telegrama de Asensio a Serrano, 28 de octubre de 1940, AMAE, leg. R-1217/69.
[12] DDI, serie 9, vol. VI, doc.45.

por encima de los compromisos contraídos anteriormente. El 3 de noviembre de 1940, Yuste, ascendido al empleo de general, disolvió la Comisión de Control y la Asamblea legislativa de la ciudad. En adelante Tánger sería gobernada por un general español, administrada por funcionarios españoles y las tropas del Jalifa serían sustituidas por soldados españoles. Así, de hecho, Tánger quedó homologada administrativamente con el resto de la zona española.

Lo que había comenzado como una ocupación temporal adoptó desde entonces caracteres de permanencia. Para disipar posibles dudas, el 13 de noviembre de 1940 el Boletín Oficial del Estado publicó el decreto de incorporación de Tánger al Protectorado español de Marruecos.

El embajador de Vichy en Madrid protestó enérgicamente de forma oral y escrita por la abolición del estatuto, y Serrano, como defensa, se vio obligado a mostrarle un documento del Gobierno francés fechado en septiembre,[13] por el que éste ofrecía Tánger a España a cambio de que se le garantizara el Marruecos francés y se abandonaran los tratos con el Eje.[14] El ministro español daba así a entender al embajador que no había motivo para tanta indignación cuando los mismos franceses habían utilizado la ciudad como prenda de apaciguamiento tan sólo unos meses antes.

Probablemente fuera acertada la interpretación del embajador alemán Von Stohrer, para quien el Gobierno de Franco habría dado este paso (sin comunicarlo previamente a alemanes e italianos) decepcionado tras los resultados insatisfactorios de Hendaya y con la intención de asegurarse «al menos Tánger»,[15] ya que en las negociaciones con Berlín y Roma no se había conseguido nada más.

---

13 Durante la ronda de conversaciones de Beigbeder con los franceses para obtener rectificaciones fronterizas, que se realizaron entre junio y octubre de 1940.

14 DDI, serie 9, vol. VI, doc. 68.

15 Stohrer al Ministerio de Asuntos Exteriores, 4 de noviembre de 1940, DGFP, serie D, vol. XI, doc. 286, pp. 465-466.

Los ingleses protestaron también de forma airada, pero finalmente se vieron obligados a pactar en febrero de 1941, presos de las circunstancias, aceptando un nuevo régimen económico para la ciudad que, desde luego, preservaba los intereses británicos. A pesar de ello Londres nunca reconoció la anexión sino como una ocupación meramente temporal.

La españolización comenzó de manera inmediata a partir de noviembre. Los antiguos funcionarios de la ciudad fueron sustituidos por personal perteneciente a Falange, procedente del Protectorado español, pero sin experiencia suficiente para administrar una zona en la que confluían muchos y complejos intereses de súbditos extranjeros. Queriendo inaugurar ingenuamente una nueva época para Tánger, los nuevos administradores pretendieron empezar de cero, deshaciéndose de los archivos de la ciudad, que trasladaron a un almacén. La idea era instaurar una administración a la española, dejando de lado los menospreciados métodos del funcionariado internacional. A las pocas semanas, el caos y la confusión administrativa eran tan evidentes que las autoridades españolas tuvieron que volver a hacer uso de los archivos, optando por la adopción de cambios más graduales y sensatos.

Las primeras medidas buscaron transformar el aspecto exterior de la ciudad, dándole un carácter más español: las normas de tráfico se asimilaron a las de España; la peseta, suspendida desde diciembre de 1936, fue puesta de nuevo en circulación; los rótulos de los comercios sólo podían utilizar el español y en las playas se adoptaron las rígidas normas de moralidad existentes en España en cuanto a las prendas de baño.

Un pasó más allá en la españolización de Tánger se produjo en marzo de 1941 con la expulsión del Mendub, autoridad indígena profrancesa, que fue sustituido por un Pachá nombrado por el Jalifa de Tetuán. Los españoles aseguraban así su influencia desplazando definitivamente a la francesa. El Sultán no dejó de expresar al general Nogués su disgusto por estos cambios sin consultarle, aunque todo fue acallado por orden expresa del Mariscal Pétain.[16] Entre los elementos nacio-

---

[16] AMAE, leg. R-871/11.

nalistas de Rabat, por el contrario, se felicitaron del nuevo nombramiento, pues vieron en Muley Hassan un posible futuro contrincante del afrancesado Sultán, demasiado acomodaticio con los franceses.

Como paso final en ese proceso de españolización, en mayo de 1941 las aduanas de Tánger pasaron a depender de las de Tetuán, cerrándose así el círculo del programa de dominación española.

El palo yanqui y la zanahoria británica

La difícil situación económica imperante en España y su Protectorado en Marruecos, fruto de las restricciones comerciales provocadas por la guerra, pero también debida a la aplicación de una política económica equivocada (basada en la autarquía), se extendió a Tánger a finales de 1940, al poco de su incorporación.

Las autoridades españolas no tardaron en darse cuenta de que la única forma de evitar convertir a la ciudad en una pesada carga para la economía nacional, era permitir de nuevo la libertad comercial. Tánger se abastecía por completo del exterior, ya que no producía apenas nada para el consumo interno y muy poco para la exportación. En tiempos de paz la principal fuente de abastecimiento alimentario había sido el vecino Marruecos francés, pero tras la ocupación española, las autoridades de Rabat amenazaron con cortar todo suministro, tanto a la ciudad como a la zona española.

Desde luego, este escenario de penuria económica era el ideal para sacar partido a la política británica, ya practicada en la Península, de ayuda a cambio de neutralidad. Era la estrategia propugnada por el embajador Hoare y descrita por él con el título de política «del palo y la zanahoria». Por lo tanto, ya en 1940 las medidas de bloqueo se aflojaron para permitir el abastecimiento de productos básicos en Tánger y el Marruecos español, con la idea de evitar que una carestía extrema empujara a los españoles a lanzarse a buscar en el próspero Marruecos francés aquello de lo que carecían. Por igual motivo se impulsó por los ingleses el acuerdo hispano-francés de noviembre de ese año, que permitiría a la mermada agricultura española local abastecerse de fosfatos de la zona francesa del Protectorado. Con esta flexibilidad se trataba en primer lugar de debilitar en lo posible una de las razones objetivas que España tenía para su anexión del Marruecos francés: paliar con la riqueza de la zona vecina sus evidentes carencias.

A medida que avanzaba la guerra y con ella la rigidez del bloqueo aliado, el norte de África francés comenzó a su vez a experimentar problemas económicos. Por ello se restringieron las exportaciones francesas y esto afectó tanto a la zona española como a Tánger. La ciudad pasó a depender cada vez más de las importaciones facilitadas por los británicos, no sólo originarias de Inglaterra sino también de Portugal, Estados Unidos o Argentina. Entre la población tangerina (españoles, extranjeros, moros y judíos) pronto se percibió que la vida económica subsistía gracias a la ayuda aliada y ésta demostró ser a lo largo del conflicto la mejor propaganda posible a favor de los angloamericanos. Ante esta realidad los esfuerzos de la propaganda pronacionalista árabe de alemanes e italianos poco podía hacer.

Aunque el principal objetivo aliado con esta ayuda era mantener estable el norte de África y favorecer la neutralidad española, la mejora de las relaciones políticas con Madrid no dejaron de dar sus frutos en el campo económico para los propios aliados. De 1942 en adelante los ingleses obtuvieron del Marruecos español 600.000 toneladas anuales de mineral de hierro, además de pieles y lana para el ejército. En la lucha internacional por adquirir minerales estratégicos en tiempos de guerra, el hierro marroquí era importante para la industria británica.

A partir del verano de 1942 Estados Unidos hizo sentir su peso cada vez con mayor intensidad en el bando aliado. El campo de las relaciones económicas con Tánger y el Marruecos español no fue una excepción. Entre otras cosas, los norteamericanos eran los principales abastecedores de combustible de aviación para los vuelos de IBERIA que enlazaban Marruecos con la Península. Este arma les permitió ejercer ciertas presiones para que las autoridades españolas evitaran en lo sucesivo el traslado de súbditos del Eje en los aparatos de IBERIA al norte de África,[17] algo que había sido habitual en los años precedentes. Se sospechaba con fundamento que muchos de los ciudadanos alemanes o italianos que viajaban como hombres de negocios eran en realidad agentes de espionaje o mensajeros del Abwehr, el SD o el SIM.

Estas restricciones buscaban dificultar los medios de comunicación de los servicios de información del Eje en la zona, cerrando uno de los pocos resquicios que quedaban todavía a su alcance. Similares presiones se intentaron para impedir el embarque de súbditos del Eje en los buques que unían Canarias o Marruecos con la Península. A pesar de ello hay pruebas de que el control español sobre los pasajeros ítalo-germanos no se hizo realmente con eficacia hasta la segunda mitad de 1943.

Esta política aliada de ayuda económica a España a cambio de neutralidad tuvo que emplearse con gran sutileza, debido al orgulloso carácter español, especialmente contrario a doblegarse ante las amenazas. Hoare, Hayes y sus asesores económicos dosificaron con gran habilidad las cantidades de «palos» y «zanahorias» a administrar para ir obteniendo paulatinamente lo que se deseaba del Gobierno español.

A medida que avanzaba la guerra de forma victoriosa, los aliados pudieron endurecer su postura y forzar a Madrid desde 1944 no ya a la neutralidad, sino a una cierta benevolencia para con ellos. Los norteamericanos destacaron siempre por defender una postura de mayor dureza con España, mientras los británicos, encabezados singularmente por el citado embajador Hoare, buscaron atemperar la brusquedad yanqui y obtener resultados con medidas más suaves.

A pesar de esa política aliada de abastecimiento restringido, la situación económica de Tánger, y del norte de África en general, durante el resto de la guerra, siguió siendo difícil. La escasez generalizada dio paso como en todas partes a un activo mercado negro en la ciudad, consentido por los funcionarios españoles, que recibían una gratificación o una parte del tabaco, el café o los alimentos en cuestión a cambio de mirar para otro lado.

---

[17] AMAE, leg. R-1773/2.

Un volumen importante de las mercancías descargadas en puerto, usaban la ciudad como mero lugar de tránsito hacia su destino final en la zona española o el protectorado francés, donde casi siempre se obtenían mejores precios. Por esta razón sólo una pequeña parte permanecía en Tánger para el propio consumo. Los aliados tenían además la sospecha de que una parte de las mercancías supuestamente destinadas al Marruecos francés o Argelia llegaban a manos alemanas, vía Marsella, con la aquiescencia del Gobierno de Vichy.[18] La política aliada antes de las operaciones de desembarco «Torch» se debatió a lo largo de 1942 entre, por un lado, la necesidad de abastecer el norte de África para garantizar una mínima estabilidad social, que implicaba aflojar el control, y por otro, evitar que de la zona siguieran afluyendo mercancías hacia el Eje, lo que implicaba intensificar el bloqueo. Finalmente los anglo-americanos optaron por consentir esa pequeña brecha a cambio de las ventajas de mantener tranquila un área que pronto iba a ser teatro de operaciones. Una vez desplegadas las tropas aliadas en el norte de África a partir de noviembre de 1942, esa vía quedó de todas formas cerrada.

En general se puede decir que la administración española en Tánger durante estos años empeoró gravemente la situación económica de la ciudad, aunque parte de la culpa pueda achacarse al bloqueo económico aliado y a la situación de guerra. Weygand, el máximo mandatario francés en el norte de África hasta noviembre de 1941 y luego su sucesor, restringieron con toda intención el comercio entre la zona francesa y la española, algo que tuvo sus efectos también en Tánger. Desde luego los precios sufrieron alzas importantes, provocando grandes privaciones entre los indígenas, y un fuerte malestar

[18] La principal brecha en el bloqueo económico aliado sobre la Europa ocupada era el norte de África. A través de Vichy, Alemania recibía importantes materias primas y alimentos de las posesiones francesas en África y ultramar. Hasta el 80% de las importaciones de alimentos que llegaban a Marsella se reexportaban a Alemania e Italia. Otra parte permanecía en Marruecos, Argelia o Túnez y se destinaba a abastecer a las tropas germano-italianas de Libia. Véase Arnold TOYNBEE, *La Guerra y los neutrales*, Editorial Vergara, Barcelona, 1963, p. 92.

entre los europeos. Parece ser que hubo además cierta venalidad y corrupción entre los funcionarios españoles. Tan sólo el orden público parece que salió beneficiado con la ocupación española, aunque el cónsul inglés se quejara de que habían aumentado los robos.

A medida que las victorias aliadas, sobre todo a partir de 1944, hacían patente la derrota final del Eje, el imperialismo falangista de otros tiempos fue remitiendo y la vida en la ciudad fue girando paulatinamente hacia la normalidad. Durante el mandato del general Orgaz como Alto Comisario (mayo de 1941 - marzo de 1945), fue nombrado un civil como delegado suyo en la zona internacional con funciones de cónsul general, con lo que los españoles pasaban de hecho a admitir de nuevo el Estatuto internacional. Esta tímida medida, que aspiraba a contentar a todos, no fue suficiente para satisfacer a los aliados. Éstos decidieron no abordar el tema del futuro de la ciudad hasta que la guerra hubiera terminado en Europa.

En julio de 1945 se convocó en París una reunión para tratar del Estatuto de Tánger, pero, con toda intención, no se invitó a España, la potencia transgresora. La reunión prosiguió durante tres meses hasta que los asistentes se pusieron de acuerdo para poner de nuevo en marcha el Estatuto internacional. España, como no podía ser menos, protestó por ello, pero no puso resistencia a poner fin a su ocupación, que finalmente terminó el 11 de octubre de 1945.

Aunque visto a posteriori Tánger fue en definitiva la única ganancia territorial de España en África a lo largo de la Segunda Guerra Mundial, y por tanto el temido imperialismo español en África parió en realidad un ratón, las cosas se veían de manera muy diferente desde el Madrid de 1940. La derrota de Francia ese verano brindaba una oportunidad única para que España encontrara satisfacción a sus deseos. Franco y sus consejeros cegados por el resplandor de la victoria alemana y animados por su propia ambición, juzgaron que había sonado la hora de un nuevo reparto colonial en la región y decidieron aprovechar la ocasión.

Sin embargo, el interés español por engrandecer su Protectorado en Marruecos no fue una cuestión de mero oportunismo desatado por una coyuntura favorable. Ese interés era tan antiguo como los mismos tratados que pusieron en marcha el sistema colonial en la zona. Desde 1904 España había considerado lesionados sus intereses por un reparto injusto, que había beneficiado siempre a Francia. Pero ni los gobiernos liberales, ni la dictadura de Primo de Rivera ni la misma República se habían sentido lo suficientemente fuertes para reclamar o arrebatar a Francia unos territorios que consideraban en justicia suyos.

Las páginas que siguen, que constituyen la segunda mitad de nuestro análisis, describen los orígenes de esa fijación española casi obsesiva con el norte de África, que llegó con Franco en 1940-1941 a su forma más extrema. La obsesión del Caudillo por adquirir un imperio colonial le llevo al borde mismo de lanzar a España a una incierta participación en la Segunda Guerra Mundial. Cuando la vía militar se mostró inviable, recurrió entonces a la vía de las negociaciones diplomáticas con resultados muy limitados como veremos a continuación.

Segunda parte

La oportunidad de oro: el imperio posible

6

Antecedentes de la obsesión por Marruecos

Es bien sabido que desde principios del siglo XX, tras la pérdida de Cuba, Puerto Rico y Filipinas, los sucesivos gobiernos españoles consideraron el extremo noroccidental de África como una zona alternativa donde practicar una política de prestigio. En pleno apogeo del colonialismo europeo, España contemplaba como su zona natural de expansión en África y a la vez como una barrera defensiva, el territorio comprendido entre el Sahara occidental y el Oranesado, la parte de Argelia colonizada por españoles. Sin embargo, estas aspiraciones de Madrid chocaban con los intereses franceses y la política del ministro Delcassé de «penetración pacífica» en Marruecos. Desde la declaración anglo-francesa de abril de 1904, por la que ambas potencias se repartían su influencia respectiva en Egipto y Marruecos, quedó claro para España que sólo podría aspirar a un papel menor en el imperio xerifiano, y siempre a la sombra de Francia. La Conferencia de Algeciras de 1906 abrió las puertas de Marruecos a la influencia europea pero fue el Convenio franco-español de 1912, el que concedió finalmente a España una pequeña franja de territorio en el extremo norte de Marruecos, en régimen de Protectorado.[1] Sin embargo, esta asignación lejos de

[1] Para una visión completa de la presencia de España en Marruecos, véase Víctor MORALES LEZCANO, *España y el norte de África: el Protectorado en Marruecos (1912-1956)*, UNED, Madrid, 1984.

satisfacer a los españoles fue considerada desde el principio como injusta, fruto de la preponderancia franco-británica y motivo de una reivindicación permanente a partir de entonces por parte de España.

En cualquier caso si el protectorado quería ser efectivo, primero había que lograr el control y sumisión del territorio, y aquí comenzaron los primeros problemas para España, que pusieron en duda su capacidad como potencia colonial. La guerra colonial nunca fue un asunto popular, y desde los sucesos de la Semana Trágica de Barcelona (1909), Marruecos se convirtió en un problema permanente para todos los gobiernos: una sangría en hombres y dinero muy difícil de atajar. A partir de 1918 se intensificaron las operaciones militares, proporcionando al languideciente ejército español una ocasión para entrar en acción y a sus oficiales «africanistas» una oportunidad para obtener rápidos ascensos y prestigio. La situación se complicó gravemente con la insurrección de Abd-el-krim en 1921 y el desastre militar de Annual en julio de aquel año. Se perdió todo lo conquistado en la zona oriental y lo que era peor, entre ocho y diez mil hombres. La guerra de Marruecos pasó a ser el primer problema nacional, y el tema de las responsabilidades por el desastre, junto a la debilidad de los gobiernos liberales, trajo consigo el establecimiento de una dictadura militar, la del general Primo de Rivera, en septiembre de 1923. La alianza de las fuerzas españolas con las francesas en 1925 dio lugar al desembarco de Alhucemas, y un año después se terminaba de pacificar definitivamente la zona. Los franceses aprovecharon aquella ocasión para, alegando motivos de seguridad, ocupar temporalmente una franja del Protectorado español, al norte del río Uarga, habitada por la tribu de los Beni-Zerual, que nunca devolvieron, proporcionando con ello un nuevo motivo de agravio.

Del irredentismo al imperialismo

Llegados a este punto, conviene marcar las diferencias entre el imperialismo coyuntural de 1940, y el irredentismo histórico español en

África. El primero representaba algo totalmente nuevo en su formulación y objetivos. Aspiraba a hacerse con la totalidad del Marruecos francés, la región de Orán en Argelia y una ampliación de la Guinea española. El irredentismo, mucho más modesto en sus aspiraciones, se conformaba con una revisión de las fronteras en el sur de Marruecos, hasta llevarlas a lo establecido por el convenio nonato de 1902, que realmente nunca había llegado a firmarse, por temor a la reacción inglesa. Este tipo de demanda, que se consideraba lo mínimo aceptable (dejando aparte el problema de Tánger), había sido una constante en la política española en relación con Marruecos, por lo menos desde los años veinte. Para satisfacer esta mínima reivindicación existían a ojos españoles tres opciones, todas ellas con una cierto respaldo jurídico,[2] y que fueron propuestas por Madrid en diversas ocasiones a París y Londres, sin éxito.

La primera opción consistía en conseguir el traslado de la frontera hacia el sur, hasta el río Sebú, incluyendo las ciudades de Fez, Meknes y Taza. Se basaba en el llamado convenio «nonato» de 1902, que como ya hemos referido no había sido firmado. Esto la convertía en la opción más difícil, al tener una dudosa base jurídica.

La segunda opción renunciaba a la fértil cuenca del río Sebú, pero mantenía la cuenca del río Uarga, uno de sus afluentes, que discurría en dirección este-oeste. Este era el límite previsto por la declaración franco-española de 3 de octubre de 1904. Suponía desplazar bastante hacia el norte la frontera del convenio de 1902, pero por lo menos representaba adquirir un rico valle muy apto para la agricultura.

La tercera y última opción consistía en aceptar la delimitación del entonces vigente tratado hispano-francés de 27 de noviembre de 1912, pero bajo la interpretación española, que incluía la disputada región de los Beni-Zerual. Esta zona había sido cedida temporalmente a Francia

---

[2] Véase Susana SUEIRO, «Sueños de Imperio: las pretensiones territoriales españolas en Marruecos y la diplomacia británica durante la Segunda Guerra Mundial». *El Régimen de Franco 1936-1975*. Congreso internacional UNED, volumen 2, Madrid, 1993, pp. 306-308.

para facilitar la defensa de Fez durante las operaciones contra Abd-el-Krim en 1925-1926. La ocupación provisional francesa se había convertido en definitiva, y esto era algo que los españoles querían rectificar. La demanda mínima exigible era, pues, la región de los Beni-Zerual.

Ninguna de estas opciones fue aceptada por los franceses, y por tanto el resentimiento español hacia Francia por sus continuadas muestras de prepotencia permaneció latente, especialmente entre los llamados militares africanistas. Se denominaba así a aquellos oficiales que, como Franco, Vigón, Millán Astray, Orgaz, Beigbeder, Varela, Asensio y tantos otros, habían hecho sus brillantes carreras en las Campañas de Marruecos, ganando en ellas rápidos ascensos y un renombrado prestigio. El contacto con esa tierra y sus habitantes había generado en ellos un espíritu de grupo y una identidad común, que llevaba a Franco, por ejemplo, a admitir que no podía explicarse así mismo sin aludir de manera primordial a Marruecos.

Si el sentimiento negativo hacia Francia de estos militares fue compartido por la Dictadura, la llegada de la República iba a marcar un paréntesis en esa lucha reivindicativa. Durante la II República, y especialmente hasta 1933, con los gobiernos Azaña, dadas las buenas relaciones que se deseaban con París, se decidió adoptar oficialmente una postura de conformidad y no plantear revisiones fronterizas. Pero al estallar la guerra civil española y quedar el Protectorado en manos de los militares alzados, la situación volvió a ser delicada. Los gobiernos republicanos de Largo Caballero y Negrín prepararon sin éxito varias sublevaciones indígenas, mientras Francia, como hemos visto, tuvo planificada desde 1937 una invasión de la zona española, para el caso de que el conflicto en España degenerara en una guerra general o Franco se vinculara definitivamente a Alemania con una alianza militar.

No obstante, hasta la derrota republicana en marzo de 1939, el Gobierno de Franco fue el primer interesado en no crearse complicaciones innecesarias en Marruecos. Sin embargo, tras la euforia de la victoria no tardaron en despertar de nuevo las viejas ansias revisionistas, que por otro lado se consideraban de absoluta justicia.

Mapa 1. Las demandas mínimas o “irredentistas” en Marruecos negociadas con Francia en 1940-1941

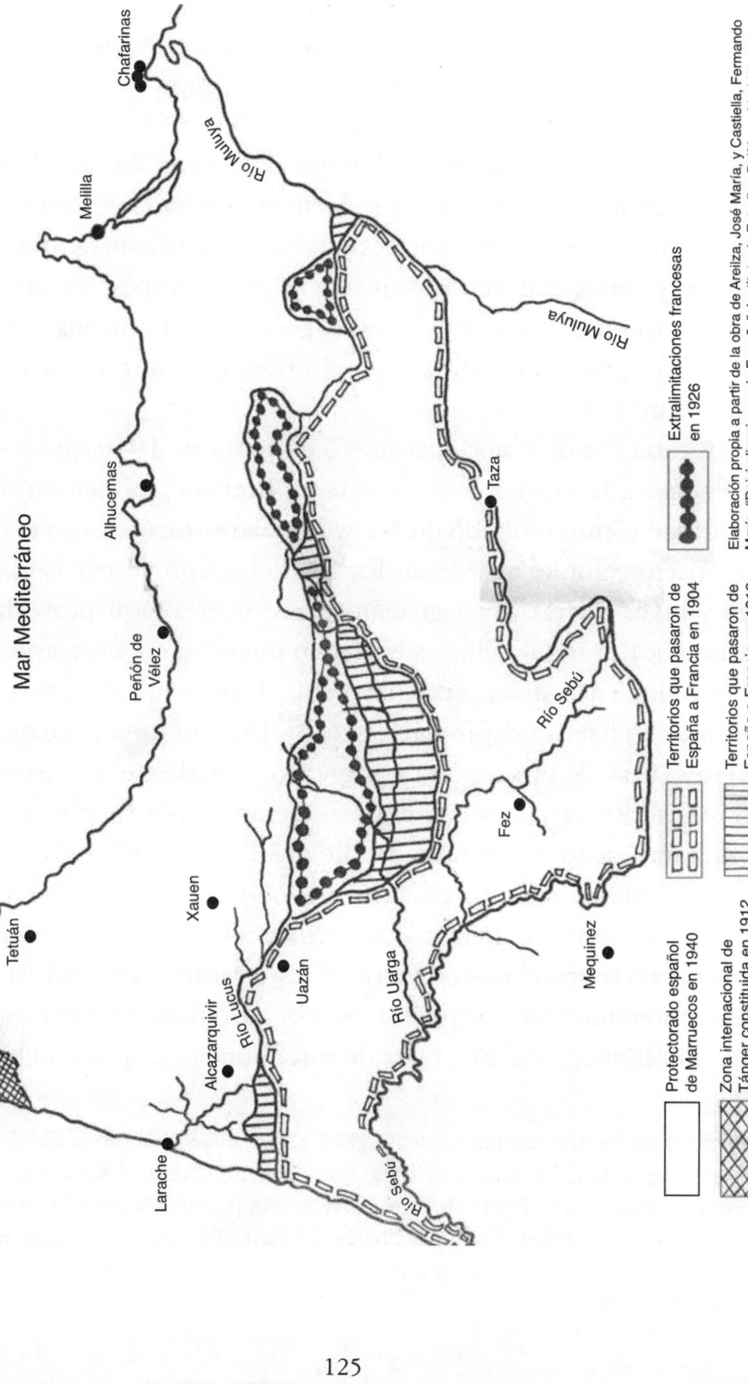

Elaboración propia a partir de la obra de Areilza, José María, y Castiella, Fernando María, “Reivindicaciones de España”, Instituto de Estudios Políticos, Madrid, 1941.

Las circunstancias eran también muy especiales. Por primera vez en su historia, España estaba gobernada por un régimen militar y pseudofascista, con una característica muy peculiar. Los puestos más relevantes del régimen estaban ocupados por militares africanistas: Franco ocupaba la Jefatura del Estado y la Presidencia del Gobierno, Jordana, y luego Beigbeder, la cartera de Asuntos Exteriores, Varela el Ministerio del Ejército, Yagüe el del Aire, Asensio la Alta Comisaría... Todos ellos compartían ese vital interés por África, que había moldeado sus carreras y personalidades, y esa herencia común no podía dejar de marcar su impronta en las decisiones de gobierno.[3] Ya hemos visto cómo un primer paso en la senda reivindicativa española en África fue la ocupación de Tánger.

El gobierno de Franco consideró en junio de 1940 que la derrota de Francia y la previsible paz con Gran Bretaña producirían con toda seguridad como resultado un Nuevo Orden europeo, y con él un nuevo reparto colonial en África. España debía aprovechar la oportunidad y jugar sus cartas adecuadamente si quería sacar provecho de la situación, llegando incluso a entrar en guerra si era necesario.

Por ello, en esta coyuntura favorable, España inició en el verano de 1940 una ofensiva diplomática en Berlín, Londres y Vichy, con el objetivo final de procurarse un imperio colonial en el norte de África. Lo más significativo es que Franco, asesorado por Beigbeder, planeó simultáneamente y con todo detalle una intervención militar no sólo contra el Marruecos francés, aprovechando la desmoralización francesa en las semanas siguientes a su derrota, sino contra Gibraltar, y llegado el caso contra el mismo Portugal. Esto naturalmente habría supuesto entrar en un estado de guerra con Gran Bretaña, pero se confiaba en que, con la ayuda del Eje, fuera de corta duración, apenas unos meses.

---

[3] Para una certera semblanza de Beigbeder, verdadero motor de la política reivindicativa española en el norte de África, véase Javier TUSELL, *Franco, España y la II Guerra Mundial...*, pp. 37-41. El autor tuvo acceso por primera vez a la documentación privada del coronel. También, Charles R. HALSTEAD, «Un africain méconnu: le colonel Juan Beigbeder», *Revue d'Histoire de la Deuxième Guerre Mondiale*, XXI, nº 83, 1971, pp. 31-60.

La adquisición de la totalidad de Marruecos, el Oranesado argelino y una ampliación de la Guinea española, constituyeron la compensación territorial necesaria para desatar la «Gran Tentación» de intervenir Franco durante la Segunda Guerra Mundial. En las páginas siguientes veremos cómo el deseo verdaderamente obsesivo de obtener esos territorios estuvo a punto de arrastrar al Caudillo a participar en una guerra que, erróneamente, preveía corta y victoriosa para el Eje. Era la única manera de estar presente con cierto peso en la mesa de la Paz y poder alcanzar el soñado imperio africano.

El objetivo territorial en África sirvió para estrechar aún más las relaciones hispano-alemanas. Junto con la preparación del ataque a Gibraltar (que exigió un trabajo conjunto muy intenso en el orden militar en el otoño e invierno de 1940), el tema norteafricano pudo servir mejor que ningún otro para acercar a España a una íntima colaboración con Alemania. Cuando, como veremos, los planes españoles se malograron, perduró sin embargo la estrecha colaboración hispano-alemana en el ámbito militar y de información con nuevas concesiones secretas a Alemania.

Veamos a continuación los pasos que España fue dando en dirección a la beligerancia activa al lado del Eje tras la derrota de Francia.

En el verano de 1940 las autoridades españolas se debatían en relación con el norte de África entre una opción imperialista agresiva, que implicaba la anexión por vía militar de extensas zonas del imperio norteafricano francés, y una opción irredentista, que suponía reiniciar las viejas negociaciones diplomáticas con los gobiernos de Francia e Inglaterra (presumiblemente debilitados por la guerra) para obtener una modesta rectificación de fronteras. La primera tendría que asegurarse el beneplácito y apoyo de Alemania, que era la potencia que había dictado el armisticio y dictaría la paz a la derrotada Francia. Para ello España ofrecería como contrapartida al Eje su participación en la guerra, que se preveía entonces de corta duración. La segunda opción, menos arriesgada, presentaba el inconveniente de que, de obtenerse resultados, estos serían siempre a largo plazo. No en vano se tenía el precedente de veinte años de disputas y negociaciones estériles.

Finalmente, Franco se decidió en aquellos días de junio de 1940 por desarrollar una política dual, que dejaba abiertas las dos puertas: iniciar conversaciones diplomáticas a tres bandas, con Vichy, Londres y Berlín, adecuando las peticiones territoriales españolas a cada interlocutor, pero al mismo tiempo (y en secreto), hacer preparativos militares a fin de estar en condiciones de poder actuar si se presentaba la ocasión oportuna. Para Beigbeder y el Caudillo el momento de invadir el Marruecos francés vendría dado por el colapso y el desorden en el que se esperaba caería la administración francesa tras la firma del armisticio. Este acto de fuerza se pretendía hacer, si era posible, al estilo de la ocupación de Tánger, es decir de forma súbita, incruenta y contando con el previo beneplácito francés y británico. Si esto fracasaba, los españoles avanzarían por la zona vecina por la fuerza y bajo la cobertura de obrar, de acuerdo con el Tratado, en defensa de la estabilidad necesaria en la región, de la cual ambas potencias protectoras eran garantes.

Esto naturalmente representaba ir a la guerra, pero Francia era una potencia derrotada, y Gran Bretaña llevaba camino de serlo también si antes no negociaba, como parecía probable, una paz con Alemania. En cualquier caso Franco preparó sus ejércitos para la guerra, y lo hizo como veremos a continuación de forma metódica y con mucha anticipación.

Derecha: La obsesión de Franco por Marruecos nace de sus experiencias militares allí, que le marcaron profundamente. Fruto de ellas es su primer libro, Diario de una Bandera, publicado en 1923, que alcanzó notable éxito en su época, ayudando a su promoción personal. La portada reproducía el escudo de armas de los Franco-Bahamonde, el mismo que más tarde utilizaría siendo ya Caudillo.

Debajo: El coronel Millán Astray, fundador de la Legión y principal compañero de armas de un joven Francisco Franco, recién ascendido a general, en 1928. La guerra colonial en Marruecos marcó a fuego a Franco, hasta el punto de que él no se entendía a sí mismo sin apelar a esa tierra.

Foto: José Demaría «Campua».

Debajo derecha: Franco estudiando mapas del frente de Aragón el 27 de mayo de 1938.

Foto: José Demaría «Campua».

Derecha: El general Juan Vigón, aquí retratado como coronel durante la guerra civil. Fue el asesor militar más importante junto a Franco, y el diseñador de su estrategia de cara al conflicto mundial. Había que estar preparados para golpear a Francia e Inglaterra si la ocasión se presentaba, y esta lo hizo en 1940.

Debajo: El general Juan Beigbeder, arabista, Alto Comisario de España en Marruecos durante la guerra civil. En 1939-40, ya como ministro de Exteriores, fue el impulsor cerca de Franco de una política de alerta en el Norte de África, que llevó a la ocupación de Tánger y a las ambiciones de obtener un imperio colonial, bien por la fuerza o la vía diplomática.

Debajo derecha: El general Carlos Asensio Cabanillas, Alto Comisario de España en Marruecos en 1940. El hombre sobre el terreno para llevar a cabo la «hora feliz» del Imperio español sobre Marruecos. AGA.

Izquierda: El general Miguel Ponte y Manso de Zúñiga, general en jefe de las Fuerzas españolas en Marruecos en 1940. A él correspondía el mando de las tropas destinadas a invadir el Marruecos francés.

Debajo izquierda: El cónsul alemán en Tetuán, Richter, al tanto de los designios invasores españoles sobre el Marruecos francés, sobre los que informó puntualmente a Berlín, saluda al general Ponte en presencia del Alto Comisario Asensio. AGA.

Debajo: El general Juan Yagüe, uno de los más fogueados y eficaces mandos de la guerra civil, fotografiado el 20 de febrero de 1938. A pesar de que más tarde su falangismo «puro» y su germanofilia lo enfrentaron a Franco, que lo cesó como ministro del Aire en junio de 1940, ese mismo otoño el Caudillo contaba de nuevo con él para mandar uno de los Cuerpos de Ejército que debían invadir Portugal.

Foto: José Demaría «Campua».

Serrano Suñer y Jordana, dos visiones opuestas y consecutivas de la política exterior española ante la guerra mundial: una intervencionista y pro-Eje, la otra neutralista y prudente. Ambos sirvieron los intereses de Franco según evolucionaba el conflicto.

La influencia alemana en España había comenzado a intensificarse al compás de su ayuda militar en la guerra civil. Aquí vemos a von Thoma, al mando de las unidades tanquistas de la Legión Cóndor en mayo de 1937, en algún punto entre Eibar y Guernica durante la campaña del Norte.

Foto: José Demaría «Campua».

El general Queipo de Llano saluda a Hitler en presencia del mariscal Goering, en la recepción ofrecida en Berlín tras el regreso de la Legión Cóndor. A la izquierda de Queipo, brazo en alto, el general Aranda, y más allá el general Yagüe. Junio de 1939.

Foto: José Demaría «Campua».

7

Los planes de guerra de Franco

El 31 de octubre de 1939 se reunió en el Palacio de Oriente de Madrid, bajo estricto secreto, la Junta de Defensa Nacional. Era la primera vez que se convocaba tal reunión, encargada, bajo la presidencia de Franco, de trazar el rumbo a adoptar por España ante el conflicto europeo, que enfrentaba a Alemania con Gran Bretaña y Francia. Dos eran las opciones entonces abiertas. Se podía optar por una política defensiva, atenta sólo a preservar la integridad territorial española frente a cualquier agresor, o por una política de preparación para la guerra, que es la opción que finalmente se acordó en aquella reunión.

Vigón, cerebro militar de Franco, toma la palabra

Siete personas, entre ellas Franco, los tres ministros militares, Varela (Tierra), Yagüe (Aire), y Moreno (Armada), y los jefes de Estado Mayor de las tres Armas, se disponían a oír las palabras introductorias a la sesión del general secretario de la Junta, al mismo tiempo jefe del Alto Estado Mayor, Juan Vigón. Este general, durante la recién terminada guerra civil se había ganado merecidamente los laureles de cerebro gris de la estratregia militar seguida por Franco, tanto en el abandono de Madrid por el frente Norte en marzo de 1937 como en el diseño de la carrera hacia el Mediterraneo, para partir en dos el territorio republicano. Había sido jefe del Estado Mayor del Ejército del norte, con Mola, Dávila y Solchaga. Y al principio de su carrera, se había curtido como otros de sus compañeros en la guerra de Marruecos. Además había sido instructor militar de Juan de Borbón en los años veinte. Era monárquico pero primero y sobre todo un realista, y por tanto, franquista. Era un técnico, y uno de los pocos militares en torno a Franco con capacidad suficiente para entender la guerra moderna y la situación en Europa. Presentado el personaje volvamos a esa trascendental reunión.

El discurso de apertura de la sesión, que se revela aquí por primera vez, es especialmente importante por ser Vigón el cerebro e inspirador de la postura que Franco, y por lo tanto España, va a adoptar ante la guerra mundial hasta finales de 1942.[1] A grandes trazos su doctrina es la siguiente: España debe permanecer neutral y atender a su reconstrucción económica, pero en paralelo y en secreto debe fortalecer sus fuerzas armadas con un ambicioso programa de rearme y prepararse para una posible intervención. Sólo así se podría alcanzar «el imperio soñado por nuestras juventudes y digno de nuestra raza», en expresivas palabras del propio Vigón. Se refiere, naturalmente, al imperio norteafricano. Es decir, el esquema básico a adoptar por la Junta de Defensa es proceder a un rearme acelerado y disponer todo (las Fuerzas Armadas, pero también el combustible, la economía nacional, el comercio y sus reservas) para una eventual entrada en guerra contra los aliados y a favor del Eje.

Dada la importancia del «planteamiento Vigón», que subrayamos va a marcar la actitud de Franco ante el conflicto, conviene que nos detengamos a analizar sus ideas principales.

Para Vigón si la guerra europea a primera vista podía parecer un episodio más de la lucha por la hegemonía entre Gran Bretaña y

[1] Todos los entrecomillados de este apartado corresponden al documento titulado «Situación y designios de España», Secreto. Palabras del general Vigón ante la Junta de Defensa Nacional, 31 de octubre de 1939, AAEMDO, 210-1,54/4. Por ser inédito y de indudable interés reproducimos el documento íntegro en el apéndice documental.

Alemania, en el fondo era un enfrentamiento entre «dos concepciones opuestas de la vida social y económica: el modelo de las democracias y el de las nuevas potencias fascistas». En cualquier caso el conflicto europeo «en sus derivaciones y en sus consecuencias, encierra contingencias peligrosas, y nos impone una actitud de serena reserva, de atenta vigilancia, de discretas y activas previsiones». Es decir ante los cambios políticos y territoriales que la guerra podía producir, España debía estar preparada y alerta para defender sus intereses. Y esto sólo se podía lograr aumentando la potencia militar española mediante un «programa general de armamentos, paralelo al de reconstrucción nacional». Vigón no era un iluso, y sabía que un plan así iba a necesitar al menos diez años para su terminación. Mientras tanto, y máxime en una situación de guerra en el exterior, había que definir «la orientación y el sentido general de este esfuerzo».

Para Vigón, y así se lo expuso a Franco y los demás miembros de la Junta, España no tenía ningún compromiso de orden formal que limitara su libertad de movimientos en la política internacional. La única limitación posible, el Pacto Anti Comintern al que se había unido España, «hoy está virtualmente anulado por sus iniciadores», al haber firmado Hitler el Pacto germano-soviético unos meses atrás. Aunque «guardamos gratitud a los pueblos que fueron nuestros amigos en los momentos difíciles y derramaron su sangre a nuestro lado» durante la guerra civil, esto no representaba «hipoteca alguna para España en ninguno de los órdenes». Por lo tanto se podía «considerar con plena independencia de espíritu cuales hayan de ser en lo futuro nuestras tendencias y nuestras orientaciones». Aquí Vigón coincidía plenamente con Franco. España no estaba ligada mediante alianza de ningún género con ninguno de los bandos beligerantes, y no se reconocía más que una deuda de gratitud con alemanes e italianos por la ayuda prestada en la guerra civil.[2]

[2] Esto era verdad sólo a medias, pues en noviembre de 1936 se había firmado con Italia un tratado que obligaba a España a adoptar una neutralidad benevolente con este país en caso de guerra en Europa. Con Alemania se habían firmado compromisos

Sin embargo, para volver a tener peso entre las naciones, España debía ser fuerte de nuevo. «La primera condición para que pueda existir una política exterior clara y pujante es la fortaleza. Mientras ésta no se alcanza se hace necesario no despertar recelos ni graves aprensiones». Aquí se aprecia una primera referencia a que ese fortalecimiento militar debía hacerse sin levantar desconfianzas, especialmente en Francia o Gran Bretaña, países a los que no menciona abiertamente pero que cita como «aquellos que nos han sido históricamente hostiles, que doctrinalmente nos son desafectos y que, geográficamente tienen con nosotros mayores ocasiones de fricción».

Aunque España «hasta el momento actual ha carecido de reivindicaciones» salvo el interés por recuperar Gibraltar y «pequeñas rectificaciones coloniales de moderado alcance», esto no quería «decir que nuestra política exterior permanezca carente de ideales y que no nos *preparemos para el fatal desmoronamiento de los imperios y el nuevo reparto de los territorios del mundo*».[3] La referencia a la caída de los imperios coloniales francés y británico es meridianamente clara, y también que ese desmoronamiento sólo se podría producir con una victoria alemana. A lo que aspiraba España era a beneficiarse de ese nuevo reparto del mundo. Hacia este objetivo «se dirige nuestra política con los pueblos islámicos, nuestra labor en nuestro territorio de Marruecos, los estudios económicos de nuestras posesiones en la costa occidental de África y territorios vecinos; nuestro intercambio de todo orden y política hacia las antiguas colonias españolas». Aquí hay una vaga referencia a Cuba, Puerto Rico y Filipinas, que se puede extender a toda Hispanoamérica. Cabe apreciar aquí un regusto revisionista, que seguramente no hubiera visto con malos ojos dar la vuelta a la derrota de 1898.

Una prueba evidente de la influencia que Vigón tenía entonces sobre Franco la encontramos en una conversación que el Caudillo tuvo con

---

similares en marzo de 1937 y marzo de 1939, que condicionaban sin duda esa supuesta libertad de movimientos. Para más detalles al respecto, véase Manuel ROS AGUDO, *La guerra secreta de Franco (1939-1945)*, Barcelona, Crítica, 2002, pp. 27-34.

[3] Todas las cursivas son nuestras.

su ministro del Ejército, general Varela, apenas un mes antes de la reunión de la Junta, a finales de septiembre de 1939. En ella se expresó el programa reivindicativo español y, cosa asombrosa, se hacía una referencia a la aspiración de recuperar Cuba y Puerto Rico. La transcripción que Varela hizo de su despacho con Franco dice así:

> Se refirió el Caudillo a la posibles reivindicaciones que España puede alegar, para lo que pudiera ser favorable la actual situación internacional, expresando la conveniencia de estar preparados para caso de que la guerra no tuviera un rápido final; pero dada la actitud en que parece colocada Inglaterra no estima probable aquel pronto desenlace. Ello permite disponer de más tiempo para la preparación antes aludida sin descuidar la urgencia que el caso requiere para estar en todo momento en condiciones favorables para hacer frente a las circunstancias y poder hacer valer nuestros derechos en el momento oportuno.
>
> Se habló sobre los pequeños estados limítrofes a nuestras posesiones del oeste de África con la orientación de dirigir hacia allí nuestra expansión a cuyo fin expreso la conveniencia de concederles créditos en productos y materias. Nuestra aspiración comprende Gibraltar, Tánger y toda la costa de Marruecos hasta Argelia inclusive y en dirección a América, Puerto Rico, Cuba etc...[4]

En estas líneas se aprecia que la sintonía entre Franco y Vigón era total. La idea motora de todas las demás es que España debía prepararse militarmente para hacer valer sus derechos en el momento oportuno, entrando en la guerra u ocupando territorios. Lo más llamativo es que ambos generales vieran como factible la vuelta a manos españolas de nada menos que Cuba y Puerto Rico. Se trataba de dos Estados independientes y soberanos que difícilmente habrían aceptado la marcha atrás que ello suponía. Además estaba la segura oposición frontal de EE UU.

4 «Despacho con el Generalísimo del día 22 de septiembre de 1939», AV, caja 96.

Pero volvamos a la exposición que Vigón estaba dirigiendo a los miembros de la Junta de Defensa Nacional. Continuó sus palabras haciendo unas reflexiones teñidas de darwinismo aplicado a la vida de las naciones. Una defensa del colonialismo con la mentalidad típica de finales del siglo XIX pero que resultaba un tanto desfasada y chocante a mediados del siglo veinte. Esa «política de expansión y asimilación de pueblos, indispensable a los que no quieran sucumbir, que para España supone no perder la ocasión si se presenta, de realizar con los luceros imperiales de nuestra reina Isabel el imperio soñado por nuestras juventudes y digno de nuestra raza». Cursilerías lingüísticas aparte, la idea principal de estas palabras se resume en la expresión «no perder la ocasión si se presenta» de conseguir un imperio colonial. Toda la actuación de Franco en 1940 va a estar presidida por esta idea, no desaprovechar la oportunidad que planteaba la derrota francesa para hacer realidad ese sueño.

Mientras tanto había que hacer todos los preparativos posibles para defenderse en caso de agresión, pero también para atacar si ello era viable:

> El atraso en nuestra preparación militar no quiere decir no existe una posibilidad, aunque lejana, de que pueda alcanzarnos el actual conflicto, pues si bien nos guardan, el disponer de más de un millón de soldados aguerridos, nuestros depósitos de material y nuestra situación geográfica avalada a las veinticuatro horas por submarinos y aviones de naturales aliados, no debemos desconocer el peligro, ya que cuantas mayores sean nuestras previsiones más pesaremos en el orden internacional y menores serán las posibilidades de agresión.
>
> Esto nos exige el poner en el menor tiempo a punto los elementos de que disponemos, estableciendo las previsiones necesarias en aquellos territorios que por su situación geográfica son codiciados y que separados por el mar en caso de agresión habían de quedar aislados.
>
> Necesidad consiguiente de crear los depósitos indispensables de material de guerra, combustible, víveres y primeras materias

> que permita nuestra economía, y tener estudiada y preparada la organización marítima, aérea y terrestre para caso de conflicto.

Por lo tanto, la Junta de Defensa Nacional debía hacer todos los preparativos necesarios para la guerra, y atender al fortalecimiento de las islas Baleares y Canarias, por ser los lugares más expuestos a una acción enemiga. Es de destacar del anterior párrafo la alusión a los «submarinos y aviones de naturales aliados», es decir, Alemania e Italia. Las palabras de Vigón parecen ir en contradicción con su postura anterior sobre la independencia de la nación, puesto que si no existía alianza u obligación hacía ningún otro país ¿cómo se explicaba que acudieran en socorro de España los «naturales aliados» en el breve plazo de 24 horas? ¿Existía algún tipo de acuerdo con el Eje aparte de la promesa de una neutralidad benevolente por parte de España? Es posible que Vigón aquí estuviera revelando simplemente un desideratum, es decir la futura alianza que él deseaba para su país en caso de guerra.

En cualquier caso, y como primer paso de esa senda que España emprendía hacia la guerra, Vigón proponía modificar la ley de reclutamiento ampliando la edad militar para que abarcara a todos los varones entre dieciocho y cincuenta años. Los que sobrepasaran esta edad irían a servicios auxiliares y las mujeres solteras al servicio en hospitales.

Una vez expuestas estas líneas maestras de la política de defensa española por el general secretario, la Junta de Defensa pasó a discutir el programa de rearme y los planes de campaña que debían elaborarse para hacer frente a la situación inmediata.

Los acuerdos de la Junta de Defensa

Tal como hemos analizado más detenidamente en otro lugar,[5] aquella primera sesión de la Junta de Defensa Nacional se dedicó íntegra-

[5] Manuel ROS AGUDO, *La guerra secreta de Franco (1939-1945)*, Crítica, Barcelona, 2002, pp. 45-50.

mente a discutir y aprobar un ambicioso plan de rearme a desarrollar en diez años, entre 1940 y 1950, y que afectaba a las tres armas, Ejércitos de Tierra, Aire y Armada. Además se aprobó la preparación de una serie de planes de campaña para ser aplicados, si así se decidía, de forma inmediata, dando la pauta de lo que sería la actuación armada de España en la Segunda Guerra Mundial.[6]

Pero vayamos por partes. El ejército, una vez cursada la orden de movilización, debía estar constituido por nada menos que ciento cincuenta divisiones, es decir casi tres millones de hombres. Lo desproporcionado de esta cifra para un país como España, se aprecia mejor si lo comparamos con las doscientas divisiones movilizadas por Alemania para su ofensiva contra Francia en la primavera de 1940. La población de Alemania era de ochenta millones de habitantes. La de España, cuatro veces menos, veinte millones.

La Marina, según la Ley reservada de agosto de 1939 para la construcción de una nueva flota de guerra, al final de esos diez años debía contar con cuatro acorazados, dos cruceros protegidos, doce cruceros ligeros, cincuenta y cuatro destructores, treinta y seis torpederos, cincuenta submarinos y cien lanchas rápidas. Con este número de unidades operativas, España pasaría a convertirse en la cuarta potencia naval de Europa.

Finalmente la aviación contaría al final de ese periodo intenso de rearme con un total de 3.600 aviones, 1.400 de ellos de caza y 1.000 de bombardeo.

Poder realizar este programa tremendamente ambicioso sin una industria propiamente española de armamentos, naval o aeronáutica, y teniendo que depender de tecnología importada de Alemania e Italia, iba a ser del todo imposible, por lo menos mientras durase la guerra.

Lo que si era posible para España entonces, y así lo aprobaron en la Junta de Defensa, era prepararse para una corta intervención en la guerra europea, de apenas seis meses, que diera el golpe de gracia a Francia

---

[6] Los planes de rearme y la planificación militar referida en estas páginas se basan en el «Orden del día para la reunión de la Junta de Defensa Nacional», anexa al escrito de Vigón a Yagüe, 27 de octubre de 1939, Archivo Histórico del Aire, AHA, leg. A-13.015.

y Gran Bretaña, y permitiera obtener un sitio en la mesa de los vencedores. Si lo que estaba en juego era nada menos que «un nuevo reparto de los territorios del mundo», como decía Vigón, el enorme botín a obtener podía justificar los riesgos.

En la misma sesión de la Junta se aprobaron junto a los planes de rearme a largo plazo, una serie de planes de operaciones para su aplicación inmediata, en el momento en que España entrara en guerra.

Como la entrada en guerra debía comenzar con un ataque a la base británica de Gibraltar, lo primero que se aprobó fue la preparación de lo que llamaron un «Plan de interdicción absoluta del Estrecho». La clave para este «cierre» del Estrecho de Gibraltar era el empleo intensivo de artillería de costa móvil, que comenzó a emplazarse y enmascararse, para no ser detectada, en las semanas siguientes. Para poder repeler cualquier ataque franco-británico de respuesta en el amplio litoral español se procedió al «perfeccionamiento de la Defensa de Costas», con especial atención a la defensa de bases navales y a las costas del norte y levante.

La siguiente planificación a tener dispuesta era el plan de operaciones en Marruecos, que en un principio estaba restringido a la ocupación de Tánger y la invasión de la zona francesa de Tazza, pero que tras la caída de Francia en 1940 se iba a ampliar sustancialmente. A este fin, según aprobó la Junta de Defensa, había que preparar una amplia movilización indígena, que llegaría a los 40.000 hombres encuadrados en las famosas harkas. Igualmente era necesario hacer acopio de material, municiones y aprovisionamientos en general, pues se esperaba que durante el tiempo de las operaciones la zona de Marruecos quedara aislada de la Península.

Los dos focos de la ofensiva española serían, pues, Gibraltar y Marruecos. La marina debía contribuir a estas dos operaciones impidiendo el tráfico en el Estrecho y realizando un bloqueo con minas y submarinos de los puertos norteafricanos franceses. Ademas tenía que atender a la defensa de Baleares y Canarias, dificultar el tráfico en el Mediterráneo occidental y en el Atlántico, y en cooperación con la marina alemana, hacer lo propio contra los británicos.

En relación con una posible operación contra Portugal, que luego veremos detenidamente, se adelantaba que la Armada española tendría que ser capaz, además de lo ya encomendado, de mantener un bloqueo absoluto de la costa portuguesa. En su conjunto eran demasiadas misiones para la menguada marina española de 1939-1940. Se contaba, sin embargo, con la asistencia que pudieran proporcionar las armadas alemana e italiana.

Para el despliegue de los 1.400 aviones con que España contaba entonces, se citaban cinco zonas de operaciones:

- Las fronteras francesa y portuguesa
- Marruecos-Guadalquivir
- Murcia-Valencia-Baleares
- Canarias-Cabo Juby
- Galicia

En definitiva, lo que la Junta de Defensa Nacional aprobó en aquella trascendental sesión de octubre de 1939 eran todos los planes necesarios para convertir a España en el tercer socio del Eje en su lucha contra los franco-británicos. Que estos preparativos militares se decidieran en fecha tan temprana no indica más que una voluntad sincera de participación en la guerra, y desde luego nada parecido a una neutralidad pasiva tan sólo atenta a la defensa del territorio nacional. Que luego estos planes no se pusieran finalmente en práctica no los invalida para definir con precisión una actitud mucho más agresiva y beligerante por parte de Franco de lo que una gran parte de la historiografía al respecto nos había hecho creer hasta la fecha. Por eso es importante que esta documentación, que dormía en los archivos bajo un sello de «Secreto», vea por fin la luz tras sesenta años de intencionado silencio.

La primera ocasión para Franco de poner en práctica todos estos minuciosos preparativos bélicos se presentó en el verano de 1940, como veremos a continuación.

Mapa 2. Operaciones planeadas por Franco contra:

1 Gibraltar
2 Portugal
3 Marruecos francés
4 Sudeste francés

8

Junio de 1940: España al borde de una intervención en el Marruecos francés

A mediados de junio de 1940 Francia se derrumbó como una endeble estructura de palillos ante la profundidad y fuerza de la ofensiva alemana. París había caído, los aliados británicos estaban evacuando su fuerza expedicionaria y el Gobierno francés de Reynaud se encontraba en desbandada, tratando de reunirse en Burdeos. Ante la imposibilidad no ya de montar una contraofensiva sino siquiera de mantener el frente, el nuevo Gobierno francés, encabezado por Pétain, decidió pedir un alto el fuego y negociar un armisticio.

Hemos visto cómo el 14 de junio Franco había procedido a ordenar la ocupación de Tánger. En vista de los buenos resultados obtenidos con esa operación, se decidió aprovechar la debilidad francesa en esos precisos momentos para iniciar la proyectada invasión española de la zona vecina.

Las operaciones en el Marruecos francés debían comenzar en la región de Tazza, donde se emplearían fuerzas españolas y fuerzas indígenas auxiliares. La simultánea y preparada sublevación de las tribus en zona francesa en el momento de la invasión española debían crear una situación de caos y desmoralización interior tal que facilitaría una rápida victoria.[1]

---

[1] Véase Manuel ROS AGUDO, *La guerra secreta de Franco (1939-1945)*, Crítica, Barcelona, 2002, pp. 44-49.

Todos estos preparativos bélicos de Franco comenzaron, como queda dicho, en octubre de 1939, mucho antes de que se iniciara siquiera la ofensiva alemana sobre Bélgica y Francia. Por lo tanto, cuando a mediados de junio de 1940 se produjo el desplome francés, el Caudillo, Beigbeder y Vigón vieron la situación más propicia que nunca para desarrollar sus planes ofensivos en Marruecos.

La tarea más urgente antes que nada era preparar el ambiente de una manera conveniente. Para ello se sometió a la población española a una machacona campaña de propaganda sobre los derechos españoles en África y Gibraltar, resaltando la pérfida actuación secular de franceses y británicos y el justo castigo, su lamentable situación militar en aquellos momentos. Todo ello presagiaba que estaba a punto de sonar la hora de España.

El órgano de prensa más caracterizado del momento, y el que mayor influencia tenía en todos los demás era el falangista *Arriba*. Sus editoriales, redactados con el visto bueno de Serrano Súñer cuando no bajo su directa inspiración, venían a representar la línea de pensamiento oficial. Por esta razón eran leídos con mucha atención, tanto por los periodistas de otros medios como por los diplomáticos, deseosos de averiguar hacia dónde se orientaba el régimen en aquella delicada coyuntura internacional. Aunque la ampulosa retórica falangista se prestara fácilmente a los mensajes altisonantes sin aparente contenido, los editoriales de aquel verano reflejan muy bien la mentalidad del momento, deseosa de construir de forma inmediata un imperio colonial en el norte de África. El 16 de julio, por ejemplo, bajo el título «El imperio retórico» *Arriba* advertía:

> España necesita un Imperio. Y ahora que puede tenerlo es el momento de reconocer que son muchos los que así lo afirman, pero no todos están dispuestos a la contienda y al sacrificio [...] España necesita un Imperio. Para que lo tenga, aquí está la Falange «inasequible al desaliento», apretada como nunca en torno a su bandera, dispuesta al sacrificio en cuanto suene la orden [...].[2]

[2] «El Imperio retórico», *Arriba*, 16 de julio de 1940.

Al día siguiente se insistía en que África estaba llamada a ser la empresa de España en el futuro inmediato. La ocupación de Tánger un mes antes no representaba sino un primer paso en la inmediata unificación de Marruecos bajo dirección española:

> España se vuelve otra vez hacia Marruecos. Otra vez África vuelve a ser una empresa de España y otra vez Tánger ve cruzar alborozadamente sus calles por los soldados españoles. La sangre ha fructificado y el sacrificio de un ejército no ha sido estéril, porque sobre las tumbas de los que en su día combatieron empieza ya a oírse el himno que anuncia la liberación. Marruecos conoce y ama a España. El pueblo musulmán sueña a través de Franco con la unidad de las tierras marroquíes.[3]

Al día siguiente, cuarto aniversario del alzamiento del 18 de julio, Franco pronunció un importante discurso. *Arriba* no pudo resistirse a glosar las palabras del Caudillo en un nuevo editorial:

> [...] Quinientos mil caídos en la tremenda pelea que fue la primera batalla del Nuevo Orden europeo, nos exigen estrechamente el sacrificio constante de nuestra comodidad y nuestra paz. Hemos hecho un alto en la batalla —ha dicho el vencedor del Ebro—, pero no hemos acabado nuestra empresa. No hemos hecho la Revolución y, como un deber y una misión del pueblo, nos quedan el mandato de Gibraltar, la expansión africana y la permanencia de la política de unidad. España está sobre sus problemas y dos millones de soldados defenderán la integridad de sus derechos. Necesitamos crear un Imperio, y estas palabras no serán palabras vanas.

A este tono de llamada respondía el editorialista de *Arriba* como un resorte con la actitud que se deseaba adoptase todo patriota español:

---

3 «Día de África», *Arriba*, 17 de julio de 1940.

> [...] Recobramos la rigidez de nuestra posición de firmes y aguardamos, como el Ejército y como España entera, la voz y la orden de Franco.[4]

Esta predisposición a la acción inmediata y la fiebre reivindicativa que la sustentaba, se extendió rápidamente en aquellos momentos no sólo entre el elemento político y militar, sino quizás con más lógica, entre los mismos representantes diplomáticos y consulares de España en el norte de África. Una de las primeras manifestaciones de este entusiasmo aparece en un informe del cónsul en Orán (Argelia), Bernabé Toca, de fecha tan temprana como el 19 de junio de 1940. Según Toca, la numerosa colonia española en el Oranesado, que ascendía a 150.000 personas, veía con buenos ojos la vuelta de la administración española a esa región, abandonada por España en 1793. El paso del Departamento de Orán a manos españolas «empieza a ser considerado como la mejor de las soluciones después de la derrota francesa, por los mismos franceses, quienes no se ocultan al declarar su predilección por España, ante el temor de la dominación alemana». Toca no andaba muy descaminado al escribir que la confusión reinante en Argelia «pudiera llegar a hacer considerar conveniente hasta la provocación de incidentes que justificaran nuestra intervención»,[5] pues tanto Beigbeder como Asensio ya estaban trabajando esa posibilidad. En un despacho posterior el mismo cónsul informaba que continuaban «los rumores de una invasión española, dándose la cifra de 300.000 hombres como contingente de fuerzas existentes en la actualidad en el Marruecos español».[6] El ambiente parecía por tanto favorable.

Toda la información de carácter militar sobre las posesiones francesas en el norte de África que obtenían los cónsules españoles era por

---

[4] «La voz de Franco en este aniversario», *Arriba*, 18 de julio de 1940.

[5] Toca al Ministerio de Asuntos Exteriores, 19 de junio de 1940, AMAE, leg. R-1189/19.

[6] Toca al Ministerio de Asuntos Exteriores, 2 de julio de 1940, AMAE, leg. R-981/15.

entonces rápidamente transmitida por el Ministerio de Exteriores al Alto Estado Mayor y al Alto Comisario, según muestran muchas de las notas al margen de los documentos de la época. Las circunstancias y las pretensiones expansionistas españolas así lo demandaban en aquellos momentos.

Primer intento de invasión española

Aunque el ataque español nunca llegó a producirse existen pruebas sobradas de que se estuvo a un paso de desatarlo a mediados de junio de 1940. El embajador Von Stohrer informó a Berlín de que en una de sus visitas a Beigbeder encontró al ministro enfrascado en la consulta de mapas detallados de la zona francesa, lo que permitía sospechar lo inminente de la intervención española.[7] El cónsul alemán en Tetuán, Richter, confirmó el mismo día 15 que el Alto Comisario Asensio en persona le había dicho que, tras lo hecho en Tánger, una nueva operación española estaba en camino. En los días siguientes el cónsul informó de importantes movimientos de tropas en la frontera oriental que obedecían, según Asensio, a una gran acción de carácter inminente sobre la zona francesa.[8] Al mismo tiempo se había ultimado la movilización de las «harkas», las pequeñas unidades de voluntarios indígenas militarizados, hasta un total de 40.000 miembros. La respuesta a esta recluta entre los indígenas en zona española fue masiva, en parte debido a los buenos sueldos que percibían. La sensación imperante era que, esta vez sí, estaba en ciernes el ansiado avan-

[7] Stohrer al Ministerio de Asuntos Exteriores, nº 1.906, 15 de junio de 1940, Auswärtiges Amt (AA), Staatssekretär(StS), Marokko I. Citado por Norman J.W. GODA en *Y mañana... el mundo. Hitler, África Noroccidental y el camino hacia América*, Alianza Editorial, Madrid, 2002, p. 110.

[8] Richter al Ministerio de Asuntos Exteriores, nº 8, 15 de junio de 1940, AA, Sts, Marokko, y nº 725/40, 20 de junio de 1940, anejo en Exteriores a Embajada en Madrid, Pol. III, 1734, 4 de julio de 1940, Embajada en Roma, «Cuestiones sobre la zona fronteriza franco-española». Citado por GODA, op. cit., p. 111.

ce español. En palabras del propio Asensio había llegado «el momento de la felicidad».[9] Junto a estas fuerzas auxiliares se había conseguido a base de promesas y pagos en metálico el apoyo de muchas de las kabilas del protectorado francés, especialmente en las zonas fronterizas, dispuestas a facilitar la ofensiva española con una rebelión general contra Francia.[10]

Todos estos movimientos no habían pasado desapercibidos para los cónsules franceses ni para los agentes de Nogués en zona española. Tal como escribe Michel Catala: «En la noche del 17 al 18 de junio de 1940, las tropas españolas toman posiciones en la frontera interzonal. Las fortificaciones son ocupadas, las unidades de artillería abandonan Tetuán hacia el sur, las unidades de élite del Tercio se instalan en Aumara, las organizaciones falangistas se movilizan en Larache y El Ksar, son distribuidas armas a ciertas tribus del oeste de la zona. Las mismas medidas son tomadas en Melilla. Los rumores más insensatos circulan por toda la zona española: Franco había decidido invadir la zona francesa. Los cónsules franceses ceden al pánico. Dumarcay, en Larache, comienza a organizar la evacuación de los residentes franceses, entre ellos la familia del duque de Guisa. El 18 de junio Dumarcay y Serres queman todos sus archivos. Sin embargo nada pasa».[11]

Si todo estaba preparado a conciencia por parte española ¿por qué finalmente no se desató el ataque tal como estaba previsto para la madrugada del 18 de junio?

---

[9] Carta de Asensio a Beigbeder, s.f. (probablemente mediados de julio de 1940), AGA, AF-M-2009. Para mediados de agosto, el número de harkeños había sido reducido a 8.000. Las harkas fueron finalmente disueltas en febrero de 1941, con un coste total para las arcas españolas de cerca de cuatro millones de pesetas. Telegrama del Director General de Marruecos y Colonias al Alto Comisario, 18 de febrero de 1941, AGA, AF-M-2007.

[10] Delegación de Asuntos Indígenas, Sección Información, «Boletín de Información Exterior del día 15 de junio de 1940», AGA, AF-M-2009.

[11] Michel CATALA, Les politiques françaises vis-à-vis de l'Espagne. Rapprochement necessaire, reconciliation impossible, Janvier 1939-Aout 1944, Tesis doctoral, Universidad de Nantes, tomo I, 1995, pp.351-352.

En primer lugar el enviado de Franco para sondear el respaldo de Hitler a la operación, general Vigón, no pudo conseguir el apoyo deseado. Se había entrevistado el día 16 con el Führer, pero éste sólo le había dado vagas promesas sobre Marruecos. El futuro de ese territorio tendría que ser dictaminado sólo tras un entendimiento conjunto entre Berlín, Roma y Madrid. En segundo lugar, fruto de la casualidad o de la astucia francesa, a primera hora del día 17 se recibió en Madrid una solicitud de intermediación española para llegar a un cese el fuego franco-alemán. La petición francesa apelaba con gran habilidad a la estatura moral de la nueva España y de su Caudillo para llevar a cabo una misión de esa naturaleza.[12] En esas circunstancias pareció poco caballeresco apuñalar por la espalda con una invasión al mismo país que reclamaba la ayuda española.

La conjunción de ambos factores, la falta de apoyo alemán y la petición francesa de mediación, provocaron un frenazo en el último momento al planeado avance español. Sin embargo, los preparativos continuaron adelante a la espera de una mejor ocasión.

El 19 de junio de 1940, el general Varela, en su calidad de Ministro del Ejército, firmó la llamada «Instrucción C-4» para las fuerzas españolas en Marruecos, que había sido preparada por la 3ª Sección del Estado Mayor del Ejército. Aunque las órdenes de esa instrucción eran de carácter básicamente defensivo, dentro del apartado «Planes de Operaciones» figuraba un párrafo con las siguientes indicaciones:

> Se estudiará con el mayor secreto la posibilidad de realizar una ofensiva en alguna zona del Protectorado francés, atendidos los factores de información, el político, terreno a ocupar y las posibilidades que ofrezca para su realización con los medios que existen en nuestra zona.[13]

---

12 Lequerica a Beigbeder, 16 y 18 de junio de 1940, AMAE legs. R-2295/4 y R-1217/69.

13 «Instrucción C-4 sobre Organización defensiva y empleo de las Fuerzas en la Zona del Protectorado de España en Marruecos», p. 9, Estado Mayor del Ejército, 3ª Sección, 19 de junio de 1940, Archivo Varela, leg. 117.

Una propuesta de esta trascendencia tenía que estar avalada por Franco, y efectivamente así fue. El ejemplar de la citada «Instrucción C-4» conservado en el Archivo Varela está lleno de correcciones e indicaciones manuscritas por el Caudillo, que dieron lugar poco después a la nueva «Instrucción C-5». Son prueba evidente no sólo del interés personal que Franco tomó por estas operaciones sino de que partieron de su misma iniciativa. En un folio suelto y a modo de orientación para Varela sobre la situación, el Caudillo dejó escrito con grandes letras en lápiz rojo:

> No es propósito de España la guerra con Francia, pero dada la extensión de la guerra y los peligros de salpicaduras que encierra debemos estar dispuestos a dar la batalla en las mejores condiciones.
>
> La actuación en ese caso de nuestros posibles enemigos es de pocos elementos y de moral baja como corresponde a un pueblo derrotado. *Debe tenerse estudiada la ofensiva sobre la Zona vecina, pues pudiera ocurrir que la situación de debilidad y desmoralización francesa nos obligara a su ocupación.*[14]

Aquí Franco parece indicar que deseaba una operación generalizada y ambiciosa, que superaba ampliamente la concepción de Varela de una ofensiva más modesta, limitada a «alguna zona del Protectorado francés». El objetivo final del Caudillo no era otro que la anexión por la fuerza de toda la zona francesa al Marruecos español. Como justificación de cara al exterior debía revestirse como una operación de orden, destinada a pacificar un Protectorado en peligro de desintegración. Lo que el mundo no debía conocer era que la propia España era la que había creado la situación organizando el levantamiento indígena contra la administración colonial francesa.

[14] Manuscrito de Franco. Sin fecha, pero por el contexto parece de mayo-junio de 1940. AV, leg. 117. La cursiva es nuestra.

Por su parte, como hemos visto, los franceses sabían que algo extraño tramaban los españoles. El absoluto secreto con que se llevaba la operación no había impedido que sus agentes en la zona española se percataran de los inusuales movimientos de fuerzas militares. Por ello trataron de usar la supuesta pérdida del factor sorpresa para desanimar a los españoles. El medio utilizado para ello fue el habitual, el agregado militar francés en Tánger, capitán Luizet, que se entrevistó el 19 de junio con Asensio. El Alto Comisario informó enseguida a Beigbeder de que Luizet parecía conocer «los movimientos de tropas nuestras hacia la frontera (algo me ha insinuado) y puede afirmarse —admitía el general con preocupación— que no serían sorprendidos si nuestras tropas entrasen en zona francesa». En Rabat se estaba al tanto de esa posibilidad, pero según Luizet, las autoridades francesas sólo creían en «una acción por parte de España para hacer valer sus derechos en el caso de que en las negociaciones de paz Alemania o Italia quisieran el Marruecos francés. En otro caso, sería una traición por parte de España intervenir antes de llegar ese caso y no juzgan a España capaz de eso».[15] Una sutil apelación a la caballerosidad española, incapaz de ciertas canalladas.

La realidad era que los franceses del norte de África y en especial su jefe, el general Nogués, estaban todavía lejos de considerarse derrotados por Alemania (como la Francia metropolitana) y esperaban una continuación de la lucha en suelo africano una vez trasladado el Gobierno galo a Argel. Nogués remitió varios telegramas a Burdeos en este sentido, exponiendo su voluntad de resistir si los términos del armisticio no eran convenientes para Francia. Además, el combativo general había reforzado sus tropas en Marruecos con unidades y artillería procedentes de Túnez con vistas a hacer frente al anunciado ataque español. Nogués tenía además un as en la manga: había planeado valerse del emir Abd-el-Krim, líder de la revuelta rifeña de 1921-1926,

[15] Asensio a Beigbeder, 20 de junio de 1940, DIHGF, vol. II-1, doc. 52, pp. 210-212.

para trasladarlo al interior de la zona española y sembrar el caos en caso necesario. El ministro francés de las Colonias no autorizó finalmente este osado plan que seguramente habría causado no pocas dificultades a los españoles.[16]

Las expectativas francesas se basaban en que si los españoles venían solos se les podría contener sin grandes dificultades. La lucha se desarrollaría a lo largo de un frente de 450 kilómetros. Otra cosa sería si se contaba que, junto a ellos, vendrían los alemanes. En ese caso Nogués tendría que invadir el Marruecos español en el breve plazo de una semana antes de la llegada de las fuerzas alemanas, estimadas en cuatro divisiones blindadas o motorizadas y tres de infantería.[17] El almirante Darlan, jefe de la Armada francesa, era de la misma opinión: si el Gobierno decidía continuar la lucha desde África era condición indispensable ocupar rápidamente el Marruecos español, pues los alemanes tardarían tan sólo ocho o diez días en llegar.[18] La disposición de los elementos armados franceses en África era en esos momentos, y hasta la firma del armisticio el 25 de junio, favorable a continuar luchando. Esta era una perspectiva nada tranquilizadora para los españoles, que contaban con que entre los franceses imperaba una moral —en palabras de Franco— de «pueblo derrotado».

El 21 de junio llegaron inquietantes rumores a Roma de que una parte del Gobierno francés estaba a punto de trasladarse a Argelia, donde buscaba concentrar tropas para continuar la lucha. Mussolini se planteó entonces seriamente pedir a Franco que ocupara inmediatamente el Marruecos francés. De este modo las líneas de comunicación entre Casablanca, Orán y Argel serían cortadas y la resistencia francesa seriamente dificultada. El Duce consultó primero la conveniencia de tal medida con el agregado militar italiano en Madrid. Éste informó desfavorablemente: Franco «no tenía suficientes fuerzas mili-

---

[16] Dossier Nogués, pp. 15, 16 y 32, citado por Claude PALLAT, *L'échiquier d'Alger. (I). Avantage à Vichy. Juin 1940-Novembre 1942*, Robert Laffont, Paris, 1966, pp. 44 y 50.

[17] Dossier Nogués, p. 25, citado por PAILLAT, op. cit., p. 48.

[18] Ibídem, p. 22.

tares a su disposición para ocupar el Marruecos francés»[19] en su totalidad, por lo que desaconsejaba tal iniciativa. Mussolini desechó pues la idea. Este fue el único momento de la guerra en que Italia habría aprobado una acción unilateral de España en la zona francesa, aunque sólo por puro calculo egoísta, como era impedir a los franceses prolongar la lucha desde sus posesiones africanas.

Segundo y tercer intento frustrado de invasión

La situación se iba complicando por momentos para poder llevar a cabo con éxito los planes españoles. Una vez firmado el armisticio el 25 de junio y establecido que ni Alemania ni Italia podían poner los pies en Marruecos, Argelia o Túnez, y que esos territorios quedaban bajo administración francesa, Franco tuvo que conformarse con unas aspiraciones más modestas.

Sobre este asunto tenemos el testimonio escrito del propio Beigbeder. Puesto que el momento de una invasión generalizada parecía haber pasado, aconsejó a Franco realizar un cauto avance más limitado en dirección sur hasta llegar al río Sebú, ocupando la ciudad de Fez. El coronel pretendía amortiguar la previsible negativa reacción francesa advirtiendo de la operación al Mariscal Pétain. La justificación se buscaría en el estado levantisco de las tribus de la frontera. Se pediría además la retirada de las tropas francesas para evitar incidentes. Todo el asunto adoptaría la forma de un ultimátum, pues la acción española se anunciaría un día y se ejecutaría al siguiente. El encargado de mandar esa operación sobre el terreno, el general Ponte, había expuesto al ministro Varela sus ideas al respecto y proponía lo siguiente:

> [Hacer previamente] una intensa actuación política, para gestionar el apoyo de las kabilas francesas, mediante concesiones de mayor

---

[19] Memorándum del subsecretario Von Weizsäcker al ministro de Asuntos Exteriores, Von Ribbentrop, 21 de junio de 1940, DGFP, serie D, vol. IX, doc. 508, p. 641.

> autonomía; avanzar hacia Fez, precedidos de Idalas y Harcas, que si eran bien recibidas por los indígenas del otro lado, serían seguidas de cerca por fuerzas regulares de nuestro ejército para concluir con los pocos enemigos que hubiera. Habría que aprovechar para esto momentos en que la población indígena estuviese impresionada por un golpe fuerte dado a sus dominadores [franceses] en otra parte.[20]
>
> Si nos descuidamos y no nos aprovechamos de esto, no faltaría quien lo hiciese: otra nación, el mismo Sultán o Francia concediendo la independencia a Marruecos o soltando a Abd-el-Krim para levantar nuestra zona; todo lo cual podría tener consecuencias desagradables si no nos adelantamos».

Como en ocasiones anteriores, también esta iniciativa quedó en suspenso. Según Beigbeder este segundo intento de invasión española de parte del Marruecos francés, prevista para finales de junio, se suspendió tres horas antes de su comienzo debido a la oposición terminante de los alemanes.[21] Hitler se oponía a cualquier operación militar que pusiera en riesgo la fidelidad del norte de África a Vichy, con la posibilidad de un levantamiento general de la zona a favor de los ingleses.

Esta negativa alemana no impidió, sin embargo, que en Madrid el Estado Mayor del Ejército siguiera desarrollando sobre le papel una serie de preparativos para tener a punto esta operación. En el Archivo del entonces ministro del Ejército, general Varela, se encuentran una serie de mapas que hacen referencia a este momento o poco después, pues llevan la fecha de agosto de 1940. El primer mapa describe la situación de las fuerzas españolas desplegadas en Marruecos, 200.000 hombres, en lo que llama «Situación normal o inicial». El segundo mapa muestra los mismos efectivos bajo una «Situación de Alarma»,

---

[20] Carta manuscrita del general Miguel Ponte al general Varela, 1 de junio de 1940, AV, caja 99.

[21] Archivo Beigbeder, citado por Javier TUSELL, op. cit., p. 116.

a efectuar el 20 de agosto. En el tercero las fuerzas compuestas de la Legión, Regulares, caballería y artillería han tomado posiciones en la zona fronteriza con la región de Beni Zerual, de administración francesa, es decir han iniciado la invasión. Refleja el orden de batalla del 30 de agosto con todas las unidades listas para el ataque. El mapa número cuatro bajo el título «Plan de fuegos y asentamientos artilleros» representa mediante sectores circulares el área francesa a batir por la artillería española incluyendo el alcance de las ametralladoras pesadas.[22]

Por desgracia no hemos encontrado las notas explicativas, es decir el plan de operaciones que debía acompañar estos mapas. Aún así creemos que son en sí mismos bastante ilustrativos. Los militares españoles prepararon minuciosamente este modelo de ataque más restringido, propugnado por Varela y Beigbeder, que estaba previsto para el 1 de septiembre de 1940 y que constituye la tercera intentona, finalmente frustrada al igual que las dos anteriores.

Una carta del teniente coronel Barroso, agregado militar en Francia, al general Carlos Martínez-Campos, entonces jefe del Estado Mayor del Ejército, fechada en Burdeos el 25 de junio de 1940, nos permite conocer el estado de ánimo eufórico de buena parte del elemento militar en relación con las posibilidades que se presentaban entonces en el Marruecos francés y los manejos diplomáticos realizados cerca del Gobierno galo para facilitar una intervención española allí. Por su indudable interés merece la pena reproducir un amplio extracto de la misma:

> [...] Por lo pronto este caballero [Churchill] trata de levantar las Colonias francesas contra el Gobierno Pétain, al que llama desdeñosamente «Gobierno de Burdeos». Esto puede representar, por una parte, un peligro para nosotros; por otra, puede sernos ventajoso y darnos pie para una intervención en la Zona francesa de

22 Mapas superponibles nº 1 al 4. 20 y 30 de agosto de 1940. AV, leg. 117.

> Marruecos. Aquí, siguiendo instrucciones del Gobierno, se han hecho ya gestiones con el francés encaminadas a esta intervención, basándose en la letra de los Tratados, en su espíritu y en la necesidad de que no lleguen a nuestra zona salpicaduras de posibles revueltas en la vecina.
>
> Hay que estar muy vigilantes ahora, pues la ocasión puede ser única para España. Hoy escribí una larga carta[23] al Generalísimo sobre este asunto, poniéndole en antecedentes de una porción de cosas que le conviene saber. Podéis estar seguros de que el Sr. Embajador [Lequerica] tiene en mí un animador para que no se desperdicie ocasión alguna de trabajar nuestros derechos. Desde luego, si el Ejército francés de África se deja desarmar, cosa que dudo algo, pues Nogués[24] no es seguro esté al lado del Gobierno [de Pétain], podemos aprovechar cualquier circunstancia favorable para entrar tropas y no sacarlas nunca más [...].[25]

En parecidos términos se expresaba su colega, el agregado aéreo, teniente coronel Juan Antonio Ansaldo. En una carta también del 25 de junio, destacaba que las gestiones diplomáticas cerca del Gobierno francés para una intervención española a fin de prevenir alteraciones del orden en Marruecos, habían llegado al punto culminante, «después de evolucionar lentamente y no siempre en sentido favorable». La impresión que dan todas estas gestiones es que el Gobierno español, siguiendo la táctica que tan buenos resultados le diera en la ocupación de Tánger, pretendía pactar primero con Francia su interven-

---

[23] Lamentablemente esta carta, sin duda muy interesante, no ha aparecido entre los papeles conservados de Franco, cuyas fotocopias custodia la Fundación Francisco Franco.

[24] El general Nogués era, como sabemos, desde septiembre de 1936 el Residente General en Rabat, a cuyo mando se encontraban las fuerzas militares francesas destacadas en Marruecos.

[25] Barroso a Carlos Martínez-Campos, jefe del Estado Mayor del Ejército, 25 de junio de 1940, Archivo General Militar (AGM), Estado Mayor del Ejército (EME), 2ª Sección, leg. 503.

ción en Marruecos, para realizar una ocupación, a ser posible, incruenta inmediatamente después.

Buscando con ansiedad el desarme francés

Madrid no debía tener confianza en la capacidad de sus propias tropas para acabar por la fuerza con la posible resistencia francesa.[26] El mismo Ansaldo había advertido por teléfono a sus superiores unos días antes sobre el peligro de menospreciar esa resistencia, pues «en aquellas zonas [del norte de África] existen elementos que en caso de decidirse a resistir no creo pudieran evitar nuestros propósitos, pero sí perturbarlos grandemente».

La inminencia de la intervención española fue transmitida por el embajador Stohrer a Berlín el mismo 25 de junio, que señalaba un único requisito: «El Gobierno español ha decidido entrar en el Marruecos francés tan pronto como la aviación francesa en el norte de África sea desarmada».[27] Como hemos visto, la operación tuvo que posponerse por la oposición alemana y por surgir nuevas dificultades operativas. Los servicios de información españoles habían señalado que, lejos de disminuir, las fuerzas aéreas francesas se habían reforzado hasta contar con cerca de mil aparatos, muchos de ellos huidos de la Francia metropolitana en los días previos al armisticio. También se había notado que nuevas tropas llegaban constantemente a Casablanca.

Por orden de Beigbeder, el embajador español en Roma, García Conde, notificó estos datos a los italianos. En opinión del Gobierno español las dimensiones de la aviación y el número de tanques y tropas francesas excedían con mucho lo necesario para preservar simplemente el orden. Los españoles solicitaban por ello del Gobierno ita-

---

26 Ansaldo al jefe del Estado Mayor del Aire, 25 de junio de 1940, Archivo Histórico del Aire (AHA), leg. A-13.182.

27 Stohrer al Ministerio de Asuntos Exteriores, 25 de junio de 1940, DGFP, serie D, vol. X, doc. 88, p. 99.

liano que «presionara para el desarme, ya que de otro modo las fuerzas militares francesas en el Norte de África podrían ser usadas por Inglaterra contra España e Italia».[28]

En agosto Beigbeder reconocería que esas cifras de aviones franceses habían resultado exageradas, pero siguió pidiendo que los italianos gestionaran en la Comisión de armisticio una entrega por Francia al Eje de 400 tanques y 500 aviones de los entonces destacados en África del norte.[29] El 14 de agosto los embajadores de España en Berlín y Roma, Magaz y García Conde, recibieron instrucciones de advertir a alemanes e italianos sobre el peligro de la situación militar en el Marruecos francés y la concentración, según Beigbeder, de diez divisiones francesas cerca de la frontera con la zona española. Los alemanes agradecieron la información y dijeron sin más que tratarían el asunto en la Comisión de armisticio. Los italianos se mostraron más evasivos ante las insistentes peticiones españolas de desmovilizar aquellas tropas. Al requerimiento de García Conde, Ciano había respondido haciéndose el desentendido: «Me parecen muy bien todas las medidas preventivas que tome España».[30]

La constante pretensión española a lo largo de los meses siguientes fue debilitar al máximo las fuerzas francesas con el claro objetivo de facilitar la labor de las propias llegado el caso de una intervención.

Otro motivo de preocupación para las autoridades españolas durante los días en que se negociaba el armisticio, fue la posibilidad de que el Marruecos francés y otras colonias no aceptaran sus términos y decidieran proseguir la lucha, o todavía peor, volvieran sus armas contra la zona española. El 20 de junio el Alto Comisario había recibido noticias provenientes de medios musulmanes, según las cuales «cualquiera que fuesen las condiciones de la capitulación de Francia,

---

[28] Stohrer al Ministerio de Asuntos Exteriores, 3 de julio de 1940, DGFP, serie D, vol. X, doc. 88, pp. 99-100.

[29] Stohrer al Ministerio de Asuntos Exteriores, 20 de agosto de 1940, Ibídem, doc. 369, pp. 514-515.

[30] Telegramas de Vidal y Saura, embajador en funciones en Berlín, y de García Conde, embajador en Roma, ambos de 14 de agosto de 1940, DIHGF, vol. II-1, docs. 80 y 81.

Marruecos se emancipaba del tratado de paz que haga Francia; se declara independiente bajo el reinado del actual Sultán con el apoyo de las fuerzas armadas francesas hoy a sus órdenes, las cuales serían mandadas por el General Nogués entrando en su proyecto la posible ocupación de la Zona española para constituir el Imperio Marroquí».[31] Asensio dijo a Beigbeder que no daba gran valor a estos comentarios más que como parte de la gran propaganda montada por los partidarios de una continuación de la guerra en las colonias. El capitán Luizet le había dicho que el general Nogués era partidario de continuar la lucha, y entre la colonia francesa en Tánger también se había extendido la misma idea. Asensio escribió en su informe a Beigbeder: «Mi impresión es que hay ya acuerdos entre las Autoridades francesas de las colonias para declararse disidentes y continuar la guerra y que sólo, en expectativa de los acuerdos que se tomen en las negociaciones, continúan reconociendo la autoridad del actual Gobierno de Francia».[32] Los informes de Lequerica de los días 24 y 25 de junio, en sus alusiones a Nogués, no eran muy tranquilizadores. A juicio de Baudoin, ministro de Asuntos Exteriores galo, interrogado al respecto, el Residente General era de confianza. Sin embargo, al día siguiente el embajador español telegrafiaba a Madrid:

> Sigo recibiendo informes contradictorios en cuanto a la actitud del General Nogués. A pesar de la respuesta de ayer del Ministro de Negocios Extranjeros, otros Ministros no tienen la misma confianza en él y temen pueda observar con su ejército una actitud equívoca frente a las órdenes de la metrópoli.[33]

---

[31] Asensio a Beigbeder, 20 de junio de 1940. DIHGF, vol. II-1, doc. 52, pp. 210-212.

[32] Ibídem.

[33] Telegramas de Lequerica a Beigbeder, 24 y 25 de junio de 1940. DIHGF, vol. II-1, doc. 56, pp. 217-218 y doc. 58, pp. 219-220. Dos meses más tarde Lequerica llegará a pedir oficialmente a Baudoin, aunque sin éxito, el relevo de Nogués en Rabat, considerado en Madrid escasamente fiable y poco favorable a España. El revelador relato de Lequerica decía:

El 25 de junio se firmó el armisticio entre Francia y Alemania pero en él no se hizo referencia alguna a las posesiones africanas, precisamente con el objetivo de no dar motivos para una eventual secesión o rebeldía. La posterior garantía por la Comisión germano-italiana de armisticio de que se permitiría un contingente de fuerzas armadas y aviación francesa en el norte de África para su defensa, decidió a Nogués y otras autoridades militares a reafirmar su fidelidad a Vichy, aunque la sinceridad de este acatamiento fuera siempre puesta en duda. El mismo Beigbeder escribía inquieto a Franco el 26 de junio, «La resistencia francesa por lo que se refiere a Marruecos aumenta extraordinariamente. Esto es serio. [...] Alemania e Italia nos han dejado este rincón tempestuoso. Allí hay campo para las intrigas inglesas con toda libertad. [...] La situación de Marruecos nos obliga a armarnos y reforzar».[34]

Cuatro días después Beigbeder tuvo una conversación con el almirante Canaris, jefe del Abwehr alemán, el servicio de información militar, quien escuchó con especial atención la exposición del ministro sobre «la situación creada en el norte de África por la congestión de efectivos que, no controlados, se han sustraído a las cláusulas del armisticio y que permitirían a Inglaterra acaso crear un frente bien nutrido que amenace a Italia y España».[35] Esa concentración de fuerzas

---

A propósito del general Nogués el ministro Baudoin me hizo una defensa calurosa de ese militar, hablando de él como de un soldado disciplinado y a las órdenes del mariscal Pétain. Yo insistí, por mi parte, sobre la poca simpatía que tenían los españoles hacia ese personaje, dados los antecedentes de su política descarada en Marruecos. Según Baudoin, sólo por obedecer órdenes de los Gobiernos, entre ellos el del Frente Popular, el general había actuado como lo había hecho. Si posteriormente, hace muy pocos meses, había preparado un plan de ataque de la zona española de Marruecos, era por orden del Gobierno del momento.

Lequerica a Beigbeder, 28 de agosto de 1940, AMAE, leg. R-2295/5.

[34] Beigbeder a Franco, Madrid, 26 de junio de 1940, DIHGF, vol. II-1, doc. 61, pp. 226-227.

[35] Beigbeder a Franco, sobre su entrevista con Canaris, 30 de junio de 1940, DIHGF, vol. II-1, doc. 65, pp. 238-240.

francesas se interponía en los planes españoles de expansión, y los intentos por arrancar de Alemania e Italia su desarme parcial fueron tan constantes como infructuosos por parte de Franco, Beigbeder y luego Serrano.[36] Canaris, buscando tranquilizar a los españoles, expresó según Beigbeder «la conformidad absoluta de Alemania con nuestras reivindicaciones [en Marruecos], asegurando además que cualquier cosa que hagan la harán de acuerdo absoluto con nosotros y sin perturbarnos».[37]

Pero las noticias que llegaban de aquella región no eran tranquilizadoras. La situación de aparente confusión que reinaba en la administración francesa de Marruecos, Argelia y Túnez durante aquel vera-

---

[36] Los franceses, por el contrario, esperaban de España que hiciera el papel de amortiguadora ante Alemania e Italia en la dureza de las cláusulas de la futura paz para Francia. El ministro Baudoin instruía así a su embajador Renom de La Baume, el 3 de julio de 1940:

> [...] El deseo del Gobierno francés es cooperar asiduamente con el Gobierno español para la llegada de la paz en Europa y la solución de las cuestiones que de todo tipo ha planteado la guerra. El nombre del mariscal Pétain, que ha conquistado la confianza de sus vecinos, les garantiza, por otra parte, la continuidad y desarrollo de la política que él mismo inició en Madrid.
>
> Deseamos que, guiado por su sentido político, *el Gobierno español nos ayude con su influencia en Roma y Berlín para moderar las exigencias de Alemania e Italia, y para hacer, de alguna manera, que los temas sometidos a las dos comisiones de armisticio sean resueltos con un espíritu todo lo conciliador posible.*
>
> Sentimos al igual que los dirigentes españoles esta solidaridad latina y cristiana que debe revivir entre las tres grandes naciones mediterráneas. Nos parece que es del interés de España que Francia pueda, sin dilaciones, superar las dificultades múltiples y graves que una ocupación alemana de muy gran extensión hace pesar sobre su administración y sobre su vida económica, y que el Gobierno del mariscal Pétain lleve a buen puerto la obra de reconstrucción nacional que es su tarea actual.

Archives du Ministère français des Affaires étrangères (AMFAE), Guerra 1939-1945, Europa, Vichy-España (V-E), 247. Citado por Matthieu SEGUELA, *Franco Pétain. Los secretos de una alianza*, Editorial Prensa Ibérica, Barcelona, 1994, p. 61. La cursiva es nuestra.

[37] Beigbeder a Franco, sobre su entrevista con Canaris, 30 de junio de 1940, DIHGF, vol. II-1, doc. 65, pp. 238-240.

no de 1940 fue transmitida oportunamente por los cónsules españoles. El 2 de julio Bernabé Toca, desde Orán, informaba de que las autoridades militares galas se negaban a obedecer la orden de desmovilización y desarme, y estaban dispuestas a favorecer un desembarco inglés. Los funcionarios de la Prefectura y de la Policía no permitirían el establecimiento allí de tropas de control italianas o alemanas. Entre los militares, unos declaraban su fidelidad a Pétain y otros a De Gaulle, mientras la actitud del general Nogués continuaba siendo ambigua. Por último, había rumores de insurrección entre los indígenas.[38] Desde luego una situación tal de desorden, proporcionaba la excusa ideal para la deseada intervención española. El agregado militar en Vichy, Barroso, describía la situación con estas confiadas palabras:

> [...] Es tal el estado de descomposición y desorganización de este país [Francia] que nos podemos permitir ahora lo que queramos sin miedo a reacciones. No tienen nada y no son capaces de nada.[39]

Por otro lado, Richter, cónsul alemán en Tetuán, comunicó a sus superiores a principios de julio que el Jalifa de la zona española le había informado del osado plan español de proclamarle Sultán, declarar la autonomía de la totalidad de Marruecos bajo soberanía española y ocupar la zona francesa. Estas intenciones se las había transmitido al Jalifa el propio Alto Comisario, general Asensio, en persona. Para tranquilizarle, le había asegurado además que Alemania había dado manos libres a España en Marruecos, algo que, como sabemos, estaba muy lejos de ser cierto. El cónsul alemán, que conocía muy bien el ambiente que se respiraba en la zona, recomendó a Berlín que se advirtiera al Gobierno español contra toda maquinación para apoderarse de la zona francesa «para que no nos encontremos con hechos consuma-

[38] Toca al Ministerio de Asuntos Exteriores, 2 de julio de 1940. AMAE, leg. R-981/15.

[39] Barroso a Beigbeder, 2 de julio de 1940, FFF, leg. 4466, doc. 30.

dos».[40] Weizsäcker, el Secretario de Estado, ordenó a la Embajada en Madrid y al Consulado en Tetuán mantener hasta nueva orden una absoluta reserva sobre el tema de Marruecos. Alemania no estaba interesada en complicar la situación en el norte de África con una intervención española allí.[41]

El ataque británico a Mers-el-Kebir y los temores españoles

Beigbeder se mostraba inquieto por las noticias que le proporcionaba Lequerica el 3 de julio sobre el contraataque francés a la agresión inglesa en Orán, y sobre el ofrecimiento por el Gobierno francés a la Comisión italiana de armisticio de las fuerzas francesas en Siria que, al parecer, estaban dispuestas a atacar a los ingleses, creyendo que podrían conquistar fácilmente Egipto. Según Lequerica, Laval, vicepresidente del Gobierno francés, «está contento de esta nueva situación» de enfrentamiento franco-británico «y lleno de esperanza de utilizarla bien». Impresionado con estas noticias, Beigbeder escribió a Franco ante el temor de que Francia se aliara inesperadamente con Italia contra los ingleses, y se repartieran el norte de África sin contar con España: «Esto es muy oscuro para nosotros, pues nos dejan colgados y por lo tanto tenemos que prepararnos para nuestra empresa en Marruecos de acuerdo con Alemania. Hay que estrecharse más con este país». El minis-

---

[40] Richter, cónsul alemán en Tetuán, al Ministerio de Asuntos Exteriores, 8 de julio de 1940. DGFP, serie D, vol. x, doc. 135, p. 160.

[41] Hitler en conversación con el embajador italiano Alfieri, había manifestado ya el 1 de julio de 1940 lo que se iba a convertir en su línea de conducta respecto al territorio francés del norte de África en los meses siguientes: no consideraba una desventaja el hecho de que España no hubiera ocupado la zona francesa por no tener armas suficientes, ya que «en caso contrario los ingleses habrían tratado de desembarcar en el Marruecos francés, cosa que no harían mientras el territorio permaneciera francés».

Acta de la conversación Hitler-Alfieri, con asistencia de Ribbentrop y el general Keitel, 1 de julio de 1940. DGFP, serie D, vol. x, doc. 73, pp. 79-83. Para evitar esa réplica británica, el dictador alemán había vetado terminantemente la operación militar española de mediados de junio.

tro proponía confiar las pretensiones españolas a una potencia aparentemente sin intereses directos en la zona como era Alemania.[42] En la misma carta reveló al Caudillo su nerviosismo e impaciencia sobre la proyectada operación española en el Marruecos francés: «¿No será conveniente pedir ya el avance hasta el Uarga? Nos vamos oxidando y yo no veo cómo romper [con los franceses]. Puede hacerse en forma de ultimátum, al que tendrán que ceder, y respirarían pues creerán que nos contentamos con eso».[43]

Durante estos frenéticos días de julio Beigbeder dudaba entre la acción y la espera. El día 8 resumía así la situación para Franco:

> Creo que conviene esperar antes de hacer el estudio del futuro Marruecos. Interesa más el contacto con Alemania, para que las cosas figuren en el Tratado de Paz. Si no podemos coger los despojos de Francia, podemos aspirar a los de Inglaterra. Por lo demás la situación de Francia es inestable y no clara. El Norte de África, cortado de Francia y bloqueado por Inglaterra se irá deshaciendo.[44]

---

[42] Sin embargo, Beigbeder tenía sentimientos encontrados respecto a involucrar a Alemania en los asuntos marroquíes. Por un lado se daba cuenta de que el III Reich era la potencia hegemónica del momento, y de que habría que contar con su beneplácito para cualquier modificación territorial en África. Por otro, temía que las intenciones alemanas en Marruecos hicieran sombra al papel de España allí, y no estaba dispuesto a ingerencias en una región que le era especialmente querida. El 26 de julio de 1940, Beigbeder escribió a Asensio:

> Estoy preocupado con las pretensiones italianas y alemanas y es éste un asunto, cuya gestión política lleva el Jefe del Estado en negociaciones muy reservadas, de las cuales no es oportuno hablar. Demasiado comprendo que puede crearse una situación de gran prestigio alemán en Marruecos que de rechazo produzca un desprestigio nuestro [...].

DIHGF, vol. II-1, doc. 76, pp. 273-275.

[43] Manuscrito de Beigbeder junto al texto de un telegrama de Lequerica enviado a Franco, Madrid, 3 de julio de 1940. DIHGF, vol. II-1, doc. 68, p. 243.

[44] Beigbeder a Franco, 8 de julio de 1940, FFF, leg. 4466, doc. 26.

Una prueba más de las intenciones ofensivas españolas en Marruecos en aquellos momentos es un minucioso informe, hasta ahora inédito, preparado por el Alto Estado Mayor el 6 de julio de 1940 y destinado al Estado Mayor de la Armada. Su objeto era servir de base para las futuras operaciones navales en la zona, cuando la marina tuviera que auxiliar desde la costa las operaciones terrestres. Lleva por título «Notas informativas sobre el litoral Atlántico del Marruecos francés».[45] En él se detallan todas las defensas costeras, emplazamiento de aeródromos, fuerzas aéreas y terrestres... En definitiva, todo el sistema defensivo francés en el Marruecos occidental que la marina española debía conocer. Asimismo, el Archivo de Presidencia del Gobierno conserva un voluminoso informe también del Alto Estado Mayor fechado en octubre de 1940, relativo a las fuerzas francesas de tierra desplegadas en Marruecos, Argelia y Túnez,[46] con una descripción exhaustiva de cada unidad, sus efectivos y ubicación. Este ejemplar fue destinado a Franco para su información, pero otros similares se hicieron llegar a los mandos de los dos Cuerpos de Ejército de Marruecos, los responsables de un eventual ataque a los franceses.

A pesar de que, debido al lento proceso de desclasificación de los archivos militares españoles, no hemos hallado todavía la prueba documental definitiva, como sería el plan de operaciones original contra el Marruecos francés, disponemos de indicios más que suficientes para acreditar que aquello fue una realidad. Por un lado está el testimonio del cónsul Richter. Por otro, tenemos los escritos de Franco, Varela y el propio Beigbeder. Finalmente la existencia de unos informes tan detallados acerca del enemigo es enormemente significativa y revela que, efectivamente, hubo una extensa planificación ofensiva

45 «Notas informativas sobre el litoral atlántico del Marruecos francés», el Alto Estado Mayor al Estado Mayor de la Armada, 6 de julio de 1940. Servicio Histórico del Estado Mayor de la Armada (SHEMA), armario 3, leg. 131-22.

46 «Resumen de efectivos del Ejército Colonial francés en Argelia y Túnez», «Marruecos francés», Alto Estado Mayor, octubre de 1940. Archivo de Presidencia del Gobierno (APG), Jefatura del Estado (JE), leg. 39, nº 2.3.

por parte española, y que se mantuvo operativa hasta la decisión final del Caudillo de principios de diciembre de 1940 de no intervenir en la guerra.

Compás de espera ante la batalla de Inglaterra

El teniente coronel Barroso, agregado militar en Vichy, persistente en su propósito de llamar la atención de Madrid, insistía periódicamente en su correspondencia de esta época con el general Martínez-Campos, en la ocasión única que entonces se presentaba para España en el norte de África. Barroso todavía contaba erróneamente con que la Comisión de armisticio germano-italiana iba a conseguir desarmar a las fuerzas francesas. El 13 de julio escribía:

> Es preciso que tengamos ahora muy en cuenta que Francia quedará desarmada y que somos nosotros los que podemos tomar la sucesión [...] nos encontramos en un punto culminante, crítico de nuestra historia y que, ahora o nunca, ocupamos el puesto que nos corresponde. Aquí los periódicos, cuando hablan de la futura Europa, nos califican de primera potencia. Si aprovechamos y logramos nuestras justas reivindicaciones, aún a costa de algún sacrificio, nos colocaremos en un rango del que nadie nos quitará, sobre todo si sabemos organizarnos civil y militarmente [...].[47]

En sintonía con esta línea de pensamiento, muy generalizada entre el elemento militar, a fines de julio Beigbeder dio instrucciones al general Asensio, Alto Comisario, para mantener los preparativos de la intervención, reclutando en secreto fuerzas indígenas, pero esperar para su ejecución a que soplaran vientos más favorables:

47 Barroso a Carlos Martínez-Campos, jefe del Estado Mayor del Ejército, 13 de julio de 1940. AGM, EME, 2ª Sección, leg. 503.

> Hay que estar siempre preparado para intervenir en la zona francesa, cuando llegue la ocasión, teniendo estudiada la operación y continuar manteniendo el pequeño núcleo de jarcas que has organizado, que en su día podrán engrosarse hasta 35 o 40 mil hombres.

Por el momento, sin embargo, la acción española debía quedar aplazada hasta que se consiguiera la descomposición de la zona vecina y se viera «cual es el cariz que toma la guerra europea y más especialmente cómo se presenta el ataque alemán contra Inglaterra, el cual nos indicará nuestra actitud».[48] Para Beigbeder la clave estaba en la resistencia o no de los ingleses a los alemanes en su próxima ofensiva:

> No están los tiempos para aprovechar ocasiones que parecen propicias, pero que encierran una trampa; nos hacemos la consideración que el Marruecos francés con espíritu de resistencia encontrará tarde o temprano su apoyo en Inglaterra, y lo conseguirá si ésta consigue resistir el ataque alemán.

Esta creencia del ministro español en la posibilidad de resistencia de Gran Bretaña había sido alimentada con gran éxito por el nuevo embajador inglés en Madrid, el persuasivo e intrigante Sir Samuel Hoare, cuya influencia sobre Beigbeder iría en aumento hasta su cese como ministro en octubre de 1940. La citada carta a Asensio terminaba con un recordatorio claro y terminante: «Vuelvo a repetirte que no parece llegado el momento de penetrar en Marruecos francés y que las circunstancias nos obligan y te obligan a seguir en actitud expectante».[49] Beigbeder tan sólo ordenaba al Alto Comisario

---

[48] Beigbeder a Asensio, Madrid, 25 de julio de 1940. DIHGF, vol. II-1, doc. 76, pp. 273-275. El coste de mantener ese pequeño núcleo de voluntarios indígenas (8.000 hombres), era de 50.000 pesetas diarias, algo que no dejaba de preocupar al Alto Comisario. Asensio a Beigbeder, 11 y 22 de julio de 1940, AGA, AF-M-2007.

[49] Ibídem.

que siguiera con la acción política de propaganda y captación de los indígenas de la zona vecina, para preparar el terreno.

El veto alemán a finales de junio y las circunstancias en el Marruecos francés a últimos de julio, menos propicias que lo deseado por los españoles al no consumarse el desarme de las fuerzas francesas, obligaron a dejar temporalmente aparcada la proyectada invasión española.

Tras la destrucción de parte de la escuadra francesa por la británica en Mers-el-Kebir (Orán) el 3 de julio de 1940, la aviación francesa en el norte de África había sido, efectivamente, reforzada de acuerdo con alemanes e italianos. La intención del Eje era dotar a los franceses con los medios suficientes para repeler cualquier ataque inglés en la zona. Un efecto indirecto de esta política iba a ser desalentar la intervención española. Según el agregado aéreo en Vichy, teniente coronel Ansaldo, a finales de julio en Marruecos francés había cuatro Grupos de cazas con unos 100 aparatos en total, y en Argelia 250 cazas y 150 bombarderos.[50] En comparación, la aviación española en Marruecos consistía, según estimaciones británicas a la baja, en unos 60 aviones, muchos de ellos anticuados y en estado deficiente de mantenimiento.[51]

La petición de Hitler a Vichy de bases aéreas en Marruecos

Como hemos señalado, el 3 de julio de 1940 una escuadra inglesa se presentó ante el puerto de Mers-el-Kebir en Orán (Argelia) y emplazó a las unidades de la armada francesa a pasarse a sus filas. Ante su negativa, los británicos iniciaron un intenso bombardeo que causó la pérdida de varios buques franceses, 1.300 muertos y numerosos heridos. Como respuesta a esta agresión el Gobierno Pétain llegó a plan-

[50] Ansaldo al teniente coronel Gallego, jefe de la 2ª Sección del Estado Mayor del Aire, 25 de julio de 1940. AHA, leg. A-10.840.

[51] En mayo de 1941, la Zona Aérea de Marruecos tenía bajo su mando al Regimiento Mixto núm. 3, con 52 aparatos en vuelo y 17 en reserva. AHA, leg. A-10.840.

tearse seriamente la posibilidad de declarar la guerra a Gran Bretaña. Finalmente se optó por una mera acción de represalia: el 5 de julio unos cuantos hidroaviones franceses bombardearon Gibraltar durante cuatro horas, aunque con escasa efectividad.[52]

Astutamente, Hitler decidió aprovechar esa indignación francesa por el ataque británico para solicitar el día 15 a Vichy una serie de bases aéreas para Alemania en torno a Casablanca, en la costa atlántica de Marruecos.[53] La petición se realizó, siguiendo el curso reglamentario, a través de una carta del general jefe de la Comisión alemana de armisticio, Von Stulpnagel al representante francés en la misma, general Huntzinger. Los alemanes pedían ocho bases aéreas en la región de Casablanca, libre disposición del ferrocarril Túnez-Rabat, instalación de estaciones meteorológicas en todo el territorio norteafricano, utilización del conjunto de los puertos franceses del Mediterráneo y, finalmente, la requisa de transportes franceses para el movimiento de las unidades alemanas en el norte de África.[54]

La respuesta del Gobierno de Pétain fue negativa, pues aquello iba radicalmente en contra de lo acordado en el armisticio. Las exigencias alemanas eran además una amenaza a lo que quedaba de soberanía francesa. Si Vichy las aceptaba, además de aparecer como un Gobierno títere de Berlín, los ingleses reaccionarían invadiendo el resto del Imperio francés.

Con el fin de hacer dudar a los españoles sobre las verdaderas intenciones alemanas en Marruecos (un territorio teóricamente reservado a España por Berlín), el ministro Baudoin se apresuró a notificar a

---

[52] Matthieu SEGUELA, op. cit., pp. 64 y 86.

[53] Actas de la conversación Hitler-Ciano, en presencia de Ribbentrop, los embajadores Von Mackensen y Alfieri, y el ministro de Estado Meissner, 7 de julio de 1940. DGFP, serie D, vol. x, docs. 129, pp. 147-155. Memorándum de Weizsäcker, 11 de julio de 1940. Ibídem, doc. 151, pp. 186-187. Memorándum de Weizsäcker, 12 de julio de 1940. Ibídem, doc. 158, p. 198.

[54] Carta de Von Stulpnagel a Huntzinger, 15 de julio de 1940, reproducida en François-Charles ROUX, *Cinq mois tragiques aux Affaires étrangères*, Plon, Paris, 1949, p. 172.

Lequerica las pretensiones de Hitler. El 20 de julio le facilitó copia del documento alemán con las peticiones y le leyó la carta de respuesta de Pétain a Hitler con la negativa francesa. Baudoin insistió en el deseo alemán de dominar Marruecos y el carácter grave de la demanda, que excluía tanto a Italia como a España. Beigbeder informado puntualmente por su embajador, reaccionó irritado y desilusionado con los alemanes. Comentó ante Renom de La Baume que estaba claro que España, según todos los indicios, no tenía «nada que esperar de Hitler en Marruecos».[55] Francia había logrado su propósito: introducir la duda y el recelo en las filas españolas sobre los verdaderos designios alemanes en la zona.

Estas dudas se vieron confirmadas a finales de mes cuando llegó un informe de Ansaldo sobre las bases. El agregado informaba de que los mandos de la aviación francesa cuestionaban la elección alemana de Casablanca como centro de operaciones aéreas contra Inglaterra, pues las bases en Orán (Argelia) eran mucho más apropiadas para atacar a la escuadra inglesa en el Mediterráneo occidental y Gibraltar. Por eso —añadía Ansaldo con preocupación— para los franceses «no tiene razón de ser la petición de aeródromos en Casablanca y que ello por el contrario, da motivos para suponer un deseo alemán de intervención en Marruecos».[56]

La inquietud española no iba mal encaminada. Tal como ha demostrado recientemente el historiador norteamericano Norman Goda la petición hitleriana de bases en el Marruecos atlántico no estaba destinada a combatir a los ingleses (con los que Berlín confiaba en llegar a un próximo acuerdo de paz), sino para un fin a más a largo plazo: preparar ese territorio como un bastión defensivo para el futuro choque con Estados Unidos.[57] A igual planteamiento estratégico

---

55 RENOM DE LA BAUME, G., «L'Espagne non belligérante», *Revue d'histoire diplomatique*, núm. 1060, París, 1955, p. 127.

56 Ansaldo al teniente coronel Gallego, jefe de la 2ª Sección del Estado mayor del Aire, 25 de julio de 1940. AHA, leg.A-10.840.

57 Norman J.W. GODA, *Y mañana... el mundo. Hitler, África Noroccidental y el camino hacia América*, Alianza Editorial, Madrid, 2002, p. 52.

respondió dos meses más tarde la (para los españoles) absurda pretensión alemana de hacerse con una de las islas canarias, que veremos más adelante.

Para Hitler el gran conflicto del futuro, el que resolvería de una vez por todas la supervivencia de Alemania y su imperio, era el ajuste de cuentas definitivo con Norteamérica. Cuando los franceses rechazaron sus pretensiones, Hitler ideó el ataque a Gibraltar en colaboración con España, no tanto como un medio para continuar la lucha con Gran Bretaña como una vía alternativa para poder instalarse en la costa atlántica marroquí y de paso en Canarias con vistas al choque final con Estados Unidos. Puesto que esas bases, que había que construir de la nada, tardarían de dos a tres años en estar plenamente operativas y se confiaba en poner fin a la lucha con Inglaterra en el plazo de unas semanas —razona Goda— la decisión de Hitler sólo podía significar que se estaba preparando para un conflicto a gran escala con Norteamérica.[58] Esta novedosa interpretación abre las puertas a una comprensión más cabal de los planes estratégicos del líder nazi y su complicado juego diplomático con Vichy, Madrid y Roma en torno a Marruecos en la segunda mitad de 1940, como veremos más adelante.

Los lamentos del teniente coronel Barroso

La posible deslealtad alemana para con España en el asunto del rearme francés en Marruecos, verdadero obstáculo para las pretensiones imperiales de Franco, fue el tema central de una carta de Barroso fechada el 10 de octubre de 1940. El agregado militar en Vichy expresaba su desazón en los siguientes términos:

> [...] El Gobierno francés ha eludido, en parte, el desarme de lo que queda de su Ejército, dejando marchar gran parte de la avia-

---

[58] GODA, op. cit., p. 310.

> ción a Argelia y Marruecos, donde se han desembarcado importantes partidas de material procedentes de Norteamérica. Las fuerzas coloniales que va a mandar el General Weygand tienen aún todo su armamento y por lo que respecta a Marruecos, ello constituye un peligro para nuestra zona de Protectorado.
>
> Realmente no se explica uno cómo las autoridades alemanas por medio de sus comisiones ejecutivas de armisticio no son más enérgicas en el desarme de las colonias. Siempre hay que pensar que obran así por algo que les interese y que puede no coincidir con lo que a nosotros nos conviene. Sería pues muy conveniente [...] que nuestro Gobierno siguiera con toda atención el cumplimiento del armisticio en lo que afecta a la zona del Protectorado francés en Marruecos ya que todo el armamento que se les quitase a los franceses vendría a reforzar nuestra posición en aquellos territorios.
>
> No he de decir a V.S. que sigo con gran interés estas cuestiones a fin de poder informar, ya que las considero de excepcional importancia para España en estos momentos en que nuestra posición de no beligerancia puede conducirnos más lejos [...].[59]

El teniente coronel Barroso parecía ser de los pocos militares del momento que se había dado cuenta de que los intereses alemanes en el Magreb podían no coincidir necesariamente con los españoles. Quizás ello se debiera a su continuo contacto con los medios militares y políticos de Vichy, interesados en sembrar precisamente esa desconfianza. De todas formas, el reforzamiento militar de la zona obedecía a la esperanza de los franceses de poder conservar su imperio colonial tras el fin de las hostilidades, ya fuera con una victoria alemana o con una inglesa. Mientras siguiera el conflicto tratarían de evitar con esa fuerte presencia armada al mando de Weygand cualquier ingerencia de ejércitos extranjeros en sus dominios.

---

[59] Barroso a Carlos Martínez-Campos, jefe del Estado Mayor del Ejército, 16 de octubre de 1940. AGM, EME, 2ª Sección, leg. 114.

En otra carta de mediados de octubre, Barroso se mostraba indignado ante la actitud de Francia que no parecía haber asimilado su derrota, y tenía todavía vanas esperanzas en Inglaterra:

> [...] Aquí preocupa mucho la actitud internacional de España. Estos señores creen que el Imperio Colonial francés es intangible y se figuran que no han perdido catastróficamente una guerra provocada por ellos y que los tiene que llevar a una pérdida de categoría en el mundo verdaderamente grande. Esperan todavía que el triunfo bien hipotético de Inglaterra, les pondrá en condiciones de salvar las Colonias y Protectorados y por ello han concentrado lo que les resta de poder militar en Argelia, Túnez, Orán y Marruecos, donde si se les ataca, están decididos a defenderse [...].

Barroso pronosticaba una intensificación de la guerra en el Mediterráneo que podía hacer necesario un replanteamiento de la neutralidad española:

> [...] Respecto a futuras operaciones [...] no veo hasta más tarde el intento [alemán] de desembarco en las costas inglesas, si es que llega a hacerse, y en cambio creo que la guerra se desplazará este invierno al Mediterráneo. Quieren los alemanes echar a la escuadra inglesa de este mar y enviarán tropas para ayudar a sus aliados en la conquista de Egipto. Para entonces veo yo comprometida la actitud, hasta ahora pacífica, de España [...].[60]

Efectivamente, la guerra se desplazó al Mediterráneo, pero a su parte oriental, cuando el 28 de octubre de 1940 Mussolini inició su desastrosa ofensiva contra Grecia. En cuanto a la actitud final de España, iba a estar sujeta al resultado de las intensas negociaciones que entonces se desarrollaban con Alemania.

---

[60] Barroso a Carlos Martínez-Campos, jefe del Estado Mayor del Ejército, octubre de 1940. AGM, EME, 2ª Sección, leg. 503.

A lo largo de 1941 Barroso seguiría informando con inquietud y amargura del fortalecimiento militar francés en Marruecos y Argelia, pero para entonces, España se había replegado a un mero papel defensivo. La hora de un audaz golpe de mano español en el Protectorado francés había pasado ya. El propio Serrano Súñer se daba cuenta de ello, y así se lo refirió a fines de mayo de 1941 al embajador italiano Lequio: «España debió ocupar el Marruecos francés el día del armisticio entre Francia y el Eje. Las cabilas estaban entonces revueltas contra Francia y el ejército francés derrotado. Aquel fue el momento favorable para nuestra intervención».[61] Carrero Blanco, más de un año después, se unía al coro de las lamentaciones. Para el influyente secretario de la Presidencia, Alemania, después de la capitulación francesa, debiera haber exigido «la ocupación de Túnez y consentido que España hubiera extendido su protectorado a todo el imperio de Marruecos so pretexto, perfectamente lógico, de que Francia en derrota no podía ejercerlo».[62]

Como hemos visto, el veto alemán y las crecientes complicaciones de orden militar para una intervención unilateral de España en la zona, motivaron que Franco, Beigbeder y Varela descartaran a fines del verano de 1940 sus planes ofensivos. Desde entonces, el Gobierno español trataría de conseguir por medios diplomáticos lo que no se había atrevido a tomar por medios violentos. En esta nueva fase, el interlocutor principal sería el Tercer Reich, aunque no se iba a desaprovechar ocasión alguna para plantear el problema de forma muy reservada tanto a los ingleses como a los franceses. Comenzaremos por estos últimos.

---

[61] Lequio a Ciano, 31 de mayo de 1941. DDI, serie 9, vol. VII, doc. 195, pp. 189-190.

[62] «Notas sobre la situación internacional», Carrero a Franco, 11 de noviembre de 1942, Archivo Carrero Blanco (ACB), carpeta II, nº 2, citado por JAVIER TUSELL, *Carrero: eminencia gris...*, p. 84.

9

Conversaciones hispanofrancesas en torno a Maruecos (1940-1942)

La apresurada entrada en guerra de Italia precisamente el 10 de junio de 1940 tenía su razón principal en que la derrota de Francia se daba como inminente. Ambos hechos formaron el escenario adecuado para que España se atreviera a dar el paso de ocupar Tánger el 14 de junio, eso sí, como resultado de una negociación previa de cuatro días con el Gobierno francés. El principal impulsor de esa ocupación, como hemos señalado, fue el coronel Juan Beigbeder, entonces ministro de Asuntos Exteriores. Visto aquel éxito fácil, Beigbeder quiso aprovechar la debilidad de Francia y el desconcierto del momento para obtener nuevas concesiones en Marruecos, con ese uso combinado tan peculiar de diplomacia y preparación militar. El 17 de junio[1] el Gobierno de Franco solicitó al francés la cesión de dos provincias de su Protectorado en Marruecos: las de Beni-Zerual y Beni-Snassem. Cuatro días después Beigbeder comunicó al nuevo embajador Renom de La Baume que España no arrebataría nada a Francia por la fuerza pero que, desde luego, era necesario que se hicieran algunas cesiones territoriales. El acuerdo sobre este asunto era urgente para «prevenir una solución puramente alemana o italiana del problema marroquí». Beigbeder le dijo

[1] Ese mismo día los franceses habían solicitado de los alemanes el cese el fuego y condiciones de armisticio por intermediación española.

además que la rapidez era importante para Madrid, pues el armisticio, entonces en plena negociación, podría suponer privar a los españoles de los territorios que ansiaban:

> España tiene razones para pensar que se tratará sobre Marruecos en las negociaciones para el armisticio. Por otra parte, en las zonas en cuestión (Beni-Zerual y Beni-Snassem) hay una efervescencia inquietante. Esta situación hace que el Gobierno español desee poder ocupar esas zonas, de acuerdo con el Gobierno francés. Como de todas maneras éste será llevado a hacer concesiones, le sería ventajoso consentir algunas a España. Y sería lo que escaparía a alemanes e italianos.[2]

Por la misma razón, el ministro español hizo saber a sus subordinados en Exteriores que cualquier concesión pactada tendría que ser explotada rápidamente. Los franceses, por su parte, se dieron perfecta cuenta de que la entrega de precisamente esas dos regiones pondría en serio peligro toda la posición estratégica y económica de Francia en esta parte de Marruecos, y permitiría a España, si se cedía Beni-Snassem, obtener una frontera común con la deseada región de Orán en Argelia, perspectiva cuando menos inquietante, pues desde allí les sería mucho más fácil a los españoles lanzar una invasión.

Beigbeder, como acabamos de ver, en la negociación de este tema empleó con cierta ingenuidad un argumento en el fondo nada consolador para los franceses: si de todas formas, a causa de su derrota, Francia iba a perder todo su imperio colonial en el norte de África mejor era que fuera en beneficio de España que no de Alemania o Italia. A los españoles les preocupaba el interés mostrado por esta última en hacerse con el puerto de Agadir, en la costa atlántica marroquí.[3]

---

[2] François-Charles ROUX, *Cinq mois tragiques aux Affaires Étrangères (21 mai-1 novembre 1940)*, Plon, París, 1949, pp. 193-194 y 224-225.

[3] Ibídem.

Las dobleces de Beigbeder: operaciones secretas en el Sahara

Al mismo tiempo que mantenía estas conversaciones con los franceses, Beigbeder, de acuerdo con el general Asensio, tuvo buen cuidado en ir preparando una carta de reserva en el flanco Sur del Protectorado francés. El Secretario General de la Alta Comisaría, Tomás García Figueras, envió en secreto a Sidi Ifni y Cabo Juby a principios de junio de 1940 a Mohammed Tnana, uno de los cabecillas del nacionalismo marroquí en Tetuán, con una misión muy especial: ganarse a los notables saharauis y sus tribus para una rebelión contra los franceses.[4] El propio Tnana rememoró así su misión no sin ciertos tintes autojustificativos cuarenta años después:

> Poco antes de la derrota de Francia, me desplacé en avión a Ifni provisto de una carta de recomendación del Secretario General del Protectorado, Tomás García Figueras, para el Comandante de la Plaza. Éste había convocado a los notables del Sahara y les dijo que yo había venido para servir a los intereses de España... Yo había atravesado Saguia el Hamra y el objetivo de mi viaje no era de ningún modo favorecer una revuelta saharaui contra Francia, sino que era más bien una maniobra para atraernos la simpatía de los españoles y sondear las posibilidades del Sahara... para saber si podíamos tener confianza en estos hombres en caso de necesidad; en suma debía tan sólo preparar el terreno... *Ciertamente los españoles me enviaron allá abajo con el objetivo de ejercer presión sobre Francia a través nuestra. Querían ocupar el «Marruecos francés» por mediación nuestra. Esta es la verdad...* En cuanto a los propósitos de nuestro movimiento nacionalista, se resumen simplemente en el hecho de

---

[4] Entrevista de Mohamed Tnana con Abdelmajid Benjelloun, el 23 de marzo de 1978, en Abdelmajid BENJELLOUN, *Pages d'histoire du Maroc...*, p. 233. La cursiva es nuestra.

Según BENJELLOUN sí hubo una clara intención española de promover una revuelta en el sur de Marruecos.

> que nosotros mismos queríamos por este viaje, entre otras cosas, ejercer presión sobre España para que nos diera autonomía interna. El objetivo no era de ningún modo la independencia de todo Marruecos... ciertamente la reclamábamos, pero sabíamos que estaba lejos...

Beigbeder pensaba usar el supuesto peligro de una rebelión saharaui para arrancar mayores concesiones territoriales al Gobierno galo. En caso de que, por el contrario, Madrid se decidiera por la vía militar invadiendo la totalidad de la zona francesa, se desencadenaría primero un levantamiento simultáneo de las tribus en el sur y el este. La rebelión sería a un tiempo la excusa ideal para la intervención española y una ayuda inestimable para su éxito. El inquieto ministro trató en secreto de crear las condiciones propicias de desorden para la intervención, mientras, al mismo tiempo, se afanaba en negociar con el embajador francés.

Por su parte el Alto Comisario, general Asensio, había dado instrucciones al gobernador político militar de Ifni-Sáhara con el fin de tener preparadas tropas españolas y voluntarios indígenas para un avance sobre diversas plazas del Marruecos francés circundante. La señal para el ataque vendría dada por una contraseña radiada desde la estación de radio de Tetuán a la de Cabo Juby, que se mantenía por ello permanentemente a la escucha. Todos los kaides y personajes importantes estaban prevenidos y en ambas zonas habían mostrado su entusiasmo. A pesar de las instrucciones de Asensio de asegurar una discreción absoluta en los preparativos, el gobernador militar había tenido que dar ciertas seguridades a los jefes saharauis. En carta a su superior en Tetuán expresaba así la situación:

> Ante todo debo transmitir a Vd. que reina entre los musulmanes de nuestros Territorios un entusiasmo indescriptible e iguales noticias son las que recibo de zona francesa. La gente está que sería una pena no aprovechar la ocasión pues verdaderamente se van de la mano. Aunque, como es natural, no he hecho más que hablar-

> les en la forma que Vd. me dijo, sí les he asegurado —pues creo es preciso hacerlo para tener éxito— que no ofrece ya duda alguna el que muy pronto deje de ser francesa la faja de terreno que separa a Ifni del Sahara, Tiznit, Agadir..., pues aunque aún vean a los franceses en Marruecos eso no es más que un escaparate detrás del que no hay nada ya que Francia se ha venido abajo.[5]

Ante la constatación de que los franceses estaban dando órdenes a ciertas cabilas proespañolas en su territorio para que se trasladaran a puestos del interior, el gobernador se había permitido invitar a los indígenas de la zona fronteriza a «que si ven la cosa mal se refugien aquí pues no es cosa de que quieran llevársenos de las cercanías a nuestros principales amigos». Por lo demás —continuaba la carta— los franceses «no dan muestras de la actividad que cabía esperar ante la nuestra».[6]

Las fuerzas españolas de invasión estaban concentradas en Tantan, localidad del Sahara español, y en Ifni. La columna de Tantan, al mando del comandante Pérez Barruecos, estaba compuesta por un grupo nómada, dos compañías de tiradores, una sección de ametralladoras y seis piezas de artillería procedentes de El Aiun. Contaba además con varios jefes nómadas que en el momento oportuno podrían distribuir 300 fusiles entre los indígenas. El capitán Turrión debía reclutar además otros 500 saharauis con camellos. Barruecos tenía orden de ocupar Tafnidil y Airiura, haciendo frente a cualquier contraataque francés por el este.

Por su parte, las fuerzas que partirían de Ifni tenían que ocupar Izbutaten, Taguesa, Tiguisit, Bufisan, Anya, Egleimin y Buyeraif, convergiendo hacia el sudoeste con las tropas procedentes de Tantan.[7]

---

[5] Carta del gobernador político militar de Ifni-Sahara al Alto Comisario, 19 de junio de 1940. AGA, sección África, Sahara, caja S-2.

[6] Telegrama nº 307 del gobernador político militar de Ifni-Sahara al Alto Comisario, 21 de junio de 1940. Ibídem.

[7] Carta del gobernador político militar de Ifni-Sahara al Alto Comisario, 19 de junio de 1940. AGA, sección África, Sahara, caja S-2.

España obtendría así por la fuerza toda la franja costera que separaba Ifni de Río de Oro.

Todo estaba, pues, a punto en la zona española limítrofe con el Marruecos francés sudoccidental para desencadenar una operación militar en toda regla. Tan sólo era necesario emitir por radio a Cabo Juby la señal acordada. Sin embargo, este ataque, pensado para llevarse a cabo simultáneamente con el avance desde el protectorado español hacia el sur y hacia Argelia, no llegó a materializarse. Como hemos visto en páginas anteriores, se temía una dura resistencia francesa que pusiera en evidencia las carencias militares españolas y pudiera llevar al fracaso. Se optó entonces por intensificar la vía diplomática, menos arriesgada pero también más incierta en cuanto a resultados.

Prosiguen las conversaciones

El día 24 de junio de 1940, Lequerica conversó con el ministro de Asuntos Exteriores Baudouin, entonces inquieto por la posible dureza de las cláusulas italianas de armisticio, quien le confesó que sólo deseaban «poder conservar las fuerzas del norte de África para defenderse de los indígenas y de Inglaterra».[8] Al parecer, según información que le había llegado del gobernador de Argelia, allí los cónsules ingleses estaban ofreciendo «sueldo y jubilación» a los jefes militares y civiles franceses si se pasaban al servicio de Inglaterra, por considerar que había cesado de existir el Gobierno libre y soberano de Francia. La tensión con Londres había llegado a su grado máximo, hasta el punto de que varios ministros de Pétain habían admitido ante Lequerica que, de persistir la actitud británica de apoyo a De Gaulle y su movimiento de insurrección de las colonias, no se descartaba el conflicto armado. Este ambiente de crispación franco-británica podía resultar beneficioso para las intenciones españolas.

---

[8] Lequerica a Beigbeder, 24 de junio de 1940. DIHGF, vol. II-1, doc. 56, pp. 217-218.

La táctica de Beigbeder, como en el caso de Tánger, fue la de obtener de los franceses una aceptación previa para la penetración de tropas españolas en su zona. La preocupación francesa ante una posible sublevación indígena en el norte de África o por la misma insurrección de sus propias tropas coloniales en favor de De Gaulle, ofrecía posibilidades a este respecto. El mismo embajador español había aconsejado a su ministro que «en caso de inquietud, España puede suplirles (a los franceses) [en las tareas de pacificación] según deseos expresados tan reiteradamente y sobre cuyas dificultades he telegrafiado».[9]

La pretensión de Beigbeder de forzar una intervención española en la zona, a ser posible a petición de los mismos franceses, había sido expuesta sin éxito en varias ocasiones en la semana crucial del 17 al 24 de junio de 1940, mientras se negociaba en Compiégne el armisticio franco-alemán. El 25 Lequerica realizó un último intento en este sentido leyendo ante Baudoin dos telegramas de Beigbeder, donde ofrecía el concurso de las fuerzas españolas para reprimir cualquier desorden que pudiera producirse en el Protectorado francés. El ministro galo agradeció el ofrecimiento, pero lo rechazó aduciendo que no se producían por el momento «perturbaciones en la zona ni agresión de otra potencia». Lequerica le advirtió entonces que España intervendría militarmente si los acontecimientos en la zona francesa implicaban un peligro para la zona española, con arreglo a lo establecido por el Tratado de 1912.[10] Con ello se trataba de disfrazar ante los franceses una operación de estricta expansión como si fuera algo impuesto por las circunstancias para preservar la estabilidad de la región. Según la clara expresión de Lequerica, el ministro quedó «perfectamente prevenido» de la situación.

Dentro de esa labor de preparación del terreno, el embajador aprovechó la ocasión para exponer ante Baudoin la posición española:

---

9 Ibídem.

10 Lequerica a Beigbeder, 25 de junio de 1940. DIHGF, vol. II-1, doc. 58, pp. 219-220.

> [...] Hablamos de la cuestión de Marruecos, no ocultándole la necesidad de restablecer los derechos de España en zonas aún no delimitadas de Marruecos y del estado de espíritu de nuestro país que se consideró siempre, incluso por un Tratado [el de 1912] contraído en virtud de las circunstancias, defraudado en sus legítimos derechos históricos. Aludí también a que en la declaración de no beligerancia en el momento de entrar Italia en guerra, había sido claramente advertido nuestro propósito de intervenir en la determinación del problema Mediterráneo y en cuanto afectaba esencialmente a nuestros títulos tradicionales y geográficos. Siempre en tono de conversación libre le hablé también de la necesidad creada de establecer una cooperación eficaz entre España y Francia para resolver los asuntos esenciales. Me escuchó no poniendo ninguna reserva especial.[11]

Beigbeder utilizó con los italianos los mismos argumentos alarmistas en cuanto a desórdenes en la zona francesa como justificación de una posible penetración española en el Protectorado vecino. El mismo 25 de junio se sirvió de una gestión que le había encomendado el Gobierno galo con el fin de que se suavizaran las exigencias de desmovilización en el armisticio, para apoyar precisamente la línea contraria. Las autoridades españolas, en oposición a lo deseado por los franceses, querían que se aplicara la desmovilización con el máximo rigor a la zona francesa de Marruecos donde «el Gobierno español está dispuesto a intervenir con su ejército, a fin de garantizar el orden y la neutralidad de dicha zona, no sólo por estar obligado a ello por los acuerdos firmados sobre Marruecos, sino también para evitar que pudieran tener estas alteraciones del orden repercusión en la zona española».[12] Una vez conseguida esa desmovilización y desarme, las fuerzas espa-

[11] Ibídem.

[12] Documento reproducido por Luis SUÁREZ FERNÁNDEZ en *Franco, la historia y sus documentos*, Urbión, Madrid, 1986-87, tomo 5, pp. 30-31, como existente en el Archivo de la Fundación Francisco Franco, leg. 103, núm. 76.

ñolas pasarían a ocupar el lugar de las francesas en el mantenimiento de estabilidad en la región. Esa era la versión incruenta de la penetración española, al estilo de la de Tánger, sin disparar un tiro, que prefería Beigbeder, y que trató de implantar en los italianos.

Sin embargo, el ministro no debía confiar mucho en esas gestiones con Roma, pues el mismo 25 escribió a Franco preocupado: «Espero saber los términos del armisticio con objeto de enterarme de las cláusulas del desarme italiano [en realidad el desarme francés que trataban de imponer los italianos]. Tienen que oírnos no sea que el material se refugie en Marruecos francés».[13]

Sobre esta acción unilateral española en el Protectorado francés, Beigbeder sondeó a finales de julio al embajador inglés Hoare, quien, tras consultar con su Gobierno, transmitió que la ocupación sólo sería bien vista si efectivamente sobrevenía el caos en el Imperio francés y con el fin de impedir una intervención alemana o italiana.

Por otra parte, el 19 de junio, como veremos, se presentaron oficialmente en Berlín y con cierta prisa las reivindicaciones españolas en el norte de África, ofreciendo por primer vez como contrapartida la participación de España en la guerra a favor del Eje. Franco y Beigbeder querían exponer a Alemania los intereses españoles en la zona con toda claridad antes de que en las conversaciones para el armisticio —entonces en pleno desarrollo— se acordara algo que pudiera perjudicarlos.

El Gobierno de Madrid, en este trascendental verano de 1940, jugó por tanto con varias barajas simultáneamente: inició con Vichy y Londres conversaciones para obtener pequeñas rectificaciones fronterizas en Marruecos (lo que hemos llamado demandas irredentistas), y al mismo tiempo reivindicó ante Berlín amplios territorios (demandas imperialistas) a cambio de su intervención en el conflicto. Finalmente, Franco, apoyado por Beigbeder, consideró durante un tiempo proceder a la invasión por su cuenta de una parte del Protectorado francés, y presentarlo como un hecho consumado.

---

[13] Beigbeder a Franco, 25 de junio de 1940, en DIHGF, vol. II-1, doc. 56, p. 215.

Vichy, temiendo quizás esta última posibilidad, y con el ánimo de aplacar la ansiedad española, dio su consentimiento a iniciar conversaciones, aunque siempre limitadas a rectificar fronteras sólo en una de las provincias solicitadas, Beni-Zerual. Era la región más alejada de Argelia, y por tanto la menos peligrosa para ser devuelta.[14] Conviene recordar que Francia no cedía nada con Beni-Zerual, sino que simplemente devolvía lo que era zona española y había sido ocupada temporalmente por ella desde 1925. A pesar de lo limitado de su alcance, Beigbeder se entregó con gran interés personal a estas negociaciones, que se prolongaron durante tres meses. En el curso de las mismas, el locuaz ministro no pudo evitar hacer unas revelaciones al embajador Renom de La Baume bastante explícitas sobre el criterio del Gobierno español ante el futuro de Marruecos. Por ejemplo, el 25 de julio se sinceró de la siguiente forma:

> Creemos... que la fisonomía de Marruecos está desgraciadamente llamada a cambiar. Sabemos que los alemanes les han hablado a ustedes de Casablanca y de la utilización del ferrocarril que allí conduce. Si Francia no está en condiciones en un momento dado de sostener todos sus derechos en Marruecos, [los españoles] debemos preocuparnos de no dejar tomar a otros, que no seamos nosotros, las plazas abandonadas. Esta es la razón por la que invocamos nuestra posición geográfica y nuestros derechos históricos, comprendido el tratado [nonato] de 1902 que nos abría importantes perspectivas y que hoy lamentamos amargamente no haber firmado. No hay otro motivo a todo ese «ruido» que hacemos en la prensa. Su Gobierno debe saber que estamos dispuestos a comportarnos con dignidad, pues es nuestra única fuerza. Jamás tocaremos nada que sea de ustedes sin su consentimiento. Son ustedes los que deben ver si quieren dejar ya en nuestras manos posiciones que quizás estarán obligados a abandonar en el momento de la conclusión de la

[14] François-Charles ROUX, op. cit., pp. 226-229 y Paul BAUDOIN, *Journal intime de Paul Baudoin*, Eyre & Spottiswoode, Londres, 1948, pp. 222-226.

> paz, sin que entonces ni ustedes ni nosotros tengamos nada que decir. Una política de esta clase nos parece que entra en el marco de una colaboración natural entre las dos potencias protectoras en Marruecos.[15]

Dos meses después, el 24 de septiembre, mientras Serrano Súñer negociaba en Berlín la entrada de España en la guerra, Beigbeder intentó tranquilizar al embajador francés sobre lo que allí se trataba pero sin ocultarle los verdaderos designios españoles:

> España se atiene al *statu quo*, caracterizado por la sola presencia de Francia y de España en el imperio xerifiano. Esto no excluye las reivindicaciones que España pueda obtener de Francia por la vía de las negociaciones. Si, contrariamente a nuestro deseo, la Francia del mariscal Pétain debe dejar de tener una existencia independiente, España sólo podrá querer una cosa: *todo Marruecos para ella*. La idea de una partición en la que participaría Alemania o Italia es ajena a la voluntad de España y por otra parte no está en discusión en Berlín.[16]

El doble lenguaje empleado por Madrid según quien fuera su interlocutor aparece aquí más que evidente. Mientras en Berlín se estaba tratando de alterar el statu quo en beneficio de un Marruecos en su totalidad español, a los franceses se les decía que se quería respetar la sola presencia de Francia y España. Era un mero ardid con el fin de obtener el máximo de concesiones de Vichy mediante la negociación entonces en curso, antes de que los alemanes pudieran imponer términos más duros.

---

[15] AMFAE, V.E., 244, núm. 959, 25 de julio de 1940. Citado por Matthieu SEGUELA, op. cit., pp. 91-92.

[16] AMFAE, V-E, 244, 29 de septiembre de 1940. Citado por Matthieu SEGUELA, *op. cit.*, p. 101. La cursiva es nuestra.

Dos días después el Gobierno francés, espoleado y preocupado por lo que Serrano pudiera estar negociando en Berlín, comunicó a Lequerica que estaba dispuesto a la aplicación pura y simple del acuerdo de 1925.[17] Pocos días después, De La Baume recibió instrucciones de exponer con claridad las concesiones francesas, que los españoles iban a juzgar como de muy escasa entidad: Francia renunciaba a sus derechos sobre Tánger (algo realmente sin valor, pues éstos habían sido suspendidos tras la ocupación española), aceptaba la nueva situación como un hecho consumado, y estaba dispuesta a ceder la región de Beni-Zerual que había ocupado a título provisional en 1925. En compensación Vichy pedía el enclave español de Ifni. La condición más importante era que la ejecución de lo acordado sólo se haría efectiva en el momento de la paz.

En definitiva los franceses sólo permitirían a su vecino unas ganancias mínimas y en condiciones no aceptables para España, máxime cuando en vísperas de Hendaya se confiaba en que Franco, mediante su intervención personal, sería capaz de obtener todo un imperio de manos de Hitler. Los franceses trataron de encubrir la parquedad de sus concesiones diciendo que se trataba con ello de no irritar a los alemanes, que podían molestarse por estas conversaciones siempre mantenidas en secreto. Un decepcionado Beigbeder comunicó al embajador Renom de La Baume el 15 de octubre, la víspera de ser reemplazado por Serrano Súñer, que la negociación quedaba, de momento, suspendida.[18] Por su parte, también el ministro Baudoin en el plazo de un mes fue sustituido en Exteriores por el propio Laval, que había conspirado contra él desde la vicepresidencia del Consejo y ambicionaba el puesto. Esta remodelación afectó también al embajador Renom de La Baume, quien dejó su cargo en Madrid para ser reemplazado por François Piétri.

---

[17] AMAE, leg. R-2295/5 y M.P. MELCHOR SANTAOLALLA, «Las relaciones hispanofrancesas entre el armisticio y las entrevistas de Hendaya y Montoire». *Perspectivas de la España contemporánea. Estudios en homenaje al profesor V. Palacio Atard*, pp. 470-475.

[18] Beigbeder a Renom de La Baume, 15 de octubre de 1940. AMAE, leg. R-2295/5.

Cambio de embajador

Piétri era un político profesional, católico practicante y ex ministro, impuesto por Pétain por ser hombre de su entera confianza. Laval hubiera preferido en este delicado puesto a una de sus criaturas, por ejemplo al periodista de extrema derecha y dirigente de la Legión Francesa Pierre Héricourt. En Madrid, la designación de Piétri no despertó gran entusiasmo en el Ministerio. Se le recordaba como el director general de Finanzas en Marruecos que había participado como negociador en el estatuto de Tánger de 1923, tan desfavorable para España. Era considerado además como demasiado representativo del antiguo parlamentarismo de la III República con todas sus lacras.[19]

A principios de noviembre de 1940 se transmitió a la embajada francesa desde el Palacio de Santa Cruz que una negociación con Vichy sobre Marruecos sin la participación de Alemania resultaba imposible para España. Era la posición de Serrano, menos recalcitrante a la penetración alemana en el Magreb que Beigbeder. Esta nueva actitud fue pronto desechada tras la profunda decepción sufrida por Franco y Serrano en sus tratos con los alemanes. Debido a ello, y aunque sin grandes esperanzas en los resultados, se decidió reabrir una segunda ronda de negociaciones con los franceses.

Tan sólo tres días después de Hendaya, el todavía embajador De La Baume fue recibido por primera vez por Serrano Súñer en su calidad de nuevo ministro de Asuntos Exteriores, quien le expuso cómo veía las relaciones franco-españolas del momento:

> Hay dos dificultades entre Francia y España —admitía Serrano—. La primera, de orden moral, está en camino de solucionarse ya que bajo la autoridad del mariscal Pétain, Francia vuelve a sus tradiciones y se despoja del aporte nefasto del Frente Popular. La otra dificultad que habrá que resolver con prontitud para llegar al buen enten-

[19] Matthieu SEGUELA, op. cit., pp. 127-128.

> dimiento que se impone, atañe al problema africano [...]. Tenéis que hacer concesiones. Es la condición para un buen entendimiento con nosotros.

A continuación Serrano desarrolló ante el representante francés, en un tono altivo y arrogante, los tradicionales argumentos africanistas españoles aderezados con la clásica retórica falangista del momento:

- La posesión de Marruecos era necesaria para la defensa de España.
- «Francia se ha aprovechado de la debilidad de los gobiernos españoles y la ha expoliado en África».
- «España ha contribuido con su movimiento nacional a la victoria de las potencias [del Eje] que quieren fundar un Nuevo Orden basado en la justicia, y por esto, tiene derecho y está en condiciones de recuperar lo que ha perdido en África».[20]

Este no era quizás el tono más apropiado para las conversaciones diplomáticas, pero Serrano estaba decidido a marcar las diferencias con su antecesor e inaugurar un nuevo estilo de hacer política. El 5 de noviembre expresó ante el mismo embajador su deseo de reabrir las conversaciones con Francia abandonadas por Beigbeder, pero esta vez sobre bases mucho más ambiciosas: no sobre el acuerdo de 1925, calificado de «mínimos», sino partiendo del acuerdo nunca firmado de 1902 que otorgaba a España la zona de Fez, de Agadir y el Antiatlas.

De La Baume viajó a Vichy a mediados de noviembre para consultar esta nueva propuesta española con Pétain. Sonsacado por Lequerica antes de regresar a Madrid, le dijo que su impresión era negativa, pues «el Mariscal se negaba terminantemente a oír hablar de cesiones en Marruecos». La reacción del viejo soldado pudo deberse a que recibió por esas fechas noticias alarmistas de Nogués desde

---

20 Matthieu SEGUELA, op. cit., p. 115

Rabat. El Residente General señalaba la amenazadora presencia de las 8ª y 9ª divisiones en la zona española y llamaba la atención del mariscal sobre cualquier intento de ataque español: «[...] es necesario que España esté convencida de la firme voluntad que tiene Marruecos de defenderse contra cualquiera, a la espera de la reglamentación de la paz».[21] La postura de Nogués era absolutamente cerrada a cualquier concesión, y en esas circunstancias Pétain nada podía hacer.

En la documentación española que hemos manejado no hay constancia de movimiento de tropas por estas fechas, aunque es posible que se tratara de un intento de amedrentar a los franceses para que hicieran concesiones más generosas. Si es así, el resultado fue exactamente el opuesto, una actitud cada vez más dilatoria.

Franco aprovechó el viaje que Serrano tenía que hacer a Berchtesgaden convocado por Hitler, para confiar a su cuñado la misión de pasar primero por París y entrevistarse con Laval, quien acababa de asumir la cartera de Exteriores. El 16 de noviembre se produjo el encuentro en la embajada española, pero sin resultado positivo alguno. Tras una larga exposición de Serrano sobre las sucesivas cesiones de España en Marruecos a favor de Francia en el pasado, el astuto Laval decidió eludir cualquier respuesta afirmando con total cinismo: «Mi querido ministro, puedo decirle muy sinceramente que no conozco en detalle los asuntos de Marruecos».[22] El ministro español quedó tan desconcertado con esta respuesta, que tal como esperaba Laval no osó plantear ya reivindicación alguna. Ni tan siquiera pidió la apertura de nuevas conversaciones.

La táctica francesa en aquellos momentos, conocedora del grave desencuentro germano-español, fue abiertamente dilatoria: mantener abiertos los contactos con España, pero sin transigir en la vuelta a otra ronda oficial de conversaciones. Siguiendo esa actitud, Vichy se limitó

---

21 Véase AMFAE, VE, 246, Serrano a De La Baume, 5 de noviembre de 1940, citado por Matthieu SEGUELA, op. cit., pp. 119-120 y AMAE, leg. R-1190/27. Lequerica a Serrano, 14 de noviembre de 1940. AMAE, leg. R-2295/5.

22 Heleno SAÑA, *El franquismo sin mitos*, Grijalbo, Barcelona, 1982, p. 126.

a emitir periódicamente señales de que, siempre que España actuara con mesura, se podrían alcanzar acuerdos satisfactorios.

Una de aquellas señales falsamente esperanzadoras la recibió Barroso el 17 de diciembre de 1940, un mes después de la definitiva incorporación de Tánger al Protectorado español, en una conversación con el ministro de la Guerra francés, General Huntzinger:

> Sin que yo abordara el tema me habló de Tánger y me dijo que era justo que fuera para España. «Hemos reclamado por la ocupación, pero tan sólo ha sido por la forma, pues en el seno del Gobierno se ha considerado preferible que la zona de Tánger esté en manos de España que no en las de otra potencia.» [...] Ya puesto a hablar de las reivindicaciones españolas, abordó, aunque de pasada, el tema de Marruecos y me dijo que siempre le había parecido que a España no se le había dado el puesto que merecía en África. «Sé que aspiran ustedes a otro reparto de Marruecos y creo que si no se salen de ciertos límites y que si Franco aborda el tema con la ponderación a que nos tiene acostumbrados, llegaremos sin grandes dificultades a un arreglo satisfactorio para ambas partes.» Claro está que no pude decirle —comentaba Barroso— que hablaba de un Protectorado que no será respetado por Alemania cuando se traten las condiciones de paz, pero en fin, dentro de la hipótesis que el General hacía «in mente» de que Marruecos quedará en manos de Francia, no es malo que sepamos que dentro del Gobierno francés el ministro de la Guerra muestra tendencias conciliadoras y generosas en cuanto al reparto de aquellos territorios se refiere [...].[23]

Una semana después, refiriéndose de nuevo a esta conversación que calificaba de «sustanciosa» Barroso decía: «Creo que podremos lograr muchas cosas, incluso sin meternos en este conflicto, pues en el ele-

[23] Barroso a Carlos Martínez-Campos, jefe del Estado Mayor del Ejército, 18 de diciembre de 1940. AGM, EME, 2ª Sección, leg. 503.

mento político que hoy está a la cabeza de la nación abundan las personas comprensivas que se dan cuenta de nuestro indiscutible derecho a tener un puesto preeminente en Marruecos».[24] Desde luego la vía militar para hacerse con un imperio, había sido descartada tras la decisión final y definitiva de Franco de no entrar en la guerra, aquel mismo mes de diciembre. Las presiones alemanas, que alcanzarían su punto máximo en enero y febrero de 1941, tendrían que ser aplacadas mediante el argumento, de todos modos real, de la falta de preparación española y su penosa situación económica, que imposibilitaban su participación por el momento.

Después de Montpellier

En la entrevista entre Franco y Pétain celebrada en Montpellier el 13 de febrero de 1941, organizada por Serrano como visita de cortesía al regreso de ver a Mussolini en Bordiguera, quizás por delicadeza, no se trataron para nada las cuestiones norteafricanas. El Caudillo se limitó a asegurar al Mariscal que España no entraría en la guerra. Aunque no existen actas de la conversación que ambos sostuvieron, tenemos el testimonio del embajador Piétri en sus memorias:

> La cuestión de África del Norte permaneció cuidadosamente eludida [...]. Sin embargo, una declaración muy interesante se obtuvo del Caudillo, aunque expresada con una prudencia evasiva. Fue que no tenía intención de mezclarse en la guerra ni de autorizar a ninguno de los beligerantes a servirse, de una u otra forma, del territorio español [...]. El Mariscal volvió tranquilizado y mucho más confiado que anteriormente sobre las intenciones de España.[25]

---

[24] Ibídem, 26 de diciembre de 1940.

[25] François PIÉTRI, *Mes années d'Espagne. 1940-1948*, Plon, Paris, 1954, p. 55.

Que el tema norteafricano no se sacara a discusión ante Pétain no significaba que el Caudillo se diera por vencido. Tanto en su viaje de ida a Bordiguera y Montpellier como en el de regreso, Franco hizo escala en Barcelona, donde se alojó en una propiedad de Miguel Mateu Pla, entonces alcalde de la ciudad. Mateu era un rico financiero, amigo personal del Caudillo, francófilo y con buenos contactos con los sucesivos embajadores franceses.[26] Por ello fue elegido por Franco para sondear discretamente a Piétri de manera no oficial sobre la posibilidad de reanudar las conversaciones. Mateu habló con el embajador el 17 de febrero, dándole a entender «el beneficio que obtendría Francia de la conversación o negociación que debería plantearse sobre ciertos ajustes posibles de la frontera marroquí». Ante el silencio francés, nueve días después Mateu insistía en que «los dirigentes de España volvían obstinadamente su mirada hacia esos miles de hectáreas de campos de trigo que le faltan al Marruecos español. Sería un juego hábil —aconsejaba— ofrecérselas [a España] en beneficio de una franca negociación».[27] El conocido periodista Manuel Aznar, muy unido a Franco, hizo referencia a la misma idea ante Piétri una semana más tarde. Todo parece indicar que Franco, con sus emisarios, trataba de preparar el terreno para la comunicación más oficial realizada por Serrano que vendría después.

---

[26] Miguel Mateu Pla, destacado hombre de negocios catalán, era heredero de una poderosa familia de comerciantes de Barcelona, sobrino de monseñor Pla y Deniel, y copropietario de la conocida firma Hispano-Suiza. Durante la guerra civil financió la causa nacional desde su exilio en Francia y Suiza, trasladándose luego a Burgos. En febrero de 1939 Franco lo nombró alcalde de Barcelona. En los años 1940-1941 desempeñó un cierto papel en las relaciones hispano-francesas, siendo empleado por Franco como contacto extraoficial por sus buenas relaciones con los medios franceses. En septiembre de 1944 fue nombrado embajador de España en París, en un intento fallido de reanudar relaciones con la nueva Francia liberada, pero nunca pudo presentar sus cartas credenciales al general De Gaulle. Desde entonces las relaciones diplomáticas Madrid-París se fueron deteriorando hasta llegar a la ruptura en 1946. Matthieu SEGUELA, op. cit., pp. 150-151.

[27] AMFAE, V-E, 251, núm. 301, 17 de febrero de 1941 y núm. 330, 26 de febrero de 1941. Citado por Matthieu SEGUELA, op. cit., p. 193.

Animado por la cordialidad hispano-francesa demostrada en el reciente encuentro de Montpellier, Serrano convocó a Piétri el 28 de febrero de 1941. Abandonando sus bruscas maneras habituales y en un tono desusadamente conciliador le dijo que España «consideraba el participar, con las otras tres grandes potencias del continente, Alemania, Francia e Italia, en el establecimiento de un nuevo orden europeo, que tendría en cuenta las lecciones de la historia y las necesidades de los pueblos». A continuación, Serrano entró en materia, dando la fecha de 1904 como el comienzo de las disminuciones experimentadas por España en Marruecos: «Es pues equitativo, en función del ordenamiento general que seguirá lógicamente a la guerra actual, proceder, entre nuestros dos países, a revisiones territoriales política y económicamente necesarias». Para Piétri, que no tenía instrucciones para responder a esta nueva iniciativa, lo interesante era, y así lo transmitió a sus superiores, que el ministro español daba a entender por primera vez que su Gobierno esperaría a la conferencia de paz para hacer valer sus pretensiones.[28]

Tomando muy en cuenta esta nueva actitud española de moderación y espera, Pétain realizó en Marzo de 1941, ante Lequerica y Barroso, su primera y única declaración favorable a un entendimiento con España en torno a Marruecos. Para el mariscal, sin embargo, cualquier concesión francesa tendría que tener como contrapartida la creación de alguna modalidad de alianza Francia-España. Éste es el sentido que cabe atribuir a las palabras de Pétain transcritas por Barroso:

> [...] Con España queremos mantener las mejores relaciones y estoy dispuesto a dar satisfacción a este noble país en sus reivindicaciones. Veo con buenos ojos un mejor reparto de Marruecos y lo que quisiera es formar un bloque con España que habría de tener gran importancia en el futuro. La visita del General Franco a su vuelta

[28] AMFAE, V-E, 251, 28 de febrero de 1941. Citado por Matthieu SEGUELA, op. cit., p. 194.

> de Italia, me ha emocionado, y la considero de gran importancia para el porvenir.[29]

Ese «mejor reparto» a ojos franceses consistía, según daban a entender las experiencias pasadas, en una mera rectificación de fronteras, y en ningún caso en una reducción sustanciosa de su zona de Protectorado. Esto era algo que decepcionaría con seguridad a Franco y su entorno, al igual que al amplio sector de los militares y falangistas más exaltados. Sin embargo, todos ello eran conscientes de que la oportunidad y el momento para los grandes cambios territoriales (el segundo semestre de 1940), había pasado irremediablemente. Tan sólo cabía contentarse con lo que se pudiera arañar.

En abril de 1941 Serrano trató en dos ocasiones de dar contenido real a esa buena disposición expresada por Pétain. En conversación con Piétri le expuso con total franqueza:

> Nuestros objetivos se inscriben entre un máximo y un mínimo. El máximo es el que nos enseña a la vez la historia y el mapa [el conjunto de Marruecos y el Oranesado]. El mínimo, el que se nos prometió en el acuerdo de 1904 [extensión de la zona española hasta Fez] y que gracias a la pereza de nuestros gobernantes, explotada por vosotros, se ha convertido en el tratado de 1912.[30]

Pocos días después, de acuerdo con esa táctica cada vez más frecuente de Franco de puentear a Serrano empleando medios oficiosos de su confianza, llegó el turno del general Francisco de Borbón, duque de Sevilla. Se le encomendó que transmitiera con claridad a Piétri el giro adoptado por la política española (sólo estorbado por los serranistas) y las metas que se pretendían alcanzar:

---

[29] Barroso a Carlos Martínez-Campos, jefe del Estado Mayor del Ejército, marzo de 1941. AGM, EME, 2ª Sección, leg. 114.

[30] François PIÉTRI, op. cit.

> Un acercamiento franco-español es deseable para nuestros dos países. Tal es el sentimiento que crece cada día en España, más especialmente en la gran mayoría de los principales generales y diplomáticos, incluido el general Franco, con excepción de Serrano Súñer, así como de los actuales dirigentes del movimiento falangista tan adheridos a Alemania.
>
> Los partidarios del acercamiento franco-español están muy descontentos con la impronta alemana en España, que se manifiesta brutalmente en todos los ámbitos; por otra parte, la escena política española no puede aceptar una instalación estable de Alemania en el Mediterráneo, sobre todo en el Mediterráneo occidental. España debe tender más que nunca hacia el «mare nostrum», el Mediterráneo occidental, lago latino, con España, Francia e Italia, desalojando si es posible a Inglaterra de Gibraltar [...].[31]

El duque de Sevilla continuó la conversación abordando una vez más el tema de las rectificaciones fronterizas en Marruecos, pero en esta ocasión subrayando —por indicación expresa de Franco— el espíritu de arreglo y sin utilizar argumentos históricos o agresivos. Se trataba, según el general, de establecer «una base para un entendimiento mediterráneo. Entendimiento que debe realizarse lo más rápido posible», sin el conocimiento de Italia y, si fuera posible, de Alemania. Sin embargo —aclaraba el duque—, este entendimiento franco-español sólo podría ser aceptado a cambio «de una importante concesión por parte de Francia (regreso al convenio de 1904)». En cualquier caso España estaba dispuesta a dar «pruebas de espíritu de acomodación». Francisco de Borbón, que desde el primer momento aclaró que hablaba en nombre de Franco, terminó su conversación con Piétri con estas palabras no exentas de realismo político:

---

31 AMFAE, V-E, 247, 23 de abril de 1941. Citado por Matthieu SEGUELA, op. cit., pp. 195-196.

> España preferiría un Marruecos menos importante por un acuerdo con Francia y una eliminación de Alemania en el Mediterráneo occidental, a la totalidad de Marruecos que podría otorgarle Alemania tras una guerra victoriosa. Porque Alemania no dejaría entonces de poner el pie en esta parte del Mediterráneo.[32]

Aquí se hacía patente la decepción causada en Franco y sus colaboradores por las conversaciones mantenidas con los alemanes antes, durante y después de la entrevista de Hendaya. Alemania, además de no apoyar por prudencia las reivindicaciones españolas, podría llegar a ser una verdadera complicación en la zona si ganaba la guerra, porque tenía pretensiones estratégicas incompatibles con la integridad de España. Era un cambio sustancial en la manera de ver la situación por parte del Caudillo.

El Gobierno español, o al menos su parte no serranista, siempre usando esos medios no oficiales al parecer de su preferencia, recogía así la idea de Pétain de colaboración latina a cambio de rectificaciones territoriales en Marruecos. Piétri, por su parte, se limitó a comunicar este encuentro a sus superiores a título de información, pero sin darle mayor trascendencia.

Estos continuos ofrecimientos de Madrid para llegar a un entendimiento cada vez despertaban menos interés en Vichy, sobre todo una vez alejada la amenaza de una intervención alemana en Gibraltar y el peligro que aquello representaba para el territorio francés de África del Norte. La falta de respuesta francesa llevó a Madrid a renunciar temporalmente a una resolución de sus demandas territoriales. No obstante, no dejó de vigilar con gran interés la evolución política del norte de África.

El Alto Estado Mayor enviaba con regularidad informes al Ministerio de Asuntos Exteriores procedentes de sus agentes destacados en la zona. En abril de 1941 uno de ellos daba cuenta de la campaña desarrolla-

32 Ibídem.

da por el Obispo de Orán para demostrar a la opinión pública local que España nada tenía que reivindicar en aquella región. Se informaba también de una conferencia pronunciada en la misma ciudad por Coudert, un abogado de París, organizada por la Legión Francesa. En ella, según el informador, hubo una falta de objetividad absoluta al tratar lo que llama la «cuestión española»:

> ...Sobre todo en lo que respecta a la asimilación que Francia pretende haber realizado al crear una nueva raza que se siente francesa, contra lo que verdaderamente existe, que es que la raza y las costumbres españolas son las que ejercen su predominio en el Oranesado, absorbiendo al reducido número de franceses que allí viven y que, no obstante su exigüidad, explotan a nuestros laboriosos y sufridos compatriotas.[33]

En relación con las aspiraciones de España en el Oranesado, para los franceses fueron especialmente molestas las actividades del ya citado cónsul español en Orán, Bernabé Toca, que trataba de excitar las simpatías proespañolas entre la población de este origen. Weygand, la máxima autoridad político-militar del territorio francés de África del Norte, en uno de sus viajes a Vichy protestó al respecto ante el embajador Lequerica en septiembre de 1941, diciendo que el cónsul en Orán «le daba mucho que hacer y tenía muy revuelta a la colonia española». Era Barroso quien transmitía esta información para el Estado Mayor del Ejército, añadiendo su opinión de que «supongo que este funcionario sigue directivas de nuestro Gobierno. He querido que V.S. conozca la reacción de Weygand ante esta buena actuación consular, ya que es el mayor enemigo con que cuenta España entre los franceses, para el logro de sus justas reivindicaciones».[34]

---

[33] Servicio de Información del Alto Estado Mayor al Ministerio de Asuntos Exteriores, abril de 1941. AMAE, leg. R-871/10.

[34] Barroso al coronel jefe de la 2ª Sección del Estado Mayor del Ejército (EME), 12 de noviembre de 1941, AGM, EME, 2ª Sección, leg. 114.

La actitud de africanismo reivindicativo de Barroso había quedado para entonces algo desfasada frente a los nuevos aires de moderación que se ensayaban desde Madrid. De acuerdo con esta nueva política, Franco había nombrado cónsul en Argel al diplomático Castillo, con la misión de disminuir la virulencia de la propaganda española y de ablandar la dura oposición de Weygand a cualquier acuerdo territorial.

El 5 de septiembre de 1941 se produjo un encuentro entre el generalísimo francés y el nuevo cónsul español. Castillo comenzó reconociendo ante Weygand los errores de la propaganda falangista en Orán, lo que era tanto como desaprobar la labor de su colega Toca. Añadió que España, después de Montpellier, esperaba un gesto por parte de Francia: la rectificación de la frontera del Rif, es decir la devolución de Beni-Zerual, en manos francesas desde 1925. El cónsul precisó además que «Madrid preferiría que el litigio se arreglara por la buena voluntad de Francia y no como consecuencia de la victoria de uno u otro bando». Para demostrar la buena fe española dijo que había informado de ello al representante norteamericano en Argel, Robert Murphy. Castillo dio a entender finalmente que España deseaba concluir un acuerdo con el fin de recibir productos alimenticios del norte de África. Weygand se limitó a tomar nota de las moderadas pretensiones españolas sin llegar a dar una respuesta definida, a lo que, por otra parte, no estaba autorizado. Cuando informó de la conversación a Darlan, defendió su tradicional negativa a toda cesión territorial a España por varias razones: daría sensación de debilidad, motivaría la incomprensión del Sultán y sus súbditos y, finalmente, constituiría un peligroso precedente en contra del principio de mantener la integridad del Imperio francés en África.[35]

Pese a la persistente falta de respuesta francesa, las autoridades españolas, lejos de verse desalentadas, siguieron emitiendo señales con

[35] AMFAE, V-E, 244, 5 de septiembre de 1941. Citado por Matthieu SEGUELA, op. cit., pp. 239-240.

el fin de llega a algún tipo de acuerdo. A mediados de 1941 le correspondió esta tarea al ministro del Aire, general Juan Vigón, militar y consejero de la entera confianza de Franco. El 9 de julio tuvo ocasión de expresarse así ante el agregado aéreo, teniente coronel Malaise: «Un acuerdo entre Francia y España es más necesario que nunca».[36] Un mes más tarde Vigón insistía, esta vez ante Piétri, en la alianza latina, lo que era un gran cambio en alguien germanófilo hasta la médula: «Francia y España necesitarán entenderse y también, sin duda, acercarse a Italia. No podemos dejar a Europa enteramente abandonada al impulso germánico. Aquí empiezan a comprenderlo».[37] Tras la entrada de EE UU en la guerra, Vigón hizo otro comentario a Piétri el 16 de diciembre de 1941, siempre en la línea de propiciar un entendimiento franco-español: «¿No le parece, en razón de los acontecimientos, que Francia y España deberían ponerse de acuerdo sobre una acción común en el norte de África con el fin de hacer frente allí a todas las eventualidades?». Vigón insistía especialmente en hablar de una «negociación militar» porque convenía «considerar la doble hipótesis de un empuje que viniera del Este [germano-italianos] y de una amenaza occidental [anglo-americanos]. La situación presente nos da un respiro y estaría bien aprovecharla». Según parece, la intención española era que las rectificaciones fronterizas fueran a la par que la negociación militar: el resultado sería la defensa común franco-española ante cualquier invasor, de un Marruecos remodelado.[38] Con esta gestión Vigón se confirmaba como el emisario de mayor confianza de Franco, y también como el cerebro de algunas de sus iniciativas. La respuesta de Darlan, oportunamente comunicada a Nogués, consistió en mantenerse a la espera. En aquellos momentos no consideraba todavía directamente amenazado el norte de África,

---

[36] AMFAE, V-E, 247, 9 de julio de 1941. Ibídem, p. 238.

[37] François PIÉTRI, *op. cit.*, p. 60.

[38] AMFAE, V-E, 244, núm. 1804, 16 de diciembre de 1941. Citado por Matthieu SEGUELA, *op. cit.*, p. 245.

aunque convenía seguir favoreciendo la política de buena vecindad en el Protectorado.[39]

Por otra parte a la altura de febrero de 1942 la cuestión de Orán y su reclamación volvió a ser de actualidad en la prensa española. El motivo fue el revuelo causado por la intención francesa de conferir un estatuto especial a la población española de Argelia. José María Cordero Torres, renombrado africanista de la pluma, se preguntaba en un artículo aparecido en la revista *África*: «¿Por qué había de conferírsele un Estatuto a la llamada minoría española en Argelia si los españoles constituían una mayoría "real" y no "oficial" como pretendía Francia, en la Argelia Occidental?». Cordero Torres razonaba que el Oranesado habría de ser reintegrado a España sin menoscabo de la esencia del imperio colonial francés con el peregrino argumento cuantitativo de que al fin y al cabo representaba menos de la veinteava parte de la superficie del Imperio y menos de la quinceava parte de su población.[40]

El problema nunca resuelto de las aspiraciones españolas en el norte de África siguió flotando en el ambiente en las relaciones hispano-francesas a lo largo de aquel año y aún después. En fecha tan tardía como el 26 de septiembre de 1942, el embajador Piétri en una conversación con Doussinague, Director general de Política Exterior en el Ministerio, todavía se mostraba comprensivo con la posición española. Recordando una de sus últimas conversaciones con Serrano antes

---

[39] AMFAE, V-E, 244, 24 de diciembre de 1941. Citado por Mattheu SEGUELA, op. cit., p. 245.

Como signo de los nuevos tiempos caracterizados por una mayor confianza y entendimiento, el general Orgaz, Alto Comisario desde mayo de 1941 —dependiente ahora directamente de Presidencia del Gobierno, es decir, de Franco—, había girado una visita al Residente General en Rabat, general Nogués, el 11 de julio. En realidad esa pretendida colaboración franco-española en Marruecos no llegó a desarrollarse jamás. Francia permaneció inconmovible, una vez segura de que España permanecería neutral.

[40] José María CORDERO TORRES, «El Estatuto de la minoría española en Argelia», *África*, núm. 2, febrero de 1942, pp. 5-10, citado por Montserrat HUGUET, *Planteamientos ideológicos sobre la política exterior española...*, p. 471.

de su cese como ministro, centrada como siempre en Marruecos y su reivindicación constante en la prensa española, Piétri dijo ante Doussinague:

> Desde luego es indispensable llegar a una modificación del Estatuto de Marruecos. Marruecos no ha sido repartido entre España y Francia en forma satisfactoria sino que por el contrario ese reparto se ha hecho de manera leonina contra los intereses de España. Hay pues necesidad de modificarlo y en Francia se comprende bien esta necesidad. A este respecto tuve una larga conversación con el Señor Serrano Súñer, el cual me manifestó que no debía yo hacer mucho caso de los excesos de lenguaje de los periodistas que reclamaban media África para España, cosa que no tenía más que un valor puramente dialéctico. Sin embargo hay un mínimum —decía Serrano Súñer—, por debajo del cual España no puede sentirse satisfecha y este mínimum se refiere a Orán y una buena parte del Marruecos francés. De esto —dijo el embajador— pienso hablar con el Conde de Jordana.[41]

Una nota con estas palabras fue entregada al ministro Gómez Jordana por Doussinague el 2 de octubre de 1942, añadiendo su opinión de que «el acuerdo de 1912 debe ser pues revisado y así lo reconoce el propio embajador francés [...] que parece haber lanzado un globo sonda para ver en qué forma se reacciona en España». Jordana leyó atentamente el escrito poniendo al margen con su menuda letra característica, «dar cuenta a S.E. el Generalísimo. De momento no conviene plantear esta cuestión».

La prudencia dictaba una vez más la actuación de Gómez Jordana —de nuevo ministro de Exteriores desde principios de septiem-

41 Doussinague a Jordana, 2 de octubre de 1942. AMAE, leg. R-1686/4. Posteriormente, al escribir sus memorias, *Mes années d'Espagne, 1940-1948*, Piétri no hace alusión alguna a estos devaneos, presentándose como un hábil diplomático que supo evitar en todo momento los compromisos buscados por los españoles.

bre—, posponiendo el tema para tiempos más propicios. En realidad no habían pasado de ser unas meras palabras amables del embajador, que el afán de protagonismo de Doussinague había quizás valorado en exceso.

La insistencia española incluso después de «Torch»

Lo más significativo es que, dos años después de la llamada «gran tentación», el interés de la administración española por conseguir una posición de prestigio en Marruecos no había decaído en absoluto. Por otra parte, al cabo de un mes, en noviembre de 1942, la presencia de tropas aliadas en el norte de África iba a convertir en inviable cualquier posible plan al respecto. El siempre discutido control real que Vichy pudo tener sobre aquellos territorios se eclipsó tras el asesinato del almirante Darlan en Argel en diciembre. Para confirmar la nueva situación de poder en junio de 1943, bajo el amparo de los aliados, se constituyó en la capital argelina el «Comité Francés de Liberación Nacional» copresidido por los generales Giraud y De Gaulle, a duras penas reconciliados para la ocasión.

Prueba de la persistencia o cabezonería de Franco en sus objetivos, pero también de su pérdida del sentido de la realidad y de lo que era o no posible a esas alturas de la guerra, es la iniciativa que siguió a continuación. Animado tras recibir en mayo de 1943 una calurosa carta de agradecimiento de Giraud por haber permitido el paso clandestino por España de varios centenares de franceses para unirse a las fuerzas aliadas en el norte de África, el Caudillo dio instrucciones a su nuevo representante en Argel, Sangróniz, para que diera a conocer al general francés... ¡el deseo de España de proceder a rectificar ciertas fronteras en Marruecos! La reacción de Giraud, podemos suponer que sorprendida ante esta intempestiva propuesta, aunque hubiera sido favorable no habría tenido repercusión alguna puesto que fue muy pronto desplazado definitivamente por De Gaulle como máxima autoridad de los franceses libres.

Este fue el primer y último sondeo de un representante del Gobierno de Madrid ante la Francia Libre sobre el sempiterno problema de Marruecos.[42] Durante 1944 y 1945 las relaciones, que habían sido correctas con Vichy, se fueron deteriorando bajo el nuevo régimen, hasta el punto de que al embajador de Franco en el París liberado, Miguel Mateu, nunca le fue permitido presentar sus cartas credenciales. España estuvo por ello sin representación diplomática oficial en la capital francesa durante más de un año, y la normalización de relaciones no se produjo hasta finales de los cuarenta.

Debemos abordar a continuación los contactos mantenidos con Gran Bretaña, la otra gran potencia con intereses en la zona.

---

[42] AMFAE, CFLN-E, 27 de mayo de 1943. Citado por Matthieu SEGUELA, op. cit., p. 307.

10

Contactos hispanobritánicos en torno a Marruecos (1940-1941)

A finales de junio de 1940, en plena resaca tras la derrota de Francia y con toda la incertidumbre que rodeaba la suerte futura de Gran Bretaña, Serrano Súñer, entonces ministro de Gobernación, recibió al nuevo embajador británico en Madrid, Sir Samuel Hoare, que acudía a presentarse en visita de mera cortesía. Tras una conversación puramente protocolaria y casi como una fórmula de despedida para crear buen ambiente, el embajador preguntó si el Gobierno español tenía alguna preocupación que pudiera ser solventada por una intervención de Londres. La respuesta del ministro aparece en su informe a Franco, y no podía por menos que referirse al inevitable tema de Marruecos. Por su interés reproducimos el relato de Serrano con alguna extensión:

> Yo aproveché la ocasión para decirle que habíamos hecho una observación a Francia exponiendo nuestras inquietudes respecto a Marruecos que no queremos ver convertido en campo de batalla. Se trata de un Imperio bajo la soberanía del Sultán con dos protectorados. Al faltar uno debemos hacer patente nuestro derecho y decirlo claramente. Se ha dicho a Francia correctamente el día 17 [de junio] y no hay respuesta. (Me quedé con ganas de decirle lo siguiente: no podemos admitir metrópolis de recambio o que

> el Sultán pase a protectorado inglés y que Casablanca se convierta en base de operaciones de otras potencias. Que España consideraría acto poco amistoso la intervención militar en Marruecos, que nos pondría en situación tan comprometida que nos llevaría a un milímetro de pasar a la beligerancia. Esta coacción no me atreví a hacerla pues no está autorizado).[1]

Hoare debió quedar bastante sorprendido por la determinación española respecto de Marruecos, y se lo comunicó inmediatamente al embajador francés. De La Baume se presentó esa misma tarde alarmado ante Serrano, que le tranquilizó recordándole que todo el asunto se refería al telegrama cursado el día 17 solicitando permiso para una penetración de las tropas españolas en caso de desórdenes en la zona francesa. El embajador, todavía nervioso, dijo que si se perdía Marruecos era preferible que fuera para España. Admitió que no sabía nada de la situación pues no tenía comunicación con su Gobierno. Como un recurso de última hora y para ganar tiempo, evitando la intervención española, dijo que estaba dispuesto a llamar a alguien de Rabat para negociar en Madrid. Serrano le contestó diciendo que:

> [...] no podíamos permanecer indiferentes ante lo que pasara en Marruecos francés, ni que fuera motivo de negociación de armisticio ni base de operación que comprometiera el estatuto del imperio, y que veíamos con inquietud aparecer otras naciones en el horizonte. Ante ello teníamos el deber de hacer patentes los derechos seculares de España. Le tranquilicé —relata Serrano—, diciéndole que no pensábamos dar ningún golpe sin ir de acuerdo con Francia.[2]

Estas líneas manifiestan con toda claridad la importancia capital, casi obsesiva, que el tema de Marruecos tenía para el Gobierno espa-

1 Serrano a Franco, s.f., hacia el 20 de junio de 1940, DIHGF, vol. II-1, doc. 108, p. 414.

2 Ibídem.

ñol en aquellos momentos, algo que no dejó de sorprender al embajador británico.

Tras cerca de un mes muy atareado con preparativos militares y diplomáticos, sólo a finales de julio de 1940 Beigbeder se decidió por fin a tantear a Hoare sobre qué actitud adoptaría Inglaterra ante una ocupación española del Marruecos francés con el fin de evitar desórdenes.[3] Con cierta habilidad el ministro trató de presentar la operación como lo más conveniente para los intereses ingleses, pues España se comprometía a garantizar la neutralidad de la zona. Hoare informó a Londres de forma inmediata, pero allí la respuesta fue un tanto fría y de manual. Para Lord Halifax, titular del Foreign Office, el futuro de Marruecos era una cuestión a decidir entre Francia y España, las dos potencias con un interés directo y legítimo en ese territorio. Sin embargo, convenía transmitir al Gobierno español, que si la autoridad francesa sucumbiera, Gran Bretaña vería con buenos ojos una intervención española para restaurar la ley y el orden. En cualquier caso el futuro de estos territorios se definiría en negociaciones después de la guerra. Sin dar un apoyo explícito a los planes españoles de ocupación preventiva de la zona francesa, convenía dar la sensación de que se deseaba fomentar la consulta y cooperación hispano-británica en el tema marroquí. Hoare, quizás excediéndose en este papel y para ganarse al ministro, llegó a decir a Beigbeder que Gran Bretaña veía con simpatía las demandas españolas y que una victoria inglesa podría llevar a «grandes cambios en África».

Desde luego, el embajador inglés tenía una predisposición personal a favorecer los designios españoles en sentido amplio, y no tan sólo en una rectificación de fronteras, pues veía entonces (al igual que muchos otros) como inminente el desmembramiento del Imperio francés. En una carta a su amigo el ministro de Producción Aeronáutica,

---

3 Para los contactos hispano-británicos sobre Marruecos, véase Susana SUEIRO, «Sueños de Imperio...», pp. 299-319, y a Denis SMYTH, *Diplomacy and strategy of survival. British Policy and Franco's Spain, 1940-1941*, Cambridge University Press, 1986, pp. 46-51, 95-97 y 202-209.

Lord Beaverbrook, el 23 de julio de 1940, expresaba así su punto de vista:

> Si pretendemos mantener a los españoles en nuestra órbita marítima e imperial, debemos aproximarnos a ellos en cuanto se refiere al Mediterráneo y el norte de África. Personalmente creo que podría llegar a un acuerdo con ellos sobre estos temas [...] debemos llegar a un modus vivendi sobre Marruecos. No te puedes imaginar lo que Marruecos significa para la nueva generación española y en especial para los actuales líderes españoles. Franco, Beigbeder y muchos otros hicieron sus carreras en Marruecos y están mucho más interesados en Marruecos que en Europa. ¿Hay alguna posibilidad de que el Imperio francés continúe en Marruecos? Lo dudo mucho. Si es así, ¿no valdría la pena usar Marruecos como un puente por el que llevar a los españoles desde el lado de Berlín al nuestro?

En esta predisposición a la cesión de territorios ajenos, Hoare se mostraba como lo que realmente era: un superviviente del grupo de políticos del «apaciguamiento», aquellos que habían tratado sin éxito de apaciguar los instintos agresivos de Hitler entregándole parte de Checoslovaquia en septiembre de 1938. Tanto Halifax como Hoare (antiguos miembros del desacreditado Gobierno de Chamberlain), fueron los principales inspiradores de la política británica con España durante el segundo semestre de 1940, que aún perduró durante los primeros meses de 1941, a pesar de que Halifax había abandonado el cargo de secretario de Asuntos Exteriores en diciembre.[4] Fue el último coletazo de la vituperada política de apaciguamiento. Se trataba de alejar a Franco a toda costa de la idea de entrar en guerra, alentando en él las esperanzas de alcanzar sus objetivos en África o el Estrecho sin tener que emplear las armas. En esta línea se puede entender una extraña propuesta inglesa, de la que los españoles no volvieron a oír hablar, realizada por el general Liddell, que transmite en el siguiente

[4] Denys SMYTH, op. cit., p. 4.

texto el general gobernador del Campo de Gibraltar, Martín Moreno al ministro Varela:

> El marqués de Vallecerrato, Jefe de mi Secretaría Diplomática, habló ayer con el Gobernador de Gibraltar, General Liddell, y éste le dijo que va a proponer a su Gobierno que se nos entregue Gibraltar con todo lo que contiene, incluso con su artillería, a cambio de que España les ceda un pequeño territorio en Marruecos que comprenda Casablanca y Rabat para establecer en la costa del Atlántico una base naval desde la que Inglaterra pueda controlar en caso necesario los barcos que entran en el Estrecho hacia el Mediterráneo y los que salgan de él hacia el Atlántico.[5]

Tal propuesta debió ser rechazada de plano por Londres pues no volvió a ser planteada. Tenía la ventaja de que desbarataba el plan de ataque al Peñón, al eliminar su razón de ser, la recuperación de la Roca, pero el gran inconveniente de hipotecar el futuro imperio colonial español en Marruecos con nuevas concesiones a Inglaterra de muy difícil aceptación por Franco. Además, con todo ello Liddell partía de la base de que todo el Marruecos francés iba a pasar ineludiblemente a manos españolas, y eso era difícil de establecer con seguridad en el verano de 1940. Da la sensación de que se trataba de un ofrecimiento de emergencia, destinado a frenar el probable ataque español a Gibraltar pero sin la voluntad necesaria detrás para llevarlo a cabo.

La posición de Churchill

El mismo Churchill, profundamente dolido por el abandono de la lucha por parte de Francia, estaba dispuesto a sacrificar en aquellos momen-

[5] Carta del general Martín Moreno, general jefe de la 22 División y Gobernador Militar del Campo de Gibraltar, al general Varela, ministro del Ejército, 7 de julio de 1940, AV, caja 116.

tos parte del imperio colonial de su aliado de la víspera si con ello se evitaba la beligerancia española, pero no a abandonar Gibraltar. En una carta a Lord Halifax fechada a fines de agosto de 1940 el primer ministro británico contemplaba el problema en estos términos:

> El Ministerio de Economía de Guerra hace lo que puede contra el enemigo, pero debe ser refrenado como Vd. sugiere respecto a España. Preferiría que pagáramos nuestra cuota a España a través de favores económicos, y otros, mejor que con promesas de abandonar Gibraltar después de que ganemos la guerra.
>
> *No me importa si los españoles penetran en el Marruecos francés.* Las cartas intercambiadas con De Gaulle no nos obligan a ninguna restauración exacta de los territorios de Francia, y la actitud de los Gobiernos de Vichy hacia nosotros y hacia él ha justificado sin duda unos sentimientos más duros hacia Francia de los que existían cuando su caída.
>
> *Prefiero a los españoles en Marruecos que a los alemanes, y si los franceses tienen que pagar por su abyecta actitud, es mejor que lo paguen en África a España que en Europa a cualquiera de las potencias culpables.*
>
> Creo sin duda que Vd. debería darles a conocer [a los españoles] que *no seremos obstáculo a sus ambiciones marroquíes, siempre que mantengan su neutralidad en la guerra.*[6]

Churchill expresó en estas líneas la política que Gran Bretaña mantendría con España con respecto a la cuestión marroquí a lo largo del conflicto: comprensión hacia las aspiraciones de Franco e incluso simpatía para apoyarlos en el futuro, pero sin compromisos, y siempre que permaneciera neutral. Lo llamativo es que no le preocuparan en absoluto las pérdidas que supondrían para el imperio francés. Queda claro que para el primer ministro, Francia debía pagar sus culpas de algún modo por abandonar a Inglaterra en 1940.

---

[6] Churchill a Halifax, 29 de agosto de 1940. NA, PREM/4/21/1. La cursiva es nuestra.

Esta visión era compartida por Sir Samuel Hoare, que tenía un pobre concepto de los franceses en general y de su Imperio en particular. Ello vino a facilitar la labor contemporizadora con España que Londres le había encomendado. Su colaborador en la embajada para asuntos económicos, David Eccles, en una carta de 27 de septiembre de 1940, lo describía así:

> Sam tiene ideas muy definidas sobre el Imperio francés. Siempre ha odiado a los franceses. No puedo encontrar una razón sólida para esta aversión; parece venir de celos profesionales, propios de los políticos diestros. Dice que el Imperio francés debe desaparecer, que es una creación artificial sin agallas para vivir por sí mismo. Francia decaerá en una potencia agrícola de tercer orden y su imperio se hará pedazos. Por lo tanto no tiene remordimiento alguno en sobornar a estos o aquellos con promesas sobre trozos del Imperio francés.[7]

Unos días antes, el 23 de septiembre, tropas de De Gaulle apoyadas por los británicos habían tratado de desembarcar en Dakar, en el actual Senegal, siendo repelidos por las fuerzas leales a Pétain. De haber tenido éxito esa operación denominada «Menace» en aquella zona de África, el plan inglés pretendía continuar con acciones similares en Marruecos —Operación «Threat»—, para poner de nuevo en pie de guerra todo el Norte del África francesa. Sin embargo, los informes de Hoare a Londres previos a aquel fracaso, habían desaconsejado intervenir en Marruecos. El establecimiento allí de fuerzas de la Francia Libre con respaldo de los británicos, conduciría —según el embajador— a un choque directo con España, o a una petición alemana de paso por la Península, que España no podría negar.[8] Y esto era preci-

---

[7] Ambas cartas en Denys SMYTH, op. cit., pp. 46 y 47.

[8] De hecho, el 24 de septiembre de 1940, al día siguiente del fallido desembarco en Dakar, el Alto Comisario ordenó al general jefe de las Fuerzas de Marruecos movilizar quintas y mantener al ejército en estado de alerta. Consulado General de España en Tánger, Información, 30 de septiembre de 1940, AGA, AF-M-2427.

samente lo que Londres quería evitar. Los altos mandos ingleses, alertados por Hoare, sopesaron los riesgos y optaron por no iniciar la operación en Marruecos, incluso en el caso de que fuera un éxito el desembarco en Dakar. Para ello argumentaron que las escasas fuerzas inglesas disponibles no podrían asegurar que los franceses libres se sostuvieran en Marruecos contra españoles y alemanes conjuntamente. Además, si se embarcaban de lleno en el apoyo a De Gaulle en el norte de África, las extenuadas tropas británicas corrían el riesgo de no poder evitar la pérdida de Gibraltar.

Hoare fue autorizado por el mismo Churchill para asegurar a las autoridades españolas que la expedición a Dakar no sería seguida de algo similar en Marruecos, que las acciones británicas no eran de ningún modo hostiles a España y que el Gobierno inglés favorecería el establecimiento de un modus vivendi aceptable en la región de Marruecos entre Francia y España. El primer ministro llegó a decir al embajador que comunicara en Madrid que Inglaterra «no sería un obstáculo para sus ambiciones en Marruecos, mientras preservaran su neutralidad en la guerra».

Tras el fracaso de Dakar, los ingleses trataron de ganarse en diciembre de 1940 al general Weygand —al mando de las tropas francesas en el norte de África—, para que se alzase contra Vichy y reanudase la guerra junto a Inglaterra. Dados los riesgos antes señalados para los británicos, debía parecer a toda costa una iniciativa enteramente francesa. Weygand, sin embargo, permaneció indeciso durante varios meses, y finalmente optó por la negativa.

Concesiones mínimas inglesas: sí a la frontera de 1904

En enero de 1941, cuando la presión alemana sobre Franco para que pusiera una fecha definitiva para su entrada en la guerra se hizo más intensa, los ingleses se plantearon de nuevo considerar las reivindicaciones españolas. El Foreign Office recabó informes sobre si eran legitimas o no. El agregado militar en Madrid, Brigadier Torr, sostenía que las demandas españolas más moderadas tenían justificación, pues desde las campañas del Rif de 1925-1926, los franceses habían ocupado ciertas áreas que no les pertenecían. Se refería, sin duda, a la discutida región de Beni-Zerual. Un informe económico destacaba las excelentes repercusiones que la inclusión del valle del río Uarga en la zona española tendría en su deprimida agricultura. Ese área constituía la única zona fértil de cierta extensión en el norte de Marruecos.

El Foreign Office, una vez estudiados todos los informes, acabó reconociendo, tan sólo a efectos internos, la existencia de sólidos argumentos para defender la demanda española sobre la cuenca alta del Uarga. Se consideraba además, que su cesión por Francia no representaría un grave perjuicio, pues apenas se había puesto en explotación. Llegado el caso, se podría mediar para que España obtuviese todo el territorio previsto en el convenio de 1904. Sin embargo, se rechazaba de plano la frontera de 1902. En Madrid se autorizó a Hoare para decir sólo que si Weygand finalmente solicitaba el apoyo militar inglés en el norte de África, se le podría entonces presionar para que diese alguna satisfacción a las aspiraciones de España, siempre que los españoles actuasen lealmente. Pese a todo, para Londres era mucho más importante que Weygand reabriese la guerra en África, que satisfacer a España, por lo que habría que actuar con extremada cautela y no provocar innecesariamente la indignación francesa.

A principios de febrero de 1941, a petición de la embajada británica, el general Aranda entregó un memorándum sobre las reclamaciones españolas en África. La demanda mínima era la inclusión de la región de Beni-Zerual, pero, llegada la paz, España aspiraba a alcanzar las fronteras del tratado nonato de 1902. Esta petición se juzgaba en Londres totalmente excesiva e inaceptable, a la luz del reciente dictamen del Foreign Office. Además, no se veía clara la oportunidad política de apoyar ni siquiera una rectificación de fronteras más modesta. Mientras Weygand no se decidiera a retomar las armas contra los alemanes, habría que mantener una total reserva. Hoare no debía comprometerse en absoluto y tan sólo expresar que su Gobierno veía con simpatía esas demandas.

Si Weygand se mostraba indeciso en declarar su apoyo abierto a Inglaterra, era mucho más enérgico a la hora de rechazar las pretensiones españolas. Con ocasión de hablarse casualmente en su presencia de las reivindicaciones de Franco en el río Sebú, había dicho en tono desafiante, «está bien, que vengan a tomarlo».[9] El Gobierno español conocía la buena disposición de Pétain sobre la reclamación del Uarga, pero también la oposición del Sultán en Rabat, respaldado por los generales Weygand y Nogués,[10] que eran los que tenían el mando real en la zona y, por tanto, la última palabra.

La negativa definitiva de Weygand a encabezar un levantamiento norteafricano motivó automáticamente el desinterés británico en apoyar las demandas españolas durante gran parte de 1941. Debido a ello los ingleses trataron de evitar toda alusión al tema durante muchos meses.

El problema se suscitó nuevamente en otoño, esta vez al más alto nivel, pero generando interpretaciones contrapuestas para ingleses y españoles. En octubre de 1941 tuvo lugar una comida en la embajada española en Londres, con asistencia del mismo Churchill, además de Eden, Butler y Hoare. Según el informe de Alba, en una conversación general, el primer ministro había dicho que «si Inglaterra ganaba la guerra, Francia le debería mucho, e Inglaterra no debería nada a Francia, por lo que estaría en posición para ejercer una fuerte y definitiva presión sobre Francia para satisfacer las justas reclamaciones de España en el norte de África». También habría dicho que la debilidad de Francia e Italia en la posguerra, proporcionaría a España una oportunidad para convertirse en «la potencia más fuerte en el Mediterráneo». Aparentemente, Churchill ofreció este apoyo concreto a cambio de que España no permitiera el paso por su territorio a las tropas alemanas.

---

9 «África del Norte. Situación general. 28 de febrero de 1941». Nota del servicio de información del Alto Estado Mayor al Ministerio de Asuntos Exteriores. AMAE, leg. R-871/10.

10 «África del Norte. Situación política. 13 de marzo de 1941». Nota del servicio de información del Alto Estado Mayor al Ministerio de Asuntos Exteriores. AMAE, ibídem.

Franco pudo denunciar en un discurso muchos años más tarde, en mayo de 1949, que los ingleses no habían cumplido sus promesas de apoyar después de la guerra las aspiraciones españolas en Marruecos. El Caudillo situaba erróneamente la decisión de apoyar a España, en una reunión al más alto nivel de Churchill, Eden y Hoare con los jefes de Estado Mayor británicos. De hecho, tal reunión nunca tuvo lugar, y las declaraciones de Churchill no se hicieron de una forma oficial, sino en el tono general de una conversación amistosa durante una comida con Alba. El Gobierno de Londres nunca pasó en la realidad de una mera consideración del problema, y fomentó las esperanzas españolas como un medio más para evitar la entrada de España en el conflicto. El riesgo de provocar la indignación francesa y el paso de sus posesiones en África del norte decididamente al lado del Eje, si se llegaba a conocer el apoyo inglés a las demandas españolas, era demasiado grande como para, en plena guerra, mostrar algo más que comprensión por las peticiones de Madrid.[11] Como en el caso de los contactos con Vichy, nada se obtuvo de Londres. Quedaba todavía por jugar la carta alemana, y las contrapartidas a negociar a cambio de la beligerancia española. A ello dedicaron Franco y Serrano mucho tiempo y energías a lo largo del segundo semestre de 1940.

---

[11] Para una visión de conjunto de la política y estrategia del Gobierno británico para con España, véase el muy documentado análisis de Enrique MORADIELLOS, *Franco frente a Churchill. España y Gran Bretaña en la Segunda Guerra Mundial (1939-1945)*, Península, Barcelona, 2005.

11

Las negociaciones con Alemania sobre Marruecos y el Oranesado en 1940

Antes de analizar las conversaciones con Alemania conviene repetir y mantener in mente una aclaración conceptual que puede ser de gran utilidad para una completa comprensión del problema. Las pretensiones españolas en África en el verano de 1940, como ya dijimos, se pueden clasificar en dos categorías, según su grado de extensión.[1]

Demandas irredentistas:

Se referían exclusivamente a Marruecos. Consistían en una mera rectificación de fronteras. Tenían cierta base jurídica y una antigüedad de al menos veinte años. Fueron expuestas sólo a los gobiernos de Gran Bretaña y Francia.

Demandas imperialistas:

Concernían a todo el Marruecos francés, el departamento de Orán en Argelia, y una ampliación sustancial de la Guinea española. Se basa-

---

[1] Para la mayor o menor amplitud de las aspiraciones territoriales españolas en África, un factor determinante fue, sin duda, el interlocutor al que iban dirigidas: Francia, Inglaterra, Alemania o Italia, y también las circunstancias en que fueron expuestas. Por ejemplo, 1923, con el sistema franco-británico en plena vigencia o 1940, con el telón de fondo de la derrota francesa y la solitaria resistencia inglesa frente a Alemania.

ban en la obtención por España de estos territorios tras el tratado de paz que se firmaría con Francia. Constituían la recompensa por la entrada de España en la guerra como aliado del Eje. Era todo un programa imperial, no formulado con anterioridad, aunque lo venía defendiendo Falange desde su creación en 1933.[2] Este género de demandas fueron expuestas sólo a los gobiernos alemán e italiano y mantenidas en secreto para todos los demás.

Ambas opciones correspondían a la doble acción exterior simultánea por la que había optado el Gobierno de Franco: conversaciones diplomáticas con Londres y Vichy a propósito de las demandas mínimas o irredentistas, y negociación con Berlín de las demandas máximas o imperialistas. Las dos opciones posponían hasta el final de la guerra la disposición por España de sus nuevos territorios.[3] La primera sólo obligaba a Franco a permanecer neutral. La segunda, a cambio de ganancias mucho mayores, le exigía entrar en el conflicto al lado del Eje.

---

[2] La idea de formar un imperio colonial en África provenía directamente de Falange. El manifiesto político de las JONS de Ramiro Ledesma y Onésimo Redondo, de diciembre de 1931, decía en su cuarto punto:

> Expansión imperial de España. Reivindicación inmediata de Gibraltar. Reclamación de Tánger y *aspiraciones de dominio en todo Marruecos y Argelia*. Política nacional de prestigio en el extranjero.

En el programa de FE de las JONS, de octubre de 1934, se decía de manera menos específica: «Tenemos voluntad de Imperio. Afirmamos que la plenitud histórica de España es el Imperio». Ambos textos son reproducidos en su integridad por Miguel ARTOLA, *Partidos y programas políticos, 1808-1936*, Aguilar, Madrid, 1975, vol. II. La cursiva es nuestra.

[3] Como hemos visto, el primitivo plan de Franco, inspirado por Beigbeder, de invadir el Marruecos francés a finales de junio de 1940, bajo el pretexto de salvaguardar el orden en la zona, fue vetado por los alemanes. Hubo, sin embargo, un segundo intento de penetración, a fines de julio del mismo año, que no se llevó a cabo por no haberse conseguido el desarme previo de las fuerzas francesas en el norte de África. De todos modos el plan de ataque español se mantuvo operativo hasta diciembre de 1940, cuando Franco optó definitivamente por no entrar en la guerra junto al Eje.

En el fondo, esa duplicidad exterior obedecía simplemente a una indecisión del Caudillo, que le llevó finalmente a no dar el paso definitivo, algo que sus propagandistas disfrazaron en la posguerra como «hábil prudencia».

Analicemos a continuación cómo el Gobierno español expuso ante el alemán sus reivindicaciones africanas y cómo luchó con insistencia para lograrlas.[4]

Primer contacto: Vigón visita a Hitler

El 3 de junio, ante el avance arrollador alemán en Francia, y temiendo quedar a un lado dado el ritmo al que se desarrollaban los acontecimientos, Franco escribió a Hitler una carta describiendo la posición española. Felicitaba al Führer por el curso de la batalla y justificaba la neutralidad española por la difícil situación económica y militar tras los tres años de guerra civil. A continuación el Caudillo introducía una frase característica por su cautela, pero reveladora de su ansiedad en aquel momento: «No necesito asegurarle cuán grande es mi deseo de no permanecer al margen de sus preocupaciones y mi gran satisfacción en proporcionarle en todo momento aquellos servicios que considere más valiosos».[5] Al final de la carta, Franco presentaba al general Juan Vigón, jefe del Alto Estado Mayor, que era su enviado para informar ampliamente al Führer sobre los intereses españoles. Como hemos visto, Vigón era el cerebro que venía inspirando a Franco la política de rearme y preparación para una posible intervención en la guerra. Por esto y por su gran preparación, era la persona indicada para llevar a cabo discretamente tan delicada misión.

---

[4] Una visión de conjunto sobre las negociaciones hispano-alemanas en torno al norte de África y la entrada de España en la guerra, en Antonio MARQUINA BARRIO, *España en la política de seguridad occidental 1939-1986*, Ediciones Ejército, Madrid, 1986, pp. 25-40.

[5] Franco a Hitler, 3 de junio de 1940. DGFP, serie D, vol. IX, doc. 378, pp. 509-510.

Aunque la carta llevaba fecha de 3 de junio, Vigón no salió de Madrid hasta el día 10 por la tarde según telegrafió puntualmente el embajador Stohrer, llegando al castillo belga de Acoz el 16, tras unos días de espera en Alemania.[6] En su entrevista allí con Hitler, éste empezó mostrando su gran satisfacción por la ocupación de Tánger por Franco, que había actuado sin detenerse en palabrerías. Vigón expresó la preocupación del Gobierno español por una intervención de EE UU y su posible desembarco en Portugal o Marruecos. Para afrontar esta situación España deseaba contar con el apoyo material de Alemania. Hitler aseguró que «si se producía algún intento de desembarco de tropas enemigas en Portugal o Marruecos, todas las fuerzas de Alemania estarían al lado de España». Añadió que el Reich no tenía interés alguno en Marruecos, salvo en ciertos aspectos de índole económica. Vigón entonces expuso el verdadero objeto de su visita. Mencionó el deseo de España de poner «todo Marruecos bajo el Protectorado español»,[7] argumentando lo insostenible de la situación entonces creada: mientras el Sultán de Marruecos estaba, al menos en teoría, en guerra con Alemania e Italia, por estarlo su potencia protectora, Francia, su súbdito el Jalifa de la zona española, era neutral. Este razonamiento no pareció impresionar al dictador alemán en lo más mínimo. Hitler se refirió a la idea expresada vagamente por Mussolini de que Marruecos debía ser adjudicado a España, pero no expresó su conformidad en ningún momento.

---

[6] DGFP, serie D, vol. IX, nota adjunta al documento 378, p. 510. Todo parece indicar un retraso deliberado por parte de Franco, hasta asegurarse de que los alemanes avanzaban a las puertas de París. La capital fue abandonada por el Gobierno de Reynaud el día 10 de junio y ocupada por las tropas alemanas dos días después, lo que constituía el primer indicio del derrumbamiento francés. Este fue el momento elegido por el Caudillo para dar la señal de partida a su enviado. Según Serrano Súñer, fue Hitler quien hizo esperar a Vigón unos días antes de recibirle (Heleno SAÑA, *El Franquismo sin mitos, conversaciones con Serrano Suñer*, Grijalbo, Barcelona, 1981, p. 164). Sin embargo, parece más exacta la interpretación de que Vigón esperó deliberadamente en Berlín, por orden de Franco, hasta ver el colapso francés, ya evidente a la altura del 16 de junio. El cauto Caudillo no quería exponer sus reivindicaciones territoriales antes de tiempo.

[7] Acta de la conversación Hitler-Vigón, en presencia de Ribbentrop, 16 de junio de 1940. DGFP, serie D, vol. IX, doc. 456, pp. 585-588.

Ribbentrop, conciliador, dijo que si los tres mandatarios iban a ser aliados, con seguridad se encontraría una solución satisfactoria para todas las partes. El resto de la conversación se dedicó a describir el inminente cese de las hostilidades con Francia.

La entrevista de Acoz, cuidadosamente medida en el tiempo para hacerla coincidir con el derrumbamiento de Francia, sirvió a Franco para informar a Hitler del interés español por el Marruecos francés. A pesar de lo que se ha venido publicando, Vigón no ofreció en aquella ocasión la entrada de España en la guerra. En toda la conversación, de la que se conservan las actas alemanas, normalmente fiables, no aparece referencia alguna a este ofrecimiento, que muchos autores dan por supuesto. Fue un encuentro de mero tanteo por parte española. El ofrecimiento de las armas españolas, como veremos, se produjo tres días después, mediante un memorándum presentado por el embajador español en el Ministerio de Exteriores berlinés, para darle la requerida oficialidad.

Según esas actas de la reunión de Acoz, en aquella ocasión Vigón se limitó a decir que «al finalizar el conflicto, España confiaría sus intereses a Alemania», en lo que Hitler se mostró de acuerdo. La causa de esta actitud era que se esperaba por entonces un rápido desenlace de la guerra. Inglaterra solicitaría pronto negociaciones de paz y la participación activa española sería, por lo tanto, innecesaria. De lo que se trataba, y esto se había conseguido, era de informar a Hitler del interés español por obtener todo Marruecos, y confiar en que el dictador alemán defendería esos intereses al discutir las condiciones de paz con Francia. Como veremos, esa era una presunción irreal, pues el dar satisfacción a España en este punto no era una de las preocupaciones inmediatas del Führer.

El memorándum español del 19 de junio

Como hemos adelantado, la primera comunicación oficial española sobre sus reivindicaciones en África no se produjo hasta tres días más tarde, el 19 de junio de 1940, mediante la presentación de un memorándum por el embajador en Berlín, Antonio Magaz, al secretario de Estado Weizsäcker. El memorándum ligaba por primera vez, ahora sí, las aspiraciones españolas con su entrada en el conflicto:

> Puesto que el Gobierno español considera imposible la existencia ulterior del Imperio francés en el Norte de África, que fue en parte creado por el esfuerzo de trabajadores españoles, reclama el territorio de Orán, la unificación de Marruecos bajo el Protectorado español, la extensión del territorio español en el Sahara hasta el paralelo 20, y la extensión de los territorios costeros españoles situados entre el río Níger y Cabo López.
>
> En el caso de que Inglaterra continúe la guerra después de que Francia haya dejado de combatir, España estaría dispuesta a entrar en el conflicto tras un corto periodo de preparación de la opinión pública. En este caso, necesitaríamos alguna asistencia de Alemania en material de guerra, artillería pesada, aviación para el ataque a Gibraltar, y posiblemente la cooperación de submarinos alemanes en la defensa de las Islas Canarias. También el suministro de algunos alimentos, munición, combustible y equipo, que estarán disponibles con seguridad en las reservas de guerra francesas.[8]

Magaz, en lugar de entregar este memorándum al ministro Ribbentrop en persona, como hubiera correspondido dada su trascendencia, debido a la ausencia de éste, lo hizo a través de un subalterno.[9] Por ello, la respuesta oficial alemana tardó una semana en lle-

---

[8] Weizsäcker a Ribbentrop, informándole del memorándum de Magaz, 19 de junio de 1940. DGFP, serie D, vol. IX, doc. 488, pp. 620-621.

[9] Una muestra, quizás, de su personal desacuerdo con su contenido. El almirante Magaz, un superviviente del Directorio de Primo de Rivera, estaba más en la línea neutralista mantenida con anterioridad por Gómez Jordana, otro antiguo colaborador de la Dictadura. En agosto de 1940 Magaz fue sustituido como embajador en Berlín por el General Eugenio Espinosa de los Monteros, un candidato de Franco que, sin embargo, desagradaba profundamente a Serrano.

gar. Mientras tanto, un excitado Beigbeder, adelantaba erróneamente a Stohrer un deseo propio más que una realidad: «La iniciativa española había sido muy bien acogida en Berlín y que las comunicaciones terrestres con Alemania, que pronto serían reabiertas, abrían oportunidades favorables para llevar material de guerra a España para los propósitos señalados». Con objeto de precisar en mayor medida las necesidades de material, se tenía la intención de enviar de nuevo a Berlín al general Vigón. La operación de ocupación española del Marruecos francés no se había podido llevar a cabo hasta entonces, según Beigbeder, debido al reforzamiento de las unidades aéreas francesas en el norte de África.[10]

Sin embargo, la respuesta oficial alemana, comunicada el día 25 de junio, no fue nada explícita. El Gobierno alemán se daba por enterado de las demandas territoriales españolas y acogía gratamente la disposición de España a entrar en la guerra, remitiendo el tema a una próxima consulta hispano-alemana, una vez se aclarara la situación militar tras la firma del armisticio por Francia. A la pregunta de Magaz sobre cuál era la actitud de Alemania ante las demandas españolas, Weizsäcker le remitió al texto oficial de la respuesta, sin querer comprometerse más allá.[11] Tres meses después, cuando Serrano Súñer visitó Berlín en septiembre, se quejaría ante Ribbentrop de que el memorándum español seguía sin obtener una respuesta definida.

Ante los alemanes y desde finales de junio de 1940, las reivindicaciones españolas en África se presentaron siempre como la condición previa esencial a la entrada de España en la guerra, pero no como unas demandas independientes de la situación bélica, que fue el tono empleado con los franceses e ingleses para las rectificaciones fronterizas. Unas aspiraciones tan desmesuradas tenían su origen inmediato en la derro-

---

[10] Stohrer al Ministerio de Asuntos Exteriores, 23 de junio de 1940. DGFP, serie D, vol. X, doc. 3, pp. 2-3.

[11] Memorándum de Weizsäcker con la respuesta al memorándum de Magaz, 25 de junio de 1940. DGFP, serie D, vol. X, doc. 16, pp. 15-16. Véase también DIHGF, vol. II-1, doc. 59.

ta francesa, y el duro tratado de paz que se esperaba seguiría a la misma presentaba una oportunidad única para arrancarle a Francia una parte de su imperio colonial. El Gobierno español sabía que en caso de victoria del Eje, sólo tendría legitimidad suficiente para exigir esas reclamaciones si había participado activamente como beligerante. Un simple neutral por muy benevolente que se mostrara, no podría esperar ver satisfechas tales aspiraciones territoriales.

Una muestra de la ansiedad española en esos días ante la falta de respuesta alemana es que el entonces poderoso ministro de la Gobernación, Ramón Serrano Súñer, indicara al embajador Stohrer en fecha tan temprana como el 26 de junio, su deseo de ir a Alemania, posiblemente de incógnito, para orientarse directamente allí de la situación.[12] Serrano comenzaba así a desempeñar una creciente actividad en las relaciones exteriores, que le llevaría finalmente a sustituir a Beigbeder seis meses después.

Sin embargo, hasta el 2 de agosto, mes y medio después de realizadas, los alemanes no dieron signo alguno de interés por las propuestas españolas. Aquel día, Ribbentrop telegrafió a Stohrer clarificando por vez primera las intenciones alemanas: «*Lo que queremos conseguir ahora es la pronta entrada de España en guerra*». El ministro alemán comunicaba su intención de viajar a Madrid en una fecha inmediata, para, si se presentaba la oportunidad, «hacer los arreglos finales necesarios»[13] con el Gobierno español. Pedía al embajador que no comunicara a nadie sus intenciones o la posibilidad de su visita.

Franco, ignorante de estos planes, y aconsejado por Beigbeder, escribió el 15 de agosto una carta a Mussolini solicitándole su apoyo a las aspiraciones españolas en Marruecos. Describía estas demandas como «tradicionalmente mantenidas en la política exterior española, y más vivas que nunca en nuestras mentes». Se trataba de territorios resulta-

---

[12] Stohrer al Ministerio de Asuntos Exteriores, 26 de junio de 1940. DGFP, serie D, vol. x, doc. 87, pp. 97-98.

[13] Ribbentrop a Stohrer, 2 de agosto de 1940. DGFP, serie D, vol. x, doc. 274, p. 396. La cursiva es nuestra.

do de esa política franco-británica de «dominio y expolio que tantas heridas ha ocasionado también a Italia». El Caudillo combinaba la legitimidad española sobre esos territorios con la «imperiosa necesidad de eliminar una frontera débil y extensa y de proteger nuestras líneas de comunicación con las Islas Canarias», es decir factores de carácter estratégico.[14]

En su respuesta, diez días más tarde, Mussolini aseguraba a Franco que «podía contar en sus aspiraciones con la completa solidaridad de la Italia fascista». En el tono paternal de un maestro aconsejando a su discípulo, el Duce decía estar seguro de que Franco «no dejará pasar esta oportunidad de proporcionar a España su espacio vital en África». Si España no entraba en la guerra se marginaría de la historia europea y del futuro, y todavía más «carecería de justificación moral para solucionar sus cuestiones africanas».[15]

Mientras tanto, el embajador Stohrer trabajaba intensamente sobre las necesidades militares y materiales que los españoles habían solicitado para entrar en guerra. El día 27 de agosto presentaba a Ribbentrop un borrador para un posible Protocolo hispano-alemán. En doce puntos exponía lo que serían las obligaciones de ambas partes tras la participación española. Sin embargo, en un comentario preliminar el embajador desaconsejaba ceder todo el Marruecos francés a Franco, «ya que ocasionaría nuevos y difíciles problemas para España». Afirmaba que España apenas estaba en condiciones de mantener el orden en su propio país y en su pequeña zona de Protectorado. «La cesión del Marruecos francés a España, conduciría además con toda probabilidad a serias complicaciones bélicas, ya que los marroquíes son tan contrarios a un protectorado español como a uno francés».[16] Los comen-

---

14 Franco a Mussolini, 15 de agosto de 1940. DGFP, serie D, vol. x, doc. 346, pp. 484-486.

15 Mussolini a Franco, 25 de agosto de 1940. DGFP, serie D, vol. x, doc. 392, p. 542.

16 Stohrer a Ribbentrop, 27 de agosto de 1940. DGFP, serie D, vol. x, doc. 405, pp. 561-565.

tarios de Stohrer, desde luego, no ayudaban a fortalecer la imagen de España en Berlín.

Al mismo tiempo, el Ministerio de Asuntos Exteriores alemán preparaba a principios de septiembre de 1940 el aparato administrativo con vistas a la adquisición de un imperio colonial en África central. Se había previsto incluso la creación de un Ministerio del Reich para las Colonias. El veterano general Ritter von Epp sería el designado para ocupar el puesto de ministro, con Wenig como su secretario de Estado.

Los preparativos alemanes contemplaban dos posibilidades de reparto colonial en función de si Inglaterra era o no sometida por la fuerza:

a) La partición de África una vez concertada una paz de compromiso con Gran Bretaña. En este caso las demandas españolas no podrían ser atendidas, puesto que el Imperio británico sería respetado y a Francia no se le podrían asignar compensaciones por sus renuncias a favor de España. El imperio alemán se reduciría a recuperar sus antiguas colonias, más el Congo belga y francés, el área del lago Chad y el África Ecuatorial francesa.

b) Sometida Inglaterra por la fuerza, Alemania se repartiría el Imperio Británico en África con sus aliados, Italia y España. A ésta le correspondería, según lo solicitado, Marruecos, el Oranesado, una extensión de la Guinea española y por supuesto, Gibraltar.[17] Francia sería compensada por sus pérdidas en el norte de África con la adquisición de Nigeria, siempre que hubiera cooperado en la lucha contra los ingleses.

Estos planes de reparto nunca pasaron de tales. Quedaron reducidos finalmente a meras especulaciones, debido a la prolongación de la guerra y a su resultado adverso para el Eje. Sin embargo, hay que tener-

[17] Memorándum titulado «Planes Coloniales», 4 de septiembre de 1940. Su autor era Etzdorf, representante del Ministerio de Asuntos Exteriores alemán ante el Alto Mando del Ejército. DGFP, serie D, vol. XI, doc. 16, pp. 20-22.

los en cuenta, pues en ellos se contemplaba satisfacer la totalidad de las aspiraciones españolas, siempre que Gran Bretaña fuera vencida con rapidez. Este era el factor esencial.

A principios de septiembre de 1940, Stohrer en preparación de la anunciada visita de Serrano Súñer a Berlín, envió a Ribbentrop un guión con las demandas españolas y lo que posiblemente Alemania podía exigir en contrapartida. En relación con Marruecos, todas las peticiones alemanas eran de carácter económico:

- Devolución de las propiedades alemanas perdidas tras el Tratado de Versalles y otros derechos alemanes en Tánger y en las partes de Marruecos y Argelia que se cederían a España.
- Participación del Reich en las empresas mineras de propiedad inglesa o francesa a liquidar en el Marruecos español.
- Participación del Reich en las operaciones mineras del Marruecos francés y región de Orán, mediante explotación privativa o conjunta con España.
- Consecución de términos de igualdad con España en la actividad económica a desarrollar en el Marruecos español y los nuevos territorios

Stohrer creía que se podría pedir además la cesión de una porción del territorio español en el Golfo de Guinea. Los intereses alemanes en el norte de África eran, pues, predominantemente económicos y básicamente centrados en la extracción de minerales. Parte de estas peticiones fueron presentadas un par de semanas más tarde a un sorprendido y poco menos que indignado Serrano durante su estancia en Berlín.

De esta manera quedaba patente que Alemania no proporcionaría un nuevo imperio colonial a España en África de forma gratuita, sino que aspiraba a una explotación económica de los territorios cedidos a España en pie de igualdad con ella. Se trataba de un colonialismo compartido, en el que España debía hacer un papel subordinado nada en consonancia con los designios originales del Caudillo.

Serrano Súñer en Berlín: reivindicaciones españolas y peticiones alemanas

El ministro de la Gobernación llegó a Berlín el 16 de septiembre acompañado de un numeroso séquito, entre los que se encontraba como asesor principal Tomás García Figueras, renombrado africanista y secretario general de la Alta Comisaría en el Protectorado de España en Marruecos. No vamos a tratar aquí con detalle los avatares de la negociación española para entrar en la guerra, muy conocidos y estudiados en profundidad por otros autores.[18] Nos limitaremos a señalar tan sólo aquellos aspectos relevantes sobre Marruecos y el norte de África.

En su primera conversación con Ribbentrop el mismo 16 de septiembre, Serrano admitió que el memorándum del 19 de junio con las demandas españolas no había sido presentado de forma correcta por el embajador Magaz, pero aprovechó para hacer notar que todavía no se había recibido una respuesta concreta y oficial de Alemania. El Gobierno español temía especialmente por el desarrollo de los acontecimientos en Marruecos. Sobre el futuro de este territorio, Serrano apeló al sentido de justicia de Alemania, dejando claro que España aspiraba a tomar en sus manos la totalidad del Marruecos francés. Argumentó extensamente esta pretensión explicando que era una zona que pertenecía al «espacio vital» de España y que desde el punto de vista económico compensaba ciertas deficiencias de la producción agrí-

[18] Aunque la bibliografía sobre las conversaciones hispano-alemanas es muy amplia, podemos señalar varias monografías específicas: para los aspectos políticos, DETWILER, D.S., *Hitler, Franco und Gibraltar. Die Frage des spanischen eintritts in den Zweiten Weltkrieg*, Franz Steiner, Weisbaden, 1962, pp. 37-79 y RUIZ HOLST, M., *Neutralität oder Kriegsbeteiligung? Die deutsch-spanischen Verhandlungen im Jahre 1940*, Centaurus, Pfaffenweiler, 1986, pp. 91-134. Las cuestiones estratégicas en BURDICK, CH.B., *Germany's Military Strategy and Spain in World War II*, Syracuse University Press, 1968, pp. 35-95. Los aspectos económicos en GARCÍA PÉREZ, R., *Franquismo y Tercer Reich. Las relaciones económicas hispano-alemanas durante la Segunda Guerra Mundial*, Centro de Estudios Constitucionales, Madrid, 1994, pp. 174-197.

cola española. Su abundancia en fosfatos proporcionaría los necesarios fertilizantes para la empobrecida agricultura peninsular. Además la división política de Marruecos en Tánger, la zona francesa y la española era algo totalmente opuesto a lo natural. Marruecos tendría que ser una unidad bajo protectorado español. Puesto que su población era incapaz política y administrativamente de gobernarse a sí misma, necesitaba de un pueblo europeo que ejerciese una supervisión general.[19] Por razones geográficas y de tradición, sólo España era la nación señalada para esta labor. Por otro lado, por motivos de seguridad era esencial para España adquirir la totalidad de Marruecos, puesto que la zona francesa representaba una frontera muy vulnerable de 300 kilómetros de longitud. España quería hacer la frontera marroquí absolutamente segura llevándola hasta el Sahara. Además, Serrano reclamaba la región de Orán, en Argelia, puesto que la población de allí era española, y como complemento una rectificación al sur de la colonia española de Río de Oro hasta la Bahía del Galgo.

El ministro español se refirió a que, aunque la riqueza mineral de Marruecos en fosfatos, plomo, cobalto y otras materias primas había sido muy exagerada, el Gobierno español estaba dispuesto a conceder un tratamiento especial a Alemania en este terreno.

---

[19] No disponemos apenas de documentación o testimonios sobre el futuro que se había diseñado para un Marruecos enteramente bajo dominación española. Tan sólo Beigbeder arroja algo de luz sobre ello en su carta a Asensio de 25 de julio de 1940:

> No cabe duda de que si el día de mañana penetramos en Marruecos, habrá que dar una organización especial que no sea el protectorado ceñido a que tenemos sometida nuestra zona con sus interventores y mejazmies [...].

Beigbeder era partidario de una independencia teórica, «al estilo de Cuba, Irak, Panamá, Filipinas», pero garantizando una estrecha unión comercial, incluso aduanera, con España, la ocupación militar de ciertos enclaves, y el monopolio de las relaciones exteriores y de las materias primas. Algo tan limitado que el propio ministro la calificaba de «independencia de carnaval».

Véase Beigbeder a Asensio, 25 de julio de 1940. DIHGF, vol. II-1, doc. 76, pp. 273-275. Reproducida en el apéndice documental.

Tras dedicar unas palabras a Portugal, Serrano entregó a Ribbentrop un mapa, sobre el que explicó las demandas territoriales españolas, que parece ser coincidían en su mayor parte con las representadas por los alemanes en su propio mapa de reparto.[20] El ministro alemán dijo que en principio se podía estar de acuerdo con las peticiones españolas, pero que más tarde, señaló, habría que tratar ciertos detalles importantes. Con ayuda del referido mapa mostró a Serrano las respectivas áreas de influencia de Italia, España y Alemania en África, señalando que el Reich reclamaba para sí todo el África Central.

Se habló de la difícil situación por la que atravesaba Inglaterra y de los suministros que España necesitaría para entrar en la guerra en su última fase. De nuevo valiéndose de un mapa, Ribbentrop pasó a exponer algo que debió sorprender sobremanera a Serrano: las demandas territoriales que Alemania pedía a España en compensación por proporcionarle un imperio colonial. Hitler quería que se le cediera una de las islas Canarias para establecer allí una base aeronaval.[21] También deseaba establecer bases militares en la costa atlántica marroquí, concretamente en Agadir y Mogador, con un apropiado hinterland. En cuanto a las demandas económicas, Alemania deseaba que se le pagara la deuda generada por España durante la guerra civil, seguridad sobre las materias primas de Marruecos en particular (cobre, hierro y fosfatos) y participación en las empresas francesas y británi-

[20] Cuando el nuevo embajador español, general Eugenio Espinosa de los Monteros, llegó a Berlín a mediados de agosto de 1940, llevó consigo una nota para entregar en el Ministerio de Exteriores —preparada por Beigbeder—, sobre los derechos españoles y un mapa revisado por Franco con las reivindicaciones territoriales en África, que debió servir de base para la elaboración de este mapa alemán. DIHGF, vol. II-1, docs. 80 y 81, pp. 285-287. Una anotación manuscrita por Beigbeder al pie de un telegrama de la embajada en Berlín de 10 de agosto de 1940 dice lo siguiente: «Mi Caudillo: con respecto a lo de Marruecos Espinosa [de los Monteros] se llevará la nota con el croquis del Imperio africano que tú aprobaste después de corregir [...]». FFF, doc. 27091.

[21] En su memorándum de 19 de junio de 1940, los españoles habían expresado la necesidad de una probable «cooperación de los submarinos alemanes en la defensa de las Islas Canarias». Hitler debió ver aquí una puerta abierta para poder pedir el establecimiento de una base alemana en aquellas islas.

cas a liquidar en España. Serrano se mostró dispuesto a aceptar las peticiones económicas, pero opuesto a la cesión de una isla en Canarias. Por lo demás, las cuestiones económicas quedaron aplazadas para una discusión posterior entre los expertos de las dos delegaciones, en presencia del embajador Stohrer.[22]

Serrano salió de esta primera entrevista (de más de tres horas de duración), muy contrariado por la inesperada petición alemana de una de las islas Canarias, redactando al respecto un informe urgente para Franco que llegaría por avión a Madrid de la mano de Tomás García Figueras.

Al día siguiente Serrano Súñer se entrevistó por primera vez con el dictador alemán durante una hora, en presencia de Ribbentrop. La mayor parte del tiempo lo empleó Hitler en explicar a su interlocutor los pormenores del ataque conjunto a Gibraltar.[23] Serrano expuso brevemente las reivindicaciones españolas en el norte de África en idénticos términos a los empleados el día anterior con Ribbentrop. Éste debía de haber dado cuenta a Hitler de la mala acogida del ministro español ante la petición de una base en Canarias, puesto que el Führer no insistió en el tema, y tan sólo se refirió a la necesidad de preparar la defensa de las islas del Atlántico ante la amenaza de Gran Bretaña y en el futuro, posiblemente de Estados Unidos. Para ello se necesitarían bases en las islas y en la costa africana. Serrano subrayó en dos ocasiones que la mejor manera de defender esta zona era mediante una alianza militar entre Alemania, Italia y España. Con este comentario daba a entender que no sería necesaria la cesión de esas bases, puesto que Alemania, como aliada, podría contar con todo el territorio español en apoyo de operaciones militares. Hitler en esta primera conversación no hizo observación alguna sobre las peticiones territoriales españolas, un tema espinoso que prefirió dejar a su ministro de Asuntos Exteriores.

---

[22] Actas de la conversación Ribbentrop-Serrano Súñer, 16 de septiembre de 1940. DGFP, serie D, vol. XI, doc. 63, pp. 83-91.

[23] Actas de la conversación Hitler-Serrano Súñer, 17 de septiembre de 1940. DGFP, serie D, vol. XI, doc. 66, pp. 93-98.

Efectivamente, el mismo día 17 de septiembre Serrano tuvo una segunda conversación con Ribbentrop, esta vez en presencia del secretario de Estado Von Weizsäcker. Ante la reticencia del alemán por considerar excesiva la demanda española de 56.000 toneladas mensuales de gasolina, Serrano argumentó que esa cantidad se había establecido teniendo en cuenta la posibilidad de tener que luchar en Marruecos tras la toma de Gibraltar. Ribbentrop quitó importancia al asunto, pues no creía que fueran a ser necesarias operaciones en Marruecos o la costa Atlántica. En ese momento Serrano utilizó como réplica un argumento que unos meses más tarde sería esgrimido por los propios alemanes para no acceder a las reivindicaciones españolas. El ministro español dijo textualmente:

> [...] Incluso en el caso de que Gibraltar fuera capturado el Estrecho no estaría completamente cerrado y existía la posibilidad de que parte de la escuadra inglesa escapara del Mediterráneo al Atlántico, especialmente si lo hacía durante la noche, amenazando la costa española desde allí. España deseaba en cualquier caso estar preparada para tal eventualidad. *El Norte de África también podría ser amenazado por la flota inglesa y por posibles intentos de desembarco. Así mismo era de temer que el Marruecos francés se uniera a De Gaulle y por tanto a los ingleses, creando así una situación extremadamente complicada.*[24]

Serrano temía una reacción francesa en Marruecos como consecuencia de la toma de Gibraltar. Los alemanes, sin embargo, mostrarían en los meses siguientes que lo que verdaderamente les preocupaba era la reacción francesa una vez que se filtrara la decisión alemana de

[24] Actas de la conversación Ribbentrop-Serrano Súñer, 17 de septiembre de 1940. DGFP, serie D, vol. XI, doc. 67, pp. 98-102. Como veremos más adelante, fue precisamente este temor a provocar un levantamiento del territorio francés del norte de África el motivo esencial por el que Hitler no accedió finalmente a dar satisfacción a las demandas territoriales españolas. La cursiva que aparece en el texto es nuestra.

ceder esos territorios a España tras la firma de la paz. Pero por entonces —mediados de septiembre— los alemanes todavía no habían detectado este peligro y simplemente aspiraban a que España entrara en la guerra, tomar Gibraltar y dejar en la indefinición el cumplimiento de las reivindicaciones españolas.

Volviendo al curso de la conversación, Ribbentrop trató de disipar los temores de Serrano, diciendo que, una vez tomado Gibraltar, bastaría la presencia de aviones torpederos en la zona para que no se vieran buques enemigos en un amplio radio. A continuación trató de nuevo los temas territoriales. Ribbentrop aseguró que *Alemania obtendría de Francia su zona de Marruecos en el tratado de paz y que se la entregaría a España,* con la excepción de las bases de Agadir y Mogador, su hinterland y ciertos intereses económicos a determinar en negociaciones posteriores. Insistiendo de nuevo en la necesidad de una defensa conjunta del espacio euro-africano frente a América, preguntó a Serrano si España estaba dispuesta a ceder a Alemania una de las Canarias.[25] Ribbentrop, en un alarde de ignorancia, debía considerar estas islas como un territorio más africano que español, por lo que no estimaba tan difícil su cesión. Se permitió decir a Serrano que «las islas africanas situadas en el límite del bloque Euro-Africano deben ser equipadas para su defensa inmediatamente». Serrano dijo que las Canarias constituían una parte de España, a la que pertenecían históricamente, y que era absolutamente imposible cederlas. Repitió su argumento de que la defensa del bloque euro-africano se aseguraría mejor mediante una alianza militar germano-italo-española. Trató de desviar la atención alemana —siguiendo instrucciones de Franco— hacia las islas portuguesas de Madeira y hacia San Luis en Senegal, desde donde se podría establecer —dijo— un sistema defensivo tan bueno como el de las Islas Canarias, Agadir y

[25] Una visión sobre la concepción alemana del espacio euroa-fricano en Víctor MORALES LEZCANO, *Historia de la nobeligerancia española...*, pp. 35-38.

Mogador. Daba a entender así, que la cesión de bases en Marruecos tampoco agradaba a los españoles. Mogador era necesario como puerto para esa zona, añadiendo que, si no se concedían a España las materias primas más importantes y además se le privaba de esas dos bases, Marruecos quedaría despojado de gran parte de su valor. Cuando Ribbentrop indicó que después de todo Marruecos iba a caer en manos españolas gracias a la victoria alemana sobre Francia, Serrano replicó diciendo que España estaba bien dispuesta para conquistar Marruecos con su propia sangre, y que podría reclamar sus derechos sobre el territorio mediante su participación en la guerra y el sacrificio de vidas humanas que comportaría. Entonces Ribbentrop expuso otra oferta a España, pero que no mejoraba en mucho la anterior. El Reich estaba dispuesto a quedarse con la Guinea española y las islas circundantes, como Fernando Poo, a cambio de Marruecos que pasaría íntegro a España. Serrano no quiso discutir esta nueva idea, escudándose en que no tenía autorización para tratar más que los problemas descritos en el memorándum español del 19 de junio. Informaría a Franco de los deseos alemanes, pero por su parte tenía serias dudas de que aquél pudiera acceder a la cesión de una de las Islas Canarias u otros territorios. Tras una hora de discusión, las posturas respectivas no se habían acercado en lo más mínimo, sino que parecían más alejadas que al principio. Naturalmente ello era debido a las sorprendentes exigencias alemanas.

Cartas de Hitler a Mussolini y Franco

El mismo día 17 de septiembre, Hitler redactó una carta para Mussolini describiendo los preparativos que se habían hecho tras el fin de la campaña en occidente. España había ofrecido su entrada en la guerra a cambio de una serie de requisitos militares y económicos. El Führer no citaba los territoriales, que como sabemos eran primordiales para Franco. Anunciaba al Duce que enviaba a Ribbentrop a Roma para comunicarle los detalles. Refiriéndose al norte de África, escribía que aunque Francia estaba acabada, existía todavía el peligro de un movimiento de secesión en sus colonias. No había seguridad de que este movimiento no se hiciera incluso con el acuerdo secreto de Vichy. Si el norte de África se uniera a los británicos, esto daría nuevos ímpetus a su causa, alargando la guerra. Sin embargo, para Hitler «tan pronto como haya un puente fiable al norte de África a través de España, yo ya no consideraría este peligro muy grande».[26] Como veremos, el levantamiento francés en África era una verdadera obsesión para el dictador alemán, y acabó siendo el elemento crucial que determinó su posición negativa ante las reivindicaciones españolas.

El día 18 Hitler escribió también a Franco a petición de Serrano, describiendo los aspectos estratégicos y militares de la intervención germano-española sobre Gibraltar. En la carta no se pronunció sobre las demandas territoriales españolas, pero en uno de sus párrafos Hitler expuso a Franco cómo se libraría de su obsesivo peligro norteafricano: le anunciaba que si los italianos conseguían acercarse a Alejandría, se podría eliminar la base naval británica mediante ataques aéreos y cerrar a las unidades inglesas el acceso al Mediterráneo, entonces «el norte de África estaría maduro para ser tomado por Italia, España y Alemania. El peligro de que un área norteafricana separada de Francia pudiera unirse a las fuerzas británicas sería así definitivamente eliminado».[27] Hitler seguía mareando la perdiz con consideraciones estratégicas, pero nada decía de lo que verdaderamente interesaba a Franco, sus ganancias territoriales.

Como había sido anunciado, Ribbentrop llegó a Roma el 19 de septiembre y mantuvo una larga conversación con Mussolini, en presencia de Ciano y los embajadores Von Mackensen y Alfieri. Primero se dio un amplio repaso a la situación general de la guerra. Llegados al

26 Hitler a Mussolini, 17 de septiembre de 1940. DGFP, serie D, vol. XI, doc. 68, pp. 102-105.

27 Hitler a Franco, 18 de septiembre de 1940. DGFP, serie D, vol. XI, doc. 70, pp. 106-108.

tema de España, Ribbentrop comunicó el interés alemán por Agadir, Mogador y una de las Islas Canarias, y desplegando un mapa señaló las demandas territoriales españolas. A la vista del mismo, el Duce confirmó que las aspiraciones españolas no chocaban en nada con los intereses italianos.[28] En una segunda conversación al día siguiente, el ministro alemán, teniendo presentes las dudas expresadas por el embajador Stohrer sobre la capacidad de España como potencia colonial, preguntó al dictador italiano si creía que los españoles podrían administrar la zona de Marruecos que tan ansiosamente reclamaban, a lo que Mussolini respondió gráficamente encogiéndose de hombros.[29] El resto de la discusión giró en torno a la entonces próxima firma con Japón del Pacto Tripartito.

En una tercera conversación celebrada el 22 de septiembre, Ribbentrop anunció a Mussolini que, de acuerdo con los deseos españoles, se iba a requerir de Serrano la firma de una alianza militar entre Italia, España y Alemania, en lugar del Protocolo anteriormente considerado.

Franco contesta a Hitler

Aquel mismo día Franco respondía a la carta de Hitler del 18 diciendo que, en líneas generales, estaba conforme con lo expuesto a Serrano en Berlín sobre la cesión de todo el Marruecos francés a España con la única limitación de asegurar parte de sus materias primas para Alemania. Sin embargo, no podía estar de acuerdo en el establecimiento de bases

---

28 Acta de la conversación Ribbentrop-Mussolini, en presencia de Ciano y los embajadores Von Mackensen y Alfieri, 19 de septiembre de 1940. DGFP, serie D, vol. XI, doc. 73, pp. 113-123.

29 Acta de la conversación Ribbentrop-Mussolini, en presencia de Ciano y los embajadores Von Mackensen y Alfieri, 20 de septiembre de 1940. DGFP, serie D, vol. XI, doc. 79, pp. 134-136.

alemanas en Agadir y Mogador,[30] ya que «son innecesarias en tiempo de paz y superfluas en tiempo de guerra, porque en este caso usted podría contar no sólo con estos puertos sino con todos los que España posee, ya que nuestra amistad va a ser sellada firmemente en el futuro». Respecto a Gibraltar estaba de acuerdo en que la toma del Peñón protegería el Mediterráneo occidental, evitando todo peligro, salvo la amenaza temporal que podría surgir si De Gaulle tenía éxito en su plan de rebelar Argelia y Túnez. «Una concentración de nuestras tropas en Marruecos prevendrá este peligro. A este respecto sería útil que sus comisiones de control incrementaran las medidas preventivas al máximo.»[31] Aquí Franco hacía una alusión velada a su deseo de que los alemanes desarmaran completamente a las tropas francesas en el norte de África para evitar posibles complicaciones. Que no lo hubieran exigido ya en las mismas cláusulas del armisticio fue una desagradable sorpresa para el Caudillo, y una de las causas principales para que éste no se hubiera atrevido a invadir en solitario el Marruecos francés en julio de 1940.

Operación «Menace» en Dakar

Los temores de Hitler y Franco sobre las intenciones de De Gaulle se vieron confirmados el 23 de septiembre, pero no en el norte de Áfri-

[30] Franco quería evitar a toda costa enclaves extranjeros dentro del territorio español de soberanía o sus posesiones, que como Gibraltar, había quebrantado la unidad política y territorial de España. Como máxima concesión y en último extremo propondría a Serrano la posibilidad de un arrendamiento de Mogador a Alemania por 99 años. Parece ser que el ministro español no llegó a hacer este ofrecimiento a los alemanes. Véase la carta de Franco a Serrano —mientras éste estaba en Berlín—, de 21 de septiembre de 1940, reproducida en SERRANO SÚÑER, *Entre el silencio y la propaganda, la Historia como fue. Memorias*, Planeta, Barcelona, 1977, p. 335.

[31] Franco a Hitler, 22 de septiembre de 1940. DGFP, serie D, vol. XI, doc. 88, pp. 153-155.

ca, sino en Dakar, en la costa occidental del continente, donde el general francés realizó un intento de desembarco con ayuda británica. Fue repelido enérgicamente por las fuerzas leales a Vichy, aunque la lucha duró dos días. Si éstas no hubieran opuesto resistencia a De Gaulle, las dudas de Hitler se habrían disipado, ordenando entonces el rápido desarme de las tropas francesas del norte de África y la ocupación preventiva de esos territorios. En ese caso no habría puesto reparo alguno para su entrega posterior, parte a España y parte a Italia, interesada en Túnez. Sin embargo, la leal defensa de Dakar por Vichy frente a los gaullistas hizo más aconsejable para Hitler dejar en sus manos sus posesiones norteafricanas y no aventurarse a crear en la zona otro foco de conflicto. Se puede afirmar que Dakar marcó un punto de no retorno en la estrategia de Hitler. A partir de entonces prefirió jugar la carta de la colaboración con Francia, aún a costa de que ello representara al final no poder satisfacer las aspiraciones territoriales de España. Desde entonces el Führer trató de involucrar a Franco en la guerra pero ofreciéndole sólo Gibraltar, y dejando el resto en la indefinición.

Tercera conversación de Serrano con Ribbentrop y segunda con Hitler

El 24 de septiembre tuvo lugar la tercera conversación Serrano-Ribbentrop, esta vez contando con la presencia del embajador Von Stohrer.[32] Se habló de la conclusión de la alianza militar tripartita España-Alemania-Italia y de los acontecimientos del día anterior en Dakar, que en aquel momento eran todavía confusos. Al respecto, Serrano expresó la preocupación de Franco por la autorización de la Comisión alemana de armisticio a Vichy para trasladar regimientos

[32] Acta de la conversación Ribbentrop-Serrano Súñer, en presencia del embajador Von Stohrer, 24 de septiembre de 1940. DGFP, serie D, vol. XI, doc. 97, pp. 166-174.

senegaleses y vehículos blindados a África con el fin de suprimir a los seguidores de De Gaulle. El dictador español quería saber si los franceses habían dado algún tipo de garantía sobre el uso de estas tropas, pues consideraba dentro de lo posible que esas fuerzas en realidad sirvieran para fortalecer a De Gaulle. Ribbentrop contestó que no estaba muy informado del tema, por ser cuestiones militares llevadas por la Comisión de armisticio, pero que hacía un tiempo que Francia había informado sobre su precaria situación en el norte de África si no recibía permiso para trasladar allí barcos, aviones y tropas. Por ello, las Comisiones alemana e italiana habían decidido conjuntamente reforzar la posición de Pétain en Marruecos. Serrano expuso entonces otro de los temores españoles. Se sabía que «De Gaulle y otros generales que simpatizaban con él tenían la intención de atacar el Marruecos español». Según el ministro de la Gobernación la única razón que les había detenido era la falta de munición de artillería del calibre 7,5 cm. Puesto que sólo se fabricaba en Francia, Finlandia e Italia, y desde estos dos últimos países no podían entonces abastecerse, Franco pedía que las fábricas de municiones francesas fueran estrechamente vigiladas. El ministro alemán prometió obtener información de este tema y dar una respuesta adecuada.

El Caudillo una vez más, intentaba promover en los alemanes un espíritu de desconfianza hacia los franceses del norte de África. Un alto grado de desarme de las fuerzas francesas allí establecidas, habría permitido a España afrontar su entrada en la guerra con más tranquilidad, y llegado el caso facilitar una ocupación preventiva del Marruecos francés al estilo de Tánger. Sin embargo, como hemos visto, tras Dakar, Hitler optó por confiar la defensa de la zona a las propias fuerzas de Vichy, para desesperación de los mandos españoles.

Serrano, guiado por concisas instrucciones de Franco, dejó claro en esta tercera conversación, aunque de una manera amistosa, que no se podían aceptar las peticiones de bases alemanas en Agadir y Mogador. No mencionó siquiera el tema de Canarias, considerando que esta omisión sería entendida correctamente por los alemanes como una negativa.[33] Respecto a las demandas económicas en Marruecos, serían garantizadas pero sólo tras cubrir primero las necesidades de España. Con estas dos excepciones, Franco se mostraba de acuerdo en todo lo demás.[34] El resto de la discusión se dedicó a tratar los detalles de la alianza tripartita, que Ribbentrop quería formular en términos solemnes pero vagos, y Serrano en un Protocolo redactado «con extraordinario cuidado». Quería así asegurarse de que constara con toda claridad las futuras cesiones de territorios a España. Este fue efectivamente, como veremos, el principal escollo con el que tropezaron las negociaciones hispano-alemanas, determinando en último extremo la decisión final de Franco de no entrar en la guerra, al no obtener garantías precisas sobre las ganancias territoriales en el norte de África.

Al día siguiente, 25 de septiembre de 1940, Serrano Súñer tuvo su segunda conversación con Hitler, en presencia de Ribbentrop y también del secretario de Estado de la Cancillería, Dr. Meissner. El Führer se esforzó por mostrar al español la conveniencia de «establecer bases alemanas en las islas situadas al oeste de África», como ponían en evidencia los recientes acontecimientos en Dakar. Era una necesidad —explicó— no sólo debida a la guerra sino para el futuro, para mantener a la coalición anglo-americana alejada de Europa y África. Serrano hizo referencia, como en anteriores ocasiones, al temor español de un ataque desde Argelia y Túnez. En aquellos momentos no se sabía con seguridad el resultado de la acción inglesa en Dakar y Hitler respondió que «en caso de un éxito inglés en Dakar, Gran Bretaña sin duda intentaría poner el pie también en el Marruecos francés. Pero

33 No fue así, y Ribbentrop (que no se caracterizaba por su tacto y finura) preguntó de nuevo y explícitamente por la cesión de una de las Canarias. Serrano respondió negativamente aunque suavizando la rotundidad de su respuesta: Franco había sido consultado sobre el tema de manera no oficial, respondiendo, también de manera no oficial, con una negativa.

34 La respuesta de Serrano a la petición alemana alternativa de la Guinea española y Fernando Poo, fue al igual que lo referente a Canarias, negativa.

en caso de una derrota la situación sería más fácil».[35] Para el dictador alemán la posición de los franceses en el norte de África no sería ahora tan difícil si Alemania e Italia hubieran tenido bases allí. Se había ofrecido su construcción en julio, pero el Gobierno de Pétain se había negado alegando que ello causaría graves problemas internos.[36] Con ayuda de un mapa y un compás, el Führer dio a Serrano una de aquellas lecciones a las que era tan aficionado, sobre las posibilidades de estrategia aérea desde las islas y la costa atlántica africana. El español trató de nuevo de desviar la atención alemana hacia las islas portuguesas, y constatando lo delicado y urgente de los problemas surgidos durante su estancia en Berlín, confió su solución al previsto encuentro personal entre Hitler y Franco.

Esa misma tarde, el embajador Stohrer tuvo una conversación privada con Serrano, tratando de, en forma más relajada, llevar al español a compartir el punto de vista alemán. Stohrer le dejó bien claro que «España nos debe un *quid pro quo* adecuado por satisfacer sus aspiraciones territoriales, y a este respecto valoramos particularmente las adquisiciones económicas; España no puede esperar de nosotros que le proporcionemos un nuevo imperio colonial por medio de nuestras victorias y no obtener nada a cambio».[37]

---

[35] Acta de la conversación Hitler-Serrano Súñer, en presencia de Ribbentrop y del Secretario de Estado, Dr. Meissner, 25 de septiembre de 1940. DGFP, serie D, vol. XI, doc. 117, pp. 201-204.

[36] Hitler, por el hecho mismo de hacer estas peticiones de bases a Pétain, mostraba el lugar secundario que en realidad asignaba a España en los asuntos norteafricanos. Por aquel entonces, julio de 1940, no había tenido para nada en cuenta las ya conocidas reivindicaciones españolas, que se habrían visto seriamente lesionadas de encontrarse con bases alemanas e italianas establecidas en los territorios codiciados por España.

[37] Memorándum de Stohrer, 25 de septiembre de 1940. DGFP, serie D, vol. XI, doc. 104, pp. 183-184. Dejando a un lado las cesiones territoriales, a las que los españoles se resistían con obstinación, los alemanes pusieron el peso a partir de entonces en las demandas económicas: traspaso a Alemania de las compañías francesas establecidas en Marruecos francés y sus derechos sobre las minas de la zona, y lo que era más importante, traspaso al Reich del 51% de las acciones de las empresas francesas e inglesas establecidas en la Península, descontando su valor de la deuda de guerra contraída por la España de Franco con Alemania durante 1936-1939.

El memorándum español del 27 de septiembre

Quizás movido por esta línea argumental de intercambio de cesiones, Serrano, bajo instrucciones de Franco y no queriendo abandonar Berlín sin dar mayores seguridades, entregó a Stohrer el día 27 un memorándum que tuvo buen cuidado de no firmar, en el que se expresaba la posición española en aquel momento de las negociaciones. El Gobierno español declaraba su «solidaridad con la política del Eje y su disposición a concluir una alianza militar con Alemania e Italia por diez años bajo la forma de un pacto tripartito».[38] Como no podía ser menos, esa declaración de solidaridad asumía «el reconocimiento de las reclamaciones y aspiraciones siguientes:

1. Reincorporación de Gibraltar al territorio de soberanía española.
2. Anexión por España de la provincia de Orán y de la totalidad de Marruecos, extensión de la frontera española al desierto, sin más restricción que las garantías de tratamiento preferente en la minería y en la participación en la propiedad de las minas de Marruecos, que serán otorgadas a Alemania a través de negociaciones».[39]

---

[38] Memorándum entregado a Stohrer por Serrano Súñer, 27 de septiembre de 1940. DGFP, serie D, vol. XI, doc. 116, pp. 199-200.

Aquí la expresión «pacto tripartito» se refería meramente a una alianza militar germano-italo-española, en su origen sin absolutamente nada que ver con el famoso «Pacto Tripartito» firmado precisamente ese 27 de septiembre de 1940 en Berlín por Alemania, Italia y Japón. Al final, sin embargo, el llamado Protocolo secreto de Hendaya de 23 de octubre, ligeramente reformado en su punto 5 y firmado por Serrano el 11 de noviembre de 1940, disponía el acceso de España a éste último, en fecha a concretar por las cuatro potencias, y la entrada automática de España en el Pacto de Acero italo-alemán de 22 de mayo de 1939. Parece ser que ni Franco ni Serrano calibraron suficientemente que la entrada en el Pacto de Acero, que se produjo de manera efectiva al firmar el Protocolo, convertía de hecho a España en aliado militar del Eje con todas las consecuencias.

[39] Ibídem.

El ministro español buscaba de nuevo mostrar la buena disposición de España a entrar en una alianza, y a ceder en las peticiones económicas alemanas en Marruecos, pero siempre asegurándose previamente de que se darían garantías específicas sobre las demandas territoriales españolas. Ni Franco ni Serrano parecían darse cuenta de que esas graves cesiones económicas suponían en realidad hipotecar las nuevas adquisiciones y admitir un colonialismo compartido en Marruecos.[40] Este memorándum tentativo español no tuvo respuesta alemana alguna.

Tras diez días de estancia en Berlín, incluida una visita a los recientes frentes de guerra de Bélgica y Francia, Serrano abandonó la capital alemana con dirección a Roma, sin haber obtenido lo que buscaba: garantías del Reich a las aspiraciones norteafricanas de España. Muy a su disgusto, por el contrario, se había encontrado con unas molestas e inesperadas peticiones alemanas de bases en el Marruecos occidental y las Canarias.

Las repercusiones de Dakar: el proyecto hitleriano de la «gran coalición» contra Inglaterra

El 28 de septiembre, Ciano, que había llegado a Berlín para firmar el Pacto Tripartito entre Alemania, Italia y Japón, se entrevistó con Hitler, quién le expuso por primera vez sus ideas sobre el norte de África, una vez confirmado el fracaso de los ingleses y De Gaulle en Dakar. Temía que las negociaciones con España sobre Marruecos se filtraran de alguna manera y fueran conocidas en Francia. Si los franceses llegaban a saber que tras finalizar la guerra iban a perder

40 Rafael GARCÍA PÉREZ, «El sueño irrealizable: la ambición imperialista del franquismo». *El Régimen de Franco 1936-1975*. Congreso internacional UNED, volumen 2, Madrid, 1993, pp. 287-298.

Marruecos de todas formas, podrían llegar a un acuerdo con los británicos. Para Alemania sería mejor que los franceses permanecieran en Marruecos y lo defendieran de los ingleses. Además, dijo Hitler, «si los españoles ocuparan este territorio, como resultado de un ataque británico, probablemente se limitarían a pedir ayuda alemana e italiana, y lo que es más, adoptarían el tempo de su guerra civil en sus operaciones militares».[41] El dictador alemán tenía, pues, poca confianza en las dotes españolas para la guerra moderna: «Los acuerdos con España contendrían obligaciones sólo para sus aliados y en la práctica tendrían que ser llevados militarmente por Alemania e Italia». Por ello, la entrada en guerra de España tendría que ser discutida con Mussolini, teniendo en consideración su utilidad real y su significación militar. Al fin y al cabo «hasta ahora los españoles no han ofrecido perspectivas de aceptar un *quid pro quo*». De aquí se deduce que la intervención de España en la guerra sólo era valorada por Hitler en cuanto podía facilitar la toma de Gibraltar. Todo lo demás (Marruecos, Canarias...) representaría costosas ayudas militares con escaso rendimiento estratégico.

Volviendo a su obsesión por la caída del norte de África en manos inglesas en caso de que trascendieran las conversaciones sobre Marruecos y Orán, Hitler dijo que estos territorios tendrían que ser conquistados utilizando como puente España, existiendo siempre la posibilidad de que ésta se replegara de nuevo hacia su neutralidad. En definitiva, el Führer no estaba convencido de que España tuviera la misma voluntad «para dar que para tomar. Lo que es más, era costumbre entre aliados apoyarse el uno al otro recíprocamente; en el caso de España, sin embargo, habría que renunciar a esa reciprocidad». Por todas estas razones, ningún paso que se diera en relación con España debía, «bajo

---

[41] Durante la guerra civil, los asesores alemanes e italianos, y los mismos Hitler y Mussolini, se habían exasperado al contemplar la lentitud de las operaciones militares por parte de Franco, desaprovechando al parecer oportunidades de rápidos avances, en beneficio de una más segura táctica de desgaste del enemigo.

ningún concepto, conducir a un deterioro de la situación estratégica en el Mediterráneo».[42] Esta era la cuestión fundamental.

En esta conversación con Ciano, cinco días después del fallido desembarco en Dakar, Hitler mostró hasta dónde pensaba llegar en las concesiones territoriales a España. No estaba dispuesto a arriesgar la posición estratégica alcanzada por el Eje en el Mediterráneo con cesiones a un aliado problemático como España. Antes que provocar un levantamiento francés en el norte de África prefería encomendarles su propia defensa frente a los ingleses, pues en Dakar habían demostrado ser suficientemente fiables.

Hitler y Mussolini en el Brennero

La anunciada entrevista de Hitler con Mussolini —mientras Serrano esperaba en Roma— se produjo en el paso del Brennero el 4 de octubre, con España como tema central. En relación con las cesiones territoriales a Franco, Hitler volvió a exponer al Duce sus temores de provocar una rebelión contra Vichy de sus posesiones en África del norte, lo que significaría dar a los ingleses la oportunidad de apoderarse de la zona. Esto era algo que las potencias del Eje habían tratado de evitar a toda costa desde el armisticio, permitiendo que la flota francesa permaneciera en la metrópoli sin exigir su entrega, y admitiendo el no desarmar a las fuerzas francesas de África. «Por esta razón Alemania había adoptado una actitud negativa hacia los deseos españoles para que se firmara un Protocolo por el que Alemania accedía a las demandas de España.» Para Hitler, «en el mejor de los casos, se podría dar oficialmente la conformidad con las demandas territoriales españolas cuando se tuviera la certeza absoluta de que los desem-

[42] Acta de la conversación Hitler-Ciano, en presencia de Ribbentrop y del Secretario de Estado Meissner, 28 de septiembre de 1940. DGFP, serie D, vol. XI, doc. 124, pp. 211-214.

barcos británicos en África fueran imposibles, es decir, sólo cuando Inglaterra fuera totalmente derrotada o cuando bases para aviones torpederos fueran aseguradas en un radio de 350 kilómetros alrededor de los puntos ingleses de desembarco». En este punto de la conversación, Hitler esbozó un plan completamente nuevo, basado en la formación de una coalición continental contra Inglaterra, de la que deberían formar parte Francia y España.[43] Francia sabía que, como vencida, iba a tener que ceder algo de su territorio colonial. Si se convenciera a los franceses de que a cambio de una parte de Marruecos, serían compensados con la Nigeria británica, podrían acabar aceptando unas demandas españolas más modestas. «Naturalmente habría que dejar claro a los españoles que tendrían que renunciar a Orán y limitar sus deseos en Marruecos a unas dimensiones aceptables para los franceses.» Si se pudiera llegar a un compromiso entre las esperanzas francesas y los deseos españoles, se podría poner en marcha una gran coalición continental contra Inglaterra.[44] La misión a desempeñar por Francia en esta coalición sería reconquistar la parte perdida de su imperio colonial o por lo menos defender el resto luchando contra los británicos y

[43] Como ya hemos señalado el 24 de septiembre de 1940, al día siguiente del intento de desembarco inglés en Dakar, aviones franceses del Gobierno de Vichy bombardearon Gibraltar como represalia, aunque con escasa efectividad. Esta noticia hizo pensar a Hitler durante un tiempo que un cambio de alianzas era posible, enfrentando a Francia con Inglaterra.

[44] Prueba de que Hitler hablaba en serio cuando se refería a esta coalición, es que preparó un borrador de Protocolo para presentar a Pétain en Montoire, donde se establecía que Francia ocuparía un lugar de importancia en la Europa reorganizada tras la guerra, a cambio de su colaboración en la derrota de Gran Bretaña en la medida de sus posibilidades. Se notificaba también que en el caso de que la necesaria redistribución colonial de África tras la paz, entre Alemania, Italia, España y Francia, supusiera algún cambio para esta última, sería compensada con antiguas posesiones británicas.

Finalmente, por considerarlo inadecuado en aquel momento (dada la irresolución francesa, o por la oposición de Mussolini, que no confiaba en Francia), este Protocolo nunca fue presentado. Véase «Borrador de una carta del Ministro de Asuntos Exteriores del Reich al Vicepresidente Laval», y borrador del Protocolo germanoitalofrancés, 24 de octubre de 1940. DGFP, serie D, vol. XI, docs. 207 y 208, pp. 348-351.

facilitando bases al Eje. Sin embargo, la nueva invención de Hitler, que él mismo denominaba «la solución ideal» se basaba en demasiados condicionantes, muy difíciles de conjugar entre sí. Pronto se daría cuenta de su casi imposible viabilidad, optando por una simple colaboración con Francia, que acabó de todos modos decepcionando en sus resultados.

Mussolini durante la conversación, se mostró cauto en relación con España, afirmando que un acuerdo con Francia sería imposible si los españoles mantenían sus peticiones territoriales. A una pregunta del Duce sobre qué tratamiento se debía dar a las demandas de España, Hitler respondió que pensaba escribir a Franco claramente diciéndole que las pretensiones españolas eran demasiado elevadas, y que la región de Orán no se podría otorgar a España.[45] Mussolini quedó de acuerdo en decir a Serrano Súñer, (que le esperaba en Roma), que Alemania e Italia estaban conformes en la reclamación de Gibraltar por España, pero que las reclamaciones dependientes de Francia tendrían que esperar a la firma de un tratado de paz, para ser tratadas junto a las peticiones alemanas e italianas.[46]

A pesar de que Serrano volvió de su viaje a Berlín y Roma sin unas garantías explícitas del Eje sobre el nuevo imperio colonial español, y por tanto decepcionado, continuaron en el más estricto secreto las negociaciones para la entrada de España en la guerra. En una carta de 10 de octubre, el todavía ministro de Gobernación notificaba a Ribbentrop que se estaban gestando en Madrid contrapropuestas sobre las necesidades económicas de España y los detalles para la alianza militar por diez años con Alemania e Italia. Le informaba también de que, entretanto, se había reforzado la defensa de las Canarias, y enviado dos nuevas divisiones a Marruecos. Franco, fiel a su táctica

---

[45] No se ha encontrado carta alguna de Hitler a Franco en estos términos, en los archivos alemanes. Todo parece indicar que nunca se llegó a redactar.

[46] Acta de la conversación Hitler-Mussolini, en presencia de Ribbentrop y Ciano, 4 de octubre de 1940. DGFP, serie D, vol. XI, doc. 149, pp. 245-259.

de sembrar la desconfianza alemana hacia los franceses, había pedido que se diera cuenta al ministro alemán de que, según sus informes, De Gaulle preparaba un levantamiento en Orán.[47]

Un viaje de ida y vuelta: Montoire - Hendaya - Montoire

El 22 de octubre Hitler emprendió su largo viaje en tren a Hendaya y Montoire con la idea de intentar poner de acuerdo a España y Francia. Ambas tendrían que renunciar a una parte de sus intereses, para formar parte de la gran coalición contra Inglaterra que pondría rápido fin a la guerra. Como hemos visto, a estas alturas Hitler tenía bien claro que no se podía ceder a las pretensiones españolas tal como habían sido expuestas, y que puestos a elegir, Francia ocuparía el primer lugar. Prueba de ello es que la entrevista con Franco el 23 de octubre se produjo entre el encuentro de Hitler con Laval el 22, y su reunión con Pétain el 24. En el mejor de los casos la conversación de Hendaya iba a estar condicionada por estos encuentros previo y posterior.

Hitler con Laval

En su conversación con Laval, Hitler hizo un primer sondeo sobre las posibilidades de una colaboración activa de Francia en la lucha contra Inglaterra. Esto permitiría un más rápido término de la guerra, menores costes económicos y un tratado de paz más llevadero para Francia, pues el peso principal de las indemnizaciones de guerra recaería sobre Gran Bretaña. Del mismo modo, el acuerdo de paz tendría que tener en cuenta ciertos intereses alemanes en Europa y África. «Si la paz se acordara a expensas de Inglaterra —aseguró el dictador—, Francia no tendría que sufrir ninguna disminución considerable de

---

[47] Serrano Súñer a Ribbentrop, 10 de octubre de 1940. DGFP, serie D, vol. XI, doc. 172, p. 283.

sus posesiones en África, *aunque los intereses territoriales de terceros países tendrían que ser tenidos en cuenta*».[48] Hitler no lo expresó abiertamente, pero Laval, a juzgar por una alusión posterior, ya había captado que se refería a Italia y España. El dictador alemán continuó explicando el futuro de África, para decir que «habría de alcanzarse un acuerdo que diera protección duradera a los intereses de las naciones europeas continentales en África y se tendría que establecer un arreglo territorial que hiciera justicia a los intereses de todos». Laval se mostró en todo momento predispuesto a la colaboración con Alemania, pero sin especificar si esa colaboración podría llegar hasta el punto de reiniciar la lucha de las colonias francesas, esta vez contra Inglaterra. Sobre África se limitó a decir que «si uno se aproximaba al plan para una activa cooperación con valor, lealtad y franqueza, como Francia lo estaba haciendo, sería posible hallar un arreglo que preservara los legítimos intereses de Francia».

La entrevista con Laval, aunque de mero tanteo, parecía abrir la puerta al entendimiento que buscaba Hitler. Al día siguiente acudió a Hendaya con la idea de ganarse a Franco para esa gran coalición continental contra Inglaterra.

Encuentro Franco-Hitler en Hendaya

Tras los afectuosos saludos de rigor y pasar revista a las tropas que rendían honores, los dos dictadores, acompañados de sus ministros de Exteriores, entraron en el vagón de Hitler para comenzar las conversaciones.

Tomó la palabra Franco para expresar su alegría por conocer al Führer y poder expresarle personalmente su agradecimiento por la ayuda pres-

48 Acta de la conversación Hitler-Laval, en presencia de Ribbentrop, 22 de octubre de 1940. DGFP, serie D, vol. XI, doc. 212, pp. 354-361. La cursiva es nuestra.

tada en la guerra civil, seguidamente le expuso las dificultades económicas por las que atravesaba España. Hitler hizo un esbozo optimista de la situación bélica y preparó el camino para abordar la cuestión principal. Le expuso al Caudillo que, obteniendo ahora la cooperación de Francia, la guerra sería más corta, pero habría que hacerse a la idea de que «los resultados territoriales de la guerra podrían no ser tan grandes». Si con la ayuda francesa, Alemania podía triunfar antes, estaba dispuesto a proporcionar a cambio a Francia, una paz en mejores términos. En cualquier caso, Hitler «estaba convencido de que Alemania, Italia y España saldrían de la guerra como aliados, y todavía habría ocasiones para rectificaciones más adelante». Alemania estaba dispuesta a abandonar en parte sus demandas a Francia, ya que un rápido final del conflicto «constituiría un éxito mayor para todos los participantes que una victoria después de una lucha más prolongada [...]. Por encima de la carga militar estaba la carga económica, y pudiera ocurrir que el éxito más grande pudiera [al final] no suponer una ganancia económica». Con este tipo de argumentaciones trató Hitler de llevar a Franco al terreno que deseaba, hacer compatibles los deseos de España con las esperanzas francesas de conservar gran parte de su imperio colonial.[49]

Tras esta primera conversación entre los dos dictadores, se reunieron los respectivos ministros de Asuntos Exteriores en el vagón de

---

[49] Sólo se conserva una parte del acta de la conversación de Hendaya, pero la reacción española a las nuevas propuestas alemanas se puede seguir a través de la posterior discusión de Serrano a solas con Ribbentrop, en el vagón de éste. Véase acta de la conversación Hitler-Franco, 23 de octubre de 1940. DGFP, serie D, vol. XI, doc. 220, pp. 371-376. Y acta de la conversación Ribbentrop-Serrano Súñer, 23 de octubre de 1940. Ibídem, doc. 221, pp. 376-379.

Existe un acta española de la conversación, redactada por el intérprete español, Barón de las Torres, fechada el 26 de octubre de 1940, pero cuyo contenido, muy complaciente con la supuesta actitud negativa de Franco, hace pensar en una redacción intencionada, justificativa y bastante posterior a los hechos. Véase «La entrevista de Hendaya, contada por el traductor español». *ABC. La Segunda Guerra Mundial*, Madrid, 1989, pp. 146-151.

Ribbentrop. Serrano Súñer expresó su sorpresa por el nuevo curso que tomaban las cuestiones africanas, pues la actitud de Alemania hacia Francia había cambiado. Comprendía las razones para ello, pero «tenía que hacer notar con pesar que esto vaciaba de contenido las máximas reclamaciones españolas». El plan que tenía el Caudillo para la entrada de España en la guerra y asegurarse sus demandas en Marruecos y Orán, tenía también en cuenta el peligro que podría surgir si los franceses conocieran los acuerdos germano-españoles. Para evitar este peligro, Franco «había pensado no en un Protocolo sino en un intercambio de cartas en las que figuraran con la más estricta confidencialidad las demandas españolas (incluyendo el Marruecos francés y Orán)». Ribbentrop se mostró conforme con el sistema de intercambio de cartas, pero añadió que las peticiones a Francia tendrían que ser rebajadas para facilitar la creación del bloque euro-africano. Serrano dijo que, a pesar de tener cierto recelo, «España deseaba estar de acuerdo en principio sobre esta nueva base, pero se preguntaba qué recompensa recibiría a cambio». Refiriéndose al punto 5 del Protocolo que le había entregado Ribbentrop, dijo que la fórmula allí empleada, después de todo, trataba el asunto muy vagamente. En un alarde de humor y fina ironía, Serrano dijo sonriendo, «quizás la compensación para Francia pudiera ser incluso más grande que la ganancia territorial española». En cualquier caso, para justificar la entrada en guerra ante su propio pueblo, España necesitaba definir con más exactitud los frutos de su victoria. Por ello, dijo Serrano, se «tomaría la libertad de sugerir cambios en el borrador del Protocolo, que no modificarían grandemente el plan del Führer».

Ribbentrop repitió que las demandas que se hicieran a Francia en Europa y África debían ser reducidas en parte para asegurar su participación en la lucha contra Inglaterra. Comprendía muy bien las peticiones españolas, pero «puesto que nadie sabe cómo iba a ser concluida la paz, nada concreto se podía decir todavía sobre la asignación final de las posesiones francesas». No se sabía cómo se iba a repartir el Imperio británico y la misma Alemania no podía dar una respuesta exacta a la pregunta sobre sus futuras posesiones en África.[50] Por ello Ribbentrop acabó diciendo explícitamente que «era muy difícil hacer una definición exacta de las áreas que en cualquier circunstancia serían asignadas a España».[51] Con esta frase quedaba suficientemente claro que los alemanes aspiraban a conseguir la entrada de España en la guerra con la única seguridad para ella de obtener Gibraltar, pero dejando las ganancias en África relegadas a un indefinido reparto del Continente a acordar en las negociaciones de paz.

El polémico artículo 5 del protocolo

Pese a ello, Franco y Serrano Súñer no abandonaron del todo sus esperanzas de arrancar a los alemanes garantías más concretas en forma de un intercambio de cartas. Con la intención de no exasperar demasiado a Hitler, el 24 de octubre por la mañana comunicaron a Stohrer desde el Palacio de Ayete en San Sebastián que estaban dispuestos a firmar el Protocolo de Hendaya con la nueva redacción del conflictivo punto 5. Ribbentrop tras introducir de manera insuficiente los cambios deseados por los españoles lo había redactado de nuevo así:

> 5. Además de la unión de Gibraltar con España, las potencias del Eje declaran que en principio están preparadas a disponer, en el

[50] Sin embargo, el Dr. Bielfeld, Jefe de la Sección Política X, responsable de África y las cuestiones coloniales en el Ministerio alemán de Asuntos Exteriores, prepararía el 6 de noviembre de 1940 un memorándum para ser presentado a Hitler por Ribbentrop con los planes para el futuro imperio colonial alemán en África Central. Véase «Las demandas territoriales de colonias sobre Francia en el marco de las demandas totales», memorándum del jefe de la Sección Política X, 6 de noviembre de 1940. DGFP, serie D, vol. XI, doc. 298, pp. 483-491.

[51] Acta de la conversación Ribbentrop-Serrano Súñer, 23 de octubre de 1940. DGFP, serie D, vol. XI, doc. 221, pp. 376-379.

> curso del arreglo general en África, que se llevará a cabo en los tratados de paz tras la derrota de Inglaterra, que a España le sean cedidas ciertas áreas en África en precisamente la misma extensión por los que Francia pueda ser compensada con otras cesiones de territorios en África de igual valor. Las reclamaciones a hacer por Alemania e Italia a Francia no deberán ser afectadas por ello.[52]

Esta era la más concreta expresión por escrito que los alemanes estaban dispuestos a admitir. Tenía el grave inconveniente para España de que dejaba en igual indefinición las ganancias españolas que las pérdidas y compensaciones de Francia. Esta segunda y definitiva versión del polémico artículo 5 fue aprobada sólo a regañadientes por Franco y Serrano. Al transmitirla a Berlín el 29 de octubre, de forma significativa, tan sólo llevaba la firma de los embajadores Espinosa de los Monteros y Stohrer.

Serrano había esperado una redacción más específica y no dejó de mostrar su disgusto a Ribbentrop el día 26 en una carta que le hizo llegar a través del embajador alemán:

> No me gustaría dejar pasar esta oportunidad de expresar el sentimiento de amargura producido en el Caudillo y en mí mismo por el hecho de que a pesar de nuestra amistad los cambios insignificantes que habíamos sugerido —y que sin inmiscuirse en el corazón del problema o en la posibilidades de negociación del Führer, nos proporcionaban de alguna manera una mayor seguridad— hayan sido rechazados.[53]

---

[52] Stohrer a Ribbentrop, 24 y 29 de octubre de 1940. DGFP, serie D, vol. XI, doc. 224, p. 383. Esta segunda versión del Protocolo, idéntico al original presentado en Hendaya, pero con una ligera modificación en su artículo 5, ha sido denominado «Protocolo de Ayete» de manera un tanto presuntuosa por Ricardo de la Cierva en *Hendaya. Punto final*, Planeta, Barcelona, 1981, p. 145, ya que seguía sin especificar las ganancias territoriales españolas.

[53] Stohrer a Ribbentrop, 26 de octubre de 1940. DGFP, serie D, vol. XI, doc. 235, p. 402.

Esta protesta fue entregada en Madrid por el general Eugenio Espinosa de los Monteros, embajador en Berlín, a Stohrer, quien al conocerla le replicó que la afirmación de Serrano de que la rechazada versión española del artículo 5 no constituía un cambio sustancial era incorrecta. Espinosa tuvo que dar la razón al alemán, pero le comentó que se tenía la esperanza de que por lo menos el Protocolo económico adicional al Protocolo de Hendaya fuera firmado por Alemania sin ninguna alteración. No fue así, pues en su redacción los españoles de nuevo habían deslizado una expresión que los alemanes consideraron demasiado comprometedora, ya que decía: «[...] Alemania y España comenzarán de inmediato negociaciones, particularmente respecto a los yacimientos de materias primas *en la zona francesa de Marruecos, que más tarde pertenecerá a España* [...]».[54] Este Protocolo suplementario, entregado y firmado por Serrano en Hendaya, no fue nunca firmado ni ratificado por Alemania, a pesar de que representaba indudables ventajas económicas para el Reich, precisamente porque la frase arriba subrayada podía provocar graves problemas con los franceses.

Con el ánimo bastante enojado por la cabezonería española, Hitler se dispuso a realizar un ultimo esfuerzo en pos de la gran alianza contra Inglaterra. Para ello tenía que ganarse a Francia, personificada en el viejo mariscal Pétain.

Entrevista Hitler-Pétain

Durante el encuentro de Hitler con Pétain en Montoire el 24 de octubre, éste se mostró de acuerdo en el principio de cooperación con Alemania, pero dijo evasivamente que no podía concretar las condi-

---

[54] Protocolo hispano-alemán suplementario al Protocolo secreto germano-hispano-italiano, 23 de octubre de 1940. DGFP, serie D, vol. XI, doc. 222, p. 380. El subrayado es nuestro.

ciones de esa cooperación sin consultar previamente con su Gobierno. El vicepresidente Laval trató de perfilar algo más esta respuesta, y dijo que Francia sólo podría cooperar en la forma de resistencia a los ingleses, puesto que los poderes para declarar la guerra residían en el Parlamento y naturalmente, no se deseaba convocar a los parlamentarios de 1939.[55] Francia repelería los posibles ataques británicos pero no iría más allá.

Al no mostrar los franceses mayor entusiasmo por la oferta de Hitler para una activa cooperación, se consideró más conveniente no presentarles a la firma un Protocolo secreto previamente preparado por Ribbentrop que definía toda la teoría de la coalición contra Inglaterra y las compensaciones que Francia tendría por la redistribución territorial en África.[56]

En definitiva, Hitler salió de sus entrevistas con Laval, Franco y Pétain con la sensación de que sus propuestas no eran bien acogidas, llegando a la conclusión de que los intereses de españoles y franceses eran incompatibles. Ante la perspectiva de tener que elegir un destino para el norte de África, se decidió por la estabilidad de una defensa confiada a las fuerzas de Vichy, antes que por la irrupción de los intereses de España en la zona, con el peligro de desencadenar un imprevisible cambio estratégico en el Mediterráneo occidental.

Pero al final las complicaciones para el Eje no iban a venir de esta zona sino del Mediterráneo oriental, donde sin previo aviso a su aliado alemán, y para gran desesperación de Hitler, Mussolini inició el 28 de octubre su ataque a Grecia desde Albania.

---

55 Acta de la conversación Hitler-Pétain, 24 de octubre de 1940. DGFP, serie D, vol. XI, doc. 227, pp. 385-392.

56 «Borrador de una carta del ministro de Asuntos Exteriores del Reich al vicepresidente Laval», s.f. DGFP, serie D, vol. XI, doc. 207, pp. 348-349. Borrador de Protocolo germano-francoitaliano, 24 de octubre de 1940. Ibídem, doc. 208, pp. 350-351.

Hitler y Mussolini en Florencia

Para ese mismo día los dos dictadores habían concertado previamente una cita en Florencia, con el propósito de tratar el tema de España y Francia. A pesar de la enojosa noticia el programa se mantuvo, y Hitler procuró no dejar traslucir su malestar por la inoportuna ofensiva italiana.

Dejando conscientemente de lado el tema griego, que no quería abordar en primer lugar, Hitler se refirió de nuevo en Florencia a su preocupación por África del norte y a la difícil situación que se crearía si los ingleses conseguían establecerse en Marruecos. La defensa de estos territorios norteafricanos correspondía a Francia, puesto que «si Marruecos rompía con Francia, los españoles no estarían seguramente en posición de conquistar con sus propios recursos la zona francesa del Sultanato. Por el contrario, si los ingleses empleaban allí considerables fuerzas, habría incluso el peligro de que los españoles perdieran también el Marruecos español». La confianza del Führer en las armas españolas en una guerra moderna era, según estas afirmaciones, muy escasa. Para Hitler lo más importante era evitar la secesión de Marruecos, que se produciría en el momento en que se filtrara la noticia de que Francia iba a tener que ceder esos territorios. En esas circunstancias «lo mejor para el Eje sería que los territorios norteafricanos fueran defendidos por los propios franceses». En cuanto a la coalición contra Inglaterra, dijo que no esperaba de Francia ninguna ayuda militar directa, sino tan sólo que facilitara bases para la aviación alemana y que confiara parte de su flota, sobre todo submarinos de sus puertos del África occidental, para la lucha contra los ingleses. Pétain se había mostrado dispuesto a defender enérgicamente las posiciones francesas en África, hablando incluso de la posibilidad de que acciones de más alcance contra Inglaterra pudieran seguir a esa defensa. Por ello, dijo Hitler, «no dije nada a Pétain sobre los tratos con España». Mussolini, en un momento dado de la conversación preguntó qué territorios se deberían dar al final a los españoles. El dictador alemán respondió que «no podrán conseguir más que un engrandecimiento sustancial del Marruecos español».[57] Por lo tanto, nada de obtener la totalidad de Marruecos. Esta afirmación respondía plenamente a la concepción de Hitler de que las peticiones españolas tendrían que reducirse para poder ser asumidas por Francia.

España firma el Protocolo de Hendaya

El resultado final de las demandas «imperialistas», después de tantas idas y venidas y negociaciones infructuosas, se parecía asombrosamente a lo que pretendían conseguir las demandas «irredentistas» con su táctica de discretos contactos diplomáticos con Londres y Vichy. Para mayor disgusto de los españoles, la oferta territorial de Hitler se hacía depender enteramente de la buena voluntad de Francia para aceptar dos cosas: las demandas españolas y su compensación con otros territorios equivalentes.

A pesar de que estas condiciones se alejaban mucho de las pretendidas originalmente por el Gobierno español, éste acabó firmando el Protocolo de Hendaya el 11 de noviembre,[58] con la conocida reforma del artículo 5, que seguía sin ser satisfactorio. Las repercusiones de esta firma eran muy grandes, y no parece que ni Franco ni Serrano se apercibieran de ello. España entraba así automáticamente en el Pacto de Acero y quedaba únicamente a elección del Caudillo la fecha exacta para su entrada en la guerra, y para adherirse al Pacto Tripartito

---

[57] Acta de la conversación Hitler-Mussolini, en presencia de Ribbentrop y Ciano, 28 de octubre de 1940. DGFP, serie D, vol. XI, doc. 245, p. 420.

[58] El Protocolo fue firmado por Serrano Súñer por triplicado, y la copia española, por indicación expresa de Ribbentrop para garantizar el secreto absoluto, fue entregada a la custodia personal del ministro español, sin pasar por los canales habituales. Esto explica que no exista tal documento en el Archivo del Ministerio de Asuntos Exteriores español.

Ribbentrop a Stohrer, 6 de noviembre de 1940. DGFP, serie D, vol. XI, doc. 294, pp. 478-479.

con Alemania, Italia y Japón. Para escenificar la nueva alianza ante el mundo, a propuesta del Führer, una vez comenzado el ataque a Gibraltar, Franco, Hitler y Mussolini se reunirían en Florencia para solemnemente anunciar la entrada de España con todos los honores como miembro del Pacto Tripartito y del Pacto de Acero.[59]

Franco busca garantías escritas

Unos días antes de esa firma, el Caudillo hizo un intento final de obtener seguridades de Alemania. En conformidad con el intercambio de cartas acordado por Serrano y Ribbentrop en Berlín dos meses antes, el 3 de noviembre de 1940 Hitler recibió una misiva de Franco fechada el 30 de octubre. Se trataba de obtener un escrito del Führer garantizando la futura entrega a España de los territorios por ella reclamados en el norte de África. Franco escribía que, debido al peligro aducido por Hitler de un levantamiento francés si se conociera la cesión de esos territorios a España, «me pareció admisible vuestra propuesta de que en nuestro pacto no figurase concretamente lo que es nuestra aspiración territorial. Ahora bien, con arreglo a lo convenido, por esta carta os reitero las legítimas y naturales aspiraciones de España en orden a su sucesión en África del norte sobre territorios que fueron hasta ahora de Francia». Exponía después cómo los intereses de España en África habían sido sacrificados por los débiles gobiernos liberales de principios de siglo que se plegaron a cada nueva exigencia francesa, para terminar diciendo:

> Bien está, desde luego, que el establecimiento de un orden nuevo esté presidido por una idea de justicia [...], pero no quisiéramos que la justicia que se hiciera a Francia, país enemigo de siempre

[59] Acta de la conversación Hitler-Mussolini, en presencia de Ribbentrop y Ciano, 28 de octubre de 1940. DGFP, serie D, vol. XI, doc. 245, p. 420.

El general Aranda sale de la Cancillería tras la recepción. A la derecha el primer jefe de la Legión Cóndor, general Hugo Sperrle. Berlín, junio de 1939.

Foto: José Demaría «Campua».

El embajador alemán von Stohrer junto al jefe del NSDAP o partido nazi en España, Hans Thomsen, en el Desfile de la Victoria del 1 de abril de 1942. Al fondo, la delegación japonesa.

Foto: José Demaría «Campua».

El embajador von Stohrer, rodeado de los ministros Varela (Ejército), Beigbeder (Exteriores) y Muñoz Grandes (Movimiento) en una reunión a principios de 1940 en el Palacio de El Pardo, Madrid. En primer término a la izquierda se distingue a los generales Millán Astray y Saliquet.

Foto: José Demaría «Campua».

Derecha: El almirante Antonio Magaz, un superviviente, como Jordana del Directorio de la Dictadura, que, como embajador en Berlín, presentó a los alemanes en agosto de 1940 el mapa con las amplias reivindicaciones coloniales exigidas por Franco a cambio de su participación en la guerra contra Inglaterra.

Debajo: Italia podía ser un aliado pero también un competidor en el Norte de África en el futuro. Serrano Suñer con el ministro de Exteriores italiano, Galeazzo Ciano de visita en España. Zarauz, 9 de julio de 1939.

Foto: José Demaría «Campua».

Debajo derecha: La Falange, con sus formas fascistas y sus aspiraciones imperiales, estaba en perfecta sintonía con las directrices del Caudillo y su prensa sirvió para ir calentando el ambiente entre la población a lo largo de 1940.

Julio Álvarez del Vayo, el ministro de Exteriores de Largo Caballero, que en enero de 1937 ofreció a Londres y París el Marruecos español, bases navales en Baleares e incluso Ceuta a cambio de una alianza militar con ellos que pusiera fin a la guerra. Otra ocurrencia suya fue la de liberar, con la complicidad francesa, a Abd-el-Krim, y organizar una sublevación mora contra Franco, algo que supondría «el fin de la guerra».

El odiado general Nogués, jefe de las Fuerzas francesas en Marruecos desde 1936. Durante la guerra civil planificó la invasión de la zona española en caso de alineamiento de Franco con Hitler. En 1940 fue el principal obstáculo, con su poderoso ejército, a los designios imperiales de Franco. En la foto junto al futuro Hasan II y su hermano en una parada militar.

El general De Gaulle en Londres con el general británico Spears. La posibilidad de que toda el África del Norte francesa se pasara a las filas de De Gaulle si se conocía la cesión de Marruecos y Oran a España disuadió a Hitler y Mussolini, en última instancia, de aceptar la participación de Franco en la guerra: podía causar más problemas estratégicos de los que resolvía.

Siete horas de conversación en Hendaya y toda la astucia del Führer no sirvieron para embarcar a Franco en una guerra a cambio de nada. Tan solo Gibraltar no era suficiente. El Caudillo exigía ese Imperio en el Norte de África que Hitler no podía proporcionarle sin poner en peligro la lealtad francesa. Por esa razón España no entro finalmente en el conflicto.

España pasó del Tratado de Amistad con Portugal, firmado en 1939, a planificar secretamente la invasión del país vecino a fines de 1940, si finalmente Franco decidía entrar en guerra con Inglaterra atacando Gibraltar. Las necesidades estratégicas y militares debían pasar por encima del importante apoyo que se había obtenido de Salazar durante la guerra civil. En la imagen el embajador Nicolás Franco, hermano del Caudillo, despachando con Oliveira Salazar.

Pasado ya el momento de la «Gran Tentación», que implicaba la invasión de Portugal, las aguas volvieron a su cauce. Oliveira Salazar y Franco, junto a Serrano Suñer recorren el Alcázar de Sevilla durante su encuentro el 14 de febrero de 1942. En el extremo izquierdo está el embajador portugués Pedro Teotonio Pereira, en el derecho con sombrero su homólogo, Nicolás Franco.

Foto: José Demaría «Campua».

para Alemania como para España, fuese a expensas del derecho de España.

Reitero, pues, *la aspiración de España al Oranesado y a la parte de Marruecos que está en manos de Francia y que enlaza nuestra zona del Norte con las posesiones españolas de Ifni y Sahara.*

Cumplo con esta declaración un deber de lealtad y de claridad y me complazco en hacerla presente con la confianza que nuestra amistad me permite y aún exige.[60]

Para irritación del Caudillo, que mantuvo a su correo secreto tres días en Berlín[61] esperando una rápida respuesta escrita que llevarse a casa, Hitler nunca la dio. Se limitó a invitar unos días después a Serrano a Berchtesgaden. No estaba en el ánimo del dirigente alemán el proporcionar esa clase de garantías específicas, ni siquiera en la forma de un escrito de carácter privado a Franco. La desconfianza hacia la locuacidad latina, incapaz de guardar un secreto de esta envergadura, que además podía lanzar al norte de África en brazos de Churchill y De Gaulle, pesó mucho en esta negativa.

El mismo día de su carta a Hitler, Franco escribió una similar a Mussolini, con idéntica intención: dejar constancia escrita al Duce de que si bien había renunciado a que en el Protocolo de Hendaya figuraran explícitamente las demandas españolas, España reivindicaba para sí el Oranesado y el Marruecos francés. Para el Caudillo:

> [...] la inclusión de Francia con todas sus colonias en el mismo frente nuestro, no debe significar el sacrificio de lo que son derechos españoles, que pertenecen al orden natural de la geografía [...]. Como España no quiere ser un obstáculo para que el Eje sume

---

60 Carta de Franco a Hitler, 30 de octubre de 1940. Reproducida íntegramente por Ramón SERRANO SÚÑER, *Entre el silencio y la propaganda...*, pp. 301-304. La cursiva es nuestra.

61 Se trataba de María del Carmen Fernández de Heredia, perteneciente a la secretaría privada de Serrano Súñer. Stohrer a Ribbentrop, 1 de noviembre de 1940. DGFP, serie D, vol. XI, doc. 273, p. 452.

> a su política de colaboración que se busca de Francia y la seguridad de sus colonias no puedan convertirse en piezas en manos del enemigo, *admití que el Pacto se firmase sin expresa delimitación de territorios a que España aspira, si bien me reservé el hacer presente ante el Führer en carta secreta lo que son reivindicaciones justas y esperadas para mi pueblo.*
>
> Al haceros a vos, Duce, partícipe de esta declaración de lo que estimo justicia que nos es debida, no cumplo sino con un deber de lealtad y con un sincero sentimiento de amistad [...].[62]

Como sabemos, nada positivo salió de estas dos misivas de Franco. Ni Hitler ni Mussolini podían comprometerse a más.

Como no podía ser de otra manera, el resentimiento hacia Francia, como responsable última de las frustraciones españolas, fue en aumento. Se trataba de una visión ampliamente compartida dentro del estamento militar español, que reflejan muy bien dos cartas escritas por el agregado militar Barroso a sus superiores en Madrid:

> A nosotros la colaboración de Francia con Alemania, si es sincera, no debe alegrarnos más que como ciudadanos europeos, pero no como españoles. Nos conviene más que Francia y Alemania no se entiendan y que la primera no levante cabeza en mucho tiempo. Cuando se ve tan claramente como la veo yo, cada día, la política tan contraria a nuestros intereses que venía siguiendo Francia, que sólo trataba de que fuéramos débiles y lo seguirá tratando en cuanto pueda, no se deja uno llevar por sentimentalismos. Que los aplasten es lo que más nos conviene.[63]

Ocho meses después la indignación de Barroso no había hecho más que aumentar:

---

[62] Franco a Mussolini, 30 de octubre de 1940. DDI, serie 9, vol. VI, doc. 18, pp. 10-11. La cursiva es nuestra.

[63] Barroso al jefe de la 2ª Sección del EME, 30 de enero de 1941, AV, caja 102.

> [...] ¡A ver si los alemanes se convencen de que es imposible la colaboración con Francia! Esta colaboración confieso que es mi pesadilla y creo que debe serla de todos los que piensan en el porvenir de España. ¡Estaría bueno que Francia escapase de esta guerra sin perder parte de su llamado Imperio colonial, robado a unos y otros, especialmente a España, tan sólo por unirse, de mala gana, a lo que representa la Nueva Europa! Creo honradamente que la política exterior de España, en estos momentos, debe tener un objetivo inmediato: boicotear por todos los medios esta colaboración entre franceses y alemanes, que no puede ser nunca buena para nuestras justas aspiraciones. [...] El ejército que tiene a sus órdenes el Residente [en Marruecos, general Nogués] es favorable a la causa de «De Gaulle». Hoy se mantiene disciplinado y sometido pero se siente el guardián del Imperio francés. Si un día fuera amenazado el Protectorado, se revolvería, esto es indudable. Por eso resulta ya preciso que Alemania, con todo su poder militar, ponga el pie en África [francesa]. Entonces veremos caer muchos fantasmas y uno de ellos el poder de ese Ejército francés del Norte de África, mucho más débil, moral y materialmente de lo que, en general, se cree. Y naturalmente nosotros no podemos estar ausentes en esta acción.[64]

Serrano igualmente preocupado por el peligro para las aspiraciones españolas que representaba el nuevo acercamiento de Hitler a Francia, trató desde el 29 de octubre de 1940 de entrevistarse en secreto con Ciano en la isla de Formentera, en las Baleares. Buscaba con ello obtener el apoyo italiano a la causa española frente a la colaboración franco-alemana. Serrano le envió una carta donde decía que deseaba abordar el «nuevo sesgo de la política del Eje en relación con Francia» y de lo tratado por Franco en su carta a Mussolini. Para subrayar su disgusto con los alemanes escribió a Ciano: «Nuestra lealtad nos obliga a pasar

---

64 Barroso al jefe de la 2ª Sección del EME, 24 de septiembre de 1941. AMA, EME, 2ª Sección, leg. 114.

por cuanto sea bueno para ayudar a terminar la guerra, pero no a ser sacrificados en obsequio de los enemigos de siempre».[65] La apretada agenda de Ciano en aquellos días, cuando se tuvo que trasladar a Albania y luego a los Sudetes para hablar con Ribbentrop, hizo imposible el encuentro con el ministro español. Pocos días después, la invitación de Hitler a Serrano para acudir a Berchtesgaden lo imposibilitó aún más. Italia, además, acababa de iniciar una campaña en Grecia en solitario que no tardaría en presentarse llena de dificultades. Los italianos no podían arriesgarse a deteriorar sus relaciones con Alemania, a la que pronto pediría ayuda, por defender a España.

A pesar de la decepción española, para Alemania seguía siendo más importante asegurarse la defensa por Vichy de sus colonias africanas frente a De Gaulle y los ingleses. Con este fin y continuando la línea iniciada en Montoire, el mariscal Goering se entrevistó con Laval en París el 9 de noviembre de 1940, aunque no se llegó a concretar la cooperación francesa contra Inglaterra.[66] A pesar de ello enseguida se asignó a Francia una primera misión de apoyo, por lo menos sobre el papel. En la directiva de Hitler número 18, que ponía en marcha los preparativos para la «Operación Félix», la toma de Gibraltar, emitida el 12 de noviembre,[67] se especificaba que los aviones alemanes que iniciarían el ataque a la Roca partirían de bases francesas (cabe entender que del norte de África, pues tenían que ser dirigidos desde una estación de radio en Algeciras) para aterrizar después en España.

---

[65] Serrano a Ciano, 31 de octubre de 1940. DDI, serie 9, vol. VI, doc. 21, pp. 15-16.

[66] El Ministerio de Asuntos Exteriores al embajador Abetz, 9 de noviembre de 1940. DGFP, serie D, vol. XI, doc. 306, pp. 500-505.

[67] Al día siguiente de que Serrano estampara su firma en el Protocolo de Hendaya. Directiva de Hitler nº 18, 12 de noviembre de 1940. DGFP, serie D, vol. XI, doc. 323, p.529.

Serrano en Berchtesgaden

En los días previos a la entrevista de Serrano con Hitler en Berchtesgaden, concertada para el 18 de noviembre, comenzaron a llegar a Berlín informes del embajador Stohrer, sobre la pésima situación económica en España, agravada en las últimas semanas, especialmente en alimentos, lo que podría convertir a la Península en una pesada carga para el Eje más que un útil aliado.[68] Serrano usó este mismo argumento para convencer a Hitler en el Berghof de que España no podía entrar en guerra por el momento. Además de las dificultades alimentarias, la disposición del pueblo español hacia la guerra se vería muy disminuida si se llegaba a conocer «en qué vaga indeterminación habían sido tratadas las aspiraciones españolas en África en este Protocolo». Para Serrano, «después de las dificultades y sufrimientos que habían tenido que soportar, *los españoles sólo estarían dispuestos a luchar si se les daba su gran objetivo en África*».

El Führer empleó entonces una argucia, en la que él mismo no creía, puesto que iba en contra de todo lo que había sostenido hasta entonces, pero que daba por buena si servía para meter a España en la guerra: «Este objetivo [español] estaría muy cerca de alcanzarse en el momento en que Gibraltar hubiera sido conquistado y las divisiones alemanas hubieran marchado hasta la costa africana opuesta y el *Marruecos francés*. Una secesión de Marruecos, posiblemente basada en un entendimiento secreto entre Pétain, Laval y De Gaulle, no tendría entonces que ser temida por más tiempo».[69] Daba a entender con ello que tras la toma del Peñón pensaba invadir también el Marruecos francés. Sin embargo, Serrano siguió con su argumentación, sin que-

[68] Stohrer a Ribbentrop, 14 de noviembre de 1940. DGFP, serie D, vol. XI, doc. 335, pp. 574-576. «Cuestiones económicas pendientes con España», memorándum de Wiehl, director del Departamento de Política Económica, 15 de noviembre de 1940. Ibídem, doc. 340, pp. 581-583.

[69] Acta de la conversación Hitler-Serrano Súñer, en presencia de Ribbentrop, 18 de noviembre de 1940. DGFP, serie D, vol. XI, doc. 352, pp. 598-606. La cursiva es nuestra.

rer valorar esta afirmación de Hitler. Dijo que si el Protocolo de Hendaya fuera conocido en España se interpretaría como que Alemania había sacrificado las demandas de un «amigo de ayer, de hoy y para el futuro» a un muy dudoso acercamiento al viejo enemigo hereditario. Además se quejó de que «el cumplimento de las demandas españolas en el Protocolo se habían hecho depender de la posibilidad de encontrar compensaciones para Francia». Finalmente puso de manifiesto que el Gobierno español había firmado un Protocolo que podía ser usado sólo con grandes dificultades como un arma para la defensa de sus reivindicaciones.

Hitler dio respuesta a esta objeción diciendo que, por supuesto, el Protocolo no podría ser publicado, puesto que de otro modo Marruecos se separaría inmediatamente de Vichy y la conquista de Gibraltar ya no tendría sentido. Resaltó que un acuerdo por escrito sólo tenía justificación en caso de que pudiera ser mostrado a otros. En el caso de que se trataba era imposible en esas circunstancias ser específico, ya que ello llevaría a la pérdida del objeto del acuerdo. Una declaración precisa llevaría a una disputa sin fin y a la pérdida definitiva del norte de África. En ese caso él prefería que Gibraltar permaneciera en manos inglesas y África con Pétain. En un tono ya molesto, Hitler quiso zanjar la cuestión diciendo: «Los caballeros españoles tendrán que creer en mi palabra, y no insistir en una declaración precisa por escrito». Todavía Serrano replicó que confiaba absolutamente en su palabra pero que temía que otras potencias amigas (presumiblemente Italia), reclamaran ciertos territorios que España quería para sí misma, como por ejemplo Orán. Por esta razón España quería hacer del artículo 5 del Protocolo algo claro y concreto. Hitler contestó que una reclamación de estos territorios por terceros países estaba totalmente fuera de la cuestión. «Cuando Alemania haya alcanzado su objetivo, España será satisfecha en Marruecos, [...] España puede confiar en no ser dejada en la estacada.»[70] Serrano pareció tran-

[70] Ibídem.

quilizarse con estas palabras, tratándose a continuación de la conveniencia de una rápida entrada de España en la guerra, lo que facilitaría su final.

Ese mismo día recibió Hitler a Ciano, exponiéndole la preocupante posición que los ingleses habían conseguido con su apoyo militar a Grecia, pues tenían a un radio de 500 kilómetros en avión los pozos de petróleo rumanos, de vital importancia para Alemania, además de la costa del sur de Italia.[71] Este inesperado éxito inglés, que sin duda había perjudicado los esfuerzos diplomáticos alemanes para lograr una coalición continental contra Inglaterra, puesto que desmentía la falta de empuje y vigor de las armas británicas, debía ser contrarrestado proporcionando un severo golpe a los ingleses tomando Gibraltar.

La novedad para Ciano (y para los españoles, que la desconocían), era que Hitler planeaba, según desveló entonces, una vez tomado el Peñón, ocupar el Marruecos español con varias divisiones alemanas. «Este será el mejor seguro contra una secesión del Marruecos francés respecto al Gobierno de Pétain».[72] Ante Ciano Hitler no tuvo que fingir, como delante de Serrano, que iba a invadir el Marruecos francés como garantía ante su posible rebelión, algo que nunca había pensa-

---

[71] Acta de la conversación Hitler-Ciano, en presencia de Ribbentrop, 18 de noviembre de 1940. DGFP, serie D, vol. XI, doc. 353, p. 607.

[72] Ibídem. En el borrador de la directiva número 19, dando instrucciones complementarias para la «Operación Félix», Hitler llegaba a especificar:

> Debe estar previsto *el traslado de una o dos divisiones* (entre ellas la División Acorazada número 3), tras la conquista de Gibraltar, al *Marruecos español* para asegurar el Estrecho y la zona noroeste de África [...]. Hay que aparentar que la vigilancia del Estrecho corresponde a los españoles, que deben participar dentro de los límites de sus posibilidades.

La cursiva es nuestra. La directiva completa aparece en Ricardo DE LA CIERVA, *Hendaya. Punto final*, pp. 176-180, traducida de la versión original alemana de DETWILER, op. cit., p. 123.

do seriamente. La presión sobre las guarniciones francesas, según se rebelaba ahora, se haría desde la zona española pero con tropas alemanas, algo mucho más seguro para el Führer.[73] Lo llamativo de esta situación es que los españoles (si prosperaban los planes hitlerianos), lejos de obtener seguridades sobre sus ansiados territorios africanos, tendrían que soportar la presencia de tropas y bases alemanas en su propia zona de Protectorado, al menos mientras durase la guerra. Para Hitler la llave que aseguraría la fidelidad del África del norte francesa a Vichy estaba en un Marruecos español fuertemente armado con divisiones alemanas además de las españolas, listas para intervenir en la región a la menor veleidad pro De Gaullista.

El día siguiente, 19 de noviembre, Ribbentrop tuvo una última conversación con Serrano, pero ya no se habló de las garantías territoriales españolas, un tema prácticamente cerrado por la categórica afirmación de Hitler el día anterior. En un alarde de osadía, Ribbentrop pretendió dar la vuelta a una de las cláusulas del Protocolo, aquella que adjudicaba sólo a España la facultad de decidir la fecha de entrar en la guerra, haciendo una propuesta nueva a Serrano. Por medio de una palabra en clave, Stohrer anunciaría desde Madrid que Franco estaba de acuerdo en entrar en el conflicto en el momento en que Alemania comunicara que había terminado los preparativos militares necesarios. Entonces comenzaría además a llegar la ayuda en cereal prometida por Alemania. El ministro español evitó dar una respuesta, asegurando que lo que se pretendía era aprovechar el tiempo de los preparativos militares para obtener mientras tanto todo el grano posible de los países democráticos.[74] Serrano fue lo suficientemente hábil como para no caer en la trampa dialéctica de Ribbentrop, que en realidad buscaba poner

[73] Esta misma idea de instalar dos divisiones alemanas en el Marruecos español para asegurarse la lealtad de las posesiones francesas en África del norte, la expondrá Hitler de nuevo en su carta de 20 de noviembre de 1940 a Mussolini. Hitler a Mussolini, 20 de noviembre de 1940. DGFP, serie D, vol. XI, doc. 369, p. 641.

[74] Acta de la conversación Ribbentrop-Serrano Súñer, 19 de noviembre de 1940. DGFP, serie D, vol. XI, doc. 357, pp. 619-623.

en manos exclusivamente de Alemania la elección de la fecha para la entrada de España en la guerra.

A pesar de la negativa de Hitler a dar garantías por escrito, Franco y Serrano no se resignaron del todo a aceptarlo, y se apoyaron en la vana promesa del Führer en Berchtesgaden de contestar a la carta del Caudillo, para conseguir algún tipo de seguridad, siquiera fuera en la forma de una carta privada. Así se lo comunicó el ministro español a Stohrer el 25 de noviembre, quien se comprometió a transmitir este deseo, pero advirtiendo que en las circunstancias imperantes el Gobierno alemán no podía expresar por escrito sus promesas a España. Por otro lado, y para allanar las resistencias alemanas a dar seguridades escritas, Serrano le dijo al embajador que tras las consultas que por entonces Franco estaba haciendo con sus ministros militares, el Caudillo daría con seguridad una respuesta afirmativa y podrían comenzar los preparativos alemanes contra Gibraltar.

Comienza la táctica dilatoria

En los días siguientes Franco se convenció por fin de que no iba a obtener ningún tipo de garantía alemana por escrito sobre las futuras cesiones norteafricanas a España, ni siquiera la deseada carta de Hitler, que nunca llegó. A partir del 29 de noviembre[75] se puede señalar con

[75] Y no antes, como señalan varios autores panegiristas del franquismo, para los que la política de Franco con Alemania desde la presencia de tropas alemanas en los Pirineos —fines de junio de 1940— habría sido un hábil juego de simulación para preservar a España lejos de la guerra.

A partir del 29 de noviembre, Franco empezó a poner pegas a la acción conjunta sobre Gibraltar, primero sobre la imposibilidad española para fijar una fecha, luego de índole estratégica, diciendo que la operación no sería efectiva si no se hacía simultáneamente con otra para el cierre del Canal de Suez, y finalmente en los días sucesivos, sobre la falta de preparación económica y militar de España para la guerra. Stohrer a Ribbentrop, 29 de noviembre de 1940. DGFP, serie D, vol. XI, doc. 420, pp. 739-741.

certeza el comienzo de la táctica dilatoria del dictador español para no entrar en la guerra. Conviene resaltar que el factor decisivo en esta decisión del Caudillo fue su fracaso a la hora de conseguir garantías del Reich para su nuevo imperio en África. Las demás razones (situación económica y miedo al bloqueo, falta de preparación militar, posible oposición interna a la guerra) habrían sido obviadas por Franco a cambio de aquellas ganancias territoriales. Si por obtener aquellas deseadas tierras africanas habría ido de cabeza a la guerra, como se puede constatar por los numerosos testimonios ofrecidos, por la misma razón para Franco era seguro que no se lanzaría a un conflicto tan sólo a cambio de unas meras promesas por demás indefinidas.
El 7 de diciembre Franco dijo al almirante Canaris que no podía aceptar la fecha propuesta del 10 de enero para la entrada de las tropas alemanas en España camino de Gibraltar, y que tampoco podía fijar una fecha alternativa concreta para ello pues esto dependía de una mejora en la grave situación económica del país y del desarrollo de la guerra contra Inglaterra. Para dejarlo todavía más claro, Franco aseguró que España «sólo podría entrar en la guerra cuando Inglaterra estuviera próxima al colapso»,[76] aunque más tarde, ante la irritación de los alemanes, afirmara que no había dicho tal cosa y que todo se debía a un error de comprensión de Canaris.

La gravísima situación alimentaria, fue corroborada por Stohrer en sus informes de diciembre, pero éstos no disminuyeron el disgusto de Hitler por la nueva actitud de Franco. En enero, el Führer trató de arrancar al Caudillo su conformidad mediante una intensa presión diplomática,[77] encomendándole a Mussolini igual misión en su entre-

[76] 8 de diciembre de 1940. Apunte de Helmuth Greiner en el Diario de Guerra del Estado Mayor de Operaciones de la Wehrmacht. Publicado en nota al doc. 476, DGFP, serie D, vol. XI, pp. 816-817.

[77] Los duros mensajes conminatorios de Ribbentrop a Franco a través de Stohrer y las respuestas evasivas del Caudillo, se pueden seguir a través de los siguientes documentos: Stohrer al Ministerio de Asuntos Exteriores, 20 de enero de 1941. DGFP, serie D, vol. XI, doc. 677, pp. 1140-1143; Ribbentrop Stohrer, 21 de enero de 1941. Ibídem, doc. 682, pp. 1157-1158; Stohrer al Ministerio de Asuntos Exteriores, 23 de

vista con Franco en Bordighera[78] el 12 de febrero de 1941, pero todo fue en vano. Desde entonces Hitler, decepcionado, perdió todo interés por España, dirigiendo su atención hacia otras latitudes. A partir de marzo, en socorro del Duce, dio comienzo a su campaña en Yugoslavia y Grecia, para expulsar a los ingleses de los Balcanes. En junio de 1941 la invasión de Rusia acabó de trasladar el centro de las operaciones alemanas hacia el Este, consumiendo desde entonces gran parte de sus energías.

Lo más sorprendente de toda esta larga y frustrada negociación hispano-alemana es que revela hasta qué punto el tema del norte de África era de tan primordial importancia en la mente de Franco (aquí más africanista que Jefe de Estado) como para justificar el embarcar a España y a su propio régimen en un conflicto de consecuencias imprevisibles, por más que en la segunda mitad de 1940 Gran Bretaña pareciera prácticamente vencida. En Madrid no se tomó en serio el espí-

---

enero de 1941. Ibídem, doc. 692, pp. 1170-1171; Stohrer al Ministerio de Asuntos Exteriores, 23 de enero de 1941. Ibídem 695, pp. 1173-1175; Ribbentrop a Stohrer, 24 de enero de 1941. Ibídem, doc. 702, pp. 1183-1184; Stohrer al Ministerio de Asuntos Exteriores, 25 de enero de 1941. Ibídem, doc. 707, pp. 1188-1191; Stohrer al Ministerio de Asuntos Exteriores, 27 de enero de 1941. Ibídem, doc. 718, pp. 1208-1210; Ribbentrop a Stohrer, 28 de enero de 1941. Ibídem, doc. 725, pp. 1217-1218; y finalmente la respuesta de Stohrer a Ribbentrop, 29 de enero de 1941. Ibídem, doc. 728, pp. 1222-1223.

[78] Una prueba más del carácter decisivo que Franco concedía al tema de las ganancias territoriales en África para su participación en el conflicto, se puso de manifiesto en Bordighera. El Caudillo aseguró a Mussolini que España entraría en la guerra en el momento en que se satisfacieran dos condiciones: el envío de grano suficiente y el reconocimiento de sus aspiraciones coloniales.

Persistente en su idea fija de sembrar la desconfianza entre el Eje y elterritorio francés de África del norte, Franco dijo al Duce:

> Alemania no da la importancia requerida a la alarmante situación en Marruecos donde el ejército francés está mejorando continuamente su armamento y donde Weygand mantiene a diario contactos con los Estados Unidos.

Acta italiana de la conversación Franco-Mussolini, en presencia de Serrano y con Ciano ausente, 12 de febrero de 1941. DDI, serie 9, vol. VI, doc. 568, pp. 568-576.

ritu de resistencia que Churchill había sabido inculcar a su pueblo, ni la posibilidad de una intervención de EE UU, un factor de importancia vital en el desarrollo posterior del conflicto.

Pese a que este fracaso diplomático alejaba la posibilidad de que España entrara en guerra, la planificación militar española, como una máquina bien engrasada, seguía su curso. Precisamente a finales de año el Alto Estado Mayor, siguiendo órdenes del Caudillo, había completado un plan de operaciones a desarrollar en un escenario a primera vista inesperado: Portugal.

12

Los planes de Franco para invadir Portugal

Diciembre de 1940: «he decidido invadir Portugal»

En diciembre de 1940, cuando Franco estaba decidiéndose por la no intervención, en vista de que ni Hitler ni Mussolini le podían garantizar su soñado imperio norteafricano, el Alto Estado Mayor terminó de redactar un sorprendente plan ofensivo: una invasión española de Portugal.

Este plan se enmarcaba, naturalmente, en el contexto de la prevista guerra contra Inglaterra que se venía sopesando desde meses atrás. Como sabemos, ese conflicto comenzaría con un ataque español por sorpresa contra Gibraltar, para el que se habían ultimado todos los detalles.[1] Los planificadores españoles preveían que la respuesta inglesa a este ataque se desarrollaría en dos fases. Primero realizarían con toda probabilidad un intento de ocupación de las Canarias, para utilizarlas como base naval alternativa, y en una segunda fase posiblemente llevarían a cabo un desembarco en Portugal con idea de montar desde esa cabeza de puente la invasión de la Península. El Alto Estado Mayor creía que había que adelantarse a esta última posibili-

---

[1] Para conocer los detalles del ataque español a Gibraltar, véase Manuel ROS AGUDO, *La guerra secreta de Franco (1939-1945)*, Crítica, Barcelona, 2002, pp. 55-65.

dad, y conjurar el peligro realizando, simultáneamente al ataque a Gibraltar, una invasión preventiva española de Portugal. La importantísima operación militar se justificaba en estos términos:

> La conquista de Portugal no debe considerarse una acción aislada, sino que, [al estar] en íntima conexión con Inglaterra, representa uno de los aspectos de la lucha contra ésta última Nación. Sobre esta base, en el estudio de la cuestión que nos ocupa, debemos atender a todas las contingencias que dicha hipótesis encierra, o sea, tanto en las operaciones terrestres y acciones aéreas, como a la defensa de costas y a la seguridad de las comunicaciones marítimas.
>
> En su consecuencia, en el estudio de los medios [a emplear], ha de determinarse:
>
> 1º Medios necesarios para batir al Ejército portugués y su Aliado; ocupación del País y defensa de sus costas.
> 2º Elementos para conquistar, o al menos neutralizar, la región de Gibraltar [...].[2]

Vemos por tanto la «íntima conexión» que unía ambas operaciones, una contra la Roca y la otra contra Portugal, en el contexto de la guerra general contra Inglaterra.

Poco importaba que una operación así pisoteara y convirtiera en papel mojado lo establecido en el «Pacto de Amistad y No Agresión» hispano-luso, firmado el 17 de marzo de 1939 o el protocolo adicional de 30 de julio de 1940. Tampoco se tenía en cuenta el papel desempeñado por el Portugal de Oliveira Salazar durante la guerra civil, ayudando cuanto pudo a la causa de Franco, tanto en el Comité de

[2] «Análisis de los medios del Ejercito de Tierra. Conclusiones referentes al Plan de Operaciones sobre (34)» [Portugal], p. 1, apartado «D» dentro del «Plan de Campaña número 1(34)», Alto Estado Mayor, 1ª Sección, diciembre de 1940, Archivo Particular. Una copia idéntica de este plan de invasión de Portugal, la que manejó Franco entonces y que guardó celosamente durante cuarenta años, se encuentra en el archivo de la Fundación Francisco Franco, FFF doc. 2803.

No Intervención de Londres como prestando sus puertos y fronteras para el avituallamiento de la causa nacional. Las conveniencias estratégicas de esa España que aspiraba a ser de nuevo imperial estaban siempre por delante de las diplomáticas o las sentimentales.

Además, en el mejor estilo hitleriano, la guerra con Portugal a modo de justificación, comenzaría con la imposición a este país de un ultimátum[3] que no se especifica, pero que cabe pensar sería de imposible cumplimiento. Pasado el plazo convenido, que se puede presumir en 24 o 48 horas, comenzaría la invasión.

El plan de ataque español a Portugal se muestra aquí por vez primera, ha permanecido oculto sesenta y siete años. Podemos considerar que se trata de una absoluta novedad historiográfica y por ello vamos a dedicarle cierta atención.

El denominado «Plan de Campaña número -1-(34)», nombre clave para referirse a Portugal, fue elaborado por la 1ª Sección (Operaciones) del Alto Estado Mayor (AEM) a partir de la segunda mitad de 1940 y presentado a Franco para su firma el 18 de diciembre de ese año. Constaba de ocho apartados, en los que se analizaban a lo largo de cien densas páginas todos los aspectos importantes para una operación de esta envergadura, desde los antecedentes históricos de otras invasiones, hasta los efectivos con los que Portugal contaba para su defensa, pasando por un análisis geográfico-militar de su territorio o las fuerzas españolas a emplear y sus rutas de invasión.

La parte más significativa del documento era el «Proyecto de directiva a los Ejércitos de Tierra, Mar y Aire» donde Franco, asesorado por el AEM, establecía los detalles de la operación. A modo de exposición de motivos o justificación de esa invasión se decía:

> La delicada situación de Portugal en relación con un conflicto internacional en que intervenga Inglaterra, la escasa potencialidad del

---

[3] Así se especifica en el «Proyecto de Directiva a los Ejércitos de Tierra, Mar y Aire. Directiva nº 1. Objeto: acción sobre Portugal», p. 3, apartado «G» dentro del «Plan de Campaña número 1(34)», Archivo Particular.

> país vecino, y sobre todo, la atractividad [sic] de sus costas, desde cuyos puntos es posible fácilmente, perturbar las relaciones marítimas, puede conducir a que Inglaterra intente ocupar las bases navales de dicho territorio.
>
> Ante tal eventualidad, tan dañosa para la seguridad e independencia de nuestra Patria, HE DECIDIDO:
>
> a) Preparar la invasión de Portugal, a fin de ocupar Lisboa, y el resto de la costa portuguesa.
> b) Llevar a cabo dicho propósito, cuando lo ordene, en virtud de las noticias que suministre el Servicio de Información.[4]

Queda claro por lo tanto que no se atacaba a Portugal por el peligro que este país representaba en sí mismo, sino en función de que podía ser empleado por Gran Bretaña para futuras operaciones contra España y para evitar que una vez perdida la base de Gibraltar, la Royal Navy pudiera hacer uso de las bases navales portuguesas.

Este carácter de operación básicamente antibritánica lo declaraba abiertamente la directiva al exponer los objetivos que se pretendían alcanzar y que se ponen en boca de Franco como firmante del documento:

> En el aspecto de [la] lucha contra Inglaterra, ME PROPONGO:
>
> a) Ocupar rápidamente el país vecino [Portugal], mediante una primera acción por sorpresa, seguida sin solución de continuidad, por una acción en fuerzas.
> b) Asegurar sólidamente la defensa de costas y fronteras, especialmente la cantábrica y atlántica.
> c) Mantener y asegurar las comunicaciones con Marruecos y Baleares.
> d) Defender con sus propios medios, el archipiélago Canario, y las posesiones de África (Sahara, Guinea).

[4] Ibídem, p. 1.

Mapa 3. Operación de invasión de Portugal (diciembre, 1940)

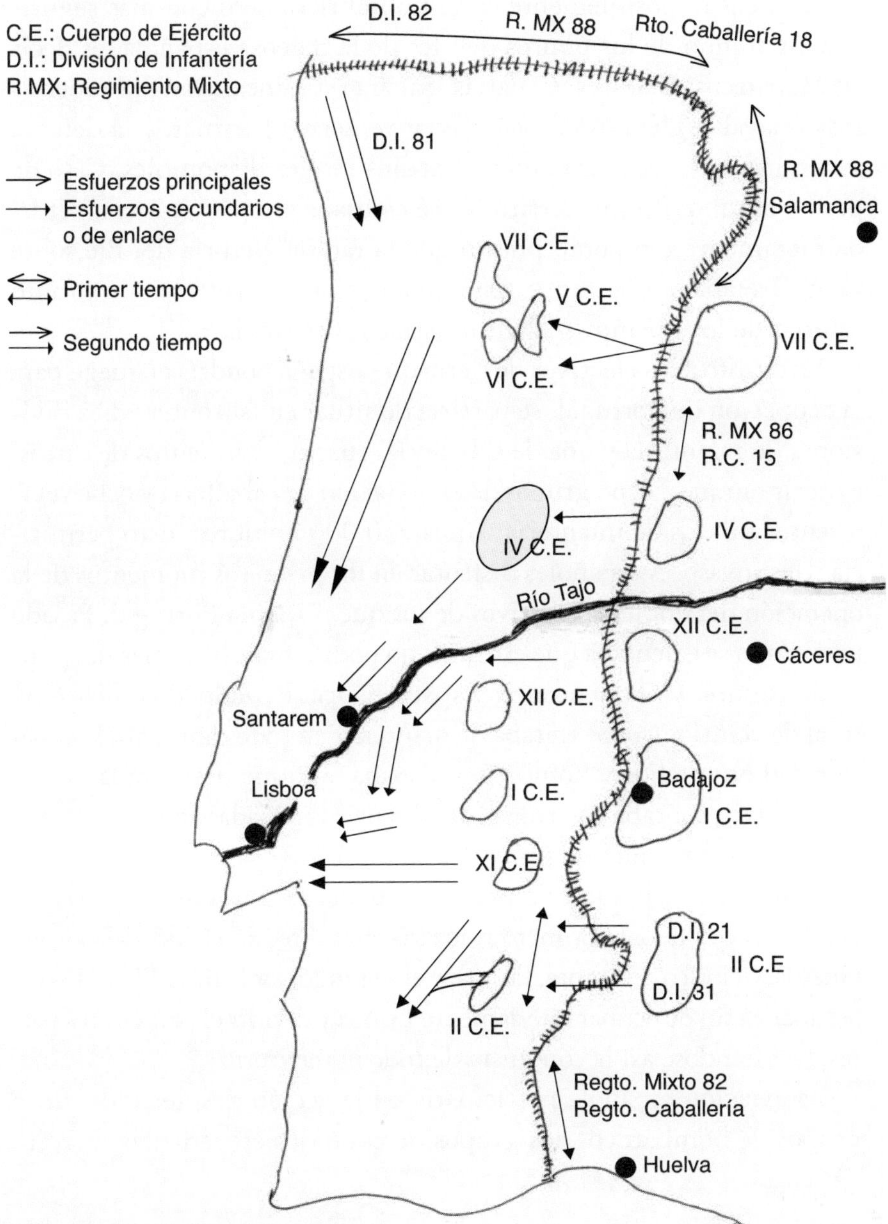

Elaboración propia basada en el original

Una vez ocupado Portugal, lo más importante era prepararse para repeler la reacción británica. Ésta se podía producir en cualquier punto de la costa, posiblemente en el Cantábrico, pero con más seguridad en alguno de los puntos débiles de la defensa española, es decir en Marruecos, Baleares, Canarias, Sáhara o Guinea. Dada la superioridad naval inglesa, no cabría enviar refuerzos por mar, y la defensa se tendría que organizar con los medios locales disponibles. Caso de perder alguno de estos territorios se confiaba en que sería una pérdida meramente temporal, puesto que la rápida victoria del Eje sobre Gran Bretaña, en la que se tenía una fe ciega, permitiría un pronto retorno de los mismos a la administración española.

En cuanto a los efectivos de tierra que España pondría en juego para la ocupación de Portugal, se partiría de situar en la frontera diez divisiones de infantería y una de caballería, cuatro regimientos de carros, es decir tanques, ocho grupos de explotación de caballería y ocho regimientos mixtos de infantería. Unos 250.000 hombres. Esto permitiría a los invasores españoles disfrutar en los primeros momentos de la operación del doble de efectivos de los que disponía Portugal. Pasado un tiempo se calculaba que este país no podría movilizar más de quince divisiones, y para entonces España habría lanzado al combate un total de veinticinco. Se trataba de mantener en todo momento la superioridad en medios y hombres, y España, aunque desgastada por su guerra civil, contaba con tropas mucho más fogueadas en combate que las portuguesas, que no combatían desde 1918.

La invasión se llevaría a cabo mediante dos ejércitos que actuarían al norte y sur del Tajo. El primero avanzaría en la dirección Ciudad-Rodrigo, Guarda, Celorico, Coimbra, Lisboa, y el segundo por la línea Elvas, Evora, Setubal «a fin de ocupar rápidamente Lisboa y dividir el país en tres partes, facilitándose así la conquista de todo el territorio».[5]

La aviación española participaría en la acción desplegando cinco grupos de bombardeo, dos grupos de caza, dos escuadrillas de reco-

[5] Ibídem, p. 2.

nocimiento, cuatro escuadrillas de cazas Fíat CR-32 y dos grupos de asalto. Todo ello estaría dividido en dos masas operativas para actuar en apoyo de los ejércitos invasores al norte y sur del Tajo.[6]

El Ejército del Aire debía ser capaz de desempeñar las siguientes misiones:

a) Destruir la aviación enemiga y sus bases en Portugal.
b) Atacar los nudos de comunicaciones, especialmente en las direcciones de la invasión, y los transportes de tropas.
c) Cooperar a la acción del Ejército de Tierra que efectúe la invasión.
d) Cooperar a la neutralización de Gibraltar.
e) Realizar una continua exploración marítima en el Cantábrico y Mediterráneo, y atacar, en caso necesario, a las fuerzas navales enemigas.[7]

Para poder llevar a cabo tan diversas acciones, se confiaba en recibir de las potencias aliadas del Eje, es decir de Alemania e Italia, un refuerzo considerable consistente en seis grupos de bombardeo, tres grupos de caza y tres escuadrillas de reconocimiento, al poco de comenzadas las operaciones.[8] Con ello se buscaba que la ventaja española en tierra no se viera compensada con una superioridad luso-británica en el aire que pudiera retrasar la deseada rapidez en el desarrollo de la invasión. Había que golpear, golpear fuerte y en el menor tiempo posible, para desbaratar cualquier intento de contraofensiva.

La marina española, al tratarse de una operación básicamente terrestre, tenía una misión más secundaria en lo relativo a Portugal, pero

6 «Estudio y distribución de los medios del Ejército del Aire», p. 2, apartado «F» dentro del Plan de Campaña número 1(34) [Portugal], Archivo Particular.

7 «Proyecto de Directiva a los Ejércitos de Tierra, Mar y Aire. Directiva nº 1. Objeto: acción sobre Portugal», p. 2, apartado «G» dentro del Plan de Campaña número 1(34), Archivo Particular.

8 «Estudio y distribución de los medios del Ejército del Aire», p. 1, apartado «F» dentro del Plan de Campaña número 1(34) [Portugal], Archivo Particular.

importante en otros escenarios, donde se esperaba una reacción de la Marina británica. La Directiva le encomendaba lo siguiente:

a) Proteger las comunicaciones con el Protectorado de Marruecos y Baleares.
b) Ejercer acciones con los submarinos sobre las comunicaciones enemigas.
c) Acción antisubmarina en la boca occidental del Estrecho de Gibraltar.
d) Efectuar operaciones de minado en los puertos propios.[9]

En definitiva, todas acciones defensivas, pues la Marina no contaba con medios suficientes, como cruceros o destructores, para otra cosa.

Obsérvese que, curiosamente, no se menciona para nada la protección a las islas Canarias, cuya ocupación por los británicos se daba por descontada en el AEM una vez que éstos hubieran perdido Gibraltar. Como hemos indicado anteriormente se confiaba en que una rápida victoria del Eje permitiera el pronto retorno del archipiélago a manos españolas.

Para poder defenderse ante posibles incursiones inglesas se tuvo muy presente la necesidad de reforzar la artillería de costa, tema especialmente complicado dado el extenso litoral peninsular al que había que añadir los archipiélagos y las posesiones en África. Al parecer, Franco en persona había tomado un especial interés en el tema, llevando «al día cuanto a la defensa de costas afecta».[10] Cabe especular con que al igual que en el tema de la aviación, se pediría a Alemania ayuda en cuanto a piezas de grueso calibre, que habían sido concentradas en el Estrecho.

---

[9] «Proyecto de Directiva a los Ejércitos de Tierra, Mar y Aire. Directiva nº 1. Objeto: acción sobre Portugal», p. 2, apartado «G» dentro del Plan de Campaña número 1(34), Archivo Particular.

[10] «Ejercito de Tierra. Artillado de Costas», p. 2, dentro del apartado «D» del Plan de Campaña número 1(34), Archivo Particular.

De igual manera, no se podía olvidar la posibilidad de ataques aéreos por parte de la RAF británica. En este terreno el Alto Estado Mayor admitía una escasez manifiesta, tanto de artillería como de ametralladoras antiaéreas para una eficaz defensa de los múltiples objetivos susceptibles de ser atacados por la aviación enemiga: fábricas, nudos de comunicaciones ferroviarias, puertos e incluso poblaciones. Además, de los cinco regimientos de artillería antiaérea entonces existentes, sólo dos estarían disponibles para participar en la campaña contra Portugal. Los demás tenían que atender la defensa de objetivos estratégicos diversos.[11]

El Plan de Campaña contra Portugal preparado por el AEM terminaba con un apartado dedicado a las necesidades cartográficas, especificando los mapas, escalas y tiradas que deberían estar listas antes de la invasión de Portugal, para ser distribuidas entre las unidades participantes y los Estados Mayores. La parte final del plan ilustraba con ayuda de gráficos y mapas todo lo tratado en las páginas anteriores, desde las líneas de penetración del ataque español hasta dónde se creía que estaban situadas las principales unidades del ejército portugués o sus aeródromos.[12]

Todo esto es cuanto sabemos a día de hoy sobre los aspectos puramente militares referentes a la invasión de Portugal. Sobre los aspectos políticos y el futuro que se deseaba para el país vecino, tenemos pocos datos. ¿La ocupación de Portugal por los españoles sería un hecho temporal, mientras durase la guerra, o bien escondía un plan de absorción por parte de España? Se pretendía quizás volver a los tiempos en que España y Portugal habían formado parte de una misma corona bajo Felipe II y sus sucesores? A este respecto resultan inquietantes las palabras de Serrano Súñer ante Ribbentrop en Berlín:

---

[11] «Ejercito de Tierra. Defensa Anti-aérea», p. 3, dentro del apartado «D» del Plan de Campaña número 1(34), Archivo Particular.

[12] Apartados H) «Cartografía» e I) «Gráficos» dentro del Plan de Campaña número 1(34) [Portugal], Archivo Particular.

> La situación en este país ha causado en ocasiones gran preocupación a España. Ésta no podía olvidar la comprensiva actitud de Portugal durante la guerra civil española. Sin embargo, uno no podía evitar darse cuenta al mirar el mapa de Europa que *geográficamente hablando Portugal en realidad no tenía derecho a existir*; Tan sólo tenía una justificación moral y política para su independencia en el hecho de sus casi 800 años de existencia.[13]

Al parecer, para Serrano ocho siglos de realidad nacional portuguesa no eran razón suficiente para respetar la soberanía del vecino país. Si se atrevió a hacer en Berlín una afirmación semejante, es que tenía autorización para ello de Franco, lo que nos lleva a pensar que en Madrid no se veía con malos ojos una integración ibérica de Portugal en España. Si la guerra, por una u otra razón, presentaba ocasión de realizar tal proyecto ¿por qué desdeñarlo? Al parecer, como revela muy a las clarase este plan de invasión, las ambiciones imperiales de Franco y su entorno no se limitaban sólo al ámbito norteafricano. En ese ambiente de machacona propaganda falangista de glorificación del pasado, de la España de los Reyes Católicos y de la España imperial, no resulta extraño que Franco viera practicable, en las circunstancias aparentemente favorables de entonces, una especie de vuelta a las glorias de aquella monarquía dual bajo la forma de su Nuevo Estado.

Con lo dicho quedaban ultimados todos los detalles que, desde el punto de vista militar, iban a marcar la actuación de España en la guerra contra Inglaterra. Franco había ordenado en los últimos meses de 1940 que se tuviera todo dispuesto para tal eventualidad. Sin embargo, como sabemos, los requisitos políticos para dar ese paso —las garantías de obtención de un imperio en África para España—, no se dieron finalmente, y Franco optó por dar largas a su participación. Los planes militares elaborados con tanta dedicación durante meses fueron archivados y han permanecido ocultos casi setenta años. Se pue-

[13] Actas de la conversación de Serrano Súñer con Ribbentrop, Berlín, 16 de septiembre de 1940, DGFP, serie D, vol. XI, doc. 63, p. 86. La cursiva es nuestra.

de alegar que fueron una mera planificación y que nunca se pusieron en práctica. ¿Debemos por ello despreciarlos como fuente histórica? Pienso rotundamente que no. Tan importantes son los hechos como las intenciones, siendo éstas (cuando se pueden demostrar con documentos) muchas veces más reveladoras que aquéllos. La realidad es que la España de entonces se preparó a conciencia para actuar como un Estado agresor, siguiendo el admirado modelo de alemanes e italianos. Que finalmente España no lo hiciera no desvirtúa la evidencia de sus preparativos.

Muy reveladora del ambiente «expansionista» que se vivía entonces es la letra anónima de una canción muy popular entre los voluntarios de la División Azul, que unos años después, entre 1941 y 1943, lucharían en Rusia al mando del general Muñoz Grandes. Es reveladora porque hace mención precisamente a los tres territorios (Gibraltar, Marruecos y Portugal) que España pretendía recuperar en esos momentos. La letra decía así:

DESDE RUSIA

En las estepas de Rusia,
España lucha con ardor,
unida con Alemania
por una España mejor.

Y cuando a España volvamos
de nuevo queremos luchar,
y al inglés echaremos
del Peñón de Gibraltar.

Nuestro grito de victoria
en el mundo entero lo oirán,
cuando recuperemos
todo Marruecos y Orán.

Sólo esperamos la orden
que nos dé nuestro General,
para borrar la frontera
de España con Portugal.

Y cuando eso consigamos,
alegres podremos estar,
porque habremos logrado
hacer una España imperial.[14]

Mayo-junio de 1941: un pacto tripartito y la última insistencia española

Entre finales de mayo y principios de junio de 1941, Berlín y Roma se pusieron de acuerdo para conseguir que España, aunque no entrara en la guerra, ingresara al menos en un Pacto Tripartito hispano-germano-italiano, tal y como se venía planteando desde las primeras conversaciones. Se asignó a los italianos el papel de mediadores para alcanzar este objetivo. El 3 de junio Ciano escribió una carta a Serrano, con unas líneas adjuntas del propio Mussolini, instándole a que España se adhiriera al Pacto.[15] El ministro español contestó con otra suya seis días después, donde daba, entre otras, la razón principal que imposibilitaba tomar esa decisión:

> [...] En España la alegría necesaria para dar este paso, y los que ulteriormente se precisen, sólo puede producirse por virtud de la idea de que este sacrificio tenga el valor de abrir al pueblo las puertas de sus reivindicaciones en África. Y sobre este punto, *si es cier-*

[14] Luis E. TOGORES, *Muñoz Grandes: héroe de Marruecos. General de la División Azul*, La Esfera de los libros, pp. 246-247.

[15] Ciano a Serrano Súñer, 3 de junio de 1941. DDI, serie 9, vol. VII, doc. 205, pp. 207-208.

to que tenemos una explícita carta del Duce y unas palabras amistosas del Führer que —haciéndonos cargo de las dificultades que Francia significa para mayores y normales concreciones en el orden diplomático— *para Franco y para mí son bastantes, pero que a los ojos de quienes no tienen el mismo conocimiento directo de las cosas y personas pueden ser juzgadas como grave ligereza.*[16]

Volvía, pues, Serrano a plantear la insistente petición española de garantías escritas sobre sus pretensiones norteafricanas, sin las cuales debía quedar claro que su Gobierno no firmaría su adhesión al Tripartito. Tanto Franco como Serrano sabían lo que implicaba el ingreso español en el pacto: era una forma indirecta de meter a España en el conflicto, pues la reacción inglesa ante la noticia sería una intensificación del bloqueo a la Península, y probablemente la invasión de las islas Canarias, lo que provocaría inmediatamente el estado de guerra entre los dos países.[17]

Una vez más se ponía de manifiesto que España sólo se pondría en marcha hacia la guerra si se le daban seguridades sobre su futuro imperio africano. Para expresarlo con total claridad, Serrano le dijo al embajador italiano Lequio el 10 de junio de 1941 que no pedía una declaración pública de garantía, sino una «simple carta absolutamente privada de los jefes del Eje que diera seguridad sobre ese punto que era de extrema importancia para España y el Régimen». El ministro español le aseguró que en el momento en que se recibiera esa carta,

---

16 Serrano Súñer a Ciano, 9 de junio de 1941. DDI, serie 9, vol. VII, doc. 233, pp. 226-227. La cursiva es nuestra.

17 Una prueba inequívoca de que todavía en abril-mayo de 1941 en Madrid los altos mandos militares contemplaban como posible la entrada en guerra con Gran Bretaña es la orden del Estado Mayor de la Armada a los mercantes españoles —cursada por esas fechas—, de refugiarse en puertos amigos en caso de recibir una señal de radio previamente convenida. «Cuaderno de Instrucciones Secretas a Capitanes de Buques Mercantes. Estado Mayor de la Armada», ordenes de 28 y 30 de abril de 1941 del almirante 2° jefe del E.M. de la Armada, Francisco Rapallo. N.A., RG 59, 5935. Para más detalles véase Manuel ROS AGUDO, *La guerra secreta de Franco (1939-1945)*, Crítica, Barcelona, 2002, pp. 118-120.

él mismo volaría a Italia para conferenciar con Ciano y fijar los detalles de la acción común.[18]

En estos momentos Serrano tenía además un interés político personal en la entrada en guerra de España. Tras la crisis gubernamental del pasado mayo, que había enfrentado agriamente al sector falangista del régimen con el militar, veía en la aventura exterior un unificador de voluntades que reforzaría su persona y su equipo, debilitados tras la solución dada por Franco a la crisis. Las esperanzas serranistas fueron en vano. Doce días después, el inicio de la invasión alemana de Rusia trasladó al este el punto de atención, y esta última oferta española quedó en el olvido.

En adelante el Gobierno español, organizando la División Azul, trató de cumplir su papel de aliado con el Eje y saldar su deuda de gratitud, pero tan sólo en el frente de la lucha contra el comunismo, y sin transigir en la petición alemana de que España declarase la guerra al menos a la URSS. Aunque la participación de tropas españolas en el frente ruso representó uno de los elementos más representativos de la colaboración militar hispano-alemana, hemos renunciado a tratarla aquí, pues ha sido ya suficientemente estudiada en el aspecto político y bélico por otros autores.[19] Queda por hacer, sin embargo, una investigación en profundidad de carácter sociológico, que establezca definitivamente la extracción social de los componentes de aquella formación, y arroje luz sobre la real voluntariedad de los 47.000 soldados que combatieron en ella entre 1941 y 1944.

---

[18] Lequio a Ciano, 10 de junio de 1941. DDI, serie 9, vol. VII, doc. 236, pp. 229-231.

[19] La obras más recientes al respecto son las de José Luis RODRÍGUEZ JIMÉNEZ, *De héroes e indeseables: la División Azul*, Espasa-Calpe, Madrid, 2007, y Xavier MORENO JULIA, *Sangre española en Rusia*, Crítica, Barcelona, 2004. Asimismo es interesante de Luis E. TOGORES, *Muñoz Grandes: héroe de Marruecos. General de la División Azul*, La Esfera de los libros, Madrid, 2007. También son recomendables los ya clásicos de Gerald R. KLEINFELD y Lewis A. TAMBS, *La División Española de Hitler. La División Azul en Rusia*, San Martín, Madrid, 1979, y Raymond PROCTOR, *Agonía de un neutral. Las relaciones hispano-alemanas durante la Segunda Guerra Mundial y la División*

Aunque España no obtuviera finalmente nada tangible de tan complicadas negociaciones, el Gobierno de Franco no se resignó a permanecer callado. Los ciudadanos españoles y el mundo entero debían conocer las bases sobre las que se asentaban las peticiones territoriales de España en África. Por esta razón un organismo oficial como era el Instituto de Estudios Políticos publicó en agosto de 1941 un ambicioso estudio histórico-diplomático titulado *Reivindicaciones de España*, a cargo de los entonces jóvenes falangistas José María de Areilza y Fernando María Castiella. En un volumen de seiscientas páginas, con apoyo de clarificadores mapas, se pasaba revista a los tres siglos de política de despojo sobre España practicados por Gran Bretaña y Francia. Una vez buscadas en la Historia, la geografía y el Derecho justificaciones a tales reivindicaciones, se pasaba a explicitar «lo que España exige»: en la Península, Gibraltar, en África, «la totalidad el Imperio Xerifiano», es decir todo Marruecos, el Oranesado en Argelia, un «hinterland» apropiado para Ifni y Río de Oro, y la devolución de los territorios arrebatados en el Golfo de Guinea.[20]

Para dar mayor repercusión a este libro, verdadero compendio de las aspiraciones imperiales de la España del momento, se le concedió el Premio Nacional de Literatura de ese año, 1941. Si no se conseguían tales territorios, por lo menos —se pensó— que quedara constancia pública y escrita de su reclamación.

El resultado final de todas aquellas negociaciones con alemanes, ingleses y franceses en torno a Marruecos y demás territorios fue absolutamente nulo para España. Franco tan sólo obtuvo Tánger, y ello por la fuerza, al decidirse a ocupar la ciudad en junio de 1940, alegando la necesidad de defender su estatuto internacional, en peligro tras la entrada de Italia en la guerra.

Puesto que Tánger fue al final el único resultado contante y sonante del imperialismo español, debemos regresar a esta ciudad para ver la situación allí durante los cinco años de ocupación española.

---

[20] José María de AREILZA y Fernando María CASTIELLA, *Reivindicaciones de España*, Instituto de Estudios Políticos, Madrid, 1941, p. 93.

En las páginas siguientes abordaremos diversos aspectos del papel desempeñado por Tánger durante la guerra mundial, en especial la lucha entre los servicios de inteligencia de los beligerantes y la competencia de sus respectivas propagandas.

13

Un imperio reducido al mínimo: el Tánger español durante la Segunda Guerra Mundial

Esta ciudad cosmopolita, situada estratégicamente en el estrecho que une el Atlántico y el Mediterráneo, y África con la Península Ibérica, ocupada militarmente por España a mediados de junio de 1940 e incorporada al Protectorado español en noviembre del mismo año, fue escenario de una lucha diferente a la que se libraba en los campos de batalla. Ambos bandos desplegaron en Tánger, a la sombra de sus consulados y agregadurías militares, una tupida red de agentes de sus servicios de información y contraespionaje, al tiempo que realizaban una intensa guerra de propaganda para ganarse a la población, indígena o europea, allí establecida.

La reapertura del consulado alemán en Tánger facilitada por los españoles en marzo de 1941 supuso para el Abwehr alemán contar con un nuevo y eficaz soporte para sus agentes, ya presentes en la zona española de Marruecos desde la guerra civil, y para los aliados un constante problema de contraespionaje, que sólo consiguieron solventar con su cierre en la etapa final de la guerra.

Por otra parte, desde el punto de vista anglo-americano, Tánger representó en 1941-1942 una cabeza de puente de un valor incalculable para penetrar (a través de sus agentes en los servicios consulares) en el territorio francés del norte de África y ganarse paulatinamente a los cuadros dirigentes de la administración civil y militar de Marruecos, Argelia y Túnez. El objetivo final era eliminar el peligro que para el desembarco aliado allí hubiera supuesto una activa resistencia armada francesa.

Espionaje alemán en Marruecos (1937-1944)

La presencia del Servicio de Información alemán en el Protectorado español en Marruecos se remonta a 1937, cuando el almirante Canaris, al mismo tiempo que establecía una primera estación del Abwehr en Algeciras, dispuso igualmente que se formara un centro en Tetuán, bajo la cobertura del Consulado allí establecido. Puso el mando en manos del teniente coronel Rudolph, que actuó siempre bajo el sobrenombre de Recke. Junto con el capitán Lenz, cabeza del servicio en Algeciras, entró en contacto en 1937 con el entonces Alto Comisario, general Luis Orgaz y con su sucesor, coronel Juan Beigbeder. De allí nació una estrecha colaboración hispano-alemana fruto del interés común por vigilar la situación en la zona francesa. Para los españoles era vital obtener información de esta zona, pues, como hemos visto, temían una invasión en caso de crisis internacional. Para los alemanes lo interesante era desarrollar contactos con los nacionalistas marroquíes de la zona vecina para tener preparado un levantamiento antifrancés en caso de conflicto con Francia. En este aspecto, los contactos fueron llevados con toda discreción por Adolf Langenheim, un viejo residente alemán en Tetuán. En junio de 1938 Langenheim, conocido entre los elementos indígenas como *Buxorta*, recibió un primer ofrecimiento serio de insurrección contra Francia por los caídes de la región de Sus.[1] Recke dio órdenes de mostrar interés pero mantenerse a la espera. Mientras tanto los alemanes, en su afán por ganarse a las autoridades españolas centraron su actividad en financiar genero-

[1] Carta de los caídes de Sus a Adolf Langenheim, 9 de junio de 1938, y notas de la Delegación de Asuntos Indígenas (DAI) del Alto Comisario, 26 de junio y 18 de julio de 1938. AGA, sección África-Marruecos, caja M-2452.

samente la prensa oficial local, como el diario *España* de Tánger, durante la guerra civil y después.

No obstante, los manejos alemanes para sublevar el Marruecos francés adquirieron verdadero valor militar cuando, finalmente, estallaron las hostilidades con Francia en septiembre de 1939. Unos meses después los jefes indígenas de distintas regiones de la zona francesa estaban preparados para un levantamiento general por indicación alemana.[2] Beigbeder aunque permitió en un principio estas oscuras actividades, pronto apreció el peligro de que se extendiera ese estado de ánimo levantisco entre los moros de su propia zona, y así se lo hizo entender a su sucesor, el general Asensio. El servicio de información de la Delegación de Asuntos Indígenas (DAI) recibió instrucciones de vigilar estrechamente los manejos alemanes, que debían limitarse a efectuar propaganda antifrancesa.

Beigbeder, al ser nombrado ministro de Exteriores en agosto de 1939, se trasladó a Madrid, pero continuó siguiendo muy de cerca la situación en Marruecos. Una vez instalado en Burgos, invitó a Recke a su despacho y le dijo que convenía que continuara su actuación en Marruecos e intensificara la propaganda contra Francia. Por otra parte, un excelente conocedor de la realidad magrebí como Tomás García Figueras, desde su puesto como Secretario General de la Alta Comisaría, proponía permitir esta actividad alemana dentro de unos límites. A cambio los alemanes proporcionarían a los españoles «una idea perfecta del sentir de estos elementos [nacionalistas] y sus relaciones con el movimiento afín de la zona vecina».[3] La posición de las autoridades del Protectorado, a medida que avanzaba la guerra, fue evolucionando desde la permisividad original hacia un mayor control de las actividades alemanas, que llegaron a ver con verdadera preocupación

---

[2] Notas de la Delegación de Asuntos Indígenas (DAI), 14 de octubre y 5 de noviembre de 1939. AGA, sección África-Marruecos, caja M-2452.

[3] «Sobre la propaganda alemana en nuestra Zona y la Zona vecina», informe de Tomás García Figueras, 11 de diciembre de 1939. AGA, sección África-Marruecos, caja M-2452.

cuando los agentes alemanes extendieron sus contactos hasta los nacionalistas marroquíes y el mismo jalifa de la zona española.

Los contactos alemanes con el nacionalismo marroquí

El principal motivo de ansiedad para los españoles residía en que la política alemana con respecto a Marruecos no acababa de perfilarse con claridad. Una vez derrotada Francia en el verano de 1940 no parecía lógico a ojos españoles el que los alemanes continuaran con sus antiguos contactos con los elementos indígenas. Sin embargo, las fuerzas militares francesas, como hemos visto, permanecían intactas en el norte de África tras el armisticio y para los alemanes existía siempre la posibilidad de que abandonaran la fidelidad a Vichy y se pasaran a las filas de De Gaulle. Para hacer frente a una situación así, con Marruecos, Argelia y Túnez de nuevo en armas contra Alemania, Berlín debía mantener a los líderes marroquíes listos para una eventual sublevación. A cambio se hacían generalmente vagas promesas de apoyo alemán a una independencia futura del Magreb y el mundo árabe. Esta realidad no podía por menos que preocupar profundamente a los gobernantes españoles, que siguieron en todo momento con inquietud los pasos dados por los agentes alemanes desplazados en su propia zona. La preocupación española tuvo ocasión de confirmar sus temores poco después.

En la tarde del 5 de agosto de 1940 llegó a Tetuán, invitado por el hermano del Jalifa, un discreto pero importante grupo de alemanes procedentes de Madrid. Lo formaban el agregado aéreo de la Embajada, coronel Erhard Krahmer, Erich Gardemann, presentado a los españoles bajo la identidad de un «comandante especialista en industrias aéreas» y Ludwig Wogel, director de una fábrica de construcciones aeronáuticas en España. En realidad, Gardemann era el representante en Madrid del «Dienstelle Ribbentrop», el servicio de información del ministro Ribbentrop, encargado de fiscalizar la labor del embajador Stohrer y de llevar a cabo otras delicadas misiones paralelas a las oficiales, que la embajada no podía desempeñar. Por ello su presencia en Tetuán no podía ser menos que inquietante. Una nota de la Delegación de Asuntos Indígenas recogía el rumor de que venían «a cumplimentar al Jalifa y a tratar de acuerdo con él las condiciones en que sería concedida la independencia a Marruecos».[4] La nota revelaba también que Recke, como jefe local del Abwehr, no había sido informado de los propósitos de la visita. Era una muestra evidente del divorcio y competencia existentes entre el «Dienstelle Ribbentrop» y el servicio de información militar alemán.

Siguiendo los procedimientos de cortesía habituales, el grupo de Gardemann se dirigió primero a la Alta Comisaría, con la intención de cumplimentar al Alto Comisario. Allí se encontraron con la oportuna ausencia tanto del general Asensio como del secretario general, Tomás García Figueras. Con esta ausencia intencionada las autoridades españolas quisieron despojar a la visita de cualquier carácter oficial.[5]

La misión alemana tenía una motivación clara. El Sultán de Rabat, el futuro Mohamed V, había enviado en julio de 1940 una conciliadora carta a Hitler. En ella expresaba que, puesto que Alemania había ganado la guerra a Francia, como Sultán de Marruecos estaba dispuesto a servir al Reich y poner el Magreb bajo su protección, puesto que no se deseaba estar bajo la autoridad de Italia ni de España. Por su parte los nacionalistas marroquíes también habían enviado una carta similar al Führer en previsión de los cambios que se pudieran efectuar en Marruecos. Ribbentrop, impresionado por esta favorable actitud, había ordenado a Gardemann realizar una discreta misión de contacto con el Jalifa de la zona española, para conocer de primera mano su opinión respecto a lo comunicado por el Sultán y su posición respecto a Alemania.

[4] Informe de la sección de Información de la DAI sobre la visita de alemanes al Jalifa, agosto de 1940. AGA, scción África-Marruecos, caja M-2441.

[5] «Nota para el Sr. Secretario General», informando de la visita del grupo de Gardemann a la Alta Comisaría, 5 de agosto de 1940. AGA, sección África-Marruecos, caja M-2441.

A los servicios de información españoles no trascendió nada de lo expresamente tratado el día 6 de agosto con el Jalifa, salvo la buena impresión que le habían causado los alemanes. Gardemann completó su sondeo de los medios marroquíes celebrando una comida al día siguiente con Abdeljalak Torres y otros dirigentes nacionalistas del Partido Reformista en una finca cerca de Tetuán.[6] La misión exploratoria alemana partió de regreso a Madrid el día 8 de agosto en el avión del agregado aéreo sin dar mayores explicaciones a los españoles.

Debemos recordar que en el verano de 1940, tanto Beigbeder como la cúpula militar española preparaban una ocupación de parte de la zona francesa, por lo que estaban extremadamente interesados en conocer la política alemana respecto a Marruecos. El ministro de Asuntos Exteriores ya había comunicado a Franco que lo más conveniente en este asunto era actuar de acuerdo con Alemania. Sin embargo, de los posibles caminos a tomar, Berlín se decidió finalmente por la inactividad, sin alterar la situación en el norte de África en lo referente a los grupos nacionalistas o con un apoyo que fuera más allá de la mera propaganda a la independencia de los países árabes.

No obstante, los contactos de los agentes alemanes con los medios nacionalistas continuaron durante toda la guerra, si bien estrechamente vigilados por la Alta Comisaría, que desde mayo de 1941 estaba de nuevo en manos del suspicaz general Orgaz. El Abwehr dedicó en todo momento fuertes sumas de dinero a financiar tanto a los periódicos como a los partidos nacionalistas de la zona española, pero puso buen cuidado al mismo tiempo en no molestar con ello a los sensibles españoles.

Sobre la zona francesa, a la hora de la verdad fracasaron los planes alemanes de sublevación indígena. En cuanto desembarcaron las tropas anglo-americanas, los dirigentes marroquíes se plegaron a la nueva administración francesa establecida por ellos en Argel. Esto fue

---

[6] La Intervención Regional de Yebala, sección Información, al Delegado de Asuntos Indígenas, 12 de agosto de 1940. AGA, sección África-Marruecos, caja M-2441.

el fruto de la labor preparatoria llevada a cabo pacientemente en 1941-1942 por Robert Murphy, representante del Gobierno norteamericano en la zona. Murphy y sus «doce apóstoles», los doce cónsules de EE UU destinados en Marruecos, Argelia y Túnez, tuvieron como misión desactivar cualquier oposición seria que pudiera producirse como reacción al desembarco aliado, tanto por parte de las fuerzas militares francesas como por parte de los indígenas, y desde luego lograron un éxito completo.[7]

El consulado alemán (1941-1944)

En marzo de 1941 el palacio que ocupaba en Tánger el Mendub fue cedido por los españoles como sede del nuevo consulado alemán en la ciudad. El edificio había sido la sede de la legación alemana antes de la Primera Guerra Mundial, pero tras el Tratado de Versalles había sido traspasado a las autoridades marroquíes. Por ello el gesto español tuvo para Alemania un carácter más emotivo, como de reparación. La cesión del palacio se hizo con toda pompa y ceremonia, asistiendo el Alto Comisario, general Asensio y otras altas personalidades.

Esta reapertura del antiguo consulado alemán en Tánger fue fuertemente contestada por los ingleses, que temían facilitase las actividades de espionaje y propaganda del III Reich en la zona. Los hechos pronto justificaron estos temores, convirtiéndose aquel consulado (y sus numerosas dependencias) en un verdadero centro neurálgico del Abwehr. En junio de 1942 fue transformado en Consulado General, extendiendo su jurisdicción a toda la zona del Protectorado español, incluidas la plazas de Ceuta y Melilla.[8]

---

7 Véase Robert MURPHY, *Un diplomate parmi les guerriers*, Robert Laffont, París, 1965, pp. 91-150 y David STAFFORD, *Roosevelt & Churchill. Men of Secrets*, Little, Brown and Company, London, 1999, pp. 155 y 193.

8 Nota del AEM, 3ª Sección, al Ministerio de Asuntos Exteriores, 13 de junio de 1942. AMAE, R-871/11.

La estrecha colaboración entre los servicios de información alemanes y españoles que se daba en la Península, tuvo su correspondencia también en el norte de África. En abril de 1942 el almirante Canaris, jefe del Abwehr, realizó un viaje de inspección por Marruecos, Argelia y Túnez, revisando la situación del servicio de inteligencia alemán en esos territorios. El almirante convocó una reunión en Casablanca, a la que asistieron entre otros los generales Von Wülisch y Böhme, de la Comisión de Armisticio en Marruecos, y el jefe local del Abwehr, capitán Gibhardt. Canaris subrayó en aquella ocasión la perfecta colaboración que había con los servicios españoles, como demostraban las interesantes informaciones recibidas por esta vía sobre las actividades del espionaje británico y americano en Tánger y el Marruecos español, los lazos anglo-americanos con las autoridades de Vichy en el norte de África y el estado de ánimo de las tribus en el Marruecos francés.[9] Sin embargo, la información más valiosa proporcionada por los españoles, por distintas razones, no pudo ser aprovechada por los alemanes. En la noche del 23 de octubre de 1942 el comandante Madariaga, enlace del servicio de información del Alto Estado Mayor en Tánger, comunicó al agregado militar alemán, comandante Remer, que era inminente un desembarco aliado en el norte de África, en Orán y Casablanca, y que se contaba para ello con la pasividad francesa. Esta información provenía del teniente coronel Cea, jefe de inteligencia en Tetuán y de su homólogo en Melilla, comandante Menor, y era de absoluta confianza. Remer se apresuró a comunicar tan importante noticia al general Matzki en Berlín, y al agregado militar en Madrid, coronel Krappe.[10] Pero como veremos, las noticias de Remer sólo eran un elemento más en la riada de informaciones de todo tipo (incluso

[9] Declaración del general Böhme al Gobierno soviético, reproducida en la revista *Izvestia* de 15 de junio de 1946, anexa al despacho de Prat y Soutzo, Legación de España en Helsinki, 30 de junio de 1946, p. 5, AMAE, R-5162/4.

[10] «Pruebas de la complicidad de Franco en la guerra de Hitler. Declaración hecha por los antiguos agregados militares alemanes en Madrid y Tánger», general Gunther Krappe y coronel Hans Remer, *Soviet News*, 20 de mayo de 1946, p. 2, AMAE, R-3148/7.

intoxicaciones de agentes dobles manejados por los aliados), que llegaban al desorientado alto mando alemán, OKW, señalando los más diversos puntos para un posible desembarco.

En cualquier caso la reacción alemana, al no disponer de tropas en la zona, no podía repeler, ni siquiera dificultar la operación. Sólo en Túnez, realizando apresuradamente su transporte aéreo, se pudo montar una resistencia, que en cualquier caso, por falta de refuerzos estaba destinada, tras unos meses, al fracaso.

La concentración de agentes alemanes en Tánger y el Marruecos español fue especialmente evidente tras ese desembarco aliado en el norte de África en noviembre de 1942, que supuso la pérdida de la base del servicio de inteligencia alemán en Casablanca, establecido allí dos años antes a la sombra de la Comisión alemana de Armisticio. Esta misma Comisión, que contaba nada menos que con 150 miembros, entre oficiales y soldados, pudo huir del Marruecos francés y refugiarse en zona española gracias a la buena relación que existía con las autoridades del Protectorado. Fueron alojados en Melilla, donde se les proporcionó ropa civil y documentación española falsa para evitar que la operación de evacuación fuera detectada por los agentes aliados. Desde allí, en pequeños grupos, los miembros de la Comisión volaron a la Península y luego en tren, llegaron a la Francia ocupada para reintegrarse a distintas unidades.[11]

A medida que la ofensiva de Montgomery desde Egipto empujaba a los germano-italianos hacia el oeste, y en especial tras la pérdida final de Túnez por el Eje en mayo de 1943, el Abwehr se encontró con que el único punto de apoyo que le quedaba para el control de la navegación en el Estrecho y el Mediterráneo occidental era (además de Algeciras), Tánger y la costa del Marruecos español. Desde el verano de 1943, la antigua ciudad internacional y en menor medida Tetuán y el Protectorado español, registraron una alta concentración de agentes e informadores del Abwehr, procedentes de las zonas recien-

[11] Ibídem, p. 7.

temente perdidas por el Eje, y sin una misión específica que desempeñar hasta que se les asignaran nuevos destinos.

Siguiendo una costumbre originalmente establecida por los británicos, el puesto de vicecónsul en la mayoría de los consulados de las potencias occidentales era reservado para el representante local del servicio de inteligencia, que adquiría así inmunidad diplomática. Alemania no fue en esto ninguna excepción. Entre los agentes más veteranos del Abwehr en la zona estaban el cónsul en Tánger, Herbert Noehring, y el vicecónsul, Hermann Goeritz, uno de los más activos y eficientes en las labores informativas. En un edificio anexo al Consulado funcionaba una gran estación de radio, que bajo el nombre clave de «Pantheria», emitía diariamente sus informes a la central del Abwehr en Madrid. El consulado alemán en Tetuán perdió importancia a partir de 1941 al establecerse un servicio de espionaje de mayor amplitud en el consulado de Tánger, aunque siguió estando en activo. Los miembros más importantes destinados en Tetuán, el cónsul Richter y el vicecónsul Braun, eran desde luego miembros del Abwehr de Canaris. Disponían de dos potentes emisoras denominadas «Theresa» y «Thea».

Entre la colonia alemana en Tetuán, el citado Adolf Langenheim (que en julio de 1936 había gestionado junto con Bernhardt la primera ayuda germana a Franco), tenía buenos contactos con los elementos indígenas, que como ya hemos visto utilizó en 1938-1940 para preparar eventuales sublevaciones contra Francia. A través de su hijo Oswald, que trabajaba en el gabinete de Ribbentrop, tenía acceso directo a Berlín. Oswald fue además temporalmente operador de radio en la estación «Thea» de Tetuán. El tercer hijo, Heinrich Langenheim, que había sido oficial agregado en la Comisión alemana de armisticio establecida en el Marruecos francés, fue expulsado de Tánger y del territorio peninsular a requerimiento inglés en julio de 1943 por espionaje.[12] Otros agentes importantes fueron Gerhard Zobel, jefe local del

[12] AMAE, legs. R-1998/13 y R-2159/2.

partido nazi, y el representante de la compañía HISMA, Mawick.[13] En Ceuta, donde funcionaba otra emisora del Abwehr, entre los informadores más activos estaban el agente consular Hoffmann, el director local de la HISMA, Hermann Paege, y representantes comerciales como Ulrich o Kurt Meyer. Los representantes de la casa comercial Renschausen, con sucursales en Larache, Tetuán, Tánger, Casablanca y Rabat, actuaban también como informadores ocasionales. En Melilla, donde operaba la cuarta emisora del Abwehr en servicio, el alemán de mayor actividad era el vicecónsul Walter Kraemer.[14]

Esta extensa red informativa, mandada por el ya citado coronel Johann Recke, tenía asignado como campo de operaciones toda la zona magrebí. Estaba formada por 22 miembros y un gran número de informadores marroquíes y argelinos. Sin embargo, su cometido principal fue la llamada operación «Bodden», para la que fueron asignados 35 técnicos y agentes adicionales. Se trataba de controlar desde diecisiete puestos de observación en la costa peninsular, Tánger y el Marruecos español,[15] con ayuda de radares y tecnología de infrarrojos, todos los

---

[13] Aunque oficialmente la HISMA («Sociedad Hispano-marroquí de Transportes») se había disuelto en septiembre de 1940, fue sustituida por una sociedad mayor, la SOFINDUS («Sociedad Financiera Industrial»), dedicada a invertir parte de la deuda de España con Alemania procedente de la guerra civil en minas y empresas mineras españolas de interés estratégico. Como hemos visto, en ambos protectorados de Marruecos los alemanes tenían ambiciosos planes para adquirir el control de las minas de hierro y cobre.

Parte de los antiguos representantes de la HISMA y luego de SOFINDUS en Marruecos fueron empleados como agentes por el Abwehr, el servicio de información del ejército alemán, o por la NSDAP-AO, organización exterior del partido nazi.

[14] Informe británico sobre la acción alemana en el Marruecos español en NA, FO 371/24447, citado por Susana SUEIRO en «España en Tánger durante la Segunda Guerra Mundial: la consumación de un viejo anhelo». *Espacio, Tiempo y Forma*, serie V, vol. 7, 1994, p. 142.

[15] Los ingleses habían detectado la existencia de puestos de observación y radios clandestinas alemanas en los puntos siguientes:

- Algeciras: villa León.
- Ceuta: chalet Rosse y chalet Huertas.
- Tánger: en las calles Detroit 31, Bukdanah 1 y en el hotel Rif, habitación 405.

AMAE, legs. R-1773/2 y R-5161/16.

movimientos de buques aliados por el Estrecho de Gibraltar tanto de día como de noche. Esta información se transmitía en clave desde Algeciras hasta Berlín, sin ser molestados por las autoridades españolas. Cuando se confirmaba la entrada o salida de convoyes, esta vital información era comunicada por radio a los submarinos alemanes en la zona, facilitando su labor de destrucción.[16]

Como ya hemos relatado en otro lugar, acciones de sabotaje, a base de poner cargas explosivas en los buques mercantes aliados en la rada de Gibraltar, fueron desarrolladas por hombres-rana italianos y saboteadores alemanes, partiendo desde Algeciras y Huelva.[17] A requerimiento de los ingleses, periódicamente la policía española llevó a cabo registros en casas señaladas, en general sin resultados, ya que algún simpatizante entre los funcionarios españoles solía advertir previamente a los alemanes.

A partir de enero de 1943 ingleses y norteamericanos empezaron a insistir con mayor intensidad para que se pusiera fin a la presencia de alemanes en Tánger, alegando que tanto esa presencia como la existencia misma del consulado alemán iban contra lo dispuesto por el Estatuto de 1923. En febrero de 1944, cuando esas presiones aliadas se combinaron con la amenaza de cortar el suministro de petróleo a España, Franco a través del general López Valencia, recomendó a Orgaz que recortara las actividades del Consulado alemán, por considerarlas «antijurídicas». El Alto Comisario en su respuesta al Caudillo y refiriéndose al espionaje decía en tono exculpatorio, «[...] saben unos y otros (aliados y alemanes) que es imposible evitarlo, ya que Tánger y Ceuta son dos balcones abiertos al Estrecho y a cuyos observadores no puede escaparse nada de lo que en el mismo sucede». Como muestra de las restricciones ya adoptadas, Orgaz escribía satisfecho, «las

---

[16] Para una descripción pormenorizada de la operación Bodden, véase Manuel ROS AGUDO, *La guerra secreta de Franco (1939-1945)*, Crítica, Barcelona, 2002, pp. 219-231.

[17] Véase Jesús RAMÍREZ, *Espías y neutrales: Huelva en la Segunda Guerra Mundial*, edición del autor, Huelva, 1996, pp. 323-348 y Manuel ROS AGUDO, *La guerra secreta de Franco (1939-1945)*, Crítica, Barcelona, 2002, pp. 231-244.

estaciones emisoras manejadas por los alemanes se han reducido a las de sus propios consulados. Esto puedes afirmarlo concretamente». Con ello, Orgaz implícitamente venía a reconocer que con anterioridad los alemanes habían contado con emisoras en otros lugares, sin impedimento alguno por parte española. Más adelante se refería a la estación de radio de Cabo Espartel, que formaba parte de «Bodden», en estos términos:

> He de decirte que desde luego se autorizó a montarla en aquellos momentos en que el Alto Estado Mayor y las relaciones de Vigón con Canaris lo aconsejaban, pero püedes también afirmar que la estación de Cabo Espartel, con material alemán, está servida por telegrafistas españoles y a nuestro servicio, sin que pueda nadie asegurar, con motivos justificados, que sirvan ni hayan servido a los intereses alemanes.[18]

Esta afirmación era rotundamente falsa en lo referente a los tres años anteriores. Desde 1941 la estación de radio de Cabo Espartel estuvo ocupada por observadores y telegrafistas alemanes que operaban con uniforme español para no levantar sospechas. Desde allí se transmitía información de interés a los submarinos germanos operando en el Mediterráneo y a la estaciones del Abwehr en Algeciras y Sevilla. Sólo a finales de 1943 los alemanes se retiraron y el servicio de la estación pasó a ser enteramente español.

Debido a las crecientes presiones aliadas sobre el Gobierno español, en enero de 1944 no hubo más remedio que sacrificar la cabeza visible del servicio alemán en Marruecos desde 1937, el coronel Recke, excesivamente conocido por los anglo-americanos. Fue trasladado a la Península, pero dejó toda la organización en manos de su ayudante. A pesar de los requerimientos de Ribbentrop y del embajador Dieckhoff, Canaris se resistía a reducir sus efectivos en la zona del Estrecho, dada

[18] Orgaz a Franco, febrero de 1944. AMAE, leg. R-1997/20.

su gran importancia militar. El almirante propuso en Berlín que la reducción de personal alemán en Tánger comenzara con el servicio de propaganda, siguiendo con los miembros del SD o policía y los del propio consulado. Sólo en último lugar debía prescindirse de los hombres del Abwehr en la ciudad internacional.[19] Pero el propio almirante fue reemplazado en febrero, y sus sucesores no pudieron impedir la clausura definitiva del consulado en mayo de 1944 y la expulsión progresiva de la mayor parte de sus agentes.[20] En junio de 1944 la embajada alemana pretendió del Gobierno español en contrapartida, una actitud de similar dureza para con los aliados, adjuntando una lista de 16 agentes británicos y 2 estadounidenses que a su juicio debían ser expulsados de Tánger por espionaje.[21] No tenemos constancia de que se accediera siquiera mínimamente a esta petición, en un momento en que la influencia alemana en Madrid iba perdiendo fuerza a medida que progresaba el avance aliado.

A pesar de las facilidades proporcionadas por parte española entre 1937 y 1944, la nutrida organización de espionaje alemana desplegada en la zona no fue capaz de informar con antelación sobre los desembarcos aliados en Marruecos y Argelia en noviembre de 1942, cosechando con ello uno de sus más sonoros fracasos ante sus superiores en el OKW. La sospechosa acumulación de aviones y buques registrada en Gibraltar a finales de octubre fue asignada erróneamente por los alemanes a una operación de reforzamiento de Malta o a un eventual desembarco en Libia.[22] En realidad se trató más de un error de

19 Canaris al Ministerio de Asuntos Exteriores, 23 de diciembre de 1943. ADAP, serie E, vol. VI, doc. 143, p. 276-278.

20 Para finales de julio de 1944, 93 alemanes habían sido expulsados de Marruecos y del territorio peninsular por el Gobierno español, debido a supuestas actividades de espionaje. AMAE, leg. R-2159/2.

21 Nota Verbal nº 1336/44 de la embajada alemana, 16 de junio de 1944. AMAE, leg. R-1998/25.

22 Para la labor de encubrimiento aliada antes del desembarco en el norte de África, denominada operación «Kennecott» y la importancia de España en ella, véase Denis SMYTH, «Screening TORCH: Allied Counter-Intelligence and the Spanish Threat to

interpretación de la información por el alto mando alemán que de falta de información en sí. Siete de las estaciones Bodden repartidas a ambos lados del Estrecho de Gibraltar detectaron cumplidamente el paso de al menos 140 buques entre el 5 y el 6 de noviembre de 1942. Un despliegue así sólo podía significar la inminencia de una operación aliada de desembarco. Sin embargo, el OKW alemán no pudo determinar a tiempo cuál era el punto de destino.

Nuevamente erraron sus cálculos en julio de 1943, cuando predijeron un desembarco en Grecia o Yugoslavia en lugar de Sicilia. En este segundo error desempeñó un papel fundamental (aunque involuntario) la intensa colaboración de los servicios de información españoles con el Abwehr. Ambos cayeron en la trampa montada con todo cuidado por los británicos, y que ha pasado a la historia como operación «Mincemeat».[23]

Junto al valor estratégico de Tánger como lugar de concentración de espionaje durante la guerra, la ciudad era una buena caja de resonancia para desarrollar propaganda, y así lo entendieron pronto los beligerantes.

Guerra de propagandas beligerantes

La presencia simultánea en Tánger de representaciones consulares de tres países en guerra, como Gran Bretaña por un lado y Alemania e Italia por otro (luego se añadirían EE UU y Japón), necesariamente llevó consigo el choque de sus respectivas propagandas, algo favore-

the Secrecy of the Allied Invasion of French North África in November 1942», *Intelligence and National Security*, nº 2, IV-1989, pp. 335-356. También Javier TUSELL, *Franco, España y la II Guerra Mundial*..., pp. 351-355.

23 Para los detalles de la operación «Mincemeat» y la involuntaria participación española en el engaño, véase Manuel ROS AGUDO, *La guerra secreta de Franco (1939-1945)*, Crítica, Barcelona, 2002, pp. 251-254.

cido por su estrecho campo de acción, limitado al contorno de la ciudad y su espacio circundante. Las autoridades españolas no tardaron en tratar de poner coto a estas actividades y la principal arma con que contaban para ello, la censura informativa, fue pronto utilizada.

Con el aparente propósito de evitar posibles enfrentamientos entre la población de ciudadanos extranjeros pertenecientes a países beligerantes, el 4 de abril de 1941 se estableció por decreto del Alto Comisario una fuerte censura de prensa en Tánger. Se permitiría la publicación de noticias de la guerra, pero no la de «aquellos artículos, notas o comentarios referentes a la guerra que por razón de su carácter tendencioso pudieran dar lugar a causar reacciones y producir incidentes entre las colonias extranjeras».[24]

Igualmente se prohibió la publicación de todo aquello que incitase a discusiones o críticas respecto al régimen de Tánger tras ser incorporado al Protectorado español. Se buscaba con ello evitar fuentes de posible tensión, pero en definitiva recortar la libertad de prensa. Tánger quedaba homologada con España también en el aspecto de la restricción informativa.

En opinión del cónsul inglés Gascoigne, estas medidas tenían por objetivo hacer más difícil la difusión de la propaganda británica, y en concreto de la *Tangier Gazette*. Se trataba de un diario publicado, en francés y español, por el agregado de prensa del consulado británico,[25] Ellis, y el único órgano portavoz de la causa aliada en todo Marruecos. Se editaba, además, una versión bisemanal en inglés. Gascoigne pensaba que la nueva censura se había impuesto debido a presiones alemanas. Y efectivamente, los censores españoles se emplearon a fondo con la *Tanger Gazette*, impidiendo la publicación de noticias desfavorables para Alemania y alargando innecesariamente su labor fiscalizadora para retrasar la hora de salida del diario, con la clara intención de perjudicar de algún modo su venta.

---

[24] Decreto del Alto Comisario, 4 de abril de 1941. AMAE, leg. R-871/9.

[25] El coronel Ellis, era al mismo tiempo el eficaz jefe del Intelligence Service británico (MI6) para la totalidad de Marruecos.

Por el contrario, el periódico italiano *Vedetta di Tangeri*, el francés *Dépêche Marocaine*, y el español *España*, circulaban con entera libertad y la censura no les impedía publicar artículos ofensivos contra Inglaterra. El diario *España*, el más leído en la zona española, con una tirada de 50.000 ejemplares frente a los 1.000 de la *Tangier Gazette*, era totalmente germanófilo, pues como sabemos lo subvencionaban los alemanes con fuertes sumas de dinero, por lo menos desde 1937. También eran proalemanes los demás periódicos españoles, como *El Faro* de Ceuta o *El Telegrama del Rif* de Melilla. En muchas ciudades del Protectorado se habían instalado altavoces, desde los que varias veces al día se transmitía propaganda falangista y simpatizante con Alemania. La propaganda alemana se extendía también a la población marroquí, estimulando su nacionalismo bajo promesas de una futura independencia. Los principales partidos nacionalistas recibían fuertes subvenciones de los alemanes, que manejaban algunos de sus órganos.[26] Esta intromisión en asuntos indígenas fue muy mal vista por las autoridades españolas y fue pronto restringida, a petición del Alto Comisario, a aquellos asuntos que no afectaran a la política española hacia los musulmanes.

Como contrapartida a las facilidades españolas para la propaganda nazi en Tánger y su zona de Protectorado, y buscando la colaboración de Madrid para una acción común sobre el Magreb, los alemanes tuvieron gestos ocasionales de deferencia hacia el Gobierno español, al que sabían muy sensible en cuanto se refiriera a la región. A finales de agosto de 1940 se comunicó a Beigbeder que el servicio radiofónico alemán iba a reanudar el 1 de septiembre sus emisiones para el norte de África en dialecto magrebí a través de la emisora París-Mondial. Se ofrecía al Ministerio de Asuntos Exteriores español la posibilidad de

---

26 A lo largo de 1943, Peter Schulze, agregado de prensa ayudante y Hans Seidel, agregado (ambos destinados en el consulado alemán en Tánger), mantuvieron —según los ingleses— frecuentes contactos con los líderes nacionalistas marroquíes Abdeljalek Torres y Ouezzane, alimentando en ellos sentimientos antialiados y proporcionándoles subvenciones y propaganda ilustrada en árabe. AMAE, leg. R-1773/2.

hacer sugerencias sobre el contenido y forma del programa. El ministro recogió la invitación muy complacido, transmitiendo a los alemanes su deseo de que en las emisiones, se aludiera a la amistad hispano-alemana, se hiciera referencia a la misión tradicional de España hacia el pueblo marroquí y se permitiera periódicamente hablar desde la emisora, situada en París, a un locutor árabe de Tetuán.[27] Este fue un intento, aunque tímido y de escasa repercusión, de hacer una propaganda conjunta destinada al Magreb, en defensa de los intereses de ambas potencias. A finales de junio de 1940, Beigbeder había tenido ya una conversación con el almirante Canaris, jefe del Abwehr o servicio de información alemán, en la que éste le había insinuado la conveniencia de desarrollar una acción común germano-española en el Marruecos francés en cuanto a «propaganda, bombardeo simbólico de algo (sic), crear agitaciones, etc...». El ministro español le disuadió de intentar nada parecido alegando que lo primero era «esperar la situación que resulte después del ataque alemán a Inglaterra».[28] Beigbeder, como hemos visto, temía que Alemania adquiriera demasiado prestigio en el Magreb, en detrimento incluso de España.

A pesar de las aparentes facilidades proporcionadas a la propaganda alemana en general, Richter, el cónsul alemán en Tetuán, se quejaba en su informe anual de diciembre de 1940 del celo empleado en la Alta Comisaría española para evitar una excesiva influencia germana

---

[27] Nota Verbal nº 682/40 de la embajada alemana, 30 de agosto de 1940 y respuesta del Ministerio español de Asuntos Exteriores, 5 de septiembre de 1940. AMAE, leg. R-1187/47.

En el verano de 1939 los alemanes habían instalado en la zona de Berlín (Zeesen) y Stuttgart un doble servicio radiofónico en lengua árabe y bereber para los países norteafricanos. Más tarde se amplió con nuevas emisoras en Múnich, Saarbrücken y Frankfurt. Para cuando se incorporó la citada emisora parisiense, la propaganda proalemana en el Magreb en detrimento del mundo anglo-francés estaba ya muy desarrollada. Victor MORALES LEZCANO, «El Norte de África en los cálculos estratégicos y la diplomacia de guerra de las potencias beligerantes (junio 1940-noviembre 1942)», *Estudios Históricos*, vol. I, Universidad Complutense, Madrid, 1990, p. 437.

[28] Beigbeder a Franco, sobre conversación con el almirante Canaris, 30 de junio de 1940. DIHGF, vol. II-1, doc. 65, pp. 238-240.

entre el elemento indígena. Se habían puesto muchos obstáculos a la exhibición de las películas alemanas sobre la guerra. En cuanto a Tánger, los permisos para la entrada de ciudadanos alemanes se demoraban meses enteros, al igual que se había pospuesto hasta marzo de 1941 la reapertura del consulado alemán allí. La Alta Comisaría tampoco quería fomentar la influencia alemana entre los indígenas de la zona francesa, por lo que había confiscado un cargamento de propaganda en árabe allí destinado.[29]

Sin embargo, no siempre fueron los alemanes los interesados en contactar con los marroquíes. En ocasiones fue a la inversa. Tras la caída de Francia, los nacionalistas marroquíes vieron una oportunidad para la liberación de su país en el acercamiento a Alemania, que se había definido a través de su propaganda como potencia anticolonialista y en favor de los pueblos árabes. En la zona española se formó un comisión encargada de las relaciones con los alemanes bajo la presidencia de Abdeljalek Torres —el líder del Partido de la Reforma—, y que contaba con Thami el Ouezzan, Taïb Bennouna, Mohammed Tnana y Hadj Ahmed Balafrej como miembros. Este último fue además autorizado por los nacionalistas de la zona francesa para tratar con Alemania sobre su apoyo a la independencia de Marruecos. Con este fin viajó Balafrej a la capital del Reich en septiembre de 1940. El día 8 de ese mes habló por Radio Berlín y el 19 de octubre el «Comité árabe de Berlín» le ofreció una recepción en el hotel Kaiserhof. A pesar de esta buena acogida, los alemanes le dijeron que la guerra no había terminado y que, en cualquier caso, el destino de Marruecos estaba unido al de Francia. Además era un asunto a dictaminar en el tratado de paz. Balafrej, decepcionado, envió una carta a sus compañeros diciendo que no se podía esperar nada de Alemania.[30] Al parecer, los alema-

---

29 Richter, cónsul alemán en Tetuán, al Ministerio de Asuntos Exteriores, 27 de diciembre de 1940. DGFP, serie D, vol. XI, doc. 573, p. 968.

30 Véase Abdelmajid BENJELLOUN, *Pages d'histoire du Maroc: Le patriotisme Marocain face au Protectorat Espagnol*, imprimerie El maârif Al Jadida, Rabat, 1993, pp. 236-241, y *Approaches du colonialisme espagnol et du Mouvement Nationaliste Marocain dans l'ex-Maroc Khalifien*, Editions Okad, Rabat, 1988, pp. 219-224.

nes, en sus contactos con los nacionalistas marroquíes, buscaron simplemente pulsar sus intenciones y atraerse sus simpatías, para servirse de ellos en caso necesario, pero nunca tomaron demasiado en serio el nacionalismo marroquí en su conjunto.

En otro orden de cosas, durante 1941 el embajador Stohrer se mostró preocupado ante Berlín por la falta de efectividad de la propaganda alemana en Tánger y el Marruecos español para contrarrestar la propaganda inglesa y americana. En sus esfuerzos en ese sentido, a principios de noviembre de 1941 Stohrer aprovechó la estancia en Madrid del Alto Comisario, general Orgaz, para invitarle a cenar junto a Serrano Súñer y tratar del asunto. Al comenzar el encuentro, Orgaz, se mostró contrario a toda forma de propaganda extranjera en la Zona española, que había que evitar por cuestión de principio, por considerarla siempre indeseable. Sin embargo, más adelante en la conversación dio su conformidad a una propuesta alemana basada en dos puntos: promover las actividades de propaganda alemana en Marruecos, siempre que no fueran dirigidas a los indígenas de manera que dañara a los intereses españoles, y combatir la propaganda inglesa con los medios oficiales españoles tanto como fuera posible. La germanofilia de ciertos sectores del Gobierno español, siempre dispuestos a complacer a Alemania, queda con esto una vez más de manifiesto.

Ante las quejas reiteradas de Orgaz sobre la intromisión de la propaganda alemana en la política española para con los moros, Stohrer le dio seguridades de que se eliminaría toda propaganda no autorizada por la embajada, y se buscaría en adelante una mayor sintonía con los deseos españoles. El agregado de prensa de la embajada, Hans Lazar, por invitación del Alto Comisario, se desplazó a Marruecos a los pocos días para redactar un informe sobre las condiciones de los medios informativos en la zona y crear una oficina de prensa en el consulado alemán en Tánger. En su despacho a Berlín, comentando la reunión, Stohrer recomendaba que como apoyo a la propaganda era indispensable dotar con mayores medios económicos y de personal a las misiones alemanas en el Marruecos español. Pedía además elevar la representación en Tánger a la categoría de Consulado General y asignarle al menos un agregado u observador militar.[31]

El 25 de noviembre de 1941 tuvo lugar una reunión en la embajada alemana en Madrid para tratar de la propaganda en Marruecos, con asistencia de los cónsules en Tánger y Tetuán, y de varios especialistas en prensa y radio. Se dijo que la prohibición de propaganda bélica en general decretada por el Alto Comisario había tenido una repercusión más desfavorable en la propaganda alemana que en la británica, pues ésta seguía contando con el privilegio de la oficina de correos inglesa en Tánger para su distribución. Se acordó que la oficina de prensa del consulado en Tánger publicaría tres veces por semana un boletín ilustrado en árabe y otras lenguas, que también se distribuiría a través del Consulado en Tetuán. Schoof, especialista en radio de la embajada, comunicó que se estaba en negociaciones para comprar la estación de radio de Tánger. Por su parte, Noehring, cónsul en Tánger, dijo que pensaba solicitar un fondo anual especial para prensa y propaganda de 20.000 marcos y su homólogo en Tetuán, Richter, un fondo similar de 10.000. Y en efecto, durante 1942 los alemanes incrementaron de forma más que sustancial sus gastos de propaganda en Marruecos.[32]

Por su parte, la propaganda británica, al ser considerada además por los celosos funcionarios españoles como la de un enemigo potencial, se encontró siempre con mayores obstáculos que los pequeños inconvenientes puestos a la alemana. Por ello los ingleses la tuvieron que ejercer de forma discreta, por canales privados y a veces clandestinos, aunque contaban con el inestimable apoyo que representaba disponer de su propia oficina de correos en Tánger. La propaganda británica en Marruecos estuvo a cargo del coronel Ellis, agregado de pren-

[31] Stohrer al Ministerio de Asuntos Exteriores, 12 de noviembre de 1941. DGFP, serie D, vol. XII, doc. 455.

[32] Stohrer al Ministerio de Asuntos Exteriores, 25 de noviembre de 1941. DGFP, serie D, vol. XII, doc. 499.

sa del consulado en Tánger, que como sabemos era además el jefe local del MI6, el servicio de inteligencia británico.

La labor de propaganda inglesa en Tánger y en el Marruecos español, que durante un tiempo contó con menos medios que los alemanes, dejó habitualmente la iniciativa a éstos, tratando de contrarrestarla con acciones similares, pero buscando siempre no perjudicar las delicadas relaciones con las autoridades españolas. A partir de 1942, la incorporación de Estados Unidos a la causa aliada, con todo su potencial económico, se hizo sentir también en el campo de la propaganda. Entre otras muchas actividades, el agregado de prensa norteamericano puso en marcha la edición del periódico semanal *Journal de Tánger*, destinado al Marruecos francés. Paulatinamente pudo adoptar una línea más y más proaliada, facilitada por las sucesivas victorias anglo-americanas de 1943 en adelante y el giro neutralista que tomaba la política española.

El sabotaje británico y la bomba de Tánger

El 6 de febrero de 1942 tuvo lugar un grave incidente que provocó una ola de indignación antibritánica en la ciudad. En el puerto de Tánger se produjo una fuerte explosión procedente de la valija diplomática inglesa, que venía semanalmente por barco de Gibraltar, y había sido descargada del remolcador *Rescue*. La explosión fue de tal intensidad que causó la muerte a catorce personas, moros en su mayoría, y heridas a casi cuarenta, entre las cuales varias eran de nacionalidad británica, además de la destrucción de cinco vehículos aparcados en el muelle. La versión inglesa fue que se trataba de un acto de sabotaje del Eje, y la española, expresada mediante un comunicado de Serrano Súñer en el diario local *España*, que había estallado fortuitamente un cargamento de explosivos destinado por los británicos a cometer algún atentado.[33]

[33] Susana SUEIRO, «España en Tánger durante la Segunda Guerra Mundial: la consumación de un viejo anhelo», *Espacio, Tiempo y Forma*, Serie V, vol. 7, 1994, p. 147.

Al día siguiente se convocó una manifestación masiva de protesta del pueblo tangerino que degeneró en violencia: se apedreó el consulado, la oficina de correos inglesa, la imprenta de la *Tangier Gazette* y el edificio de la *Depêche Marrocaine*, volcándose dos automóviles.[34] La indignación entre los manifestantes (moros en su mayoría), fue enorme, hasta el punto de desbordar a las fuerzas de orden españolas y tener que declararse el estado de guerra por el delegado del Alto Comisario.[35] Los representantes británicos acusaron a las autoridades españolas de pasividad en la defensa de las propiedades inglesas.[36] Por su parte, el Foreign Office, deseando no alentar más los sentimientos antibritánicos, decidió echar tierra sobre el asunto por el momento. No obstante, en abril de 1942 se pidieron indemnizaciones por las pérdidas sufridas, aunque todavía en agosto de 1943 no habían sido pagadas por el Gobierno español.[37] Hasta aquí la versión sostenida por los ingleses y que ha sido la oficialmente mantenida hasta nuestros días.[38] Hoy estamos en condiciones de esclarecer definitivamente la verdad de aquellos hechos.

---

[34] El Interventor Regional de Tánger al Delegado de Asuntos Indígenas, 15 de febrero de 1942. AGA, AF-M-2424.

[35] General Uriarte a Orgaz, 9 de febrero de 1942. AGA, AF-M-2010.

[36] Según una nota de la embajada inglesa de agosto de 1943 la actitud adoptada por las autoridades españolas ante los destrozos y tumultos fue muy criticable:

> No solamente fracasaron en su función básica de preservar el orden y la ley, en la investigación de los hechos y castigo de los culpables, sino que el mismo Gobernador, advertido alrededor de las 17:20 de lo que estaba ocurriendo, controló tan poco la situación, que a las 21:15 de la misma noche los alborotadores continuaban destruyendo y saqueando bienes británicos.

Nota verbal de la embajada británica, 6 de agosto de 1943. AMAE, leg. R-1773/2.

[37] Ibídem. Finalmente se pagaron al consulado británico en Tánger 729.928 francos franceses en concepto de indemnización en noviembre de 1945. Carrero Blanco al general Varela, Alto Comisario en Marruecos, 26 de octubre de 1945, y Varela a Carrero Blanco, 3 de noviembre de 1945. AGA, AF-M-2010.

[38] Recogida por Susana SUEIRO, op. cit., p. 147.

A finales de diciembre de 1941 el gobernador de Gibraltar y el almirante al mando de la Flota pidieron al representante en Tánger del SOE (Special Operations Executive), Edward Wharton-Tigar, que destruyera una emisora establecida en un puesto de observación naval alemán en Tánger para comunicar con los submarinos, muy activos entonces en el Estrecho. El SOE era un servicio de sabotaje y operaciones especiales, fundado en julio de 1940 y a cargo del ministro de Economía de Guerra, Hugh Dalton. Para Marruecos y el norte de África, su sede estaba en Gibraltar y contaba con representantes en la zona al amparo de los consulados británicos. La acción contra la emisora fue bautizada como «Operación Falaise» debido a que se encontraba en una casa junto a un acantilado situada en la Rue de la Falaise. Antes de emprender nada, se pidió la preceptiva autorización del cónsul Gascoigne. Éste accedió a afrontar las repercusiones políticas que sin duda se producirían en Tánger tras la explosión, a condición de que se le garantizara que los alemanes no podrían montar otra emisora sustitutoria en al menos un mes o dos.[39] En Madrid el embajador Hoare fue informado del plan y consideró que en principio las ventajas de llevarlo a cabo superaban los inconvenientes, aunque expresó su temor ante la posible reacción de alemanes y españoles. Una de las preocupaciones para Gascoigne era que aquéllos, como respuesta, sabotearan en Tánger la emisora del consulado británico o alguno de los edificios anexos.[40] Finalmente se dio luz verde y comenzaron los preparativos. Wharton-Tigar hizo un reconocimiento previo del lugar y planeó todos los detalles. Después se desplazó hasta Gibraltar para contactar con su superior en el SOE, que le proporcionó los explosivos necesarios.[41]

Mientras tanto un ayudante de Wharton, conocedor de los bajos fondos de Tánger, había reclutado a dos saboteadores para llevar a cabo

---

[39] Gascoigne a Hoare, 27 de diciembre de 1941. NA, HS/6/950.

[40] Gascoigne al Foreign Office, 9 de enero de 1942. Ibídem.

[41] Thomas T. SMITH, «The Bodden Line: A Case-study of Wartime Technology», Intelligence and National Security, 6, 2 (1991), p. 448.

la misión. Uno de ellos era un camarero judío. El otro un comunista español. Ambos tenían la ventaja de estar motivados por razones personales para hacer un trabajo semejante, y de ser lo suficientemente anónimos para no dejar rastro sobre el origen británico de la operación, en el remoto caso de ser capturados. Supervisados por el propio Wharton, en la noche del 9 al 10 de enero de 1942 los dos saboteadores situaron una carga de explosivo plástico de 36 libras en una ventana de la planta baja de la casa.[42] La emisora «Falaise» saltó por los aires a las dos de la madrugada.[43] Desafortunadamente, como resultado de la acción murieron un ciudadano griego y su esposa.

Dentro de la labor de ocultación de los hechos previamente acordada, Gascoigne invitó a comer al gobernador español de Tánger, general Uriarte, simulando un total desconocimiento de lo acontecido. El militar español le dijo que existía la posibilidad de que el ciudadano griego estuviera trabajando simultáneamente para los dos bandos y que hubiera sido eliminado por los alemanes en represalia. No se habló para nada de que la casa albergaba una estación de radio alemana.[44] La misma mañana del atentado, el Alto Comisario, general Orgaz, ordenó una investigación a Uriarte, que a su vez se la encomendó al teniente Navas. Wiedemann, del consulado alemán, contactó con Navas y le pidió que durante su registro de la casa tratara de recuperar un libro donde la victima, el ex capitán de la Marina griega Jonard Quiriaco, registraba todos los barcos que pasaban por el Estrecho. El libro en cuestión no apareció y de la investigación se encargó un capitán de Estado Mayor, que actuaría como Juez Instructor. El coronel Recke, jefe del Abwehr en el Marruecos español, se personó indignado para exigir detenciones inmediatas.[45] Pero tras un mes de pesquisas inútiles, las autoridades españolas abandonaron la investigación.

---

[42] Ibídem, p. 449.

[43] De A/DB (SOE-Tánger) a H (SOE-Gibraltar), 12 de enero de 1942. Ibídem.

[44] G.B.004 (SOE-Tánger) a H (SOE-Gibraltar), 13 de enero de 1942. NA, HS/6/950.

[45] Agente británico a SOE-Gibraltar, 13 y 14 de enero de 1942. NA, HS/67/950.

La escasa reacción española y la facilidad de la operación motivaron que los agentes del SOE se plantearan la posibilidad de realizar nuevas acciones sobre otras estaciones similares de Bodden en la zona española, siempre que se contara con la aprobación del Foreign Office.[46] Entre tanto y en previsión de nuevos «trabajos» a llevar a cabo en Marruecos, el SOE envió a Tánger un cargamento de explosivos en el barco-correo *Rescue*. Fueron estos explosivos, probablemente en mal estado, los que estallaron por accidente en el puerto de Tánger el 6 de febrero de 1942.

Esta explosión causó una ola de indignación antibritánica en Tánger, que era preciso contrarrestar, además de un incidente diplomático de primer orden. Los representantes ingleses, con el cónsul Gascoigne a la cabeza, se apresuraron a negar con indignación cualquier implicación inglesa en el asunto. Sabiendo que parte de las comunicaciones del consulado eran interceptadas por los españoles, Gascoigne envió varios telegramas hábilmente falseados a su propia embajada en Madrid, comunicando la versión interesada que implicaba a los agentes del Eje como responsables de la explosión.[47]

[46] GB.004 (SOE-Tánger) a H (SOE-Gibraltar), 24 de enero y 13 de febrero de 1942. NA, HS/6/950.

[47] Tal como esperaba el cónsul Gascoigne, uno de sus informes telegráficos al embajador Hoare fue interceptado por los servicios de información españoles y remitido a Madrid al Ministerio de Asuntos Exteriores el 27 de febrero de 1942. En él se achacaba la explosión a una operación conjunta italo-alemana: un agente italiano, veinte minutos antes del estallido, habría entregado a un moro una maleta similar a las empleadas en la valija inglesa para que la depositara junto a las auténticas, situadas entre dos taxis contratados por el consulado inglés para recogerlas. Inmediatamente después de la explosión, habían aparecido varios periodistas alemanes desde detrás de la aduana para tomar fotografías. A milla y media de distancia, en la Avenida Pasteur, cuando la gente se preguntaba qué había pasado, varios italianos extendieron el rumor de que la explosión se debía a una bomba que venía en la valija inglesa. Según Gascoigne estaban demasiado lejos para enterarse tan rápidamente del asunto, por lo que todo apuntaba a que lo sabían con anterioridad y a que la autoría era del Eje. Por supuesto todo lo anterior era una patraña montada por los británicos para responsabilizar a sus enemigos.

Servicio de Información del Alto Estado Mayor al Ministerio de Asuntos Exteriores, 27 de febrero de 1942. AMAE, leg. R-871/9.

Paralelamente se abrió una investigación interna en el seno del SOE, que motivó a partir de entonces la adopción de severas medidas de control por especialistas de los explosivos almacenados en Gibraltar para operaciones especiales. El jefe del SOE en la base británica para el norte de África, Hugh Quennel, como principal responsable, fue cesado, y se prohibieron de momento nuevas acciones de sabotaje contra las instalaciones alemanas en Marruecos. Las actividades del SOE en el Protectorado español debían limitarse en adelante al establecimiento de emisoras en Tetuán, Ceuta y Melilla.[48]

Como en el caso de la emisora alemana destruida en Tánger, la explosión en el puerto nunca fue definitivamente aclarada. Hoy podemos conocer parte de la verdad a través de los documentos del SOE accesibles en los archivos británicos.[49]

Para no motivar nuevos incidentes entre la población, durante un tiempo, la propaganda británica en el Protectorado extremó su cautela, dejando de exhibirse en público los boletines de noticias y evitando responder a las provocaciones alemanas. Tras el desembarco aliado en Marruecos y Argelia en noviembre de 1942, las autoridades españolas endurecieron su postura respecto a la propaganda aliada, pretendiendo en un momento dado suprimir las ediciones en francés y español de la *Tangier Gazette*. Se alegaba que toda publicación del consulado que no fuera en inglés, constituía propaganda, y por lo tanto estaba en contra de la neutralidad obligada en la ciudad, y de lo establecido en el artículo 10, párrafo 2º del Estatuto.[50] Finalmente, esta medida, promovida casi con seguridad por presiones alemanas, no se llevó a cabo.

---

48 CFT/GL/1925, «SOE representation in Gibraltar and North África», 19 de mayo de 1942. NA, HS/6/951.

49 Gran parte de los documentos relacionados con esta explosión están parcialmente censurados o han sido retirados del expediente correspondiente en los NA, en aplicación de la sección 3(4) del «Public Records Act 1958».

50 AMAE, leg. R-1773/2.

La presencia de tropas aliadas en el Marruecos francés y Argelia desde noviembre de 1942 tuvo como efecto el que los numerosos agentes alemanes que allí operaban se vieran obligados a trasladarse a la zona española, multiplicando sus actuaciones y motivando continuas quejas de Inglaterra y Estados Unidos. Tras la derrota de las fuerzas alemanas en Túnez, en mayo de 1943, el Protectorado español se convirtió en el único lugar del norte de África donde los alemanes todavía podían seguir sus actividades informativas y de propaganda. Al ser cerrado el consulado alemán en Tánger y expulsados muchos de los agentes en mayo de 1944 debido a las presiones aliadas, la actividad germana prácticamente desapareció.[51] Los aliados, ya sin un enemigo al que combatir en la zona, disminuyeron paulatinamente su acción propagandística, que por lo demás resultaba innecesaria a aquella altura de la guerra.

Hemos dejado para el final un asunto de lo más llamativo, y que al igual que la descrita invasión de Portugal, ha permanecido oculto durante sesenta años en los archivos militares. Nos referimos a un proyecto de invasión del mediodía francés, extrañamente tardío en su concepción, pero que ayuda a perfilar los designios genuinamente agresivos de Franco hasta al menos 1942.

---

[51] En junio de 1944 los aliados presentaron en el Ministerio de Asuntos Exteriores una lista de 222 presuntos agentes alemanes a expulsar, de ellos 42 activos en el Marruecos español. Una parte de éstos en vez de ser expulsados definitivamente, fueron autorizados por el Gobierno español a instalarse en la Península. Por otro lado, según la embajada británica, en septiembre de 1944 la mayoría de los miembros del clausurado consulado alemán en Tánger permanecían en el Protectorado. Véase Carlos COLLADO SEIDEL, «España y los agentes alemanes 1944-1947. Intransigencia y pragmatismo político». *Espacio, Tiempo y Forma*, serie V, vol. 5, 1992, pp. 447 y 454.

14

Epílogo a la tentación: la proyectada invasión española del sur de Francia en 1942

En junio de 1942 la Primera Sección (Operaciones) del Alto Estado Mayor acabó de dar forma a un sorprendente plan de invasión del sur de Francia. Por esas fechas el desembarco anglo-americano en el norte de África, que finalmente se produciría en noviembre, no era todavía una realidad, y para los planificadores militares españoles, ni siquiera un peligro potencial. Lo que sí era una realidad era el éxito de la ofensiva de verano de Hitler en el Cáucaso, que permitía esperar, para los más optimistas, un colapso final soviético. Por otro lado, las armas italo-germanas en Libia dirigidas por el mariscal Rommel avanzaban decididas hacia El Alamein, en la frontera con Egipto, con los británicos en plena retirada. En estas especiales circunstancias, que auguraban un nuevo año de victorias para el Eje (quizás su victoria final), los estrategas militares españoles diseñaron un último plan ofensivo, para ser puesto en práctica en caso de necesidad o simplemente de oportunidad.

La justificación de tal plan se daba en un documento bajo el título «Premisas para el estudio de acciones militares en la frontera francesa», redactado por la 1ª Sección del AEM, y que vamos a analizar, por su interés y carácter inédito, con cierto detenimiento. El documento comenzaba su sorprendente argumentación con las siguientes afirmaciones:

> En la situación actual del mundo, España está afectada por la guerra, como todas las nacionalidades [sic]; mas nuestra Patria por circunstancias diversas toma parte incluso activa en el conflicto, pues al ser este totalitario [sic], las dificultades de nuestro normal desenvolvimiento están al alcance de todos.
>
> Ahora bien, el aspecto acusadamente político-social del conflicto armado que actualmente sostienen las potencias del Eje, quedó perfectamente definido en nuestro país desde 1936. Hoy es una prolongación de aquél, la presencia de nuestra División de voluntarios en el frente ruso, y como además esa misma dirección política sigue la recta doctrina sustentada por nuestro Caudillo, inclinada desde luego al bando anticomunista, hace pensar que así como en el momento actual estamos perfectamente ligados a la política mundial, también a la hora de la paz España se encontrará presente en las deliberaciones que, para la nueva organización política Euro-Africana, tendrán lugar.
>
> Tales sugerencias han originado inquietudes en este Alto Centro [el Alto Estado Mayor], por los posibles conflictos que a dicha hora pueda tener España, principalmente con sus vecinos, Portugal y Francia.[1]

Se venía a decir que, puesto que España estaba participando en la guerra con una división en el frente ruso y lo haría más extensamente en el futuro en otros frentes, tendría sin duda derecho a sentarse en la mesa de la paz entre los vencedores, y beneficiarse del nuevo reparto territorial euro-africano que tendría lugar. Pero antes de que llegara ese momento y para obtener los territorios reclamados a Francia había que partir de una posición de fuerza. España tenía que montar una serie de operaciones, invadiendo nada menos que la costa mediterránea francesa para asegurar el territorio nacional y proporcionar cobertura a las fuerzas que actuarían en Marruecos. Pero dejemos hablar a los responsables del AEM:

---

1 «Premisas para el estudio de acciones militares en la frontera francesa», AEM, 1ª Sección, 1 de junio de 1942, AAEMDO, 24-7, 303.

> Por lo que al caso de Francia se refiere (objeto exclusivo de este estudio) las principales reivindicaciones españolas serían indudablemente en el Continente Africano, pero éstas tendrían también repercusiones en nuestras fronteras Pirenaicas.
>
> Se trata de momento de atender a estos conflictos fronterizos con nuestro vecino norteño, puesto que es precisa la seguridad absoluta de nuestro territorio, *para proporcionar la libertad de acción a nuestras fuerzas que hubieran de actuar en el Continente negro.*
>
> En el estudio sobre operaciones en la frontera Pirenaica, no ha de olvidarse pues, la necesidad de que otras fuerzas (seguramente las más importantes), tuvieran que ejercer acciones principales en teatros de operaciones alejados de aquélla, y que naturalmente, tendríamos que ser apoyados moral y quizá materialmente por las Potencias vencedoras del Eje.[2]

Está anunciando el dato conocido de que las reclamaciones territoriales españolas se centraban sobre todo en el norte de África (totalidad de Marruecos francés y región de Orán, en Argelia) pero sin desdeñar rectificaciones en la frontera pirenaica, como luego veremos. Se admite que la ofensiva principal española se iba a desarrollar en el Magreb, donde se destinaría el mayor número de efectivos, y que la ofensiva secundaria en el sur de Francia debería contar con la ayuda germano-italiana para tener asegurado el éxito.

El punto siguiente del documento trata del tema de las rectificaciones de la frontera franco-española y de la necesidad de preparar a la opinión mediante propaganda para que asimilara la justicia de esas reivindicaciones:

> Casi toda la frontera recorre la línea divisoria de la Cordillera [pirenaica], y una mínima parte dibuja una serie de entrantes y salientes, unas veces favorables y otras adversos a nuestra Nación, que es posible convenga rectificar en el momento en que se prevé una

[2] Ibídem, p. 2. La cursiva es nuestra.

> nueva organización de Europa. Es éste un punto importante de estudio, tanto por ser algo desconocido, como porque no hay ambiente en la Nación. Es pues necesario pensar por adelantado en estas rectificaciones, e incluso orientar a la opinión pública mediante la propaganda de las reivindicaciones nacionales.[3]

La finalidad de la invasión española del sur de Francia era muy clara: «Distraer efectivos militares adversarios en empresas de ultramar», es decir en el norte de África, y a la vez influir «decisivamente en la moral del pueblo francés inclinándole a ceder [ante] nuestras justas pretensiones».[4] Por lo tanto, se buscaba entretener a las fuerzas de la metrópoli francesa para que no pudieran ser enviadas como refuerzo al teatro principal de preocupación para los españoles (Marruecos y Argelia), y al tiempo obtener una posición de fuerza para imponer al Gobierno francés las cesiones territoriales buscadas.

Aunque todo el esquema respira falta de realismo por los cuatro costados, dada la debilidad militar española frente a la fuerza que todavía conservaba Francia, debemos analizarlo igualmente, por ser fiel reflejo de toda una mentalidad de la época. Una mentalidad que aspiraba a convertir a España en la tercera potencia del Nuevo Orden europeo, por detrás de Alemania e Italia, y que todavía en 1942 confiaba ciegamente en la victoria de este bando.

La invasión española del sur de Francia, denominada «Directiva General de Operaciones F-2 al Grupo de Ejércitos del Norte», cuyo primer borrador lleva fecha de 1 de junio de 1942 se planteaba la siguiente situación de partida:

> Un grupo de potencias extra-continentales apoyado por otras naciones europeas entre las que se encuentra Francia, trata de sojuzgar a Europa mediante una intervención armada en el Continente Euro-Africano.

[3] Ibídem.
[4] Ibídem, p. 3.

> España, perteneciente al bando de las potencias continentales europeas, se encuentra aislada del núcleo principal de las mismas por Francia y su imperio colonial Norte-Africano.

Esta claro que el «grupo de potencias extra-continentales» era una manera eufemística de denominar a EE UU y Gran Bretaña, al igual que «las potencias continentales europeas» no eran otras que Alemania e Italia. España, en esa hipótesis de trabajo, era una aliada del Eje.

En esas circunstancias tan especiales, que en efecto no tardarían en producirse más que cinco meses después, con el desembarco aliado en Marruecos, Argelia y Túnez (noviembre de 1942), a los estrategas españoles se les ocurría plantear las siguientes operaciones:

> Misión I. Mediante una acción defensiva en las costas cantábrica, atlántica y frontera portuguesa, consolidar la situación en el Mediterráneo occidental mediante:
>
> - Una acción ofensiva [principal] sobre Gibraltar y desde Marruecos para dominar el Estrecho y ensanchar nuestro «hinterland» del protectorado de Marruecos. Y
> - Una acción ofensiva secundaria que, partiendo de los Pirineos Orientales, enlace con una de las potencias continentales [Alemania o Italia], al mismo tiempo que ensanche el dominio en el Mediterráneo por la ocupación de las costas francesas que baña dicho mar.

Es decir se proponía repetir el esquema planteado en 1940 para que España golpeara en Gibraltar y ocupara el Marruecos francés, añadiéndole una invasión del sudeste de Francia hasta enlazar con fuerzas alemanas e italianas.

La directiva especificaba unas líneas más abajo el objetivo de las operaciones en Francia:

> Mantenerse defensivamente en la línea fronteriza de los Pirineos Occidentales y Centrales, y mediante una acción ofensiva que parte de los Pirineos Orientales, invadir el Rosellón, progresando en dirección general de la costa mediterránea francesa a fin de enlazar con nuestros aliados en la región del bajo Ródano.

La directiva continuaba estableciendo la organización de las fuerzas implicadas y detallando las misiones particulares de las fuerzas de Tierra, Mar y Aire. Analizando más detalladamente el «Plan de Campaña 2-21», se aprecia que en los sectores Pirineos occidentales y centrales no todo iban a ser medidas defensivas, sino que abría que invadir aquí también territorio francés. Para ello se concentrarían respectivamente el 6º Ejército, con nueve divisiones, encuadradas en tres cuerpos de ejército, en la región San Sebastián-Pamplona, y el 5º Ejército, con iguales efectivos, en la región Jaca-Huesca-Barbastro. Para acortar y mejorar las posiciones defensivas propias en los Pirineos occidentales, un movimiento ofensivo debía llegar a ocupar la línea divisoria entre los ríos Bidasoa y Nivelle hasta enlazar con el Monte La Rhune, en las cercanías de San Juan de Luz, en pleno país vasco-francés. Otra pequeña ofensiva debía estrangular el entrante de los Alduides para poder llevar la defensa a la línea Monte Iparla-Occos-Monte Orzanzurieta.[5]

En los Pirineos centrales, aparte de garantizar la defensa en profundidad de los pasos principales y secundarios, como los del Valle de Arán, el 5º Ejército tendría prevista una acción ofensiva para la ocupación de Andorra y alcanzar la divisoria de aguas entre Port de Monet y Portella Blanca.[6]

En cuanto a la ofensiva principal, que partiría del sector Pirineos orientales, estaba encomendada al 4º Ejército, el más numeroso, con trece

[5] «Plan de Campaña. Despliegue de la unidades en la frontera Pirenaica», junio 1942, p. 2, AAEMDO 24-7,303.

[6] Ibídem.

divisiones de infantería y dos de caballería. Se trataba de unos 120.000 hombres, encuadrados en cuatro cuerpos de ejército, que se debían concentrar en la región Lérida-Ribas-Olot-Figueras. El Plan de Campaña establecía para ellos los siguientes movimientos:

> El despliegue de las Grandes Unidades en la parte oriental de la frontera será eminentemente ofensivo para irrumpir rápidamente en el territorio francés, adelantando los movimientos por la Cerdaña y cuencas del Alto Tech para apoyo de los movimientos por el Coll del Perthus y comunicación de la costa.[7]

Las líneas principales del ataque español sobre el mediodía francés quedaban fijadas como sigue:

> En cuanto a la acción ofensiva en general, se efectuaran primero los esfuerzos principales por los altos valles del Tech y del Tet, respectivamente, y posteriormente sobre el Aude. Las primeras acciones tendrán por objeto desbordar y amenazar las posiciones fortificadas que puedan existir en dicha línea defensiva. Conseguido esto, se efectuará otra acción siguiendo la dirección de la vía de comunicación costera que de Port-Bou va a Perpignan y Narbonne, explotándose el éxito hasta alcanzar la línea del bajo Aude entre la costa y Carcasonne.
>
> Posteriormente el esfuerzo principal se efectuará en la dirección Narbonne-Bezieres, en la dirección general de la carretera a Clermond-Ferran hasta ocupar la línea jalonada por la montaña Negra y montes de Aigobal, a fin de disponer de una zona amplia a partir de la costa mediterránea.
>
> Por último se efectuará una operación en cierto modo independiente de las anteriores, efectuando el esfuerzo principal en la dirección general Bezieres-Montpellier-Nimes, a fin de dominar la orilla occidental del bajo Ródano, donde probablemente tendría

[7] Ibídem, pp. 2 y 3.

> lugar el enlace con los Ejércitos [del Eje] que partieran en su ofensiva del Este.[8]

Se contaba, pues, con aplastar la posible resistencia francesa bajo la presión de dos frentes simultáneos, el oeste a cargo del ejército español, y el este a cargo de las fuerzas amigas del Eje germano-italiano. Se tenía la honestidad de reconocer que «una guerra contra Francia no la habíamos de emprender solos»,[9] debido a la potencia militar que todavía era el país vecino, y que la acción ofensiva española tendría que ir necesariamente «coordinada con la de nuestros supuestos aliados»[10] para tener completo éxito.

Una idea más clara del alcance y objetivos buscados por el ataque español se obtiene examinando el mapa adjunto del sudeste francés.

En resumen, en el verano de 1942, los estrategas del Alto Estado Mayor, con el general Fidel Dávila a la cabeza, no se planteaban una España neutral que observara cómo se desarrollaba el conflicto fuera de sus fronteras, y a lo sumo tomara ciertas medidas defensivas, sino que proponían dar un paso adelante. Formando parte de una alianza con el Eje italo-alemán, España entraría en guerra mediante el ya conocido ataque a Gibraltar, la expansión por el Marruecos francés, y la novedad que representa aventurarse a una tercera operación que, partiendo de Cataluña, debía invadir el sur mediterráneo de Francia hasta el Ródano, donde las fuerzas españolas se encontrarían con fuerzas amigas, bien alemanas o italianas.

Este esquema, que podía haber sido válido en junio de 1940, coincidiendo con el ataque italiano por el sur de Francia, dos años después estaba francamente fuera de la realidad. Que los estrategas del AEM, impulsados por Franco, se atrevieran a plantear tres operaciones simultáneas (Gibraltar, Marruecos francés y sur de Francia) a esa

[8] Ibídem, p. 4.

[9] «Estudio de medios propios. Posibilidades de la movilización y concentración de los Ejércitos de Tierra, Mar y Aire», junio de 1942, AAEMDO, 24-7,303, p. 5.

[10] Ibídem, p. 7.

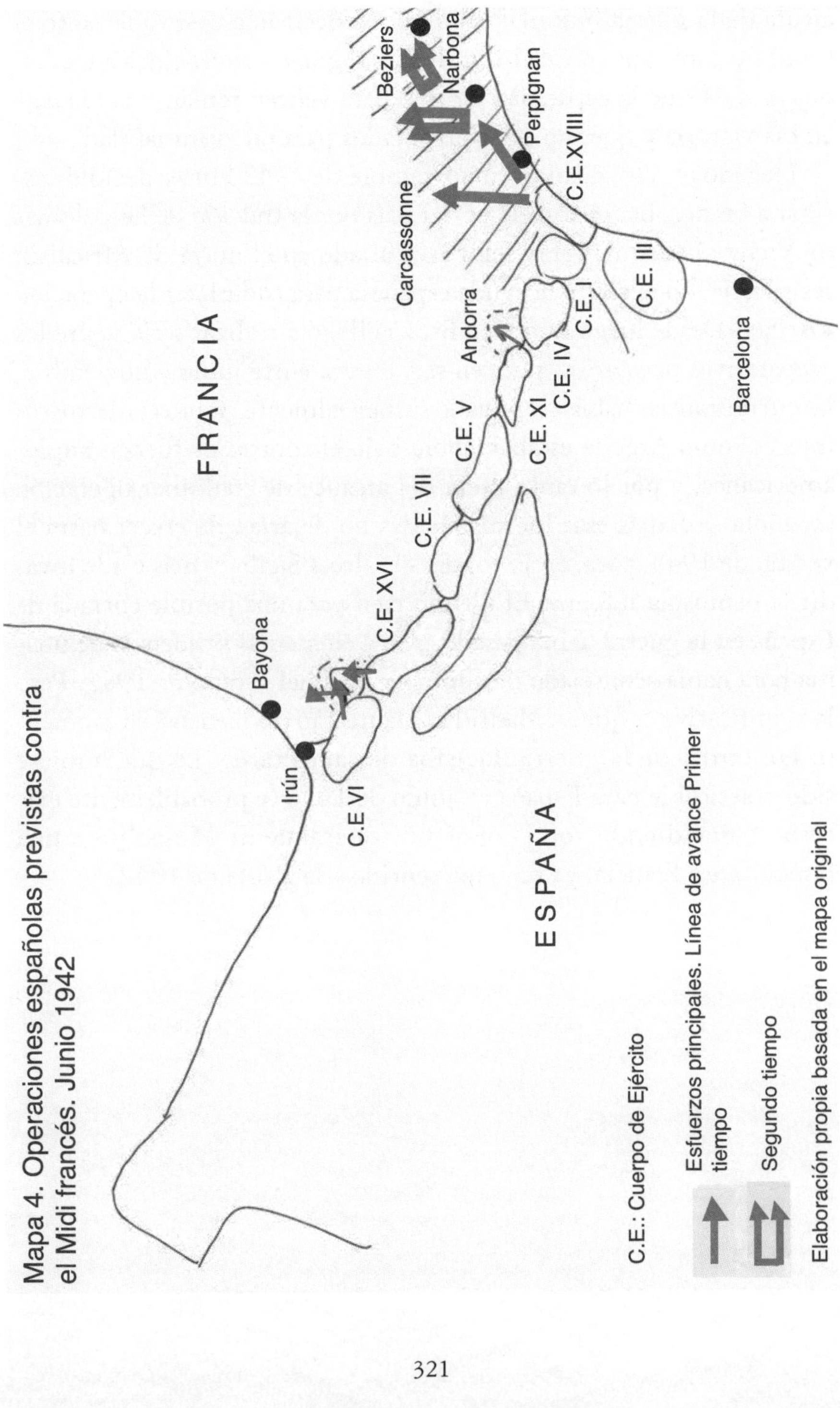

Mapa 4. Operaciones españolas previstas contra el Midi francés. Junio 1942

altura de la guerra mundial, solo quería decir una cosa: que tanto el Caudillo como sus consejeros militares seguían convencidos a mediados de 1942 de la capacidad del Eje para vencer, tenían una fe ciega en esa victoria y querían estar preparados para tal eventualidad.

Llegado el caso, cuando en noviembre de 1942 Hitler decidió castigar a Francia ocupando el sur del país por la traición de las colonias de Vichy al permitir el desembarco aliado en el norte de África sin resistencia, no necesitó la ayuda española para completar la operación «Atila». Desde luego tampoco España llegó a realizar seriamente los preparativos necesarios, pues en seis meses, entre junio y noviembre, las circunstancias habían cambiado sustancialmente. Tanto el Marruecos francés como Argelia estaban ahora bajo el control de fuerzas angloamericanas, y por lo tanto fuera del alcance de cualquier operación española. Además esas fuerzas aliadas no dejarían de crecer hasta el verano de 1943, para, en julio, dar el salto a Sicilia y más tarde invadir la península italiana. El último tren para una posible entrada de España en la guerra había pasado, y una elemental prudencia de última hora había aconsejado no subirse a él aquel verano de 1942. Pero lo significativo es que en Madrid se plantearan esa ofensiva en momento tan tardío de la guerra. Llegaba dos años tarde. Lo que hubiese sido practicable para España en junio de 1940 (y probablemente exitoso), coincidiendo con el oportunista ataque de Mussolini a una tambaleante Francia, ya no tenía sentido a la altura de 1942.

15

Maquis en los Pirineos. España a la defensiva en 1944-1945

Con el éxito del desembarco aliado en Normandía en junio de 1944 y el complementario en Provenza en agosto, la retirada general alemana de Francia se produjo finalmente en septiembre de ese año. Comenzaron entonces nuevas preocupaciones para Franco y sus asesores militares. Parte de la liberación del sur de Francia se había debido al apoyo prestado a los aliados por partidas de guerrilleros o maquis, en buena medida nutridas por comunistas españoles procedentes de las oleadas de refugiados republicanos que allí llegaron en 1939. Estos elementos armados, que formaban parte de la organización «Franc-Tireurs et Partisans», FTP, de la resistencia francesa, se agruparon a partir de mayo de 1944 en la organización semiindependiente «Agrupación de Guerrilleros Españoles», AGE.[1] Confiados en los éxitos que 9.000 de estos combatientes habían tenido al enfrentarse a unidades del ejército alemán en retirada, y liberando cierto número de localidades francesas del mediodía, el dirigente comunista Jesús Monzón, contando con el apoyo de dirigentes comunistas en Francia y en el exilio mexicano, decidió aplicar la misma táctica en España. Es decir, se realizarían ataques frontales al ejército franquista, para esta-

[1] Hartmut HEINE, *La oposición política al franquismo*, Critica, Barcelona, 1983, p. 210.

blecer una serie de cabezas de puente a lo largo de los Pirineos, desde donde fomentar una insurrección generalizada en el resto de España.

El esquema era del todo ilusorio e irreal, pero aún así se puso en marcha. Comenzaron por una mala elección, el valle del Roncal, en la conservadora Navarra, por donde entre el 3 y el 7 de octubre de 1944 penetraron unos doscientos cincuenta guerrilleros de la 54ª Brigada, mientras los cuatrocientos de la 153ª lo hacían por Roncesvalles. La población local navarra no colaboró con ellos en absoluto, y fueron expulsados o capturados por el Ejército y la Guardia Civil. Una semana después se produjo un segundo intento de penetración guerrillera, esta vez más al oeste, entre Hendaya y Saint-Jean-de-Pied-de-Port, confiando en el apoyo de la población vasca. De nuevo fue un rotundo fracaso y se ordenó una retirada general a los diez días. Estos precedentes no desanimaron a Monzón para organizar el esfuerzo principal en el Valle de Arán. Allí el 17 de octubre de 1944 unos 4.000 guerrilleros encuadrados en doce unidades, tomaron el control de dieciséis pueblos durante diez días,[2] aunque no se atrevieron a atacar Viella, la capital. Ante la superioridad numérica del ejército y al no contar con el apoyo popular previsto, su jefe, Vicente López Tovar, decidió suspender el planeado descenso hacia el interior de Cataluña. El 22 de octubre Santiago Carrillo y el general Luis Fernández, jefe militar del AGE, se presentaron en el puesto de mando de Tovar con noticias de que tropas españolas se disponían a cerrar la frontera en su retaguardia. Ante la posibilidad de quedar copados sin vía de escape alguna, se tomó la decisión de ordenar una retirada general, tanto en el valle de Arán como en otros puntos. Un balance provisional de esta acción habla de 32 soldados y 129 guerrilleros muertos. Los capturados debieron ser varios centenares, que hubo que distribuir entre diversas prisiones de Barcelona, Zaragoza y San Sebastián.[3]

---

[2] El dato procede de una conferencia de Santiago Carrillo de noviembre de 1944, y debe ser tomado con toda reserva. Heine, op. cit., p. 216.

[3] Heine, op. cit., pp. 213 y 214.

Puesto que las autoridades franquistas ignoraban si se trataba o no de una primera oleada de sucesivos intentos de invasión, dispusieron sus fuerzas militares y policiales para hacerles frente.

El Alto Estado Mayor, como máximo responsable de la defensa, tuvo que invertir el sentido de su planificación militar en relación a Francia. De los planes agresivos de 1942, España pasaba a ser la agredida desde Francia, aunque fuera en la forma de unas simples partidas de guerrilleros. El resultado de ello y de la nueva situación, con la inminente derrota de Alemania, obligó a la España franquista a replantearse su situación a finales de 1944. A partir de entonces lo previsible era que se montara un cerco aliado sobre el régimen de Franco, cuando no un segundo ataque guerrillero, esta vez con pleno apoyo francés.

Por lo tanto, los planificadores del AEM se apresuraron a encarar el nuevo problema. Fruto de sus reflexiones es un curioso informe de doce páginas que lleva por título «Cuenta sobre los problemas que plantea la acción roja sobre Cataluña».[4] Su valor es el de darnos una visión de cómo se percibía desde el alto mando militar franquista la amenaza del maquis, las dificultades que encontraron para enfrentarse a él y los medios de guerra secreta que se propusieron para desmontarlo.

El primer punto de este informe se dedicaba a evaluar las dimensiones reales del problema: ¿qué número máximo de efectivos se podía atribuir al maquis? Partiendo de la cifra de 100.000 españoles útiles que quedaban en Francia tras la retirada de los alemanes, y de los 32.000 nombres de guerrilleros obtenidos de una serie de listas capturadas, se llegaba a la conclusión de que mediante la activa propaganda de recluta que se llevaba a cabo, se podría alcanzar para la fuerza guerrillera un máximo de 50.000 hombres. Sin embargo, esto no significaba que fueran capaces de formar un ejército con igual núme-

4 «Cuenta sobre los problemas que plantea la acción roja sobre Cataluña», informe del AEM, 30 de octubre de 1944, AAEMDO, 24-7, 303.

ro de efectivos, pues carecían prácticamente de todo lo necesario: armamento, material, medios de transporte, municiones, combustible, vestuario y víveres. También carecían de los medios económicos para obtenerlos.[5]

La dirección política del movimiento guerrillero —explicaba el documento— correspondía a la Unión Nacional Española, UNE, dominada por el Partido Comunista. En rivalidad con la UNE estaba la Junta Española de Liberación, constituida en México en diciembre de 1943, opuesta a toda invasión, y apoyada por los sindicatos «UGT y CNT, partidos catalanistas, separatistas, republicanos y antifascistas».

Según puntualizaba el informe del AEM:

> La UNE preconiza la lucha contra el Generalísimo y la Falange, un Gobierno provisional y elecciones. Es la que fomenta la organización militar con vistas a la liberación de España. Preconiza la unión de todos los partidos, incluidos los de derechas, y quiere adoptar un matiz incluso religioso. Los otros no quieren que formen parte de su organización más que los partidos republicanos y se oponen a la invasión de España por fuerzas armadas.
>
> Prácticamente la UNE es la que dirige las acciones contra nuestro territorio. Radio Toulouse es su emisora propagandística y su plan consiste,
>
> 1º En la constitución de fuertes unidades que en su día atacarán la frontera.
> 2º Infiltración de guerrillas sutiles a través de la línea de cobertura de la frontera española para situarse a retaguardia de la misma, con objeto de atacarla por la espalda, desorganizándola y desarticulándola por medio de sabotajes y golpes de mano.
> 3º Organizar la sublevación en los grandes núcleos industriales en relación inmediata y subsiguiente con el ataque a fondo en la

[5] Ibídem, p. 2.

> línea fronteriza. Con ello tienen la esperanza de apoderarse de Cataluña.[6]

A la altura de noviembre de 1944 el AEM tenía conocimiento de que se habían organizado catorce divisiones con una media de mil hombres útiles cada una, lo que daba un total de 14.000 guerrilleros. «En estas condiciones —sentenciaba el AEM—, las acciones que por el momento estas fuerzas pueden ejercer contra nuestra frontera no pueden tener sino un carácter limitado y fraccionario, no tienen ninguna posibilidad de acciones profundas organizadas».[7]

La UNE había escogido Cataluña como zona de actividad principal, por ser allí donde se podía esperar un ambiente favorable a su plan. «Las acciones en otras provincias tienen un carácter secundario, y responden más bien a los nerviosismos de todos de entrar en acción y acometer rápidamente la resolución del problema».[8] La operación contra el Valle de Arán había fracasado, quedando reducida a la ocupación guerrillera de los pueblos de Les y Ossos, en la parte norte del valle.

El Alto Estado Mayor venía detectando un proceso de infiltración, de unas mil personas, en la zona entre Andorra y Puigcerdá, hacia la zona de bosques y montañas de Baronía (Lérida) y Guillerías (Gerona). Una parte de estos infiltrados, conducidos por guías expertos, dejaban su armamento ligero y munición en lugares ocultos, y se dirigían hacia las grandes ciudades, sobre todo Barcelona. Otra parte vagaba por las montañas y unos cuantos volvían a Francia ante la perspectiva de un crudo invierno. De esos mil sólo unas decenas habían podido ser detenidos por las fuerzas de seguridad de Franco.

Esta parte del informe del AEM sobre el maquis terminaba con una reflexión de conjunto:

---

[6] Ibídem.

[7] Ibídem, p. 3.

[8] Ibídem.

> Pero en general, pueden calificarse sus proyectos de fantásticos, fuera de toda realidad y fuera de sus propias posibilidades. El tiempo ha de ir demostrándoles —si no cuentan con más apoyos internacionales y si no se les deja tener éxitos fáciles— la falsedad de sus premisas, sobre su fuerza y sobre el ambiente que pueden esperar en España, por lo que ha de presumirse en un plazo corto su propia desmoralización frente a la realidad.[9]

Bajo el epígrafe «La situación en Cataluña» el informe hacía un repaso a los distintos grupos sociales que podían o no dar apoyo a los guerrilleros. La población campesina catalana era egoísta e indiferente a todo lo que no fueran sus negocios. La escasez de productos alimentarios y la especulación les había convertido en gente acomodada, y por ello no pondrían en riesgo lo adquirido colaborando con los maquis, pero tampoco con el ejército. En cuanto al obrero industrial, pertenecía o bien a la CNT o bien al PSUC, el partido comunista en Cataluña, de tendencia separatista. Los cenetistas no eran partidarios de una lucha activa y no constituirían un peligro mientras la ofensiva guerrillera no fuera claramente un éxito. El PSUC en cambio era el partido más activo y peligroso, con muchos adeptos también entre la clase media. En contraste con esto, al no haber paro en Cataluña y disfrutar los obreros de cierto bienestar, incluso en Barcelona no había ambiente propicio para una revuelta.

La clase empresarial catalana se opondría incluso con las armas a cualquier intento de subversión contra el régimen. Por todo ello se podía afirmar que Cataluña no era receptiva a la propaganda comunista, «y que —concluía el informe— no es de temer ningún acto subversivo en ayuda de las pequeñas operaciones militares que puedan emprender las partidas de rojos».[10]

---

9 Ibídem, p. 4.
10 Ibídem, p. 5.

Otro aspecto importante del problema del maquis era su dimensión internacional. Era una evidencia que en Francia residían los órganos dirigentes y desde allí se organizaban las acciones contra España. El AEM afirmaba que eran un hecho las ayudas prestadas por distintas organizaciones francesas y por las mismas fuerzas de orden público a los guerrilleros, que incluso eran conducidos y guiados hasta la línea fronteriza por los propios gendarmes. La conclusión era que «hasta ahora las gestiones realizadas en este terreno no han tenido la menor eficacia ya que los franceses no están en condiciones de oponerse a estas fuerzas, con las que se consideran obligados, ni incluso se ve que tengan deseos de ello». Por su parte, EE UU se habían desentendido totalmente de la cuestión, considerando que la misión del ejército norteamericano en Francia terminaba con la expulsión de los alemanes. En cuanto a Gran Bretaña —decía el informe—, «los ingleses no pueden sino ver con agrado el debilitamiento de la potencia francesa y las dificultades que se crean a los españoles, y así tampoco se observa por parte de las Autoridades de control de este país la menor resistencia a los manejos rojos».[11]

Puesto que no cabía esperar ninguna medida por parte de Francia, EE UU o Gran Bretaña que pusiera fin a los ataques guerrilleros, la solución tendría que venir de la respuesta armada franquista. Para el autor del informe del AEM:

> El problema militar de defensa de la línea fronteriza es ante todo un problema de información y de fuerzas capaces del contraataque de castigo.
>
> La posibilidad de los golpes de mano existe siempre. Lo que importa es que en ningún caso pueda consolidarse el terreno conquistado sin que las fuerzas que tal osaran no sufran un duro castigo. Esto requiere sin duda fuerzas móviles y potentes, que van a luchar con un enemigo con armas ligeras y poca munición, pero

[11] Ibídem, p. 7.

> que han de actuar rápidamente acudiendo al lugar donde se presente el peligro.[12]

Para este tipo de respuesta rápida, tal como había demostrado la experiencia del Valle de Arán, no valían las lentas divisiones desplegadas en la zona, nutridas de soldados bisoños. El AEM proponía en su lugar la actuación de unidades pequeñas y móviles, formadas por 40 o 50 hombres verdaderos conocedores del terreno. «Estas fuerzas sin duda podrían organizarse con los propios elementos del país que, por conocer el idioma, las costumbres y las gentes, podrían mejor que las propias fuerzas del ejército, seguir el rastro de las partidas infiltradas».[13] Los gobernadores civiles habían propuesto que se contara también con elementos de Falange y de la Guardia de Franco, para incluirlos en estas partidas antiguerrilleras. Al parecer el Caudillo había admitido esta propuesta siempre que la autorizara el capitán general de la región.

Finalmente se reservaba un espacio para la acción de los servicios de inteligencia españoles en Francia:

> Cabe por último pensar en las acciones que podrían ejercerse en pleno territorio francés bajo el signo de los servicios secretos. Grupos provocadores que se envíen cerca de los Comités rectores [de los guerrilleros] en Francia y que reciban las consignas y órdenes desde España, fomentando la desunión dentro de las distintas fracciones políticas, complicando a los dirigentes españoles en conflictos con las autoridades francesas y aliadas, produciendo en fin en Francia un estado de opinión completamente desfavorable a los españoles.[14]

No sabemos si efectivamente se llegaron a infiltrar «topos» franquistas en el interior de las organizaciones guerrilleras en Francia o del mismo PCE. En cualquier caso era una técnica usada desde hacía unos

---

12 Ibídem.
13 Ibídem, p. 8.
14 Ibídem.

años por agentes del AEM para obtener información de primera mano sobre la actividad de los distintos grupos de republicanos exiliados.

Lo que sí sabemos, porque nos lo revela el propio informe del AEM, es que a finales de 1944 se intensificó el número de agentes en el país vecino:

> Se ha completado en estos días la red de centros colectores avanzados, últimamente establecidos en Figueras, Camprodón, Puigcerdá, Seo de Urgel y Valle de Arán, que han quedado enlazados con las cuatro divisiones desplegadas. Ellos serán los encargados de enlazar con la red de agentes exteriores que ha de multiplicarse en cantidad y en calidad.[15]

Por su parte la central del servicio de información del AEM en Barcelona, que trabajaba bajo el inocente nombre de «Comisión de Estadística», había establecido enlaces con los gobernadores civiles de Lérida y Gerona para centralizar en la capital catalana todas las informaciones que se obtuvieran del sur de Francia.

Finalmente el AEM reclamaba, para poder hacer frente desde el campo de la inteligencia a la amenaza guerrillera, un aumento sustancial del presupuesto consignado a la «Comisión de Estadística» de Barcelona, para pasar de 8.000 a un mínimo de 30.000 pesetas mensuales, aunque para tener cubierta toda la frontera serían necesarias 75.000 pesetas al mes.

En cuanto a la información procedente del interior, para el AEM, si se quería lograr una verdadera eficacia, había que centralizar y coordinar los ocho servicios de información que actuaban simultáneamente en Cataluña y que eran:

- Las 2ª secciones-bis dependientes de la autoridad militar.
- Los servicios de información de la Dirección General de Seguridad.
- Los servicios de información de Falange.

---

15 Ibídem, p. 10.

- Los servicios informativos particulares de los gobernadores civiles.
- Los servicios de la Jefatura de Policía de Pasos y Fronteras.
- Las Brigadas político-sociales de la Policía.
- Los servicios de información de la Guardia Civil.
- La propia «Comisión de Estadística» del Alto Estado Mayor.[16]

Esa misión de coordinación en cuanto al campo estricto del contra-espionaje se había encomendado ya al 5° Negociado del AEM. Por otro lado, para poder seguir la marcha de las infiltraciones de partidas de guerrilleros era necesario crear una verdadera «red de acecho» a base de los puestos militares y de la Guardia Civil sobre el terreno que se valdrían de confidentes locales para obtener información al respecto. Sólo contando con esa información inmediata y fiable se podría contraatacar a las partidas en caliente y terminar con ellas.

El largo informe del AEM sobre el maquis en el Pirineo catalán terminaba con una consideración final, que venía a quitar trascendencia, en definitiva, al asunto:

> Puede afirmarse que el problema planteado por los rojos en Cataluña no tiene una verdadera importancia para la seguridad del Estado. Que es preciso buscar la solución especial para poder resolver las minúsculas acciones fronterizas de infiltración por prestigio de nuestra Nación y para evitar falsas interpretaciones.[17]

Por lo tanto, la situación no era preocupante en absoluto. Esas infiltraciones guerrilleras tan sólo podían dañar el prestigio del régimen, pero no hacer que se tambaleara. Para el AEM lo más importante para poder acabar con este problema era la información, dotar de medios económicos a las redes de agentes en Francia, dejar actuar a los «topos» en su labor de minado, y en el interior de España lograr la coordinación y centralización de los distintos servicios de información que trabajaban en la zona.

---

16 Ibídem, p. 11.
17 Ibídem, p. 12.

En realidad todo fue mucho más fácil al optar los propios comunistas por cambiar de estrategia. El fracaso de los ataques guerrilleros en el otoño de 1944 permitió a Santiago Carrillo convertirse en la estrella ascendente del partido. Con no poca habilidad capitalizó en su beneficio la orden de retirada y consiguió centrar en Jesús Monzón todas las críticas por la derrota. El resultado fue que, con el paso de la jefatura del PCE a Carrillo, la estrategia de la acción guerrillera desde el Pirineo fue definitivamente abandonada. El maquis en España, como fenómeno episódico en zonas marginales como Asturias y Extremadura, continuaría sin embargo dando pequeños golpes de mano hasta su desaparición en 1951.

Paracaidistas aliados en Galicia y los Pirineos. ¿Preludio a una invasión?

Pero volviendo al otoño-invierno de 1944, lo que verdaderamente preocupaba a Franco y sus colaboradores en aquellos momentos era que el ataque guerrillero no fuera más que el preludio de una invasión angloamericana de la Península en toda regla. Según sus cálculos ésta podía empezar con un ataque de paracaidistas y tropas aerotransportadas en Galicia y la región pirenaica. Se vivía entonces bajo el impacto causado por las operaciones aerotransportadas británicas en Holanda, para la captura del puente de Arnhem en septiembre de 1944, pero, además, a lo largo de la guerra se habían llevado a cabo todo un rosario de operaciones tanto aliadas como alemanas para ilustrar el potencial de peligrosidad de esta nueva forma de agresión, los paracaidistas.

Fruto de esos temores fueron los dos informes encargados por Franco al Alto Estado Mayor en noviembre de 1944. Había que estudiar a toda prisa los puntos de Galicia y la zona Pirenaica dónde pudiera ser más fácil un ataque de ese tipo y poner los medios para evitarlo o cuando menos dificultarlo en lo posible.

De la importancia de la misión da idea que se encomendara el informe sobre Galicia a una comisión de tres expertos presidida por el mismo jefe de la Sección de Operaciones del AEM, el contraalmirante Arturo Génova Torruella.[18]

Tras pasar veinte días estudiando detenidamente el terreno, la comisión llegó a la conclusión de que existían dos variantes para un posible ataque aliado en Galicia:

1. Mediante desembarcos aéreos «puros», es decir sin necesidad de desembarcos en la costa. Los aliados tenían medios para realizarlo a gran escala en el interior de la región gallega, con el propósito de avanzar después en cualquier dirección.
2. Mediante acciones de paracaidistas y de tropas aerotransportadas a retaguardia de las posiciones costeras, que cooperasen a la acción de un desembarco clásico desde el mar o una invasión desde la frontera portuguesa.[19]

No obstante, la comisión veía como más factible la segunda opción, para la que los lugares ideales eran la meseta de Lugo, por ser la zona con más aeródromos, y Monforte y Ginzo de Limia, por tener planicies sin obstáculos para el aterrizaje de planeadores.

Puesto que con las seis divisiones entonces disponibles no se podía garantizar la defensa de las cuatro provincias gallegas, habría que organizar una especie de Somatén o milicia civil armada, como fuerza auxiliar para cubrir las zonas menos expuestas a un ataque, y concentrar a los profesionales en las más expuestas. Para detectar la inminencia de la operación aliada la comisión aconsejaba montar una red de escuchas con radiolocalizadores de largo alcance (120 kilómetros) en las costas entre Estaca de Vares y Vigo. Y para que esa información pudiera ser transmitida a las grandes unidades habría que establecer una red militar propia de transmisiones, pues entonces sólo existía la red de

[18] Los otros dos integrantes de la comisión eran el coronel de aviación Enrique Palacios y Ruíz de Almodóvar, y el teniente coronel de E.M. César Mantilla Lautrec.

[19] «Estudio preliminar sobre posibilidades de actuación de tropas aerotransportadas en la región de Galicia», noviembre-diciembre de 1944, Alto Estado Mayor, 1ª Sección, AAEMDO, 28-34, 7/7.

la Compañía Telefónica Nacional, fácilmente inutilizable por cualquier enemigo mediante sabotaje. La aviación española, escasa y anticuada, no podría hacer más que una defensa testimonial frente al poderío aéreo aliado. Sin embargo, la persistencia del tiempo nublado en Galicia entre octubre y abril era un factor que jugaba a favor de la defensa, dejando sólo cinco meses al año para lanzar una operación de estas características en las mejores condiciones atmosféricas.

En cualquier caso, fuesen cuales fuesen las medidas adoptadas —reconocía la comisión—, la defensa española no podría tener más que carácter retardatario, es decir retrasar o dificultar, pero no impedir la operación aliada. «El reciente ejemplo de Normandía con su fantástica acumulación de material, muestra bien a las claras cuál sería nuestra suerte en caso de agresión semejante».[20]

El informe fue completado y entregado el 4 de mayo de 1945, escasamente tres días antes de que terminara la Segunda Guerra Mundial en Europa, sin que entretanto se hubiera producido el temido ataque. Como sabemos, el único ataque real había sido el de los guerrilleros en el Pirineo en octubre de 1944, y hacía allí se dirigió también la atención de un segundo estudio defensivo del AEM. Con buen criterio se consideraba que toda operación aerotransportada, para ser eficaz debía contar con unir sus efectivos al avance atacante por tierra en un plazo máximo de cinco días, si no quería ser aniquilada por las fuerzas de defensa enemigas. En el caso de la zona pirenaica esto significaba que la zona de lanzamiento de paracaidistas aliados no podría estar más allá de 30 o 40 kilómetros del frente, lo que limitaba los puntos peligrosos a seis a lo largo de la frontera: las zonas de Pamplona, canal de Berdum, Tremp, Cerdaña, Vich y el Ampurdán.[21] No obstante, el aplastante dominio aéreo aliado podía permitir ampliar ese radio de acción de los paracaidistas pero sobre todo de fuerzas mejor equipadas transportadas en planeadores, hasta unos 100 kilómetros de la fron-

---

20 Ibídem, p. 20.

21 «Posibilidades de actuación de tropas paracaidistas y aerotransportadas en la región pirenaica», Alto Estado Mayor, 1ª Sección, AAEMDO, 28-34, 7/7.

tera, beneficiándose para ello de las planicies de Álava, Logroño, Huesca y Lérida. Este estudio se consideraba preliminar de otro más completo a realizar sobre el terreno, que permitiría ampliar o reducir las posibilidades reales de este tipo de operaciones. Una vez hecho esto se pondrían en marcha «las ideas básicas sobre una doctrina que sirva para oponerse, limitar y aniquilar los intentos de acciones de desembarco desde el aire».[22] Este propósito era más fácil de poner sobre el papel, que de realizarlo en la práctica. Como en el caso de Galicia, España, enfrentada al caso hipotético de una invasión aliada por los Pirineos, sólo tendría la opción de retrasar lo inevitable. Por fortuna para Franco los Estados Mayores anglo-americanos, centrados como estaban en derrotar a Alemania y poner fin a la guerra en Europa, no se plantearon entonces abrir una nueva campaña en la Península Ibérica.

No obstante, es importante señalar que, como revelan estos informes, el régimen temió este tipo de operaciones, y que Franco no se sintió seguro al respecto hasta el otoño de 1945.

[22] Ibídem, p. 10.

Conclusiones

Las aspiraciones territoriales españolas en el norte de África marcaron de forma decisiva la política exterior de España durante la Segunda Guerra Mundial, hasta el punto de determinar algo tan trascendental como su entrada o no en el conflicto en la segunda mitad de 1940 y aún después.

Esta prioridad del tema norteafricano fue posible debido a una peculiaridad que compartían gran parte de los responsables políticos españoles del momento: su condición de militares africanistas. Desde Franco en la jefatura del Estado, hasta Beigbeder en Exteriores, pasando por Varela en el Ministerio del Ejército, Asensio en la Alta Comisaría de Marruecos o Vigón en el Alto Estado Mayor, nunca en la historia de España la nación había estado gobernada por un equipo de personas tan marcadas por su experiencia en África. Sus respectivas carreras militares se habían consolidado participando en las campañas de 1909 a 1927 en Marruecos, y allí habían obtenido, antes o después, gran parte de sus ascensos y condecoraciones. Todos ellos compartían la idea de que a España le correspondía una misión trascendental en Marruecos, que había sido en gran parte usurpada por la egoísta Francia a base de tratados injustos arrancados a los débiles gobiernos liberales precedentes. Algunos, como el propio Franco, admitían que no se podían comprender a sí mismos sin contar con África.

Por otro lado, el movimiento político que sostenía el nuevo sistema de poder autoritario instaurado en España, con un gran componente falangista, compartía, con otros movimientos de corte fascista o fascistizado de la Europa del momento, la aspiración a un imperio en el exterior como generador de prestigio y unificador de las energías nacionales. En el breve periodo en que Mussolini y Ciano estuvieron interesados en la entrada de España en el conflicto, aconsejaron a Serrano en al menos dos ocasiones que una aventura exterior ayudaría a consolidar la «revolución falangista». Esta actitud respondía perfectamente a la primacía que los fascismos conferían a la acción agresiva sobre el exterior para mantener tensos los «músculos nacionales» y a punto todas las energías.

En el caso español, desde la pérdida de Cuba, Puerto Rico y Filipinas en 1898, el espacio natural de expansión había quedado centrado en Marruecos a principios de siglo. El falangismo no hizo más que recoger esa larga tradición africanista y dotarla de nuevos bríos con un contenido imperial.

Así pues, durante los primeros años del régimen franquista, especialmente entre 1939 y 1942, dos de sus pilares básicos, el Ejército y el Movimiento, confluyeron en un común interés por el norte de África. Fenómeno que para algunos diplomáticos y observadores extranjeros degeneró en ocasiones en auténtica obsesión. El mismo embajador británico Samuel Hoare había percibido que el tema de Marruecos interesaba mucho más a buena parte de los dirigentes españoles, empezando por el Caudillo, que la propia Europa.

El principal impulsor de esta fijación con Marruecos, compartida apasionadamente por Franco, fue el coronel Beigbeder, Alto Comisario en la zona de Protectorado durante gran parte de la guerra civil, y ministro de Asuntos Exteriores entre agosto de 1939 y octubre de 1940. Era un militar muy sui generis, políglota, conocía el árabe y el Corán a la perfección, así como la mentalidad mora y sus muchas peculiaridades. Pero también era un colonialista puro. Durante su paso por el Ministerio, la Dirección General de Marruecos y Colonias vio aumentado su presupuesto de forma muy considerable en relación con las otras Direcciones Generales, lo que da una idea de hacia dónde quería orientar principalmente la acción exterior española.

Su sucesor en Exteriores, Serrano Súñer, en sus primeros meses al frente del Ministerio, buscó a través de una mayor vinculación con el Eje, que podía llegar hasta la entrada en guerra con Inglaterra, garantías para el futuro imperio español en el norte de África. Sin embargo, sus conversaciones no consiguieron el nivel de compromiso por parte de Alemania e Italia que Franco y él deseaban. Por ello, desde febrero de 1941, una vez desechada la entrada en guerra de España con sus grandes ganancias territoriales, Serrano trató de reabrir, aunque sin éxito, las negociaciones con Francia que Beigbeder se había visto obligado a abandonar cuatro meses atrás. Se buscaba con ello obtener al menos las modificaciones fronterizas mínimas, ya que la aspiración máxima, que se extendía a todo el Marruecos francés, la región de Orán en Argelia y una ampliación de la Guinea española, se había revelado ilusoria ante la negativa de Hitler, temeroso de provocar con ello un levantamiento del África francesa a favor de los ingleses.

Componente fundamental para comprender la actitud de los dirigentes españoles hacía Marruecos, y el rencor hacia Francia es la posición adoptada por ésta en la zona, tanto históricamente como en los tres años de la guerra civil. Pese a la discutible calidad de sus heterogéneos servicios de información, Franco y sus colaboradores tuvieron indicios ya en 1937 de la existencia de planes franceses de invasión del Protectorado español para el caso de que, una vez estallado un conflicto europeo, la España de Franco se alineara junto a alemanes e italianos.

De todas formas, el Alto Comisario Beigbeder, que mantenía su propia red de informadores tanto en Rabat como entre los indígenas, era por su temperamento intrigante y conspirativo, una presa fácil para el alarmismo. Tanto si hubo intención seria de llevarlos a cabo como si aquellos planes respondían a meras hipótesis del Estado Mayor francés para mantener cubiertos todos los escenarios posibles, el caso es que tuvieron serias repercusiones en el ánimo de unos militares como los africanistas españoles, ya dolidos con la tradicional postura egoísta de Francia, y pronto llamados a gobernar la «nueva España». Para Franco, Beigbeder, Asensio y otros, el Residente General Nogués era la bestia negra por excelencia: el inspirador dentro de los gobiernos del Frente Popular francés de una acción ofensiva sobre el Marruecos español cuando ellos se batían con los republicanos en la Península. Después de la guerra civil y los gobiernos frentepopulistas en Francia, hubieran preferido contar con un general menos capaz y vehementemente antiespañol al mando de las fuerzas francesas en Rabat, y por ello trataron de obtener a toda costa su sustitución en agosto de 1940, cuando su presencia era especialmente molesta para la acción sorpresa proyectada por España.

Por todo ello la posición dominante entre los altos mandos del ejército franquista era en 1939 marcadamente antifrancesa. La Francia del Frente Popular que había apoyado a los republicanos desde una hipócrita postura de «no intervención» y que se había preparado para arrebatar a España su Protectorado en Marruecos no merecía para ellos otra consideración que el rencor y quizás la venganza. Por ello en la inesperada derrota de Francia del verano de 1940, cuando se desplomó la para ellos odiada III República, vieron una oportunidad única para obtener su desquite.

Este resentimiento de las nuevas autoridades hacia París convivió con un temor obsesivo, al menos hasta finales de 1939, hacía los posibles movimientos de Francia y Gran Bretaña en Tánger y el Estrecho en caso de guerra general europea, con sus evidentes repercusiones para la zona española. Hemos visto cómo Beigbeder ya desde junio de aquel año, trabajaba en la preparación de una respuesta española ante un supuesto desembarco franco-británico en Tánger, y cómo para abril de 1940 el plan español, —acelerado por la creencia en la inminente entrada de Italia en el conflicto—, se había concretado en la ocupación del espacio internacional que rodeaba a la ciudad, sin descartarse la posibilidad de avanzar sobre la misma zona francesa.

Llegados a este punto conviene dejar claro un aspecto esencial, habitualmente pasado por alto por la historiografía: la ocupación española de Tánger el 14 de junio de 1940 no fue una acción súbita e improvisada, aprovechando la derrota francesa. Fue el resultado de un plan diseñado con bastante antelación, en el que el único cambio fue la sustitución de un factor desencadenante, el desembarco aliado en Tánger, por otro, el colapso francés.

La violación flagrante del Estatuto de Tánger que conllevaba la ocupación de la ciudad, fue amortiguada por las autoridades españolas aduciendo que se actuó siguiendo una petición francesa. Pero la verdad tenía un matiz distinto: era cierto que la iniciativa gala pretendía una actuación conjunta franco-española en la ciudad, pero también lo es que la opinión contraria del Gobierno español a esa actuación se valió de esa oportunidad para transformar aquello en una acción unilateral, sólo española. Aunque Beigbeder fue el principal inspirador y movilizador de aquel paso entre los miembros del gabinete, contó siempre con el apoyo decisivo y decidido de Franco.

La ocupación española, que se presentó como medida temporal para garantizar la neutralidad de Tánger mientras durase el conflicto en Europa, se transformó en definitiva cinco meses después, en noviembre de 1940, con el agravante de que se puso fin al Estatuto y se decretó la incorporación pura y simple de la ciudad al Protectorado español. Esto era absolutamente inaceptable para Francia y Gran Bretaña, pues suponía el abandono por España del modus vivendi adoptado en junio, y dejaba patente su voluntad de anexionarse la zona. Hoy sabemos que la verdadera intención española era hacer saltar el régimen internacional instalado en Tánger, y volver a la situación anterior a 1923, según palabras del propio Beigbeder. En febrero de 1941 Londres decidió pactar un acuerdo temporal con los españoles que por lo menos preservase los intereses económicos británicos en la ciudad, aunque sin aceptar la anexión, y posponiendo la discusión sobre su futuro para cuando terminara la guerra.

La posesión de Tánger durante algo más de cinco años fue la única ganancia territorial de Franco en la Segunda Guerra Mundial, aunque bien precaria. La ocupación de aquella ciudad, que se anunció en la prensa de la época como el primer paso para la formación de un nuevo imperio español en África, resultó ser, sin embargo, el primero y el único. Todos los esfuerzos desarrollados por el Gobierno de Franco entre junio y diciembre de 1940, y aún después, por asegurarse la obtención de los ansiados territorios norteafricanos, combinando la preparación militar con las conversaciones diplomáticas, no condujeron a nada tangible.

Los planes ofensivos sobre el Marruecos francés, que tuvieron su gran oportunidad en junio-julio de 1940, fueron desechados en el último momento, no tanto por el veto alemán como por el propio temor español al fracaso si llegaba a encontrarse con una decidida resistencia francesa. La condición previa fundamental de esta operación para los militares españoles, el desarme de las tropas francesas en el norte de África tras el armisticio, nunca llegó a materializarse. En este sentido, podemos decir que Franco quiso hacerse con un imperio colonial usando la puerta de atrás, ya que España nunca habría estado a la altura de derrotar militarmente a Francia a solas si no era aprovechando un momento de debilidad y confusión del adversario.

Las conversaciones diplomáticas que, simultáneamente con la secreta preparación militar, se llevaron con Vichy y Londres, no llevaron a ningún resultado concreto, a pesar de que Madrid tan sólo aspiraba al reconocimiento de unas demandas mínimas que hemos llamado «irredentistas», y que apenas representaban una mera rectificación de fronteras. Franceses y británicos se sirvieron de aquellos contactos como táctica dilatoria, para alejar a España de su tentación belicista y dejar entrever que las cesiones territoriales en Marruecos eran posibles siempre que la Península se mantuviera neutral, y en cualquier caso tras el fin de la guerra.

Por su parte, las negociaciones hispano-alemanas para la entrada de España en el conflicto, chocaron con la negativa de Hitler a dar ninguna seguridad por escrito a las pretensiones españolas en África —que hemos llamado «imperialistas»—, por temor a provocar una secesión en las posesiones francesas a favor de De Gaulle y los ingleses. Franco se replanteó entonces su participación, y para gran irritación alemana, aduciendo la grave situación alimentaria y la falta de preparación militar, pospuso indefinidamente su intervención en la guerra.

Lo más llamativo es que durante aquel segundo semestre de 1940 el problema africano fue el eje sobre el que giró la postura española respecto a esa intervención. La perspectiva de hacerse con un imperio en el norte de África era de tal importancia en la mente de Franco y otros militares africanistas, que de haber conseguido las seguridades alemanas, habrían lanzado a España a la guerra, pasando por alto todas las dificultades internas —falta de preparación militar, precaria situación económica, oposición interior— que poco después alegarían para dilatar su participación. Esto es algo que debe quedar claro tras la lectura de estas páginas, y que el propio Serrano reconoce en su segundo libro: si Franco hubiera obtenido en noviembre de 1940 y por escrito las deseadas garantías alemanas sobre África, habría entrado con toda seguridad en el conflicto.[1]

En el momento álgido del éxito alemán en occidente, y a imitación de Mussolini, que lo consideraba un socio menor en el Mediterráneo, Franco consideró factible durante unos meses (julio-diciembre) entrar en una guerra que se pensaba ya ganada. Un puesto en la mesa del vencedor, con todas las ganancias territoriales al alcance de la mano en un nuevo orden europeo, merecía la pérdida de unos cientos de aguerridos soldados españoles. Sería el necesario tributo de sangre, instantes antes de la victoria, que acreditara los derechos de España en África.

Desde el punto de vista militar esa entrada en guerra se planificó con todo detalle. Las hostilidades comenzarían con un ataque español a Gibraltar, que vendría acompañado por una invasión de Portugal con la intención de impedir a los británicos obtener allí una base de operaciones para futuros contraataques. Pero el interés principal de Franco estaba en Marruecos, donde se produciría una invasión espa-

[1] SERRANO Súñer, *Entre el silencio y la propaganda...*, p. 322.

ñola del Protectorado francés contando con la inestimable ayuda del elemento indígena, que actuaría a modo de quinta columna. En junio de 1942, como ayuda y complemento de esta operación sobre Marruecos, se diseñó una ofensiva desde Cataluña sobre el mediodía francés, que debía coincidir con un avance simultáneo italo-alemán desde el otro extremo del país galo. Como hemos señalado, una operación militar de este tipo, si bien habría sido válida e incluso tenido éxito en el verano de 1940, como una tercera estocada sobre el tambaleante gigante francés, en 1942, cuando se diseñó, había perdido todo su sentido.

Que el alto mando español, con Franco a la cabeza, diseñara con tanto detalle cuatro operaciones militares de envergadura como aquellas (contra Gibraltar, Portugal, Francia y el Marruecos francés), posiblemente a realizar de forma simultánea, revela muchas cosas: por un lado, que España, con ese comportamiento, aspiraba a convertirse en el alumno aventajado del Eje en la técnica de la agresión y los hechos consumados. Franco debía pensar que, de entrar en la guerra, mejor hacerlo con gran estilo y golpeando por sorpresa y simultáneamente en al menos tres puntos débiles. Por otro lado, aunque emprender esas ofensivas simultáneas sobrepasaba con mucho la capacidad militar española del momento, se confiaba en que se podían completar con éxito con la ayuda de fuerzas germano-italianas, sobre todo en aviones y submarinos.

Lo que revela en definitiva esta ambiciosa planificación militar, en gran parte desconocida hasta hoy, es que Franco estuvo muy seriamente decidido a entrar en guerra como el tercer socio del Eje. No creemos que sea posible ni deseable, si queremos comprender la historia como realmente fue, desdeñar estos planes agresivos como meros ejercicios de Estado Mayor, sin aplicación real posible. Son auténticas directivas de operaciones, iguales en su estilo y minuciosidad que las que Hitler empleó para invadir los países de media Europa. Muy al contrario, desenmascaran de manera indiscutible la verdadera disposición de Franco a entrar en la guerra. Las razones por las cuales al final no lo hizo han quedado suficientemente aclaradas en las páginas anteriores y se pueden resumir en esto: sin imperio colonial en África como contrapartida, no existía motivo para ir a la guerra. A la inversa, si se le hubiera garantizado a Franco ese botín, todo estaba preparado para entrar en guerra de forma inmediata. Una guerra de seis meses de duración y de resultado cierto.

Sin embargo, los ilusorios cálculos de los dirigentes españoles, que preveían una rendición británica en el otoño de 1940 o al menos una paz de compromiso, no se cumplieron en absoluto. La lucha continuaría casi cinco años más, terminando con la derrota de los antiguos aliados del Caudillo en la guerra civil. En los años finales del conflicto se temió que a la fracasada invasión guerrillera de los valles pirenaicos le siguiera un ataque aliado con fuerzas paracaidistas. Nada de esto se produjo.

De este modo, cuando todo terminó en 1945, el régimen franquista se encontró como el único vestigio de fascismo que perduraba en Europa. Sus veleidades imperialistas y su simpatía por el Eje durante la guerra se las harían pagar los vencedores al precio de un duro aislamiento internacional hasta principios de los años cincuenta. Cabe preguntarse cómo habrían reaccionado los aliados si hubieran descubierto los planes militares de Franco contra ellos. Naturalmente se tomaron todas las medidas para que esto no sucediera. El secreto ha sido bien guardado durante sesenta y siete años. Es hora de conocerlo. Ya no hay peligro para España o amenaza a su integridad por ello. El único peligro hoy existente es para el mantenimiento de la leyenda o mito del Caudillo prudente y previsor. Fue sin duda previsor, pero estuvo a punto de arrojar su prudencia por la ventana a cambio de un imperio colonial, de cualquier forma difícil de mantener en el futuro. La descolonización de los años cincuenta y sesenta estaba a la vuelta de la esquina.

Por más que la prensa falangista de los primeros cuarenta proclamara que al imperio retórico le iba a suceder un imperio real en el norte de África, en realidad todo quedó en un imperio frustrado y por lo tanto imposible. Para Franco la «gran tentación» al final quedó reducida a una gran frustración. Que no se dejara llevar por ella en el momento decisivo le permitió sobrellevar la posguerra y, debido a diversas circunstancias, prolongar la vida de su régimen durante casi cuarenta años.

Apéndice documental

1 Carta del Residente General en Marruecos, general Nogués, al ministro de Defensa Nacional, Eduard Daladier

París, 18 de junio de 1937
CONSEJO SUPERIOR DE GUERRA
Estado Mayor

EL GENERAL NOGUÉS MIEMBRO DEL CONSEJO SUPERIOR DE GUERRA al Señor MINISTRO de DEFENSA NACIONAL y de GUERRA
(Estado Mayor del Ejército – Tercera Sección)
S/C. del GENERAL Vicepresidente del Consejo Superior de la Guerra.
Objeto:
Defensa de Marruecos

Tengo el honor de someter a vuestra aprobación la Instrucción Personal y Secreta adjunta que he establecido para el caso definido por la Instrucción sobre África del Norte bajo el título «PLAN DE OPERACIONES MARRUECOS».

Este documento incluye:

1. Un anexo núm. 1 relativo a una acción ofensiva dirigida a la conquista del Marruecos español y que ha sido objeto de vuestra aprobación núm. 1478.3/E.M.E del 13 de mayo de 1937.

2. Un anexo núm. 2 relativo a una actitud defensiva para el caso de que el Gobierno no decidiera la conquista del Marruecos español.

Debo llamar su atención de nuevo sobre las graves consecuencias que resultarían de una actitud estrictamente defensiva ante la presencia de una amenaza sobre nuestra zona al comienzo de un conflicto. En efecto:

1. La frontera actual, frontera de hecho, no se presta, ni geográfica ni políticamente, a una buena defensa.

2. Los medios susceptibles de ser establecidos en el frente Norte en esta hipótesis, son inferiores en número a los que, en 1925, se opusieron inicialmente a la agresión rifeña y se revelaron insuficientes.

Un fracaso, por lo tanto, es de temer que tendría por efecto:

— Hacer mella gravemente en nuestro prestigio;
— Crear una situación que podría rápidamente convertirse en peligrosa para nuestro asentamiento en África del Norte;
— Necesitar, para restablecer la situación, de medios suplementarios. Estos medios no podrían ser sacados más que de la Metrópoli y su importancia sobrepasaría con seguridad en mucho los efectivos de dos divisiones (D.I núm. 82 y D.M. núm. 1) que serían las únicas a mantener provisionalmente en África del Norte en el caso de conquista por sorpresa del Marruecos español.

Por el contrario, una acción ofensiva dirigida a la conquista del Marruecos español, desencadenada en las condiciones que os he expuesto, tendría todas las probabilidades de tener éxito rápidamente; permitiría reducir definitivamente la peligrosa cabeza de puente que constituye el Marruecos español y llevaría, en beneficio de la Metrópoli, a un ahorro de efectivos sustancial y definitivo.

Sin embargo, sigue siendo esencial que esta operación sea llevada a cabo por sorpresa al comienzo de un conflicto.

Insisto, pues, de la manera más acuciante para que, en la eventualidad de una amenaza cierta contra nuestra zona, la ocupación del Marruecos español sea objeto de una decisión del Gobierno en el curso de las primeras horas de un conflicto, decisión que conviene sea preparada y madurada desde tiempos de paz en particular en el plano internacional.

La actitud defensiva, no se justificaría —según mi opinión— más que en el caso de que España permaneciendo amiga o neutral, nosotros no tuviéramos que temer más que las repercusiones de desórdenes internos en su zona sin la intervención posible de potencias extranjeras hostiles.

Nogués

Fuente: SHAT. Traducción del original en francés reproducido por Jaime MARTÍNEZ PARRILLA, *Las Fuerzas Armadas francesas ante la Guerra Civil española (1936-1939)*, Tesis doctoral, Universidad Complutense de Madrid, 1986, pp. 520-522.)

2 Informe trimestral de Juan Beigbeder a la Secretaría General de Marruecos y Colonias, diciembre de 1939. Sobre el nacionalismo marroquí

Exhorto a que se continúe en la política nacionalista dejando que los partidos desarrollen una discreta actividad. Ahora tenemos aquí cuatro partidos. «El Reformista» dirigido por el Sr. Abdeljalak Torres; el partido «Unidad Marroquí» dirigido por el Sr. Meki En Nasiri; el partido «Liberal», dirigido por el Sr. Budra y el partido de la «Defensa Nacionalista» dirigido por el Sr. Brahim El Uazani. (Este último partido es el que desarrolla más actividades revolucionarias puesto que se compone de huidos de la zona francesa.)

Todos los partidos nos han ayudado durante el Movimiento y están con la España Nacional y haciendo una política anti-francesa y recientemente anti-inglesa. Es decir que yo hago mi política contra la otra zona valiéndome de los marroquíes.

El entusiasmo de los nacionalistas por el Caudillo es tal que ellos mismos han escrito en árabe una vida del Caudillo, que aparecerá dentro de unos días. Es decir, que se da el caso de que son los mismos marroquíes los que hacen la propaganda a nuestro Caudillo.

Hay que respetar la libertad de prensa, puesto que esta es una orden especial del Caudillo, en enero de 1937.

Con el nacionalismo tenemos un instrumento de combate que hay que cuidar mucho. Verdad es que su manejo es delicado. Éste nos ha dado un gran prestigio en el mundo musulmán, ya que se ve que Franco es el que favorece las aspiraciones del Islam encadenado.

Reconozco que yo he trabajado con pasión en el nacionalismo puesto que tengo verdadera fe en él. Soy un convencido de que España debe tender a la independencia total e integral de Marruecos y decirlo públicamente como aspiración nacional y Francia no podrá ofenderse con ello puesto que el Tratado de Protectorado no le ha permitido la anexión de Marruecos, ya que según dicho Tratado, Francia ha venido a Marruecos solamente para civilizar y hacer reformas.

Mi opinión sobre este asunto es tal que creo que *la fuerza de la España imperial sería precisamente un Marruecos independiente* (independencia quiero decir un Marruecos sin franceses ni ingleses y con Tánger dependiendo del Sultán). Claro está que *ya nos arreglaríamos nosotros para que el que mandara en Marruecos fuera el Embajador de España en Fez y que Marruecos en el porvenir fuera una especie de Panamá, Nicaragua, Cuba o Egipto. Es decir que los que mangonearan fueran los españoles y boicot absoluto a franceses e ingleses.* Así es como veo el problema. *Una independencia teórica y mandando realmente nosotros por conducto de nuestro Embajador en Fez* y que cuando algún Sultán hiciera coqueterías con los franceses e ingleses ya procuraríamos nosotros prepararle un aspirante al trono en el Sur o en el Norte.

Todo eso lo han adivinado los nacionalistas marroquíes y también los franceses. Estos últimos desean que nosotros peguemos a los nacionalistas y los encarcelemos como hacen ellos. Yo, como es natural, me he negado a todo esto en nombre de Franco y cuando Nogués habló conmigo en Arbaua, me hizo alguna indirecta y yo escurrí el bulto.

Juan Beigbeder

Fuente: Archivo Varela, caja 97. La cursiva es nuestra.

3 Palabras del general Juan Vigón en la primera sesión de la Junta de Defensa Nacional, 31 de octubre de 1939

SECRETO

SITUACIÓN Y DESIGNIOS DE ESPAÑA

La guerra de liberación ha planteado a España problemas de magnitud sin precedentes. Ingentes destrucciones materiales, valores espirituales aniquilados, un sistemático despojo de bienes económicos públicos y privados y, simultáneamente, un hondo quebranto de la unidad interna, parecían vedarnos todo anhelo trascendente.

Sin embargo, las energías que nuestro pueblo ha revelado en la lucha, su voluntad del bien patrio, su fe en la Providencia Suprema que nos asistió en todo momento, nos obligan a considerar serena y confiadamente el porvenir, y a plantear con previsión y firmeza todos los aspectos del resurgimiento nacional.

Se reanuda la vida de España en horas de una grave crisis europea. Pudiera, aparentemente, interpretarse el conflicto actual como un nuevo episodio de la lucha por la hegemonía política entre los dos grandes países sajones [Gran Bretaña y Alemania]; pero en el fondo pugnan dos concepciones opuestas de la vida social y económica, se debaten dos ideologías, y en tal sentido nos afecta la guerra más que en el orden material.

Precisamente en este orden [el conflicto europeo] podrá, quizá, brindar coyunturas propicias a nuestra reconstrucción económica, pero de todas suertes, en sus derivaciones y en sus consecuencias, encierra contingencias peligrosas, y nos impone una actitud de serena reserva, de atenta vigilancia, de discretas y activas previsiones.

En todo caso, cualquiera que sea la evolución del conflicto, y por encima de sus azarosos eventos, España debe trazar serenamente sus propios designios y proyectar hacia el porvenir su voluntad de una noble y elevada vida nacional, proponiéndose ya de un modo inmediato, como fines:

a) Elevar el nivel moral de nuestro pueblo restituyéndole y acentuando sus creencias religiosas y su fe en los destinos de España.

b) Reforzar y consolidar la situación de España en el mundo y preparar la irradiación de los ideales de la Hispanidad.

Y como medios:

a) Elevar el nivel de vida material de las clases modestas.

b) reconstruir moral y materialmente el patrimonio espiritual de España.

c) Reconstruir, consolidar y acrecer su potencialidad económica, multiplicando su riqueza y su capacidad de producción.

d) Reconstruir y aumentar su potencialidad militar.

Incumbe a la J.D.N. plantear y resolver este último problema en íntimo enlace con los antes enunciados.

Tanto para ordenar nuestras previsiones, cuanto para disciplinar y comprometer nuestras actividades, es forzoso establecer programas y plazos de realización. En algunos aspectos, singularmente en el industrial, las tareas iniciales serán forzosamente lentas; en el agrícola, la progresión ulterior lo será también. Ponderando estas circunstancias, podemos proponernos un programa general de armamentos, paralelo al de reconstrucción nacional, y a desarrollar en diez años, articulándose en tres planes:

1º Un plan inicial de reajuste, de consolidación y preparación, a terminar en enero de 1944.

2º Un plan de ampliación y de trabajo a pleno rendimiento de 1944 a 1947.

3º Desarrollo total y eventuales revisiones o ampliaciones, para ultimar el programa de conjunto a comienzos de 1950.

Procede ahora examinar brevemente la orientación y el sentido general de este esfuerzo.

No existe para España, en su política exterior, otro compromiso de orden formal que el pacto anti-komintern, a cuyo espíritu somos fieles, pero que hoy está virtualmente anulado por sus iniciadores. Debemos, pues, considerar con plena independencia de espíritu cuáles hayan de ser en lo futuro nuestras tendencias y nuestras orientaciones.

La guerra [civil] ha terminado sin hipoteca alguna para España en ninguno de los órdenes. Guardamos gratitud a los pueblos [Italia y Alemania] que fueron nuestros amigos en los momentos difíciles y derramaron su sangre a nuestro lado, [y que] por otra parte, lejos de combatir nuestra grandeza y resurgimiento, lo quieren y lo ayudan.

La primera condición para que pueda existir una política exterior clara y pujante es la fortaleza, mientras ésta no se alcanza se hace necesario no despertar recelos ni graves aprensiones.

Hasta el momento actual España ha carecido de reivindicaciones, sólo permaneció latente desde su pérdida la del pequeño trozo de nuestro solar en manos extranjeras [Gibraltar] y pequeñas rectificaciones coloniales de moderado alcance.

Nuestras aspiraciones nacionales no pueden tener de momento otra expresión que la instauración de un imperio espiritual al servicio del bien y de la justicia y el mantenimiento de nuestra independencia.

Nada de ello es dable sin que, paralelamente al renacer moral y económico de España, surjan unas instituciones militares vigorosas y eficaces, amparo y prestigio de una política. E importa aquí considerar que sin ellas hasta el intento más modesto de vivir independiente sería vano, ya que, consumada la ruina de nuestro imperio colonial, a lo largo del siglo pasado nuestro país había venido a ser pelenque de las pugnas anglo-francesas y sujeto ocasional de mediatización de ambos países. Y no es un hecho casual el que, las mismas fuerzas secretas que con el Alzamiento de Riego impidieron la marcha de nuestras tropas a América [Masonería], fomentasen en las postrimerías del siglo la rebelión de nuestras islas de Ultramar y ensangrentaran en 1909 las calles de Barcelona para entorpecer desde sus comienzos nuestro primer intento de expansión [en Marruecos].

Por ello aunque el desarrollo de nuestro poderío militar no rebase la expresión de nuestra voluntad de independencia política y no signifique un propósito agresivo para ningún otro país, no podrá prescindir de despertar un íntimo sentido de recelo en aquellos que nos han sido históricamente hostiles, que doctrinalmente nos son desafectos, y que geográficamente tienen con nosotros mayores ocasiones de fricción.

Esta limitación de ambiciones que razones de prudencia aconsejan, no quiere decir que nuestra política exterior permanezca carente de ideales y que no nos preparemos para el fatal desmoronamiento de los imperios y el nuevo reparto de los territorios del mundo. A ello se dirige nuestra política con los pueblos islámicos, nuestra labor en nuestro territorio de Marruecos, los estudios económicos de nuestras posesiones en la costa occidental de África y territorios vecinos; nuestro intercambio de todo orden y política hacia las antiguas colonias españolas.

Política de expansión y de asimilación de pueblos, indispensable a los que no quieran sucumbir, que aunque a España no apremie, supone no perder la ocasión si se presenta, de realizar con los luceros imperiales de nuestra reina Isabel el imperio soñado por nuestras juventudes y digno de nuestra raza.

El atraso en nuestra preparación militar no quiere decir no existe una posibilidad, aunque lejana, de que pueda alcanzarnos el actual conflicto, pues si bien nos guardan, el disponer de más de un millón de soldados aguerridos, nuestros depósitos de material y nuestra situación geográfica avalada a las veinticuatro horas por submarinos y aviones de naturales aliados, no debemos desconocer el peligro, ya que cuantas mayores sean nuestras previsiones más pesaremos en el orden internacional y menores serán las posibilidades de agresión.

Esto nos exige el poner en el menos tiempo a punto los elementos de que disponemos, estableciendo las previsiones necesarias en aquellos territorios que por su situación geográfica son codiciados y que separados por el mar en caso de agresión habían de quedar aislados [Baleares y Canarias].

Necesidad consiguiente de crear los depósitos indispensables de material de guerra, combustible, víveres y primeras materias que permita nuestra economía, y tener estudiada y preparada la organización marítima, aérea y terrestre para caso de conflicto.

En este orden la escasa población de algunas islas aconseja el modificar la ley de reclutamiento aumentando la edad del servicio militar, desde los dieciocho a los cincuenta y utilizando las organizaciones juveniles (superiores a dieciséis) y los de segunda línea (superiores a cincuenta) en los servicios auxiliares, así como a las mujeres solteras en los servicios de hospitales en que no exista peligro y puedan sustituir a los hombres.

Juan VIGÓN

Fuente: AAEMDO, 210-1, 54/4.

4 Carta del ministro de Asuntos Exteriores, Juan Beigbeder, al Alto Comisario de España en Marruecos, general Carlos Asensio

---

Madrid, 15 de Abril de 1940

Mi querido amigo y compañero:

Se ha reunido la Junta de Defensa Nacional y posteriormente el Consejo de Ministros, para examinar la situación internacional y las posibles consecuencias que puede tener para nosotros la intensificación de la guerra y la agravación de los odios.

Hemos deducido que, caso de que hubiera un conflicto en el Mediterráneo, *corre peligro la neutralidad española por una posible agresión a las Baleares, al Campo de Gibraltar, a Tarifa, a la Zona del Protectorado español en Marruecos y a Tánger.*

Se ha decidido el refuerzo de Marruecos, devolviendo uno o dos Tabores de Regulares (el resto de los que están en Asturias van a Baleares y Campo de Gibraltar), el envío de víveres para poner la zona, incluso la población civil, a tres meses de abastos y la remesa de 70.000 fusiles para poder armar las harkas. Asimismo el General Varela ha recibido la orden de enviar algunas autoametralladoras, con objeto de una posible intervención en Tánger.

Y este es, precisamente el punto más delicado de tus responsabilidades, porque tengo la sospecha, que cada vez más me confirma los informes que recibo, que *el peligro de nuestra neutralidad comenzará por un desembarco franco-inglés en Tánger.* Quiero repetirte a este respecto las instrucciones que me ha dado el Generalísimo.

1. Es preciso montar un servicio de informes, de modo tal que puedas tú tener noticia en el momento en que se inicie un desembarco.

2. Cuando esto comience a ejecutarse se debe penetrar en la zona internacional y ocupar toda la Kabila de Fahs, dejándoles sólo libre a los franco-ingleses la ciudad de Tánger. Pero para ello es preciso adelantarse en forma tal que no puedan lanzar destacamentos a las Kabilas del Fahs a través de Tánger. (al margen «No».)

3. Debe ocuparse también el Cabo Espartel y, a ser posible, la finca de Muley Hafid.

4. Marina ha quedado en enviar un buque con un pequeño destacamento de Infantería de Marina o marinería para que desembarque al mismo tiempo que los franco-ingleses, si esta contingencia tuviera lugar; precisamente la existencia de ese buque en la bahía de Tánger, es la que nos garantiza que nos puedan dar la noticia a tiempo por medio de la radio.

5. Deben existir en el Borch, R'gaia y Arcila núcleos de tropas con destacamentos y camiones en forma tal que puedan embarcarse al primer aviso y tenerlo todo preparado de acuerdo con el plan que tengas a bien idear. Quiero recordarte que en mis tiempos encargué de ello al Coronel Yuste.

Esto sólo se refiere a la ocupación de Tánger, la cual hemos de hacerla de modo amistoso y sin rozamientos con los franco-ingleses, ya que si estos violan un Estatuto, nosotros hacemos lo mismo y tomamos contacto con ellos para hacer un modus vivendi de ocupación temporal.

Desde luego esto no es la guerra porque si se limitaran solamente a la ocupación de Tánger y nosotros a la de la Zona Internacional, podríamos sostener la situación. *Caso de que el conflicto tomara caracteres de gravedad y estallara la tormenta, ya se te darían instrucciones, que no pueden ser otras que las de armar el país y penetrar en zona francesa, pero esto está todavía muy lejano. Lo urgente es lo de Tánger para que no nos ganen la mano.*

Estoy en contacto con los ministros de Marina y Guerra para avisarles cuándo se envían los elementos antes citados y cuya remesa se decidió en la Junta de Defensa Nacional.

En estas circunstancias no me parece oportuno que te ausentes de la Zona. Yo procuraré consolar al Jalifa en Sevilla.

Lo curioso de la situación internacional es que a pesar de haber estallado el conflicto verdadero en el Mar del Norte, el nerviosismo de los franco-ingleses es tal que me temo que hagan una locura. Por ejemplo, estos días están reforzando sus defensas en el campo exterior de Gibraltar, me han visitado los Embajadores francés e inglés hablándome de un posible desembarco italiano en Torremolinos para ir a conquistar Sierra Morena. Como ves, han perdido la cabeza, pero precisamente esto es lo que me preocupa, puesto que *en un momento de locura corren rumores, hablan de desembarcos italianos, etc., etc. y nos encontraríamos con que se lanzan a ocupar Tánger, Tarifa o Alcazarseguer*. Por cierto que uno de los Tabores de Regulares que se mandan a Marruecos, ha de ir precisamente a Alcazarseguer;

como se decidió en la Junta de Defensa Nacional. Estos Tabores son de los que están ahora en Galicia, de los cuales algunos se mandan a Baleares.

Recibe un abrazo de tu afmo. amigo s.s., y subordinado,
q.e.t.m.

Juan Beigbeder

[sigue manuscrito:] «El destacamento de marina que desembarque debe ir precisamente a ocupar la legación y consulado y nada más»)

Fuente: DIHGF, vol. II-1, doc. 27, pp. 135-137.
Nota: las cursivas son nuestras.

5. Carta del alto comisario, general Asensio, al ministro de Asuntos Exteriores, coronel Beigbeder

---

Tetuán, 17 de abril de 1940

Respetado Ministro y querido amigo y compañero:

Acuso recibo de tu carta del 15 y en relación con ella te acompaño:

- Información que he recibido del cónsul Gral. de España en Rabat, relativa a su conversación con el General Nogués.
- Nota informativa respecto a la conversación sostenida en el día de ayer, del Comandante De Miguel con el Capitán Luizet.*
- Copia de la carta que con esta fecha dirijo al Jefe Superior [de las Fuerzas Militares de Marruecos] en relación con la tuya.

Con estos elementos de juicio creo tendrás suficiente para una primera impresión y *quedo en remitirte, muy en breve, el plan general que se confeccione*, permitiéndome señalarte que no obstante lo que se manifiesta en el punto quinto, he creído un deber, como verás en mi carta al Jefe Superior, encargar a esta Autoridad que confeccione el plan de acuerdo con las directivas que yo le señalo y que eran las mismas que tú tenías dadas.

Recibe con este motivo un cariñoso saludo de tu buen amigo y compañero que te quiere,

Carlos Asensio

[Sigue manuscrito:]

Fíjate bien en lo que digo en la postdata de mi carta al Jefe Superior sobre la existencia en Arcila, R'gaia y Borch de elementos preparados. También esto está contenido en el punto quinto y quisiera conocer tu opinión sobre lo por mí resuelto.

Otro extremo importante es la presencia del barco nuestro en Tánger, que pudiera suscitar recelos en la Zona tangerina, sobre todo después de llevar un año sin que aparezca por allí.

¿No sería preferible tenerlo preparado en Ceuta? Dame tu parecer, y a ser posible con urgencia.

Por último la llegada de medios a la Zona entiendo que debe hacerse con discreción. El actual peligro es el nerviosismo, y todo lo que coadyuve a disminuirlo es conveniente para ayudar al Caudillo en sus propósitos. Esto tal vez convenga se lo digas al Ministro del Ejército, si eres de la misma opinión.

Un abrazo, Asensio

---

* El capitán Luizet era el Agregado militar de la Legación de Francia en Tánger. *Fuente:* DIHGF, vol. II-1, doc. 27, pp. 137-138. Las cursivas son nuestras.

6. Carta del alto comisario, general Carlos Asensio, al teniente general Miguel Ponte, general jefe de las Fuerzas Militares de Marruecos

Tetuán, 17 de abril de 1940

Excmo. Sr. D. Miguel Ponte y Manso de Zúñiga. Tte. General Jefe de las Fuerzas Militares de Marruecos. Ceuta

Mi respetado y querido General y amigo:

El Ministro de Asuntos Exteriores, me ha dado cuenta de los acuerdos tomados por la Junta de Defensa Nacional y por el Consejo de Ministros, relativos a la situación en el Mediterráneo y Zona de Marruecos. Se acusa en las relaciones diplomáticas un nerviosismo que parece ser provocado por la incertidumbre sobre la actitud de Italia luego de las operaciones emprendidas por Alemania en Dinamarca y en Noruega. Ese nerviosismo lleva incluso a admitir informaciones, seguramente no verídicas, y ello hace que los aliados sientan temores notoriamente injustificados, pero que pueden determinar en ellos la adopción de medidas que podrían ser, en un momento dado, extraordinariamente graves.

Como estas medidas pudieran tener su repercusión en nuestra Zona de Protectorado o en la zona de Tánger, recibo respecto de ambos extremos las instrucciones siguientes:

Respecto a la Zona del Protectorado se procurará poner a tres meses los depósitos de víveres, tanto para el abastecimiento del ejército como para el de la población civil. Se enviarán 70.000 fusiles con destino al armamento de las harkas y se me dice en esa carta que vendrán algunos Tabores; sin duda por dificultad de redacción, no saco la impresión exacta de si se trata de uno o dos Tabores por Grupo o sencillamente, que sólo vendrán uno o dos Tabores en total. De todos modos se ordena que se aumente la vigilancia de Alcazarseguer y se refuerce su guarnición al extremo de que uno de los Tabores que se anuncian ha de ir de guarnición a dicho punto.

Por lo que se refiere a Tánger, existe el temor de que pueda efectuarse alguna acción franco-inglesa que nos obligase a actuar y respecto a ello el Generalísimo ha dado las siguientes instrucciones que le copio literalmente:

1. Es preciso montar un servicio de información, de modo tal que puedas tú tener noticia en el momento en que se inicie un desembarco.

2. Cuando esto comience a ejecutarse se debe penetrar en la zona internacional y ocupar toda la Kabila de Fahs, dejándoles sólo libre a los franco-ingleses la ciudad de Tánger. Pero para ello es preciso adelantarse en forma tal que no puedan lanzar destacamentos a las Kabilas del Fahs a través de Tánger.

3. Debe ocuparse también el Cabo Espartel y, a ser posible, la finca de Muley Hafid.

4. Marina ha quedado en enviar un buque con un pequeño destacamento de Infantería de Marina o marinería para que desembarque al mismo tiempo que los franco-ingleses, si esta contingencia tuviera lugar; precisamente la existencia de ese buque en la bahía de Tánger, es la que nos garantiza que nos puedan dar la noticia a tiempo por medio de la radio.

5. Deben existir en el Borch, R'gaia y Arcila núcleos de tropas con destacamentos y camiones en forma tal que puedan embarcarse al primer aviso y tenerlo todo preparado de acuerdo con el plan que tengas a bien idear. Quiero recordarte que en mis tiempos encargué de ello al Coronel Yuste.

Como verá Vd., mi General, en este punto quinto se me ordena que yo haga el plan, pero estimo que esto le corresponde a Vd. y a tal fin, me permito darle las siguientes aclaraciones: *El intento de desembarco de los franco-ingleses en Tánger sería considerado por nosotros como una violación del Estatuto y tendría como respuesta el que España se presentase en Tánger a participar en el nuevo estado de cosas, de acuerdo con los franceses y con los ingleses y teniendo en cuenta el mandato de España en su Zona de Protectorado marroquí.* El éxito de la empresa estriba en: oportunidad en la acción y habilidad extremada en la ejecución. Por lo que respecta a lo primero, será necesario estudiar un enlace acabado y perfecto entre los servicios de Tánger y nuestras fuerzas de fronteras con el fin de que el movimiento —llegado el caso— pueda iniciarse en el momento justo y oportuno.

La habilidad en la ejecución es algo ya de tipo puramente personal y que va ligado por consiguiente a las cualidades del Jefe encargado de realizarlo, ya que *habrá de dar a su actuación un matiz político y extremadamente diplomático para que el hecho de nuestra ocupación, más simbólico que militar, del Fahs, sea seguidamente explotada desde el punto de vista político entrando a participar en el nuevo orden de cosas.*

Seguramente todas estas consideraciones de violación del Estatuto, de nuestra significación marroquí y de carácter extremadamente político de la empresa, decidieron al Coronel Beigbeder, a confiar este asunto a fuerzas Jalifianas. Vd. estudiará lo más conveniente para que ese propósito quede perfectamente matizado.

Mucho le agradeceré me diga Vd. en definitiva lo que piensa sobre este asunto con el fin de que yo a mi vez pueda hacerlo saber al Ministro de Asuntos Exteriores como continuación a su carta.

Con posterioridad a la situación que determinó la carta del Ministro e incluso a mi conversación de anoche con Vd., he podido comprobar a través de los Servicios de Información, que no obstante existir ese nerviosismo, no parece probable que los acontecimientos se precipiten en la forma que antes se indica. *El General Nogués me ha dado todo género de seguridades de que Francia no intentará nada en Tánger sin conocimiento de España y que caso de que hubiera que hacer algo allí el problema sería, como corresponde a los intereses en juego, totalmente franco-español, interviniendo España y Francia por igual en las fuerzas que hubieran de actuar.*

He de significarle también que el Capitán Luizet, ha mostrado deseos de ir a visitarle y creo lo hará en breve con el fin de explicarle y pedirle también a Vd. que aclare los malentendidos que dicen ellos existen. Por lo que a Vd. pueda servirle de orientación respecto a las conversaciones con Luizet, le diré que ellos se muestran un poco impresionados por desembarque de nuestras tropas, que dicen haber habido, en estos últimos días en Melilla y también por un aumento, que ellos dicen inusitado, de las guarniciones de Alcazarquivir, asegurando que los destacamentos guarnecen las trincheras fronterizas y que incluso, se muestran en actitud hostil hacia la Zona francesa.

El Capitán Luizet, propone también darnos un esquema del despliegue de sus tropas en Marruecos pidiendo en correspondencia que nosotros le diéramos un dato igual; no tengo que hacer a Vd. ningún comentario respecto a este propósito.

En espera de sus noticias quedo, mi General, siempre suyo amigo y subordinado que le quiere,

[Sigue manuscrito:]

Entiendo mi General, que si se trata de vivir prevenidos pero a la vez evitar una mayor excitación de la que hay ahora, resulta poco indicado una concentración de fuerzas en R'gaia y en el Borch, sobre todo si van acompañadas de camiones.

Me parece más conveniente para lo que pretendemos no alterar demasiado la situación actual de fuerzas.

A base de lo que tenemos en este momento se pueden tomar las medidas imprescindibles, pero con el máximo cuidado para que queden disimuladas. Arcila por ejemplo admite mejor el logro del propósito; R'gaia y sobre todo el Borch, escandalizan demasiado. ¿No sería mejor hacer las cosas así? Yo lo creo lo mejor y mucho le agradecería lo tenga en cuenta.

En resumen Arcila muy bien, R'gaia y el Borch pueden subsistir con el Fondala, donde recuerdo me dijo Vd. tenía fuerzas, y caben perfectamente media docena de camiones para transportar una compañía con ingenios. La oportunidad de la cuestión ya sabe Vd. que depende fundamentalmente de un enlace perfecto y a ello debe supeditarse todo; lo otro sólo servirá para aumentar recelos y para desatar los nervios más de lo que ahora lo están.

Mi actuación en Sevilla tiene como base principal la de calmar un poco. También es conveniente no alterar los efectivos normales en frontera o zona fronteriza si bien *debe tenerse preparado todo para hacer frente a acontecimientos que pudieran llegar.*

Sabe le quiere su affmo. sbdo. y amigo,

Carlos Asensio

Fuente: DIHGF, vol. II-1, doc. 27, pp. 138-142. Las cursivas son nuestras.

7. Nota informativa sobre la conversación del comandante De Miguel con el capitán Luizet el 16 de abril de 1940 en Tánger, enviada a Beigbeder por el general Asensio

El Capitán Luizet hizo presente al Comandante De Miguel la necesidad de tener con él un cambio de impresiones, acudiendo para ello a la Oficina de la Gendarmería donde tuvo lugar.

Motivo de esta entrevista, según el Capitán Luizet era para pedir como amigo al Comandante De Miguel su opinión sobre la situación ya que era manifiesto el desasosiego e intranquilidad provocada por las noticias que insistentemente vienen circulando sobre una ocupación franco-inglesa de Tánger, movimiento de tropas en Zona española, etc.

Por esto, según el Capitán Luizet, había provocado alarma en las autoridades de la Zona y aseguró que aquella misma mañana *había sido llamado de Argel* por el Comandante Bertrand, *para decirle en nombre del General Nogués procurase recoger una impresión exacta sobre la actitud española.*

El Comandante De Miguel le hizo presente que esta intranquilidad y estos comentarios que circulaban habían sido provocados, en gran parte por la noticia que dio la Prensa de *la llegada de una comisión inglesa a Tánger* procedente de Marsella y que era presidida por un General.

Esto, como era lógico, había sido objeto de comentarios y quizá de algunas medidas por parte de las autoridades de nuestra Zona.

El Capitán Luizet se apresuró a explicar la presencia de dicha comisión en Tánger. Dice había venido en un barco de la línea Paquet y que al perder el barco de Gibraltar había tenido que permanecer en Tánger (la pérdida de enlace por lo visto duró dos días). Que se alojaron en El Minzah visitándole tanto el Capitán Luizet, como un Capitán inglés del Servicio de Censura militar de Gibraltar que había venido a esperarle al citado General inglés, como asimismo otros funcionarios del Consulado de Francia, al objeto de cumplimentarlo. Que este Sr. era precisamente miembro de la Comisión de bloqueo y según él se dirigía a Gibraltar con objeto de aminorar las medidas que actualmente se tomaban y que habían producido incidentes como la última detención del trasatlántico «Rex». Que efectivamente iba de uniforme ya que a su llegada a Gibraltar sería recibido por el General de División Jefe de la Plaza y autoridades de la misma.

El Comandante De Miguel dio por buena la explicación y le hizo presente que desde luego parecía raro que viniese una comisión inglesa a estudiar a Tánger, teniendo en la misma plaza elementos dedicados a dicho estudio, como el Capitán Luizet, el Segundo Bureau y el Intelligence Service.

El Capitán Luizet insistió en el deseo de colaboración por parte de las autoridades francesas y el deseo de que nuestro país se mantuviese al margen de la contienda ya que una guerra que interviniéramos nosotros había de producirles indudable perturbación, y quizá pudiera llegarse a un intercambio en la esfera militar dándose mutuamente los despliegues de fuerzas en ambas Zonas que permitieran conocerse exactamente y sin temor a ser desfiguradas por el servicio de información las posibilidades de ambas Zonas. Dijo también que la Zona francesa mantiene en nuestra frontera única y exclusivamente 12 Gums y 6 Batallones y que todas la fuerzas estaban al Sur con orden de no provocar con sus movimientos ninguna alarma en nuestras fronteras. Que en Arbaua, por ejemplo, sólo tenían un Gum y una Compañía, sin embargo la guarnición de Alcázar era desproporcionada y se había observado cierta actividad, movimiento de Tabores y Banderas de la Legión e incluso fuerzas que habían ocupado las fortificaciones de aquella Zona. *Estos movimientos y estas noticias producen la consiguiente intranquilidad y a él le abrumaban a preguntas sobre cuál era la actitud española.*

El Comandante De Miguel le aseguró que la noticia que a él le daba, aunque únicamente podía tomarla en el terreno particular, era de que las guarniciones de la Zona desarrollaban su vida normal y que nada sabía de esos movimientos y acumulación de elementos de que hablaba el Capitán Luizet. Este insinuó la idea de dirigirse a Ceuta al objeto de cambiar impresiones con el General Ponte, aprovechando que le iba a felicitar con motivo de su ascenso. Indicó también la posibilidad de trasladarse a Madrid, ya que el Coronel Beigbeder, en varias ocasiones le dijo que tendría mucho gusto en recibirle.

El Comandante De Miguel le aconsejó se pusiera al habla con el Comandante Madariaga, Jefe de la Oficina Mixta, y que hiciese las gestiones que creyese oportunas por su conducto.

Al hablar del cambio de despliegue de fuerzas en ambas Zonas [Luizet] insinuó su preocupación de que al entregar en Ceuta el de la Zona vecina pudiera ir a parar a manos de oficiales italianos afectos al Cuartel General y de éstos a los alemanes.

Insistió mucho en la actitud de Francia hacia nosotros desmintiendo todo lo concerniente de una posible ocupación franco-inglesa de Tánger.

Fuente: DIHGF, vol. II-1, doc. 27, pp. 142-144. Las cursivas son nuestras.

8. Informe sobre la conversación entre el cónsul general de España en Rabat, Juan Jesús de Carranza, y el residente general en el Marruecos francés, general Nogués. 16 De abril de 1940

Informe personal y reservado para S.E. el Alto Comisario con el ruego de hacerlo enviar por avión a S.E. el Ministro de Asuntos Exteriores.

En mi informe anterior del 13 del corriente daba cuenta del «clima» raro que aquí se estaba creando movido principalmente por francmasones y rojos sobre una posible «Protección armada» hecha por Francia e Inglaterra en el caso de una intervención en la guerra por parte de Italia... Decía que hasta el momento sólo se trataba de un «runrun» y que ésta podía ser mejor fijada, dado que al regresar de Francia a África el General Nogués era de suponer vendría pronto a Marruecos y tan pronto llegase si había algo me llamaría para cambiar impresiones conmigo. No pudo mi predicción ser cierta a más corto plazo, dado que hace dos días vino el General de París a Argel en avión y hoy a las 12 aterrizaba en Rabat convocándome seguidamente para las 5 de modo urgente.

Encontré al General con aire preocupado que en vano trató de disimular con las frases usuales de cortesía de las que es maestro. Entró inmediatamente en el tema tratando yo de reflejar lo más exactamente posible lo que me comunicó, sin que lo que a continuación digo, como es lógico, represente para nada opinión mía. Me dijo:

> Ya conoce Vd. la grave situación actual. Italia desde hace días ha creído que los sucesos de Noruega se iban a desarrollar de una manera sencilla para los alemanes y aunque se han equivocado, al ver desguarnecer el Mediterráneo de una parte de la flota inglesa pensó era llegada la hora de su intervención. Todavía creo que no lo efectuará al menos por ahora, puesto que los sucesos de Noruega han tomado para los aliados un estado bien distinto al que presentaban el día 10 y Mussolini comprenderá que para Italia una intervención sería desastrosa. Con respecto a Tripolitania tengo toda la fuerza necesaria y aunque la época que se avecina es muy mala para guerrear allí, cogidos por un lado por mí y por otro por los ingleses no me preocupa el asunto ni nos hemos de dar dema-

siada prisa en destruirlos. *Pero conoce el Gobierno francés la política que el General Gambara está desarrollando en Madrid,* conoce cuáles han sido sus conferencias de estos últimos días puesto que los italianos hablan demasiado. Sé que tratan de llevar al ánimo del Gobierno español que la situación de la línea fortificada que tienen Vds. construida en Marruecos les permite con las fuerzas que allí poseen defenderlo perfectamente; y debo decirles que se equivocan puesto que *tengo elementos más que suficientes para hacer una acción enérgica y rápida y Vds. no tienen ni reservas de víveres ni de petróleo para una defensa larga»*.

[Al margen, manuscrito de Francisco Franco:] Desmentirlo ni Gambara ni nadie influye en el ánimo del Gobierno español para nada. Rechazar la amenaza, España demostraría su clase.

Pensar en una ofensiva española que encontrara un ambiente favorable en estos musulmanes que se sumaran a los invasores no cuenta con probabilidad alguna y creo no sería para mí difícil el conquistar rápidamente vuestra Zona. El estado del país interior según las informaciones de mi Gobierno nos hace creer que de su intervención en la guerra una revolución interna es casi seguro estallaría y en general pensar que España fuera ahora a la guerra sería lamentable. Pero yo no le oculto a Vd. que lo sentiría profundamente por razones sentimentales y porque al fin y al cabo es crear un nuevo «brasier» que se enciende fácilmente y no se sabe cómo se apagará...

[al margen manuscrito:] Se equivoca si cree que en España pasará algo caso de intervenir, eso dicen los rojos que cobran de Francia para engañarlos.

Lo lamentaría de todo mi corazón. Mi posición es la misma que lo que dije a fin de agosto último «*en tanto España mantenga su neutralidad yo no muevo ningún hombre,* y es más, me acabo de enterar que en la región de Taza el General Lefebre ha hecho mover algunos Gums cerca de la frontera y «Je l'ai atrapé» [—dijo—] y ordenado que inmediatamente vuelvan a sus posiciones de origen puesto que no quiero que de la vía férrea al Norte se mueva ninguna fuerza».

[al margen manuscrito:] hacer entender que España no es enemigo fácil y no le intimidan palabras.

> Me dicen que están desembarcando nuevas fuerzas en Ceuta y Melilla y en proporción a las que desembarquen prepararé unidades siempre de Mequinez para el Sur porque le repito *estoy preparado para el caso de que, para mí muy desgraciado, Vds. fueran arrastrados a la guerra. Le doy mi palabra de honor de militar francés (esto lo dijo varias veces muy excitado) que si España no mueve un hombre para atacarme no seré yo quién lo mueva.*

En el curso de nuestra conversación entonces le hice conocer el ambiente de malestar creciente que aquí se respira y sobre todo procuré tocar el tema que es aquí «leit motiv», de una ocupación franco-británica de Tánger, agregándole aquí existen en Gibraltar preparados dos grandes porta-aviones y que ha habido en Tánger estos días una misión militar inglesa en contacto con elementos militares de este Protectorado.

Me dijo casi textualmente:

> El problema de Tánger aunque se llame internacional es problema de España y Francia. Ya dije que *si la intervención de Italia en la guerra hacía necesario intervenir en Tánger se haría de acuerdo entre nuestros dos países en igualdad de participación militar.* Lo de Tánger sólo importa a Francia y España y lo dije en agosto y repito ahora. *Sólo deseo maniobrar mano a mano con España.* Naturalmente que en tanto los italianos no quisieran desembarcar allí, operación, lógicamente no presumible dado que esto obligaría a Inglaterra y a mi a intervenir de la manera más rápida y enérgica que nos fuera posible.

Derivó después la conversación hacia *los manejos nacionalistas diciéndome que consideraba se perdía fuerza con la política «molle» que con ellos hacíamos* y que estimaba como un acto muy poco amistoso el haber dejado el alemán «Richter» a ciencia y paciencia de las Autoridades, haber organizado en Alcazarquivir, esto es, en la misma frontera una manifestación anti-francesa en la que se gritara «muera Francia», precisamente en un momento en que ésta se encuentra en guerra y en un mandato sobre los marroquíes común a las dos naciones y que de esto escribiría al Alto Comisario quejándose.

La política de Torres no inquieta a mis musulmanes, que ya conocen cómo se mueve, pero tolerar que los alemanes «inciten» a los musulmanes aprovechándose del Protectorado español y de mi amistad hacia el residente español, no lo estimo acto amical».

IMPRESIÓN RESUMEN. Existe aquí indiscutiblemente un ambiente de honda preocupación por la actitud que pueda tomar España si Italia interviene en la guerra. La francmasonería que como dije en mi informe anterior se mueve extraordinariamente de acuerdo con Martínez Barrio y demás francmasones españoles que viven en París, vería con sumo gusto una «protección armada» de España que podría darles la ocasión de sustituir a nuestro Gobierno por uno de francmasones y aunque esto es una locura naturalmente es el único modo como puede caberles una probabilidad entre 10.000 de que eso ocurriera. Esta canalla nada pierde con que se arme un «río revuelto» en nuestra Patria.

Veo algún movimiento militar de cuya importancia no puedo juzgar por faltarme la información de Uxdá por estar ausente allí el Comandante Maldonado, cuya presencia considero aquí sumamente urgente.

Creo sin embargo sincero que sus movimientos de tropas los limite [Nogués] al Sur de la línea férrea y las concentraciones en puestos no cercanos a la frontera. Desde luego la guarnición de Marruecos es en estos momentos pequeña, esto es completamente cierto y su refuerzo hoy únicamente puede venir de Argelia por Uxdá. No cabe duda que desde que empezó la guerra nunca han tenido menos tropa e igualmente menos material, aunque sí muchísima aviación en cifra superior a 500 aparatos.

Dijo [Nogués] garantizaba con su palabra de honor de militar francés que *no dará el primer paso para «proteger» a España y en lo de la ocupación de Tánger, punto neurálgico de la cuestión, puesto que ocupada dicha ciudad por franco-ingleses de ella podría partir con una fuerte protección naval la «amenaza» a Ceuta y por lo tanto la de todo el Sur del Estrecho*, fue uno de los puntos más interesantes de la conversación pareciéndome en toda ella por el calor que en la misma ponía y además porque no lo ocultó, *que la entrada de España en la guerra les causaba una gran molestia y preocupación y que a toda costa quieren evitarla incluso hablándome en forma entrevelada de compensaciones que España podría pedir, sin precisarlas*... Me parece lógico deducir que acabado de venir de París de conversar con su Gobierno, esta opinión suya debe reflejar el punto de vista del mismo y del Estado Mayor.

Como mi posición en la conversación era muy delicada procuré en toda ella decir que nada sabía, que vivía muy alejado de lo que pasaba en España, que no creía que mi País pensara en intervención y le hice recalcar que todo lo que me decía lo ponía inmediatamente en conocimiento de V.E., diciéndome que para esto me lo decía.

Se me olvidó más arriba decir al tratar de la preparación franco-británica que me afirmó mantenía estrecho contacto con el Gobernador Militar de Gibraltar, el cual iba a venir a visitarlo a Marruecos dentro de unos días.

Juan Jesús de Carranza

Fuente: DIHGF, vol. II-1, doc. 28. Las cursivas son nuestras.

9. Carta del Alto Comisario, general Asensio, al ministro de Asuntos Exteriores, coronel Beigbeder

Tetuán, 31 de abril de 1940

Respetado Ministro y querido amigo y compañero:

Quiero darte cuenta de que *todo lo de Tánger ha quedado dispuesto*, a excepción de lo del barco y camiones, que, de acuerdo con lo que hablamos en Sevilla, permanecen en Ceuta y Arcila, respectivamente, con dos camiones destacados en R'gaia y otros dos en Melusa para las primeras necesidades. La medida provisional que tomé en relación con estos extremos ha pasado a ser definitiva, en vista de que me diste tu conformidad por teléfono hace dos días.

Los preparativos están, pues, terminados, pero me interesa decirte que *doy una gran importancia a que una falsa alarma trajese el descubrimiento de nuestro juego*, y a este respecto te transcribo dos párrafos de la orden que he dictado a Tánger:

> Esta intervención de su parte exige como condición básica una oportunidad exquisita, en inteligencia de que siempre ha de ser preferible, en caso de duda, llegar media hora tarde a hacerlo un minuto anticipadamente. *La actitud de España ha de ser la de acusar su presencia en la Zona tangerina, caso de que el Estatuto fuese violado por los demás, pero nunca precipitarse para ser ella la que lo motive, con las consecuencias desagradables que pudiera traer una semejante actitud.*
>
> Tal oportunidad exige una sensibilización extraordinaria del Servicio de Información, que atenderá a la bahía de Malabata y Medinna, de un modo especial, por lo que se montarían los servicios necesarios para que no pueda efectuarse el desembarco sin que sea conocido a tiempo, pero encargando muy especialmente a los comisionados para tales servicios que no darán nunca cuenta de la operación, sin tener una comprobación plena de que se ha efectuado. *Nuevamente se insiste en que una precipitación crearía a España una situación comprometida.*

Me doy perfecta cuenta de que el tono que marco hará que no lleguemos demasiado pronto, pues los encargados de cumplir la orden procurarán asegurar de un modo total y definitivo antes de empezar a actuar. No importa, es mi parecer. *Sería lamentable en todos aspectos una precipitación, pues pudiera llegar a provocar cosas poco convenientes, ya que no descarto, incluso, la posibilidad de guerra.*

Como de todos modos, a vosotros corresponde definir, quisiera me dijeras si debo variar el sentido del asunto.

Y con ello queda acabado el prólogo. Pero ahora me pregunto: *¿Y qué debemos hacer una vez establecidos en tal o cual sector, con orden de convivir con los demás?* ¿Será esto posible o nuestra posición será tan desairada que convenga meditar ahora con calma la misión a cumplir por estas fuerzas?

A mi modo de ver el problema se debe analizar según las *dos hipótesis posibles a establecer*: que el desembarco en Tánger fuese aislado o que formara parte de una serie de hechos para asegurar en manos extrañas la entrada en el Mediterráneo.

En la segunda hipótesis, entiendo que debemos avanzar en la Zona internacional cuanto nos sea permitido, con el fin de que el aeródromo, de modo especial, quedar en nuestro poder, pero a base de suponer conquistado el terreno que se ocupara. Es decir *trasladar nuestra frontera a la línea que se pudiera conseguir, y no ceder en este terreno como no fuera por la fuerza.* La razón que justifica esta conducta es bien clara, ya que el sólo hecho de haber intentado, aunque sólo fuera, otro desembarco en tierra española habría provocado la ruptura de hostilidades, y reducir su posibilidad de acción en la Zona internacional sería reducir los inconvenientes que pudieran venir por ese lado. Una jugada de respuesta, en resumen, perfectamente clara y oportuna, a mi modo de ver.

Analicemos ahora la primera hipótesis: *desembarco sólo en Tánger.*

¿Qué móviles podría tener una tal operación? Descarto en absoluto la idea de poner la mirada sólo en el mar, puesto que la bahía de Tánger estará siempre en condiciones de ser un recurso eventual para cualquiera, *y teniendo tan cerca Gibraltar y no asegurando nada en el Estrecho, no creo justificado un proceder ilegal.* ¿Reducir, entonces, la influencia italiana allí? Tampoco. Está demasiado lejos Italia y demasiado cerca Gibraltar para que se pueda temer por esa influencia.

No quedan otras hipótesis que la de razones de tipo político en el Imperio Marroquí o la de utilizar la Zona internacional como base de partida contra nosotros, aprovechando la mayor facilidad de desembarque.

En el primer caso (excluida la desconfianza hacia nosotros) hay que esperar que, como dice Nogués, nos invitasen a participar en la empresa, pues un consentimiento de nuestra parte nos aproximaba a Francia, con el natural regocijo de los vecinos.

El segundo caso es más probable, y sus consecuencias serían pronto sentidas por nosotros, no sólo en esa frontera sino en los demás puntos de contacto con Francia y en nuestras costas.

Es decir, que *un desembarco sin previo aviso a nosotros, yo estimo que debe ser siempre tomado como agresión a nuestra casa,* apoyándonos además, en que el propio Residente francés ha dicho hace poco a Carranza que se contaría con nuestro concurso para hacerlo.

Y si es esta la única solución, ¿por qué no dar misión más concreta a los que tuvieran que intervenir en este asunto? *Yo pienso en la posibilidad de que la convivencia que se les ha señalado llegara a convertirse en un desaire tal, que ante la vista de sus preparativos tuviésemos que intervenir con menos oportunidad y ventaja de la que sería permitida en un comienzo.*

En resumen, mi opinión es que no debemos entrar en Tánger nunca como no sea invitados y previo acuerdo del Gobierno, o que caso de hacerlo en otra hipótesis es para ocupar la línea que nos sea posible, suprimiendo esta conducta el adelanto de la frontera a dicha línea. *Terreno avanzado es terreno de conquista, y para echarnos atrás hará falta ser más fuertes o más hábiles que nosotros.*

La posibilidad que admito de no entrar en Tánger, no tiene más fundamento que el de saturarnos de razón (aunque perdamos ventaja), en atención a que nuestras actuales circunstancias no son demasiado recomendables para que dejemos de pensar ni un solo momento con prudencia.

Cada vez me aferro más a la idea de que *nuestra única arma posible en Marruecos está* (si, en efecto, allí existe o hay posibilidad de crearla) *en Zona francesa. Este es el cuchillo a afilar, y yo ya he empezado los sondeos.* La falta de víveres, gasolina, etc. y de relaciones con España por corte del Estrecho puede tener una magnífica contrapartida, que es la de *buscar los medios abundantes que tienen los franceses, y apoyarnos para ello en los habitantes de la Zona.* En este punto pongo la mirada, con la esperanza de que si encontramos o somos capaces de crear la temperatura conveniente, *la respuesta que pudiéramos dar a una protección armada de los demás pudiera ser la salida de España al mundo.*

Todo esto es difícil y de resultados no conocidos. Mientras tanto, *es preciso que el Gobierno no deje pasar día sin mejorar la situación de Marruecos, que yo creo que tratarían de venir por él, sobre todo si no se fían demasiado de la actitud de España*. ¡Es tan lógico pensar que el mismo Ejército de ocupación, especialmente en caso de desconfianza, se podría emplear para intentar la invasión, que en caso favorable tendría como consecuencias la de mejorar su situación y la de economizar una buena parte de este Ejército!

Mandar cuadros de mando, víveres, medios de transporte, gasolina, esos fusiles y municiones para las harkas, antitanques, etc. y hacer todos los días algo por Marruecos, que yo procuraré conocer el clima por el otro lado, *a ver si nos para Dios en condiciones de que comience ese Imperio que soñamos*.

Los antitanques deben prodigarse bastante. Quiero que sepas que ha habido que prestar al Ejército algo de harina de la poca que tenemos.

Te envío esta carta a mano por si puedes, en el caso que lo estimes conveniente, hablar de este asunto en el Consejo de Ministros del próximo viernes. Contéstame por el mismo conducto.

Un abrazo muy fuerte de tu buen amigo y compañero,

Carlos Asensio

Habla también en el Consejo del viaje del Jalifa.
Fuente: DIHGF, vol. II-1, doc. 27, pp. 144-148. Las cursivas son nuestras.

10. Informe del Alto Comisario, general Asensio, sobre la intención de las colonias francesas en África del norte de continuar la guerra. Conformidad en ello del Residente General en Marruecos, general Nogués

---

20 de junio de 1940

En el día de ayer he celebrado otra entrevista con el Capitán Luizet y volvió a hablarme de la posible separación de Francia y sus colonias en el cese de hostilidades con Alemania. No sé si se tendrá ya en este aspecto alguna noticia de Rabat, pero le noté al expresarse más convencido de que las colonias seguirán luchando. Me afirmó varias veces que era muy probable que fuese así. Hizo alusión a las declaraciones del General De Gaulle hechas por radio desde Londres (este General ha sido desautorizado por el Gobierno francés).

Hoy publica «La Depeche» un artículo titulado «Los prodigiosos recursos de África del Norte», en el que se habla de la posibilidad de poner 5.000.000 de hombres sobre las armas. Este artículo debe ser obra de Luizet.

Entre la colonia francesa de Tánger está también muy extendida la idea de que las colonias sigan luchando. Gran parte del elemento judío hace propaganda en este sentido.

En el curso de la conversación con Luizet me he dado cuenta de que conoce los movimientos de nuestras tropas hacia la frontera (algo me ha insinuado) y puede afirmarse que no serían sorprendidos si nuestras tropas entrasen en Zona francesa.

Me ha hablado de continuar nuestra colaboración hasta el último momento en la Oficina Mixta y me repitió que espera que yo le avisaré para poder trasladarse a Zona francesa y no ser internado en un campo.

Naturalmente le he dicho que no tenía noticia, pero que se tratará de alguna medida de precaución debida a las tomadas por ellos y que no era cuestión de hablar en serio de lo último.

En relación con esto se manifiesta que el indígena Sidi Allal ben Abbu, me ha enviado para darme cuenta de haberse enterado por varios notables de la ciudad que visitaron su casa, de que *se afirma que cualquiera que fuesen las condiciones de la capitulación de Francia, Marruecos se emancipaba del tratado de paz que haga Francia; se declara independiente bajo el reinado del actual Sultán con el apoyo de las fuerzas armadas francesas hoy a sus órdenes, las cuales serían mandadas por el General Nogués entrando en su proyecto la posible ocupación de la Zona española para constituir el Imperio Marroquí.*

Con esto se pretende librar esta Colonia de las sanciones de guerra y por otra parte dar a los musulmanes la sensación de que Francia aún con la ocupación de su territorio sigue siendo fuerte.

No doy gran valor a los comentarios de los indígenas, pero desde luego se ve es una propaganda grande que se hace por los partidarios de la continuación de la guerra en las colonias.

En este momento (12 y media) recibo la visita de Luizet. Está optimista. Me aseguró que se produciría la disidencia del imperio colonial para continuar la guerra. Que el General De Gaulle es el verdadero jefe del Ejército francés; tiene todas las simpatías y adhesión de él y que no obedecerá la orden del Ministro del Interior de incorporarse a Francia. Que el General Nogués es también partidario de continuar la guerra.

Sabe los movimientos de nuestras tropas sobre la frontera. Él juzga e informa a Rabat, de donde le preguntan en el sentido siguiente: se trata de medidas de precaución por la actual guerra en el Mediterráneo y la proximidad de las negociaciones de Francia con Alemania. *Sólo creen en una acción por parte de España para hacer valer sus derechos en el caso de que en las negociaciones de paz Alemania o Italia quisieran Marruecos francés. En otro caso sería una traición por parte de España intervenir antes de llegar ese caso y no juzgan a España capaz de eso.*

Considera muy peligroso para el Marruecos francés, caso de que sigan la guerra las colonias, cualquier acción encaminada a excitar al indígena, como por ejemplo, dijo, proclamación del Jalifa de la Zona española en Sultán o proclamación de Muley Abdelaziz como Sultán.

Mi impresión es que hay acuerdos entre las Autoridades francesas de las colonias para declararse disidentes y continuar la guerra y que sólo, en expectativa de los acuerdos que se tomen en las negociaciones, continúan reconociendo la autoridad del actual Gobierno de Francia.

El artículo de «La Depeche» ha sido remitido de Rabat para su publicación.

Fuente: DIHGF, vol. II-1, doc. 52. La cursiva es nuestra.

11. Cartas idénticas enviadas por el ministro de Asuntos Exteriores, Beigbeder, a los embajadores de Gran Bretaña y Portugal, con motivo de la ocupación española de Tánger

---

Madrid, 14 de junio de 1940

Excmo. Señor: El Ministro de Francia en Tánger envió al Capitán Luizet, Agregado Militar, a visitar al Ministro de España en Tánger, comunicándole que se había dirigido al Gobierno francés haciéndole presente la conveniencia de preparar un destacamento mixto franco-español con objeto de reforzar los servicios de vigilancia y seguridad de la Zona internacional en previsión de posibles incidentes que pudieran perturbar la neutralidad de Tánger.

El Gobierno español se dirigió al francés por conducto del embajador en París, exponiendo sus reservas y a la vez su opinión de que tal operación de policía debía quedar a cargo de las fuerzas españolas, ya que la actitud de no intervención de España es la máxima garantía de neutralidad y del Estatuto.

Obtenida la conformidad de Francia, según ha comunicado el Embajador en visita hecha al Ministro que suscribe a las diecinueve horas y media del día de ayer, se ha autorizado al Alto Comisario en Tetuán, a que fuerzas jalifianas en nombre del Sultán se desplacen a Tánger con tal objeto. Las citadas fuerzas tienen orden de penetrar en la zona de Tánger en la mañana de hoy.

De acuerdo con lo tratado con el señor Embajador de Francia, la ocupación tiene carácter provisional respetando el Estatuto y de conformidad con él, y garantizando la neutralidad de sus aguas jurisdiccionales y el normal funcionamiento de todos sus servicios.

Aprovecho la ocasión, señor Embajador, para reiterarle las seguridades de mi alta consideración.

Juan Beigbeder

Fuente: AMAE, R-1217/69.

12. Carta enviada por el ministro de Asuntos Exteriores, Beigbeder, al embajador de Francia con motivo de la ocupación española de Tánger

Madrid, 14 de junio de 1940

Excmo. Señor: En vista de la conformidad por parte de Francia acerca de una actuación independiente de España en el refuerzo de los servicios de policía, vigilancia y seguridad de Tánger con objeto de garantizar la neutralidad de la zona internacional, el Gobierno ha decidido autorizar al Alto Comisario a que las fuerzas jalifianas en nombre del Sultán se desplacen a Tánger con tal objeto. Las citadas tropas tienen orden de penetrar en la zona de Tánger en la mañana de hoy.

De acuerdo con lo tratado con V.E. la ocupación tiene carácter provisional, respetando el actual estatuto y garantizando el funcionamiento normal de todos los servicios.

Aprovecho la ocasión, señor Embajador, para reiterar a V.E. las seguridades de mi alta consideración.

Juan Beigbeder

Fuente: AMAE, R-1217/69.

13. Cartas idénticas enviadas por el ministro de Asuntos Exteriores, Beigbeder, a los embajadores de Alemania e Italia, con motivo de la ocupación española de Tánger

---

Madrid, 14 de junio de 1940

Excmo. Señor Embajador: En vista de las circunstancias actuales y al objeto de garantizar la neutralidad de Tánger, el Gobierno español ha decidido ocupar militarmente dicha ciudad y su zona.

Al tener el honor de comunicarlo a V.E. aprovecho la oportunidad para reiterarle las seguridades de mi alta consideración.

Juan Beigbeder

---

14. Carta del ministro de Asuntos Exteriores, coronel Beigbeder, al Alto Comisario, general Asensio

---

Madrid, 25 de julio de 1940

Excmo. Señor Don Carlos Asensio. Alto Comisario de España en Marruecos.

Mi querido amigo y compañero:

Antes de que vengas a Madrid quiero puntualizarte los problemas pendientes de Marruecos y que tanto nos preocupan, con objeto de que puedas concretar tus informes y afinar sus observaciones cuando hablemos y cuando tengas ocasión de hablar con el Caudillo cuando te reciba.

Por lo que se refiere a la noticia dada por radio Berlín de la formación de un comité Marroquí en Alemania, en el cual figura como presidente el tristemente célebre Abd-el-Krim, he mandado pedir explicaciones al Marqués de Magaz y mañana llamaré al Embajador de Alemania. Me figuro que se tratará de algún entusiasta espontáneo que vive en Berlín y que habrá tenido la habilidad suficiente para introducir esa noticia en la radio.

Hay que estar siempre preparado para intervenir en la Zona francesa, cuando llegue la ocasión, teniendo estudiada la operación y continuar manteniendo el pequeño núcleo de jarcas que has organizado, que en su día podrán engrosarse hasta 35 o 40 mil hombres. *Por ahora no procede la intervención armada, pues hay que esperar la descomposición de la zona vecina y ver cuál es el cariz que toma la guerra europea y más especialmente cómo se presenta el ataque alemán contra Inglaterra, el cual nos indicará nuestra actitud.*

Te encuentras ante un doble problema: el primero de ellos, el de las aspiraciones nacionalistas que yo mismo fomenté en mis tiempos y cuyas consecuencias tienes tú que pagar; y otro, la anarquía que puede surgir un día en zona francesa fomentada por los mismos franceses que en un momento de desesperación, pueden inclusive armar las cabilas de la zona para hacer una cosa así como lo que hizo Sansón, derribando las columnas del templo.

Respecto al primer punto no creo que sea difícil conllevarlo y no creo tampoco que el nacionalismo artificial que hemos creado sea un peligro, puesto que es una gota de agua dentro de la anarquía y desorden que puede producirse en la otra zona. No cabe duda de que *si el día de mañana penetramos en Marruecos, habrá que dar una organización especial que no sea el protectorado ceñido a que tenemos sometida nuestra zona con sus interventores y mejazmies,* habrá que buscar una fórmula que teóricamente señale la independencia al estilo de Cuba, Irak, Panamá, Filipinas, y cuyas bases no pueden ser otras que la unión aduanera, comercial y económica con España, ocupación militar de ciertos puntos de la costa y de la zona norte; el monopolio de las relaciones diplomáticas de Marruecos (es decir; que sólo habrá un Embajador: el español), monopolio de misiones militares, financieras, empréstitos y un tratado comercial que nos permita el disponer libremente de todas las primeras materias: esto es a lo que yo llamo independencia de Marruecos con su nacionalismo, etc. En el tratado de reconocimiento de esa *independencia de carnaval* habría de figurar que todas las clases de funcionarios que necesite Marruecos para asuntos financieros, de enseñanza e ingeniería, etc., sean españoles, actuando el Embajador de España como jefe de todas las misiones españolas. *Pero todo ello es por ahora prematuro. No sabemos lo que la solución de la guerra nos permitirá hacer.*

El segundo punto o sea el de la anarquía de la zona, yo lo considero inevitable y para prevenirlo te aconsejo que actúes con la siguiente política: hacer creer que todo Marruecos caerá bajo la influencia española y que no tendrá más remedio que colaborar con España y, a la vez, procurar sostener todo el andamiaje de caídes y autoridades que han montado los franceses, presentando el ejemplo del Mendub de Tánger, que ha sido respetado, llegando incluso a tomar contacto con los caídes del sur, especialmente con Guelaui. Por ahora es materialmente imposible decirte más.

Estoy preocupado por las pretensiones italianas y alemanas y es este un asunto, cuya gestión política lleva el Jefe del Estado en negociaciones muy reservadas, de las cuales no es oportuno hablar. Demasiado comprendo que puede crearse una situación de gran prestigio alemán en Marruecos que de rechazo produzca un desprestigio nuestro y ello es, precisamente un problema que yo confío a tu habilidad, tacto y discreción; es decir *que el indígena sepa que fatalmente caerá bajo la influencia de España el día en que se haga la paz. Esto no sabemos cuándo será, ni cómo será y de ella dependerá el bocado mayor o menor que podamos obtener en Marruecos y en el imperio colonial.*

Tienes, pues, que capear el temporal y contentarte con lo que te digo: también aquí nosotros nos movemos en la oscuridad. Bien quisiera yo poder ser profeta y prever cuál será la situación, en relación con el fin de la guerra y con el tratado de paz.

Tu venida a Madrid nos proporcionará valiosos elementos, me ayudará en mis informes al Caudillo para darle más elementos de juicio, pues, como es lógico, el Jefe del Estado aprecia en lo que valen todos tus informes.

No están los tiempos para aprovechar ocasiones que parecen propicias, pero que encierran una trampa; nos hacemos la consideración que el Marruecos francés con espíritu de resistencia encontrará tarde o temprano su apoyo en Inglaterra, y lo conseguirá si ésta consigue resistir el ataque alemán.

Nos hacemos todos cargo en las dificultades de tu misión en estos momentos que vas sorteando con gran tacto y habilidad, pero que exige todavía una temporada de espera. Por lo pronto *vuelvo a repetirte que no parece llegado el momento de penetrar en Marruecos francés y que las circunstancias nos obligan y te obligan a seguir en actitud expectante. Sólo te he dado una directiva que es la de la acción política o de propaganda dentro de la otra zona.*

Recibe un abrazo de tu affmo. amigo y compañero,

Juan Beigbeder

Fuente: DIHGF, vol. II-1, doc. 76, pp. 273-275. La cursiva es nuestra.

15. Carta del ministro de Asuntos Exteriores, coronel Beigbeder, al Alto Comisario, general Asensio

Madrid 25 de julio de 1940

Excmo. Señor Don Carlos Asensio.
Alto Comisario de España en Marruecos.

Mi querido amigo y compañero:

Una vez que haya sido nombrado Amieva, Administrador de Tánger, *conviene ir apretando las clavijas para aumentar nuestras posiciones.* Procede inmediatamente hacer lo siguiente:

1. Ocupación de la Alcazaba y que en ella se instale el Coronel Yuste, izando la bandera española y la bandera marroquí.
2. Nombrar interventores en la cabila de Fahs, sin nombrar caídes especiales, pero respetando los Chiujs que existen, pues el Caíd continua siendo el Mendub de Tánger que viene directo del Sultán.
3. *Una vez instalada la intervención, debe procederse al desarme de la cabila.*
4. *En todos los actos de Tánger debe ignorarse por completo al señor Truchet* que se titula interventor de autoridades marroquíes, cargo clandestino y que no figura en el Estatuto.
5. *Si el señor Truchet pone dificultades, te ruego que me lo comuniques para proceder a su expulsión, así como a la del capitán Luizet,* de los cuales me he quejado hoy al Embajador de Francia.

Todo esto debe estar liquidado en el plazo más breve posible.

Un abrazo de tu affmo. amigo y compañero,

Juan Beigbeder

Fuente: DIHGF, vol. II-1, doc. 76, p. 276. La cursiva es nuestra.

16. «Proyecto de directiva a los Ejércitos de Tierra, Mar y Aire» para la invasión de Portugal, preparado por el Alto Estado Mayor, y dispuesto para la firma por Franco, diciembre de 1940

PROYECTO DE DIRECTIVA A LOS EJÉRCITOS
DE TIERRA, MAR Y AIRE

CUARTEL GENERAL DEL GENERALÍSIMO
ALTO ESTADO MAYOR

En..... a..... de.............. de 194...

DIRECTIVA Nº 1
OBJETO: ACCIÓN SOBRE PORTUGAL

I. La delicada situación de Portugal, en relación con un conflicto internacional en que intervenga Inglaterra, la escasa potencialidad del país vecino, y sobre todo, la atractividad de sus costas, desde cuyos puntos es posible fácilmente, perturbar las relaciones marítimas, puede conducir a que Inglaterra intente ocupar las bases navales de dicho territorio.

Ante tal eventualidad, tan dañosa para la seguridad e independencia de nuestra Patria, HE DECIDIDO:

a) Preparar la invasión de Portugal, a fin de ocupar Lisboa, y el resto de la costa portuguesa.
b) Llevar a cabo dicho propósito, cuando lo ordene, en virtud de las noticias que suministre el Servicio de Información.

II. En el aspecto de la lucha contra Inglaterra, ME PROPONGO:

a) Ocupar rápidamente el país vecino, mediante una primera acción por sorpresa, seguida sin solución de continuidad, por una acción en fuerzas.
b) Asegurar sólidamente la defensa de costas y fronteras, especialmente la cantábrica y atlántica.

c) Mantener y asegurar las comunicaciones con Marruecos y Baleares.
d) Defender con sus propios medios, el archipiélago Canario, y las posesiones de África (Sahara, Guinea).

III. La realización de esta idea, queda confiada a los diferentes Ejércitos, en las siguientes MISIONES:

EJÉRCITO DE TIERRA

a) Invadir el territorio portugués en las direcciones principales de CIUDAD-RODRIGO, COIMBRA, LISBOA y en la de ELVAS, EVORA, SETUBAL, a fin de ocupar rápidamente Lisboa, y dividir el País en tres partes, facilitándose así la conquista de todo el territorio.
b) Ocupar sólidamente las costas y fronteras de la Península y Marruecos, especialmente la zona de Gibraltar y costas atlántica y cantábrica.
c) Asignar medios necesarios para la defensa de los archipiélagos de Baleares, Canarias y posesiones de África.

EJÉRCITO DE MAR

a) Proteger las comunicaciones con el Protectorado de Marruecos y Baleares.
b) Ejercer acciones con los submarinos sobre las comunicaciones enemigas.
c) Acción antisubmarina en la boca occidental del Estrecho de Gibraltar.
d) Efectuar operaciones de minado en los puertos propios.

EJÉRCITO DEL AIRE

a) Destruir la aviación enemiga y sus bases en Portugal.
b) Atacar los nudos de comunicaciones, especialmente en las direcciones de la invasión, y los transportes de tropas.
c) Cooperar a la acción del Ejército de Tierra que efectúe la invasión.
d) Cooperar a la neutralización de Gibraltar.
e) Realizar una continua exploración marítima en el Cantábrico y Mediterráneo, y atacar, en caso necesario, a las fuerzas navales enemigas.

IV. Las distintas operaciones se desarrollaran en la forma siguiente:

EJÉRCITO DE TIERRA

A) Operaciones preparatorias

1° Durante el periodo de tensión política, a mi orden, se llevará a cabo, con la mínima resonancia exterior, la movilización de los reemplazos necesarios para poner en pie de guerra las unidades permanentes.

2° Trasladar a la zona de concentración de la frontera las unidades permanentes que, sin formar parte de las Grandes Unidades próximas a la mismas, han de intervenir en los primeros momentos de la invasión.

B) Iniciación de las operaciones

Enviado el ultimátum a Portugal, y a mi orden, se realizará:

1° Traslado a la frontera de las Grandes Unidades y demás elementos que han de iniciar la invasión, para realizarla, en el momento de iniciar el plazo concedido.

2° Movilización de los reemplazos necesarios para efectuar el primer desdoblamiento de las unidades permanentes.

C) Desarrollo de las operaciones terrestres

1° Se iniciará por las Grandes Unidades y elementos disponibles en la frontera y las demás en la Península del ejército permanente, teniendo en cuenta, que en estos primeros momentos, han de quedar dos divisiones en el Campo de Gibraltar y una en cada una de las regiones 3ª, 4ª, 5ª, 6ª y 8ª.

2° La organización del Mando de estas primeras unidades de invasión será hecha con vistas a formar dos Ejércitos, que operaran al Norte y Sur del Tajo respectivamente.

3° A medida que la movilización lo consienta y previo el relevo de las Divisiones que quedaran en las costas y fronteras, éstas y las necesarias de las movilizadas, marcharan por ferrocarril a las zonas de sus respectivos Ejércitos, teniendo en cuenta que en definitiva, deben quedar (además de las dos Divisiones destinadas a Gibraltar) dos Divisiones en las regiones 2ª, 4ª, 6ª y 8ª, y una en la 3ª.

4º El Ejército del Norte desarrollará el esfuerzo principal en la dirección GUARDA-CELORICO-COIMBRA-LISBOA.

5º El Ejército del Sur ejercerá su esfuerzo principal en la dirección general de ELVAS, EVORA, SETUBAL.

6º Ambos Ejércitos se enlazarán mediante la acción hacia Abrantes, al Norte y Sur del Tajo respectivamente, por las Grandes Unidades que cada Ejército atribuya. (En principio un Cuerpo de Ejercito como máximo.)

7º Las operaciones secundarias, al Norte y Sur de la faja en que han de operar ambos Ejércitos, se iniciarán:

— El Ejército del Norte, en cuanto haya alcanzado Coimbra.
— El Ejército del Sur tratará desde el primer momento llevar la frontera hasta el Guadiana, para desde allí, y en cooperación con las fuerzas que progresan hacia Setubal, poder desembocar en las direcciones de las vías que, de Norte a Sur, van a la costa sur-atlántica.

EJÉRCITO DE MAR

Operaciones preparatorias

Armamento de pesqueros y rastreadores

Movilización de los reemplazos necesarios para cubrir todos los servicios.

Operaciones previas

Traslado de las fuerzas navales a las bases de utilización.

Hacer stock de combustibles apropiados a la misión en los diferentes puertos.

EJÉRCITO DEL AIRE

A) Operaciones preparatorias

Durante el periodo de tensión política y a mi orden:

1º Movilización de los reemplazos necesarios para poner en pie de guerra a las unidades.
2º Traslado de las unidades a los aeródromos de despliegue.

B) Desarrollo de las operaciones

1º A mi orden, se atacará con la máxima intensidad posible, las bases y fuerzas aéreas que se encuentren en ellas, con todas las unidades, excepto un grupo de bombardeo y otro de caza con su base en Baleares.
2º La organización de Mando ha de hacerse con vistas a tener una masa al Norte de la cordillera Central, y otra, del Tajo al Guadalquivir.
3º Conseguida la supremacía aérea, ambas masas tendrán como zonas de acción normales, las de los Ejércitos de Tierra del Norte y del Sur.

V. INFORMACIÓN (Véase boletín adjunto).

VI. CARTOGRAFÍA

A) EJÉRCITO DE TIERRA

Por el Servicio Geográfico y Cartográfico de este Ejército se procederá a la urgente tirada de:

1º Mapa de Portugal complementario del Militar Itinerario de España en escala 1/200.000, en un solo color y complementado con el relieve figurado que ofrece el mapa de Portugal escala 1/400.000, editado en 1915, poniendo previamente al día las comunicaciones.
La tirada debe ser en cantidad suficiente para atender a las necesidades logísticas y de Mando de los dos Ejércitos que han de actuar, así como a las que requieran los servicios del Ejército del Aire.
2º Mapa de Portugal en escala 1/50.000 en un solo color. Esta tirada se hará de las hojas de que dispone actualmente el Servicio de Información y de las que, sucesivamente vaya consiguiendo el mismo.

El empleo de este Mapa quedará circunscrito para Mandos tácticos de las Grandes Unidades y para determinados servicios aéreos en atención a no disponerse de documentos cartográficos en mayor escala y a ser reducido el número de ejemplares que posiblemente estarán en servicio en los primeros momentos.

3º Mapa general de carreteras en escala 1/400.000 para los diferentes servicios de Ejército.

B) EJÉRCITO DE MAR

Hará previsión de las Cartas marinas e hidrográficas que necesite para el cumplimiento de las misiones que se le encomiendan, pudiendo solicitar el concurso del Servicio Geográfico y Cartográfico del Ejército de Tierra para las tiradas o reproducciones que precise.

Las Cartas terrestres que necesite, las solicitará igualmente del Servicio del Ejército de Tierra.

C) EJÉRCITO DEL AIRE

1º Reproducción y tirada en colores del Mapa de la Península Ibérica en escala 1/1.000.000.

2º La cartografía en escala 1/50.000 y 1/100.000 que necesite la solicitará con la debida anticipación del Ejército de Tierra, para que en su vista, pueda hacer éste la correspondiente previsión.

Francisco Franco

DESTINATARIOS
Ministro del Ejército de Tierra
Ministro del Ejército de Mar
Ministro del Ejército del Aire

Fuente: Archivo Particular.

Fuentes y bibliografía

Fuentes primarias. Documentos inéditos

Archivo del Alto Estado Mayor, División de Operaciones (AAEMDO), Madrid.
Archivo del Ministerio de Asuntos Exteriores (AMAE), Madrid.
Archivo General de la Administración (AGA), Alcalá de Henares.
Archivo de Jefatura del Estado en Presidencia del Gobierno (JE), Madrid.
Archivo General Militar (AGM), Ávila.
Archivo Histórico del Aire (AHA), Villaviciosa de Odón.
Archivo del Servicio Histórico del Estado Mayor de la Armada (SHEMA), Madrid.
Archivo Varela (AV), Cádiz.
Archivo Beigbeder, en la colección de José Mario Armero.
The National Archives (NA), Kew (Surrey).

Colecciones de documentos publicados

Documenti Diplomatici Italiani (DDI), serie 8-9, 1939-1943, Ministero degli Affari Esteri, Instituto Poligrafico e Zecca dello Stato, Roma, 1987.

Documentos inéditos para la Historia del Generalísimo Franco (DIHGF), vols. I, II-1 y II-2, Fundación Nacional Francisco Franco, Madrid, 1992.
Documents on German Foreign Policy (DGFP), serie D, vols. VI-XIII, H. M's Stationery Office, Londres, 1956-1964.

Memorias, diarios, libros de la época

AZAÑA, *Manuel, Memorias de Guerra 1936-1939*, Grijalbo Mondadori, Madrid, 1996.
AZCÁRATE, Pablo de, *Mi embajada en Londres durante la Guerra Civil española*, Ariel, Barcelona, 1976.
AREILZA, José María, y CASTIELLA, Fernando María, *Reivindicaciones de España*, Instituto de Estudios Políticos, Madrid, 1941.
BAUDOIN, Paul, *Journal intime de Paul Baudouin*, Eyre & Spottiswoode, Londres, 1948.
CHARLES-ROUX, François, *Cinq mois tragiques aux Affaires étrangères (21 mai-1er novembre 1940)*, Plon, París, 1949.
CIANO, Galeazzo, *Diarios 1937-1943*, Crítica, Barcelona, 2004.
DOUSSINAGUE, José María, *España tenía razón*, Espasa-Calpe, Madrid, 1949.
DU MOULIN DE LABARTHETE, Henri, *Le Temps des illusions*, Ed. du Cheval ailé, Ginebra, 1946.
GARCÍA FIGUERAS, Tomás, *Reivindicaciones de España en el norte de África: conferencia pronunciada el día 4 de octubre de 1942 en el Teatro Principal de Barcelona*, Madrid, 1944.
HOARE, Sir Samuel, vizconde de Templewood, *Embajador ante Franco en misión especial*, Sedmay, Madrid, 1977.
MARTIN DU GARD, Maurice, *La Chronique de Vichy*, Flammarion, París, 1948.
MURPHY, Robert, *Un diplomate parmi les guerriers*, Robert Laffont, París, 1965.
PIETRI, François, *Mes années d'Espagne 1940-1948*, Plon, Paris, 1954.

SERRANO SÚÑER, Ramón, *Entre el silencio y la propaganda, la Historia como fue. Memorias*, Planeta, Barcelona, 1977.

—*Entre Hendaya y Gibraltar (Noticia y reflexión, frente a una leyenda, sobre nuestra política en dos guerras)*, Ediciones y Publicaciones españolas, Madrid, 1947.

Monografías y estudios recientes

ARMERO, José Mario, *La política exterior de Franco*, Planeta, Barcelona, 1978.

ARTOLA, Miguel, *Partidos y Programas políticos, 1808-1936*, Aguilar, Madrid, 1975.

BALFOUR, Sebastian, *Abrazo mortal. De la guerra colonial a la guerra civil en España y Marruecos (1909-1939)*, Península, Barcelona, 2002.

BENJELLOUN, Abdelmajid, *Approaches du colonialisme Espagnol et du Mouvement Nationaliste Marocain dans l'ex-Maroc Khalifien*, editions Okad, Rabat, 1988.

—*Pages d'histoire du Maroc: Le patriotisme Marocain face au Protectorat Espagnol*, imprimerie El maârif Al Jadida, Rabat, 1993.

BURDICK, Charles B., *Germany's Military Strategy and Spain in World War II*, Syracuse University Press, 1968.

CATALA, Michel, *Les relations franco-espagnoles pendant la deuxième guerre mondiale. Rapprochement nécessaire réconciliation impossible, 1939-1944*, L'Harmattan, 1997.

—*Les politiques françaises vis-à-vis de l'Espagne. Rapprochement necessaire, reconciliation impossible, Janvier 1939-Aout 1944*, Tesis doctoral, Universidad de Nantes, 1995.

CIERVA, Ricardo de la, *Hendaya. Punto final*, Planeta, Barcelona, 1981.

DETWILER, Donald S., *Hitler, Franco und Gibraltar. Die Frage des spanischen eintritts in den Zweiten Weltkrieg*, Franz Steiner, Wiesbaden, 1962.

ESPADAS BURGOS, Manuel, *Franquismo y política exterior*, Rialp, Madrid, 1987.

GARCÍA PÉREZ, Rafael, *Franquismo y Tercer Reich. Las relaciones econó-

micas hispano-alemanas durante la Segunda Guerra Mundial, Centro de Estudios Constitucionales, Madrid, 1994.

GODA, Norman J.W., *Y mañana... el mundo. Hitler, África noroccidental y el camino hacia América*, Alianza Editorial, Madrid, 2002.

HEIBERG, Morten, *Emperadores del Mediterráneo. Franco, Mussolini y la guerra civil española*, Crítica, Barcelona, 2004.

HEIBERG, Morten y ROS AGUDO, Manuel, *La trama oculta de la guerra civil. Los servicios secretos de Franco 1936-1945*, Crítica, Barcelona, 2006.

HUGUET SANTOS, Montserrat, *Planteamientos ideológicos sobre la política exterior española en la inmediata postguerra, 1939-1945* (Tesis doctoral), Universidad Complutense, Madrid, 1988.

MARQUINA BARRIO, Antonio, *España en la política de seguridad occidental 1939-1986*, Ediciones Ejército, Madrid, 1986.

—*La diplomacia vaticana y la España de Franco, 1936-1945*, CSIC, Madrid, 1982.

MORADIELLOS, Enrique, *Franco frente a Churchill. España y Gran Bretaña en la Segunda Guerra Mundial (1939-1945)*, Península, Barcelona, 2005.

MORALES LEZCANO, Víctor, *España y el Norte de África: El Protectorado en Marruecos (1912-1956)*, UNED, Madrid, 1984.

—*Historia de la no-beligerancia española durante la Segunda Guerra Mundial*, Excma. Mancomunidad de Cabildos de Las Palmas, 1980.

MORENO JULIA, Xavier, *Sangre española en Rusia*, Crítica, Barcelona, 2004.

NERÍN, Gustau y BOSCH, Alfred, *El imperio que nunca existió. La aventura colonial discutida en Hendaya*, Plaza y Janés, Barcelona, 2001.

PASCUAL SÁNCHEZ GIJÓN, Luis, *La planificación militar británica con relación a España desde la derrota de Francia hasta el desembarco anglo-americano en el Norte de África (1940-1942) según la documentación del Public Record Office*, Instituto de Cuestiones Internacionales, Madrid, 1983.

RAMÍREZ COPEIRO, Jesús, *Espías y neutrales: Huelva en la Segunda Guerra Mundial*, edición del autor, imprenta Jiménez, Huelva, 1996.

RODRÍGUEZ JIMÉNEZ, José Luis, *De héroes e indeseables: la División Azul*, Espasa-Calpe, Madrid, 2007.

ROS AGUDO, Manuel, *La guerra secreta de Franco (1939-1945)*, Crítica, Barcelona, 2002.

RUIZ HOLST, Matthias, *Neutralität oder Kriegsbeteiligung? Die deutsch-spanischen verhandlungen im Jahre 1940*, Centaurus, Pfaffenweiler, 1986.

SALAS LARRAZABAL, Ramón, *El Protectorado de España en Marruecos*, Mapfre, Madrid, 1992.

SAÑA, Heleno, *El Franquismo sin mitos, conversaciones con Serrano Súñer*, Grijalbo, Barcelona, 1981.

SMYTH, Denis, *Diplomacy and strategy of survival. British Policy and Franco's Spain, 1940-41*, Cambridge University Press, 1986.

SUÁREZ FERNÁNDEZ, Luis, *Franco, la historia y sus documentos*, Urbión, Madrid, 1986-87, 20 vol.

SUEIRO SEOANE, Susana, *España en el Mediterráneo: Primo de Rivera y la cuestión marroquí, 1923-1930*, UNED, Madrid, 1993.

TOGORES, Luis E., *Muñoz Grandes: héroe de Marruecos. General de la División Azul*, La Esfera de los libros, Madrid, 2007.

TOYNBEE, Arnold, *La Guerra y los Neutrales*, Editoral Vergara, Barcelona, 1963.

TUSELL, Javier, *Franco, España y la Segunda Guerra Mundial. Entre el Eje y la Neutralidad*, Ediciones Temas de Hoy, Madrid, 1995.

TUSELL, Javier y GARCÍA QUEIPO DE LLANO, Genoveva, *Franco y Mussolini. La política española durante la Segunda Guerra Mundial*, Planeta, Barcelona, 1985.

Artículos

AVILES FARRE, Juan, «Un pais enemigo. Franco frente a Francia, 1939-1944», *Espacio, Tiempo y Forma*, serie V, volumen 7, 1994.

—«Vichy y Madrid. Las relaciones hispano-francesas de junio de 1940 a noviembre de 1942», *Espacio, Tiempo y Forma*, serie V, volumen 2, 1989, 227-239.

—«Lequerica, embajador franquista en París. Un testigo excepcional de la derrota de Francia», *Historia 16*, núm. 160, 1989, 12-20.

—«L'Ambassade de Lequerica et les rélations hispano-françaises, 1939-1944», *Guerres Mondiales el Conflicts Contemporains*, núm. 158, 1990, 65-78.

—«El ocaso de un régimen. La política de Vichy en los informes del embajador español (1942-1944)», *Haciendo Historia. Homenaje al profesor Carlos Seco*, Editorial Universidad Complutense, Madrid, 1989, 581-588.

BRUNDU, Paola, «L'Espagne franquiste et la politique etrangère de la France au lendemain de la Deuxième Guerre mondiale», *Relations Internationales*, núm. 50, 1987, 165-181.

COLLADO SEIDEL, Carlos, «España y los agentes alemanes 1944-1947. Intransigencia y pragmatismo político». *Espacio, Tiempo y Forma*, serie V, volumen 5, 1992, 431-483.

DURANGO, J.A., «Las relaciones hispano-francesas entre dos guerras: febrero-septiembre de 1939», *Españoles y franceses en la primera mitad del siglo XX*, CSIC, Madrid, 1986, 203-220.

—«España y la política internacional del fin de la guerra civil al comienzo de la mundial», *Espacio, Tiempo y Forma*, serie V, volumen 2, 1992, 257-272.

DUROSELLE, Jean-Baptiste, «Le Géneral De Gaulle et l'Espagne (1940-1944)», *Españoles y franceses en la primera mitad del siglo XX*, CSIC, Madrid, 1986, 249-261.

GARCÍA CRUZ, José Fernando, «Las fuerzas militares nativas procedentes del Protectorado de Marruecos. Trascendencia política de su aplicación en las operaciones militares de la guerra civil española», *Hispania Nova*, núm. 2, 2001-2002.

GARCÍA PÉREZ, Rafael, «El sueño irrealizable: La ambición imperialista del franquismo», *El régimen de Franco 1936-1975*. Congreso internacional UNED, Madrid, 1993, volumen 2, 287-298.

HALSTEAD, Charles R., «A somewhat machiavellian face: colonel Juan Beigbeder as High Comissioner in Spanish Morocco, 1937-1939», *The Historian, XXXVII*, núm. 1, XI-1974, 44-76.

—«Un Africain méconnu: le colonel Juan Beigbeder», *Revue d'Histoire de la Deuxième Guerre Mondiale*, XXI, núm. 83, 1971, 31-60.

HALSTEAD, C.R. y HALSTEAD, C.I., «Aborted Imperialism: Spain's occupation of Tangier, 1940-1945», *Iberian Studies*, VII, núm. 2, 1978, 53-71.

HERNANDO DE LARRAMENDI, Miguel, «Tánger durante la ocupación española, 1940-1945», *Actas del Congreso Internacional sobre el Estrecho de Gibraltar*, 1987, III, 571-582.

MARQUINA BARRIO, Antonio, «La etapa de Ramón Serrano Súñer en el Ministerio de Asuntos Exteriores», *Espacio, Tiempo y Forma*, serie V, volumen 2, 1989, 145-168.

MELCHOR SANTAOLALLA, María Pilar, «Las relaciones hispano-francesas entre el armisticio y las entrevistas de Hendaya y Montoire», *Perspectivas de la España contemporánea. Estudios en homenaje al profesor V. Palacio Atard*, Madrid, 1986.

MORALES LEZCANO, Víctor, «La cuestión del reajuste de fronteras internacionales en el Protectorado hispano-francés en Marruecos», *Revista de Estudios Internacionales*, VI, núm. 2, 1985.

—«Las causas de la no beligerancia española reconsideradas», *Revista de Estudios Internacionales*, V, núm. 3, VII-IX, 1974, 609-631.

RENOM DE LA BAUME, G., «L'Espagne non belligèrante», *Revue d'histoire diplomatique*, núm. 1060, París, 1955.

SMITH, Thomas T., «The Bodden Line: A Case-study of Wartime Technology», *Intelligence and National Security*, 6, 2 (1991), pp. 447-457.

SUEIRO SEOANE, Susana, «España en Tánger durante la Segunda Guerra Mundial: La consumación de un viejo anhelo», *Espacio, Tiempo y Forma*, serie V, volumen 7, 1994, 135-163.

—«Sueños de Imperio: las pretensiones territoriales españolas en Marruecos y la diplomacia británica durante la Segunda Guerra Mundial», *El Régimen de Franco 1936-1975*. Congreso internacional UNED, Madrid, 1993, volumen 2, 299-319.

—«La incorporación de Tánger, una batalla perdida de la diplomacia primorriverista», *Espacio, Tiempo y Forma*, serie V, volumen 2, 1989, 69-87.

—«España y el contencioso de Tánger: El Estatuto de 1923», *Actas del Congreso internacional «El Estrecho de Gibraltar»*, Ceuta, noviembre de 1987.

THACKRAH, J.R., «The Gibraltar Question and its Effect on Anglo-Spanish Relations, 1936-1945», *Iberian Studies*, V, núm. 1, 1976, 9-17.

TRUCHET, A., «L'Armistice de juin 1940 et l'Afrique du Nord», *Revue d'Histoire de la Deuxième Guerre mondiale*, núm. 83, París, 1983.

Índice onomástico